Magdalena Dobromila Rettigová

Die Haus-Köchin

Oder eine leichtfaßliche und bewährte Anweisung, auf die

vorteilhafteste und schmackhafte Art die Fleisch- und Fastenspeisen zu

kochen, zu backen und einzumachen, Tafeln nach der neusten Art zu

decken

Magdalena Dobromila Rettigová

Die Haus-Köchin

Oder eine leichtfaßliche und bewährte Anweisung, auf die vorteilhafteste und schmackhafte Art die Fleisch- und Fastenspeisen zu kochen, zu backen und einzumachen, Tafeln nach der neusten Art zu decken

ISBN/EAN: 9783944350400

Auflage: 1

Erscheinungsjahr: 2013

Erscheinungsort: Bremen, Deutschland

KOCHBUCH VERLAG

Die
Haus-Köchin

oder

eine leichtfaßliche und bewährte

Anweisung,

auf die vortheilhafteste und schmackhafteste Art die
Fleisch= und Fastenspeisen zu kochen, zu backen und
einzumachen; Tafeln nach der neuesten Art zu decken;
nebst vielen andern nützlichen, in der Haushaltung
oft unentbehrlichen Sachen, durch vieljährige Er=
fahrung erprobt und

verfaßt

von

Magdalena Dob. Rettig.

Fünfte vermehrte Auflage.

Königgräz 1849.
Gedruckt bei Johann H. Pospissil, wirkendem Mitgliede des
böhmischen National = Museums.

Vorrede
zur ersten Auflage.

Aufgefordert von vielen meiner Freundinnen, welche der böhmischen Sprache nicht mächtig sind, mein böhmisches Kochbuch auch in deutscher Sprache herauszugeben, konnte ich mich lange nicht dazu entschließen, in der Voraussetzung, daß es deutscher Kochbücher in Menge gebe, die vielleicht besser, wenigstens viel reichhaltiger als das meinige sind.

Da jedoch der Herr Pospjssil, Verleger meines böhmischen Kochbuches durch viele Nachfragen, ob man es auch deutsch haben könnte, sein Verlangen mit dem meiner Freundinnen vereinigte, so faßte ich den Entschluß, mich dieser Arbeit zu unterziehen.

*

Ich bemühte mich zwar, so viel wie möglich, es wie das böhmische einzurichten; jedoch habe ich noch hie und da etwas vermehrt.

Mein Wunsch ist nur der, daß es eben so gütig wie das böhmische aufgenommen werde.

Reichenau den 1. März 1826.

Die Verfasserin.

Vorrede
zur zweiten Auflage.

Der schnelle Absatz der ersten Auf=
lage gegenwärtigen Kochbuches, da
in einem sehr kurzen Zeitraume **2000**
Exemplare vergriffen waren, gibt
mir den Muth, Böhmens Töchtern
eine zweite, vielseitig verbesserte und
vermehrte Auflage darzureichen, um=
somehr, als der Neuhauser Buch=
drucker, Joseph Alois Land=
fraß, sich herausnahm, ein Bruch=
stück meines böhmischen Kochbu=
ches, welches er unrechtmäßig an
sich brachte, ins Deutsche überse=
zen zu lassen, womit er, so wie frü=
her mit dem böhmischen, das Publi=
kum täuscht, indem er auf dem Titel
Fleisch= und Fastenspeisen verspricht,
wo sich doch in demselben keine einzige
Fastensuppe oder Fisch= und eigent=
liche Fastenspeisen befinden.

Dieses Kochbuch versieht er hinten noch mit einigen Anrichtzetteln, worin er sehr viele Speisen zum Aufstellen anzeigt, welche sich in dem ganzen Büchelchen nicht befinden.

Um daher Böhmens Töchter nicht durch dieses Afterkochbuch täuschen zu lassen, reiche ich ihnen diese zweite Auflage, wovon der rechtmäßige Verleger nur Hr. Johann Host. Pospjssil, Buchdrucker in Prag und Königgräz ist.

Mehr davon zu sagen, halte ich für überflüßig, da die Nützlichkeit dieses Werkes hinlänglich bekannt, durch den schnellen Absatz erwiesen, und mit von mir selbst geprüften und verbesserten Speisen vermehrt ist.

Reichenau den 8. Sept. 1831.

Die Verfasserin.

Vorwort
zur dritten Auflage.

Mit Vergnügen überzeuge ich mich, daß Böhmens Töchter an diesem meinem Kochbuche Wohlgefallen finden, und da die zweite Auflage bereits vergriffen ist, so reiche ich hiemit meinen Landsmänninen die dritte abermals vermehrte Auflage, denn mein Bestreben geht dahin, damit dieselben den von ihren Großmüttern geerbten Ruf, daß die Böhminnen gute Köchinnen sind, nicht nur bewahren, sondern noch vermehren sollen.

Ich habe mich bemüht, abermals manche gute Speise mit geringen Kosten zu bereiten, anzugeben, und lege allen Jenen, welche dieses Buch benützen, nur dies an's Herz, daß sie meine Vorschrift genau befolgen und sich die Mühe nicht verdrießen lassen.

Manche, (ich hoffe aber nur wenige) werden sagen: „Wer möchte sich damit mühen,“ und werfen in die Suppe bischen Grieß, geschnittene Semmeln, oder Nudeln, wo sie um eben den Preis, nur mit dem Aufwand von bischen Mühe, gute Knöberln, oder Fanzeln bereiten könnten; kocht lieber Knödel, als daß sie (vielleicht wohlfeiler) eine schöne und schmackhafte Speise bereiten möchte, das heißt: sie bleibt bei der immer gleichen Kost, bis sie ihr selbst und allen, für die sie kocht, zu Eckel wird, als daß sie etwas neues, was ihr eine viertel Stunde längere Mühe, oder Nachdenken verursachen könnte, versuchen möchte.

Ich kenne Haushaltungen, wo das ganze Jahr hindurch jeder Wochentag schon seine Speise hat und durchaus keine Änderung getroffen wird, was ich für sehr abgeschmackt und langweilig finde.

Den alten Hausfrauen nehme ich so etwas erst für übel nicht, (wiewohl der Mensch um etwas zu lernen nie zu alt ist; denn wer vorwärts zu schreiten aufhört, wird bald zurück gehen); aber junge Mädchen sollen immer dahin streben, etwas neues zu lernen, und durch eigene Erfahrung diese ihnen nothwendigste Wissenschaft immer mehr zu vervollkommnen suchen; denn unaus= sprechlich traurig ist die Lage einer Neuvermählten (und leider ist es oft der Fall), wenn sie nicht einmal eine Suppe zu kochen versteht, sie nimmt eine Köchin auf, die ebenfalls nichts kann, und dieß pflegt oft die Ursache des ersten häuslichen Verdrußes zu seyn, des Schadens der dadurch entsteht, nicht zu erwähnen.

Lernen Sie daher, meine lieben Landsmänninnen, fleißig, denn eine Speise auf verschiedene immer andere Art bereitet, genießt man mit Appetit, und sie gedeiht doppelt, und wird ihre häusliche Zufriedenheit vermehren und das Leben verlängern. Lesen Sie daher fleißig in diesem Buche, und versuchen Sie öfters etwas im Klei- nen, dadurch werden Sie sich nicht nur belehren, sondern Sie werden in der Liebe zur Haushaltung vorschreiten, und sie befestigen, und sollte auch ihre künftige Stellung von der Art seyn, daß Sie nicht selbst kochen dürften, so ist es immer gut, die Kochkunst zu verstehen, um vernünftig befehlen zu können.

Mit nächsten werde ich mich bemühen, Ihnen ein Buch in die Hände zu legen, welches Sie auch noch in den anderen Zweigen der Haushaltung unterrichten wird, und welches einer jeden angehenden jungen Haus- frau sich anzuschaffen rathet

die Verfasserin.

Leitomischl im November 1837.

Vorrede

zur vierten Auflage.

———

Da nun auch die dritte Auflage vergriffen ist, und ich daher, um die fortwährende Nachfrage nach diesem Kochbuche zu befriedigen, mich beeilen muß, die v i e r t e A u f l a g e zu besorgen, so thue ich es hiemit, indem ich es abermal um ein Nahmhaftes vermehrt, und zu dieser Vermehrung nur A u s e r l e s e n e s ausgewählt habe; denn so wie überall, hat auch die Kochkunst ihre Modespeisen, und will immer N e u e s haben, so biete ich auch hier wieder manches Neue, was selbst dem, an reiche Abwechslung gewöhnten Gaumen genügen dürfte.

Daß Alles, was in diesem Kochbuche sich befindet, brauchbar sey, beweiset nicht nur der häufige Absatz, sondern ach die vielfältigen Auszüge aus demselben, welche sich in verschiedenen neuen Kochbüchern, besonders in dem leitmeritzer der Frau Walburga Schiffler befinden.

Übrigens verweise ich jede Leserin, welche sich aus diesem Kochbuche belehren will, auf das schon in dem frühern Vorworte und Einleitung Gesagte, mit dem herzlichen Wunsche, daß es nicht nur gelesen, sondern auch befolgt werde.

Leitomischl den 31. Jänner 1842.

Die Verfasserin.

Vorwort als Einleitung

zur ersten Auflage.

Daß die Kochkunst eine der nöthigsten und unentbehr-
lichsten Beschäftigungen für das weibliche Geschlecht ist,
ist längst bewiesen. Ein Weib, das alles kann, nur nicht
kochen, ist gewissermaßen immer von ihren Dienstboten
abhängig; muß essen, was ihr die Köchin aufsetzt, und
zahlen, was sie ihr aufrechnet. Dieß taugt für eine
Haushaltung in unsern Zeiten nicht.

Dieses Kochbuch ist kein aus verschiedenen Kochbüchern zusammengeklaubtes Machwerk; es ist schlichte
Hausmannskost, wie es meine Großmutter und meine
Mutter gekocht haben, und ich durch vieljährige Übung
verbessert und vermehrt habe; es ist daher auch hie und
da für einen leckern Gaumen gesorgt, und ist hinlänglich,
eine schöne Tafel herzustellen.

Ich habe mich möglichst der Deutlichkeit beflissen,
um es für jedermann faßlich darzustellen; keine fremde
Benennungen, kein nur in Herrschaftsküchen sich befind-
liches Geschirr; nur so einfach, daß es vorzüglich auf
dem Lande für Seelsorger, Beamte und Bürger zum
Gebrauche gerühmt, und von jedem Dienstboten verstan-
den werden kann. Ich hafte für jede der hier befindli-
chen Speisen, wenn man sich genau nach der Vorschrift
hält, daß sie geräth, und empfehle nur noch einer jeden
Hausfrau, einer jeden Köchin Ordnung, Reinlichkeit und
genaue Befolgung meiner Vorschrift, selbst in den kleinsten Kleinigkeiten.

Beim Fleische überhaupt, besonders aber, wenn etwas mehr vorräthig ist, muß man genau darüber wachen, daß es nicht riechend werde; sollte jedoch der Fall eintreten, daß es einen Geruch bekäme, wie es, besonders im Sommer, sehr oft der Fall ist: so darf ein solches Fleisch ja nicht gekocht werden, sondern mit Zwiebeln und Kräutern mit einer sauren Soß, wie weiter angezeigt wird, bereitet werden.

Jedes Fleisch ist am besten mit kaltem Wasser zuzustellen, es ist mürber; ist aber die Zeit zum Kochen kurz, wie öfters der Fall eintritt, wenn späte Gäste kommen, und man doch noch das später zugestellte Fleisch weich gekocht haben möchte; so kann man ein reingewaschenes Stück Glas dabei kochen lassen. Das Rindfleisch ist immer besser, wenn man es roh mit einem hölzernen Schlägel ein bischen klopft, dann ist es in drei Stunden hinlänglich weich, es wäre denn von einem alten Stück Vieh, da lasse man es 4 Stunden im Sud.

Schöpsenfleisch anderthalb, längstens 2 Stunden. Schweinfleisch junges, wie man es gewöhnlich zum Kochen benützt, bedarf nicht mehr als eine Stunde. Bei jedem Fleische, vorzüglich aber bei Kalb- und Schweinfleisch muß man darüber wachen, daß es nicht zu weich werde, sonst sieht es unappetitlich aus. Das Kalbfleisch, wenn es nur ein bischen die Zeit erlaubt, ist am besten bloß gedünstet.

Jedes andere Fleisch, außer dem Rindfleische, wird nur im bloßen Salzwasser gekocht, außer man wollte die Suppe davon benützen, da könnte man also auch wie zum Rindfleisch verschiedenes Grünzeug dazu geben.

Zum Rindfleisch gibt man Zellerie und Petersilwurzel und das Grüne: nebstbem kann man noch dazu geben: Schnittling, Por, Kohl, Karfiol, gelbe Rüben, Spargel, Championen, Morcheln, Pilze und alle Arten Schwämme; im Winter, wenn nichts anderes vorhanden ist, wenigstens ein Stück Zwiebel, Braunkohl u. d. gl.; im Frühjahre

Kräutel; doch muß man dabei Acht geben, daß man kein
Giftkraut unter die guten Kräuter mische. Auch gibt
man noch zum Rindfleische, damit die Suppe stärker werde, alte Hennen, junge Gänse, Hühner u. s. w.; dann
kann man diese Zuthaten entweder mit Reis oder einer
Soß zubereiten.

Eine sparsame Köchin muß jedes Stückchen zu benützen wissen, und vorzüglich auf eine gute Suppe be-
dacht seyn: denn gewöhnlich pflegt man die Köchin nach
der Suppe zu beurtheilen. Darum, besonders bei größeren Tafeln, muß man darauf Rücksicht nehmen, und alle
Abschnitzeln vom Rind= und Kalbfleische, Hühner= und
Entenhälse, und solche Kleinigkeiten sammeln; dann läßt
man es mit Zeller= und Petersilwurzel, Zwiebel und verschiedenem Grünzeug aufdünsten, gießt dann gute Rindsuppe darauf, läßt es wenigstens drei Viertel Stunden
kochen, seiht es durch ein Haarsieb; in eine solche Suppe
kann man dann geben, was man will, so ist sie immer
gut. Im Winter lasse man einen Kalbsfuß dabei kochen,
seihe es durch ein Haarsieb, und kann es aufbewahren.
Ein Stück dieser Sulze in kochendes Wasser gethan, mit
Eierbottern abgequirlt, und mit Muskatenblüthe gewürzt
gibt eine herrliche Suppe. Auch kann man diese Suppe
im Winter bei eingetretenem Eiermangel mit ein bischen
weißer Einbrenn zubereiten.

So kann man auch zu verschiedenen Soßen im Winter sich eine Sulze bereiten. Man nehme ein Stück Rindfleisch, einige Kälberfüsse, die jedoch gut zerhackt werden
müssen, einige kälberne Knochen, dann Zwiebel, Knoblauch, Lorbeerblatt, etliche Körnchen ganzen Pfeffer,
Ingber, Neugewürz, Lemonienschale; dieses alles gibt
man in einen Topf, gießet darauf drei Theile Wasser,
den vierten Theil guten Weinessig, und läßt es ungefähr zwei Stunden kochen, wirft dann ein reingewaschenes zerquetschtes Ei sammt der Schale darein, rührt

es gut, läßt es noch ein Weilchen kochen, dann seiht man es, indem man eine Serviette auf die vier Füße eines umgekehrten Stuhles bindet, durch; hebt es auf.

Diese Sulze kann zu allen sauren Soßen verwendet werden, indem man sie entweder mit Eiern oder Einbrenn, wie weiter gesagt wird, zubereitet.

Das Geflügel im Sommer muß wenigstens über die Nacht geschlachtet liegen, sonst ist es zähe; im Winter können, besonders Kapaunen, Enten, Gänse, Truthähne und dergleichen, 8 auch 14 Tage geschlachtet liegen, ohne daß sie Schaden leiden.

Am besten ist es, wenn man das Geflügel rupfen kann; beim Brühen muß man sehr Acht geben, daß man es nicht überbrüht, weil dann die Haut zerrissen, und das Geflügel unansehnlich wird; soll es aber gebrüht werden, so stecke man es, sobald es abgeschlachtet wird, in kaltes Wasser. Erstens wird es dadurch weiß und mürbe, zweitens ist keine so große Gefahr beim Brühen.

Man muß beim Geflügel darauf sehen, daß es ordentlich gespreilt wird, oder noch besser ist es geheftet. Die Flügel werden eingeschlagen, die Füßchen bis zur Hälfte abgeschnitten, dann mit Spagat geheftet; bei dem Spreilen muß man Acht geben, daß kein kiefernes Holz dazu genommen wird, sonst bekömmt das Geflügel einen üblen Geschmack. Fasanen, Rebhühner und Wildenten werden gerupft, doch die Köpfe bleiben ungerupft, die Füße unabgeschnitten; so auch bei den Blaßenten, Wasserhühnern u. d. gl. Den Tauben werden die Köpfe abgeschnitten, oder man reißt ihnen gerade beim Schlachten die Köpfe ab; dem Truthahn wird der Kopf beim Schlachten abgehackt.

Wildpret, d. h. Hirsche, Rehe, Damhirsche, wenn es abgezogen und zerhackt wird, darf nicht mit Wasser benetzt werden, sondern wird gleich mit Salz und Wachholder eingerieben, in einen Kübel (hölzernes Gefäß) ge-

legt, zugedeckt, mit einem Steine beschwert, und in einem
kühlen Orte, wo es jedoch nicht dumpfig ist, aufbewahrt.
Schweinfleisch, welches zum Räuchern bestimmt ist,
wird eben gleich, sobald es zerhackt ist, eingesalzen; man
kann unter das gewöhnliche Kochsalz bischen Saliter geben, oder das Steinsalz dazu benützen; wer will, kann
zum Einsalzen der Schinken einige zerriebene Zeherl
Knoblauch mischen, es gibt einen angenehmen Geschmack;
doch ist es nicht allgemein zu rathen, weil nicht jeder ein
Freund des Knoblauchs ist; auch kann es nur bei den
Schinken angewendet werden, denn bei dem Kochfleisch
würde es nachtheilig, weil man es zu verschiedenen Speisen benützt. — Grünzeug bewahrt man über den Winter
am besten im Keller; Kraut, Kohl kann man mit den
Wurzeln im nassen Sande lange erhalten. Kren, Zellerie,
Petersil, gelbe Rüben, Steckrüben kann man schichtweise
im Sande eingelegt aufbewahren, immer eine Schichte
Sand, eine Schichte Kren, und so fort bis alles weg ist.
Obst bewahrt man in trockenen Kellern auf Brettern.
Mehl, Graupen, Gries und Hirse läßt man in einem
luftigen Orte in den dazu bestimmten Truhen, welche
oben mit durchlöchertem Blech beschlagenen Löchern versehen sind, damit es nicht dumpfig werde; besonders
wenn das Mehl erst aus der Mühle kömmt, muß man
es öfters aufrühren und lüften.
Diese und mehr solcher Sachen muß man ja nicht
als überflüssig übergehen, weil manchmal durch Nachläs-
sigkeit der Dienstboten und laues Nachsehen der Hausfrau manche Sache verdirbt, einen üblen Geschmack bekömmt, und unbrauchbar wird; was der Wirthschaft
höchst nachtheilig ist. Eine Hausfrau kann daher nie-
mals zu wachsam seyn, denn in unsern Tagen muß man
alles zu Rathe ziehen; daher bemühte ich mich auch die
Speisen möglichst sparsam einzurichten.

Einleitung
zur zweiten Auflage.

Schon bei der ersten Auflage machte ich die Bemer=
kung, daß die Kochkunst das wichtigste für junge Mäd=
chen und angehende Hausfrauen ist; man verstehe mich
aber wohl, was ich darunter meine.

Es ist nicht genug, wenn ein junges Mädchen, wel=
ches bald einer eigenen Haushaltung vorstehen soll, weiß,
wie man Kuchen auf zehnerlei Art, und zwanzig Mehl=
speisen, eine süßer als die andere, bereiten müsse, sie
muß mehr verstehen als dies; denn Kuchen und süße
Mehlspeisen macht man nur selten, und unter zehn Per=
sonen finden sich immer achte, denen derlei Süßigkeiten
entweder gleichgiltig, oder gar zuwider sind, besonders
den Männern; sie muß daher vorzüglich darauf ihr
Augenmerk richten:

Erstens, daß sie gute Suppen, gute Soßen und ma=
    nichfaltige Einmachspeisen schmackhaft zu bereiten
    verstehe;

Zweitens, daß sie jede Kleinigkeit benütze, dadurch
    manche Auslage erspare, und doch ein zierliches
    Essen bereite;

Drittens, muß sie sich nicht die Mühe verdrüßen las=
    sen, welche diese oder jene Speise verursachet.

Viertens, muß sie, wenn sie ein Kochbuch, nach dem
    sie kochen will, besitzt, selbes nicht erst dann zur

Hand nehmen, wenn sie schon die Gäste eingela=
den hat, sondern sie soll und muß es einigemal,
nicht durchblättern, wie die löbliche Gewohnheit der
Meisten ist, sondern aufmerksam durchlesen, über
das Gelesene nachdenken, und manchmal etwas
versuchen.

Man werfe mir nicht ein, daß derlei Versuche kost=
spielig sind; es versteht sich aber, daß man zum häusli=
chen Gebrauche oder Versuche, für zwei oder drei Per=
sonen, eine Speise, wie sie für eine Tafel von ˙zwölf
Personen angesetzt ist, nicht bereiten darf, und eben darum
darf sie in dem Kochbuche nicht blättern, sondern muß es
mit Aufmerksamkeit durchstudieren; —wieder macht Man=
che den Einwurf: „Wer hat denn Zeit, Kochbücher zu
studieren?‟ Diese Zeit soll und muß man sich nehmen,
oder die Kochkunst den Dienstboten überlassen, essen, was
sie uns vorsetzen, und zahlen, was sie uns aufrechnen.

Die Zeit findet sich, wenn man nur will; oft weiht
man diese Zeit einem faden Romane, oder einem unnüz=
zen Unterhalte, welche man vortheilhafter verwenden
könnte; studiert man aber die Kochkunst, so wird man
gewahr, daß man manchmal etwas recht gutes mit ge=
ringen Kosten, und oft noch wohlfeiler als die gemein=
ste Zuspeise bereiten könne, wenn man nur das bischen
Mühe darauf opfert. —

Der dritte, vierte Theil von dem, was angesetzt ist,
reicht hin, für zwei, drei Personen eine Speise zu liefern,
oder etwas zu verbessern.

Mit Verdruß habe ich schon oft Mädchen und
Frauen sagen gehört: „Ei, wer möchte sich erst damit
pantschen, und dann kostet es auch so viel!‟ beides ist
falsch; die gemeinste Nudelsuppe kostet mehr Zeit und
Geld als manche köstliche Suppe. Zum Beispiel, es wird
in einem Hause Suppe, Rindfleisch, eingemachte Hüh=
neln und ein Kalbschlägel zum Mittagsessen bereitet;

wenn ich nun das Knie und die Zuwage von dem
Schlägel dünsten lasse, so habe ich die Suppe Nro. 6,
dann verwende ich die zwei Hühnerlebern zu Knöderln
in diese Suppe, füge noch die zwei Hühnermägen und
das gedünstete Fleisch kleingeschnitten hiezu, so habe ich
ein Seidel Mehl erspart, welches mehr als eine halbe
Semmel kostet, ein Stückchen Rindsmark bekömmt man
zum Rindfleisch, wenn man bei Zeiten darauf denkt,
und eine solche Suppe ist doch wohl schicklicher als eine
Nudelsuppe, und Zeit nimmt es auch nicht mehr als die
Nudeln. Bleibt ein Stückchen Braten übrig, so kann
man es zu Pfanzeln für die Suppe verwenden; die Knochen und die Soß zum Rindfleisch gethan, macht die
Suppe kräftig und schmackhaft, kostet wieder weniger
als Nudeln, und die Manigfaltigkeit erhält die Eßlust
rege; wer aber mit Lust die Speise genießt, dem gedeiht
sie; also ist eine Abwechslung in den Speisen nicht nur
angenehm, sondern auch gesund.

Leset daher, liebe Mädchen, oft und aufmerksam
dieses und jedes andere Kochbuch; Ihr werdet überall
etwas finden, was Ihr einmal ins Gedächtniß zurück-
rufen und brauchen könnt.

Manche, welche schon ein bischen kochen kann, oder
gar einige Monate in einer großen Küche gelernt hat,
wird vielleicht, das Näschen rümpfend, sagen: „Ich finde nichts neues darin, ich werde nichts neues daraus
lernen." Fehlgeschossen, meine Lieben; viele Menschen
wissen viel, und der Mensch lernt überhaupt nie aus, am
wenigsten aber in der Kochkunst, man kann täglich etwas, so wie in jeder Kunst, auch hier ändern und verbessern, ehe man es zu einem gewissen Grade der Voll-
kommenheit bringt.

Es sind freilich in diesem Kochbuche Sachen, die
man in einem, vielleicht in mehreren Jahren kaum einmal braucht; gut, so weiß man doch, wenn man einmal

in die Gelegenheit kömmt, es bereiten zu wollen, damit umzugehen, oder weiß jemanden zu rathen, zu belehren, und auch dieses gehört zur Zierde der Mädchen und Frauen, und belohnt sie reich für den kleinen Zeit= aufwand.

Nebstdem macht sie sich, beim öfteren Durchlesen, mit dem nöthigen Geschirre, Modeln, Schaum= und Anricht= löffeln, und mit der Manier, wie und wo eins oder das andere, was gerade nicht zu oft vorkömmt, gebraucht wird, bekannt, und kann gelegenheitlich eins nach dem andern beischaffen, was manchmal nothwendig gebraucht wird, unentbehrlich, und, besonders auf dem Lande, nicht immer zu haben ist.

Darunter gehören vorzüglich: eine Amuletpfanne, verschiedene Ausstecher von Blech, Modeln, Formen, kleine Reibeiseln, verschiedene Bleche, Spritzkrapfen= spritze, Krapfenrabel, Durchschläge mit größern und kleinern Öffnungen, Siebe von Drath und Haarsiebe u. m. d. Kleinigkeiten, welche man bei Gelegenheit in Vorrath kaufen und aufheben kann.

Die Kleinigkeiten nach und nach beigeschafft, kom= men nicht hoch, und bilden doch ein ordentliches Küchen= geschirre, was in jeder Haushaltung unentbehrlich ist.

Mehr noch über die Nothwendigkeit des Studiums zu sagen, wäre überflüssig; das fleißige, lernbegierige Mädchen, welches sich zur künftigen braven Hausfrau bilden will, sieht aus dem Wenigen deutlich genug, daß ich es mit ihr herzlich gut meine, und wird den Rath ihrer Freundin zu eigenem Nutzen befolgen, und dieses ist der herzliche Wunsch der

Verfasserin.

Suppen.

1. Schwarze Suppe.

Nimm 2 Pfund Rindfleisch, ein Stück Kalbfleisch, ein Stückel geselchtes Fleisch, zerschneide alles auf kleine Stücke, gib es auf ein großes Reindel oder irdene Pfanne; gib dazu, 2 Kohle, 4 gelbe Rüben, 2 Petersil und einen Zeller, einige Blätter Braunkohl, halbe Zwiebel, ebenfalls klein geschnitten, ein Stück Butter, dann die Abfälle vom Geflügel, als: Hälse, Füsse, Mägen u. s. w., lasse alles weich und bräulicht dünsten, doch achte darauf, daß es nicht anbrennt; gib es dann in einen Topf, gieße gute Rindsuppe darauf, und lasse es eine Stunde kochen, und seihe es durch ein feines Haarsieb; bräune ein Stückel Zucker, gib ihn darein, und ist es ein bischen herb, so kann man auch ein wenig weißen Zucker hineinthun; richte sie über gebackene Semmelschnitte an. Auch kann man Sago oder ausgebackene Faschirnöberln hineinthun.

2. Weiße Suppe.

Nimm ein halb Pfund Reis, klaube ihn und wasche ihn in 1 kalten und 3 kochenden Wässern recht durch, siede ihn in guter Rindsuppe weich; dann treibe ihn mit einem Stückchen frischer Butter, einigen Döttern, und ein bischen Muskatenblüthe ab, gieße Rindsuppe im vollen Sud darüber, quirle es recht ab, trage es zur Tafel; kochen darf es nicht mehr, sonst möchte es gerinnen. Man kann auch kleingewürfelt geschnittene Geflügelmägen und Lebern darunter thun.

3. Gelbe Suppe mit Sulz.

Nimm ein halb Seidel überkühlte Rind- oder Hühnersuppe, schlage darein 6 ganze Eier, würze es mit

1

Muskatenblüthe, quirle es recht ab, binde das Töpfchen fest mit Papier zu, und hänge es ins kochende Wasser, doch muß man Acht geben, daß kein Wasser darein kömmt; so läßt man es eine ganze Stunde kochen, nimmt dann mit einem Kaffeelöffel nockerlgroße Stücke heraus in die Suppenschüssel. Gib dann 6 Dötter, ein Stückchen frische Butter, ein bischen Muskatenblüthe in einen Topf, zerrühre es mit kalter Suppe, gieße ein Maaß kochende Suppe darauf, quirle es recht ab, und gieße es über die Sulze. In diese Suppe kann man auch geschnittene Hühnerleber und Mägen geben.

4. Gestoßene Suppe.

Nimm eine alte Henne, lasse sie mit etlichen Pfund Rindfleisch kochen, bis sie weich ist, schneide die Brust heraus, das übrige aber stoße im Mörser, gib es dann in einen Topf, gib dazu ganze Muskatenblüthe, ganzen Ingber, Petersil, Zeller; schütte die Suppe darauf, lasse es noch eine Stunde kochen. Indessen nimm die Brust, hacke sie klein, gib sie in einen Topf, schlage dazu 4 Dötter, treibe es mit ein bischen kalter Suppe ab, und gieße endlich die durchgeseihte kochende Suppe, wo das Gestoßene darin kochte, hinein, quirle es recht ab, gib es zur Tafel. Sind Schwämme, so kann man etliche auf Butter gedünstete Herrnpilze darunter thun; auch können kleine Knöderln von Fasch dazu kommen.

5. Lebersuppe.

Nehme einige Hühnerlebern, hacke sie klein, treibe entweder ein Stückchen frische Butter ab, oder hacke ein bischen Rindsmark mit den Lebern, gib es in ein Schüsselchen, schlage darein 2 ganze Eier und 2 Dötter, gib ein bischen grünen Petersil, ein bischen Muskatenblüthe, ein bischen Salz und geriebene Semmel darein, schmiere ein Reindel oder Kastrol mit Butter, streue es mit Semmelrinde aus, gieße es barein, und laß es in einer Röhre backen. Einige Lebern lasse ein bischen überkochen, bann zertreibe sie mit frischer Butter, einigen Döttern, ein bischen Muskatenblüthe, ein bischen kleingehackten grünen Petersil und lauer Suppe, gieße kochende Rindsuppe barüber, quirle es recht ab, und gieße es über das gebackene, auf kleine Stückel zerschnittene Pfanzel. Auch kann man statt es zu backen, ein reines Tuch mit Butter schmieren, das Lebergehack barein geben, locker zubinden, und so in die kochende Rindsuppe hängen, und es eine Stunde kochen lassen, bann geschnitten in die Suppe geben. Man kann auch klare Suppe barüber gießen.

6. Gebünstete Suppe.

Zerschneide für 12 Personen ein Pfund Kalbfleisch, gib es auf ein großes Reindel, nimm dazu grünen und Wurzelzeller, grüne und Wurzelpetersilie, 2 gelbe Rüben, einen Kohl, bann verschiedene Abfälle vom Geflügel, als: Hälse, Flügel, Füße von Enten, Hühnern, Gänsen, eine zerschnittene Zwiebel, ein Stückchen Butter, ganz wenig Salz, und lasse es entweder auf gelindem Kohlenfeuer, oder auf einer Platte dünsten, doch darf es ja nicht ganz eintrocknen und braun werden. Wenn die Fleischgattungen weich genug sind, gibt man noch ein Stückchen Butter zu, und streuet 2 Eßlöffel voll feines Mehl barüber; rührt öfters um, und läßt es so lange gelinde dünsten, bis es eine Rinde auf dem Boden ansetzt, welche man nur semmelgelb rösten läßt, bann gießt man 6 bis 7 Seidel gute kräftige Rindsuppe baran, und läßt es wenigstens eine halbe Stunde kochen, seihe sie durch, und richte sie entweder über gebackene Semmelschnitte oder über gebackenes Kalbshirn oder über sonst etwas, was später angemerkt wird, an.

NB. Für wenige Personen kann man zu dieser Suppe ein Stückchen Zuwage vom Kalbsbraten benützen,

z. B. vom Schlägel das Knie, was eine wirthliche Hausfrau sich schon gehörig einzurichten verstehen muß, damit
sie, wo es angeht, etwas erspare.

7. Die sogenannte schwäbische Suppe mit Eiern.

Lasse bei dem Rindfleische 2 Kohlhäupel, 2 gelbe
Rüben, 2 Zeller und eine Petersilwurzel kochen; nehme
es heraus, zerschneide alles auf Nudeln, lege es in die
Suppenschüssel, zerschneide eine Zwiebel auf Nuderln,
lasse sie auf Butter braun rösten, gib sie dazu, laß Brod-
schnitten im Schmalze hübsch braun rösten, gib selbe ebenfalls dazu, dann seihe gute Rindsuppe ab, würze sie mit
Muskatenblüthe, und wenn sie kocht, so schlage so viel
Eier darein, als Gäste sind, daß jeder ein oder zwei
Stücke bekäme; lasse sie ein bischen kochen, doch nicht lang,
sonst werden sie hart, dann gieße die Suppe vorsichtig,
daß die Eier ganz bleiben, auf das Bereitete in die
Schüssel und trage sie zur Tafel. So kann man auch
auf bloßes eingeschnittenes Brod und geröstete Zwiebel
die Suppe mit Eiern bereiten; ist auch gut.

8. Suppe mit Leberknödeln.

Nimm ein Stück Kalbs- oder Rindsleber, sondere
sie von den andern ab, hacke sie dann mit einem Stück
Rindsmark oder Unschlitt klein, gebe es in eine Schüssel,
schlage dazu 2 ganze Eier, 2 Dötter, gib ein bischen
Majoran, ein bischen Neugewürz, einige Zeherl Knoblauch, ein bischen kleingeschnittene Lemonieschale, salze
es, und gib geriebene Semmel so viel, als du siehst, daß
nöthig ist dazu, damit, wenn man ein Stückchen mit dem
Löffel in die kochende Suppe wirft, sie nicht zerrinnen;
dann koche sie, indem du den Löffel immer früher in die
kochende Suppe tauchest, nockengroß in die durchgeseihte
Rindsuppe ein, lasse sie kochen bis sie gar sind; dann

kannst du die Suppe mit ein bischen weißer Einbrenn dünn einbrennen, grünen kleingeschnittenen Petersil darein thun, und mit Muskatenblüthe würzen; auch uneingebrennt kann diese Suppe bleiben, wie es beliebt.

9. Suppe mit Faschknöderln.

Schneide die Brust von einer rohen Henne aus, hacke sie mit ein bischen Rindsmark klein; wenn die Brust zu klein ist, so kann man ein Stückchen Kalbfleisch dazu thun, dann lasse eine halbe abgeriebene Groschensemmel im Wasser weichen, und recht ausgedrückt thue sie dazu; dann mache drei auf Butter gerührte Eier, lasse sie auskühlen, gebe sie dazu, hacke alles recht klein, ziehe alle Fäserchen gut heraus, treibe alles noch wohl ab, gebe dazu Muskatenblüthe und salze es; mache mit einem Kaffeelöffel kleine Knöderln, koche sie in die durchgeseihte Rindsuppe, worin die Überbleibseln der Henne mitgekocht haben, ein, lasse sie so lange kochen, bis sie oben schwimmen; dann gib in ein Töpfchen einige Dötter und entweder ein Stückchen frische, oder noch besser ein Stückchen Krebsbutter, rühre es mit ein bischen kühler Suppe ab, würze es mit Muskatenblüthe, gieße dann die Suppe, worin die Knöderln gekocht wurden, darüber, quirle es recht ab, und gieße es über die Knöderln; gib es zur Tafel.

10. Suppe mit Semmelpfanzel.

Schlage 2 ganze Eier und 2 Dötter in ein Töpfchen, salze es wenig, gib ein bischen Muskatenblüthe, dann eine geriebene Semmel dazu, einige Löffel voll süßen Schmetten, schlage es recht ab, und gieße es in ein mit Butter ausgeschmiertes, mit Semmelrinde bestreutes Reindel oder Kastroll, lasse es in der Röhre schön goldfarb backen und auskühlen. Dann schneide es auf kleine viereckige oder längliche Stücke; seihe die gute Rindsuppe

ab, brenne sie mit weißer Einbrenn wenig ein, würze
sie mit Muskatenblüthe, gib das zerschnittene Pfanzel
hinein, laß es ein bischen aufkochen, trage es zur Tafel.
So kann man auch Mehl= und Griespfanzeln machen.
Nur, muß man auf das ganz kühle Griespfanzel kühle
Suppe gießen, sonst wird es speer. Über dieses Pfanzel
kann auch die gedünstete Suppe Nro. 6 gegossen werden.

11. Suppe mit Fleischkrapferln.

Nehme ein Stück kalten Kapauner oder Kalbsbra=
ten, hacke es ganz klein, gib es mit einem Stückel fri=
scher Butter auf ein Reindel, gib dazu geriebene Semmel,
kleingeschnittenen Petersil, ein bischen Muskatenblüthe,
lasse es ein bischen aufdünsten, gib einige Löffel voll gu=
ter Rindsuppe dazu, daß es sich nicht in dem Reindel
anlegt, und dann schlüßlich zwei oder drei Dötter, wie
groß die Quantität ist, laß es noch ein bischen aufdün=
sten, dann abkühlen; indessen mache einen gewöhnlichen
Nudelteig, mache kleine Krapferln, indem du die Fasch
häufelweis darein gibst, koche sie in die Rindsuppe ein;
hast du frische Herrnpilze, so gib ein bischen in die Fasch
und die übrigen auf Butter gedünstet in die Suppe.

12. Gemischte Suppe.

Laß beim Rindfleische 2 Kohlhäupel, 2 Zeller, 2
Rosen Karfiol oder ein bischen Spargel kochen, zerschnei=
de es auf Nudeln, gib es in die Suppenschüssel; lasse
kleingeschnittene Herrnpilze auf Butter mit grünen Pe=
tersil und ein bischen Pfeffer dünsten, gib sie in einen
Topf, gieße gute Rindsuppe darüber und laß es kochen.
Dann hacke gekochte Mägen und Leber von Hühnern
klein, lasse sie mit ein bischen geriebener Semmel, grü=
nen kleingeschnittenen Petersil und Muskatenblüthe auf
Butter dünsten, gib dazu einige Dötter, laß es noch ein
bischen dünsten, reibe Semmel ab, schneide sie in Schei=

ben, steche mit der dazu bestimmten Form kreuzergroße
runde Scheiben, weiche sie ein bischen im Schmetten, gib
immer auf eine solche Scheibe ein bischen von dem Fasch,
decke ein zweites darüber, tunke es in ein zerschlagenes
Ei, ballire es in geriebener Semmel, und backe im hei=
ßen Schmalz schön goldgelb, wirfe es in die Suppe, laß
es ein bischen aufkochen, dann gieße es über das
übrige.

13. Gerstel.

Lasse schöne Gerstengraupen recht weich sieden, doch
lasse sie nicht anbrennen, dann nimm sie aus dem Topf,
worin sie gekocht, in einen andern, gib dazu ein Stück=
chen frische Butter und treibe sie recht ab, dann gieße
gute Rindsuppe darauf, und seihe es durch einen Durch=
schlag, würze es mit Muskatenblüthe und laß es auf=
kochen, nehme einige Dötter und quirle sie mit kühler
Suppe ab, dann gieße den kochenden Gerstel darein,
quirle es ab. Kannst auch ein bischen Schmetten statt
der kühlen Suppe zum Abrühren der Dötter nehmen;
besser ist es aber ohne Schmetten. Dieser Gerstel wird
bei Supées, in Bällen und überhaupt in Abendgesell=
schaften gebraucht, oder statt einer andern Suppe Abends
in Schalen aufgetragen.

14. Semmelgerstel.

Man reibe die Rinde von einigen Semmeln ab,
weiche sie im kalten Wasser, dann drücke man das Was=
ser aus, zertreibe die Semmel mit einem Stückchen fri=
scher Butter, und gieße kochende Rindsuppe darauf, rühre
es recht ab, seihe es durch einen Durchschlag, lasse es
noch einmal sieden, bereite einige Dötter mit kühler Sup=
pe und Muskatenblüthe, und quirle sie mit dem kochen=
den Semmelgerstel ab; wird eben so wie der vorige in
Schalen herumgegeben.

8

15. Abguß.

Zu diesem werden bloß Dötter genommen; so viel man Taffen Suppe bedarf, so viel werden Dötter in einem Töpfchen mit einem Stückchen Butter und ein bischen Muskatenblüthe mit kalter Suppe abgerührt, kochende Rindsuppe darauf gegossen, abgequirlt, und ebenfalls in Schalen aufgetragen. Auch kann man die Suppe früher mit Makrony einkochen, und mit Dötter abquirlen; dann wird sie aber auf Tellern wie andere Suppe gegessen.

16. Griesgerstel.

Koche eine dünne Griessuppe, quirle sie mit Döttern wie die vorige ab, würze sie mit Muskatenblüthe, und trage sie ebenfalls in Schalen auf. Sollte sie aber als Suppe in die Schüssel gebraucht werden, so kann und muß sie dicker eingekocht werden. Eben so kann man Nudelsuppe, Fleckelsuppe, Geriebenteigsuppe schmackhafter machen, wenn man sie mit einigen in kühler Suppe abgerührten Döttern abquirlt.

Eine jede erfahrene Hausfrau oder Köchin wird leicht einsehen, daß sich mit diesen hier bemerkten Suppen mit verschienen Änderungen hundert Suppen machen lassen, die ich alle einzeln aufzuführen für überflüßig halte; indem jedes 10jährige Mädchen schon weiß, wie sie zum Beispiel Nudeln oder Gries einkochen soll; nur dieses habe ich noch zu erinnern, wenn man eine gute Suppe erzielen will, so muß man nicht zu viel machen; man muß sehen, durch gute Knochen die Suppe stärker, und durch verschiedenes Grünzeug, wie vorher schon angemerkt worden, schmackhafter zu machen. Von Gewürz ist am besten bloß Muskatenblüthe; doch wer es liebt, kann auch etwas weniges Safran und Ingber nehmen; in Prob- und Schwammensuppe gibt man auch ein bischen Pfeffer; Grünzeug gibt man wie es die Jahreszeit gibt; Zeller, Petersil, gelbe Rüben, Karfiol, Spargel, Braunkohl, andern Küchenkohl, Schwämme u. s. w.; wer es liebt, gibt in die Suppe, ehe sie eingekocht wird, etwas kleingeschnittenen Petersil und Schnittling, welches der Suppe ein besseres Ansehen und Geschmack gibt.

17. Spritzkrapfen in die Suppe.

Nehme für 12 Personen auf eine Schüssel fünf gehäufte Löffel voll feines Mehl, laß etwas über ein halbes Loth Schmalz recht heiß werden, gieße es in das Mehl, gieße auch sogleich so viel siedende gemeine Milch darein, daß es ein glatter fester Teig wird; muß aber sehr schnell abgetrieben werden. Wenn es ausgekühlt ist, so schlage nach und nach zwei ganze Eier und drei Dötter darein, salze es ein bischen, und lege haselnußgroße Stückchen in heißes Schmalz, laß es schön goldgelb bakken, lege sie in die Suppenschüssel, gieße darüber entweder den Abguß Nr. 15, oder die gedünstete Suppe Nr. 6, und trage sie auf.

18. Gemischte Suppe für 12 Personen.

Schneide kleine Pilze recht fein, lasse sie auf Butter mit ein bischen grüner Petersilie dünsten, salze sie ein wenig, und würze sie mit ein bischen gestoßenen Pfeffer; wenn du schon die Suppe auftragen willst, so gib sie auf einen tiefen Teller, richte einen Kranz von gesetzten Eiern, welche mit einem Ausstecher ausgestochen werden müssen, herum an; die Schwämme bestreue mit in Würfeln geschnittenen goldgelb ausgebackenen Semmeln; noch kannst du einen Zusatz von gebratenen, zierlich geschnittenen Hühnern, Tauben, Rebhühnern, Fasanen, Bratwürsteln oder weichen guten Leberwürsten geben; dies trage so auf die Tafel; in die Suppenschüssel kannst du entweder braune Suppe Nr. 1, oder gedünstete Suppe Nr. 6 geben; jeder nehme sich von dem Gemisch was und soviel ihm beliebt, und gießt sich Suppe nach Be-

lieben zu. Dieses Gemisch kann auf verschiedene Art ab-
geändert werden, wie es die Jahreszeit und der Haus-
vorrath zuläßt; man kann die Schwämme mit Karfiol,
Krebsschweifchen, Spargel, Hühnermägen, Hühnerlebern,
Kalbsbrieschen, Hahnenkämme und verschiedenen derlei
Kleinigkeiten mischen; statt Eiern kann man einen Kranz
von den Spritzkrapfen Nr. 17, oder von der Sulze Nr.
3, oder von den Faschknöderln Nr. 9, oder von halbmondförmig ausgestochenen Amuletchen machen, kann
auch, wenn keine Schwämme vorhanden sind, andere
oben angemerkte Sachen mit kleinen Kalbfleischschnitzeln
mischen; eine erfahrene Hausfrau kann und wird immer eine gute Auswahl zu treffen wissen, auch kann man
die Suppe statt in die Schüssel, in großen Kaffeekannen
herum geben; daß für wenig Personen mit Kleinigkeiten eine solche Suppe hervorgebracht werden kann, ist
nicht nöthig anzumerken.

19. Eine andere gemischte Schwammerlsuppe.

Lasse klein geschnittene Pilze auf Butter dünsten, gib
klein geschnittene grüne Petersilie dazu, würze sie mit ein
bischen Muskatenblüthe, und ein wenig Pfeffer, gib dazu klein geschnittenen, in Rindsuppe überkochten Spargel
oder Karfiol, dann gebackene Erbsen, welche wie folgt,
gemacht werden: gib in ein Töpfchen zwei Dötter, ein
ganzes Ei, gib dazu zwei Eßlöffel voll feines Mehl,
zwei oder drei Löffel voll Milch, und mache einen dünnen Tropfteig, salze ihn wenig, lasse Schmalz heiß
werden, gieße diesen Teig durch einen mit größern Löchern versehenen Durchschlag oder durch ein Riebeisen;
mit der Schmalzpfanne muß, während dem man es
hinein tropft, beständig gerührt werden, so formiren sich
kleine Erbsen, die man schön goldgelb backen läßt. Nun
kann man die Schwämme entweder so, wie im Nro. 18
auf den Teller und die gebackenen Erbsen darüber an-

richten, oder kann man alles in eine Suppenschüssel geben und entweder die Suppe Nro. 6, oder eine gute mit
weißer Einbrenn dünn eingebrennte Rindsuppe darüber
gießen; diese gebackenen Erbsen werden auch vielfältig
zu Mehlspeisen verwendet, theils zum Ausstreuen der
Formen, theils als Mitbestandtheil, wovon weiter ein
Mehreres; auch können diese Erbsen in die gelbe Suppe
Nro. 3 allein gebraucht werden, so auch in Nro. 1.

20. Frühlings=Kräutersuppe.

Lasse Frühlingskräuter suchen, als: Guntermann,
Veilchenblätter, Gänseblümchen, Brennessel, Cichorien-
blätter, junge Kümmelblätter, Erdbeerblätter und mehr
dergleichen, füge dann grüne Petersilie und Körbelkraut
bei, klaube und putze alles rein, laß es in guter Rindsuppe kochen, aber nur einige Minuten, damit es schön
grün bleibt, dann seihe es ab, hacke oder schneide es mit
einem krummen Messer klein, gib es wieder in die Suppe,
laß einen Sud darüber gehen; so viel Personen, so viel
Eidötter gib in ein Töpfchen, gib dazu ein Stückchen
frische Butter, ein bischen Muskatenblüthe, rühre es mit
ein bischen kühler Rindsuppe ab, gieße dann die kochende
Kräutersuppe darüber, quirle es recht ab, richte sie über
goldgelb gebackene Semmelschnitte an; wenn diese zu
fett sind, kann gebähte Semmel genommen werden. Um
Eidötter zu sparen, darf man wohl zum häuslichen Gebrauche zwei Kaffeelöffel von Mehl zu 6 Döttern gerechnet nehmen, so gibt es Suppe für 8 bis 10 Personen, doch ganz ohne Mehl ist sie besser.

21. Lungenknöderln in die Suppe.

Hacke die weich gekochte Lunge von einem jungen
Lamm oder von einer jungen Ziege klein, hacke ein Stückchen rohes Kalbfleisch darein, dann gib ein Viertel abgeriebene, im Wasser geweichte ausgedrückte Semmel dazu,

3 gerührte Eier, ein bischen Salz, Rindsmark und
grüne Petersilie, hacke alles recht fein, und treibe es
dann auf einer Schüssel noch recht ab, koche dann die
Knödelchen wie kleine Nocken entweder in die Suppe
Nro. 6, oder in eine gute, mit semmelgelber Einbrenn
eingebrennte Suppe ein, die Leber aber schneide roh auf
längliche kleine Schnitzel, laß sie mit geschnittener Zwiebel hübsch braun braten, gib selbe in die Suppenschüssel,
gieße die Suppe darüber und trage sie auf.

22. Gestoßene Suppe auf andere Art.

Schmiere ein Reindel mit Butter aus, klopfe ein
Pfund kälberne Schnitzel, schneide ein halb Pfund geselchtes Fleisch ebenfalls auf Schnitzel, dann schneide einen Zeller, zwei Wurzel Petersilie, eine gelbe Rübe, ein
halbes Kohlhäupel, alles auf Scheiben, belege das ausgeschmierte Gefäß damit, lege das geselchte Fleisch und
die geklopften Schnitzel darüber; da ohnedies eine solche
Suppe nur zu einer größern Tafel bereitet wird, also
gibt man auch noch die Mägen und verschiedene Abfälle
sowohl vom Geflügel als auch von Fasanen und Rebhühnern; hat man davon einen Überfluß, so kann man
auch ein ganzes Rebhuhn oder Fasan dazu geben, dann
zwei Schöpflöffel Suppe, dies wird nun wohl zugedeckt
recht langsam gedünstet, darf aber nicht braun werden;
wenn alles schon weich ist, wird das Rebhuhn, die Kälberschnitzel, die Geflügelmägen herausgenommen und
zierlich geschnitten bei Seite gelegt; die Beinchen von
dem Rebhuhn, die Hälse vom Geflügel u. s. w. werden
aber im Mörser gestoßen und wieder hineingethan, eine
mit Gewürznelken gespickte Zwiebel, und wenn gerade
frische Pilze sind, auch davon hiezu gethan. Nun läßt
man den Saft recht stark eindünsten, dann gibt man zwei
gehäufte Eßlöffel voll feines Mehl darüber, rührt es um
und läßt davon eine goldgelbe Kruste anlegen, nun gießt

man so viel gute Rindsuppe daran, als man nöthig hat,
und läßt es wenigstens eine halbe Stunde kochen; sodann
seihe es durch, in die Schüssel richte aber das zuvor geschnittene Fleisch, und goldgelb geröstete Semmelwürfel
an, gieße die Suppe, die höchstens mit ein bischen Muskatenblüthe gewürzt wird, darüber.

NB. Diese Suppe kann im kleinern Maße auch aus
verschiedenen Überbleibseln verfertigt werden, indem man
blos einige frische Kälberschnitzel und das Wurzelwerk
dünsten läßt, von dem zahmen und wilden Geflügel aber
blos die Hälse und Rücken dazu gibt, dann die Beinchen, wovon man früher das Fleisch zierlich abgenommen und in die Schüssel zubereitet hat. Eine wirthliche Hausfrau muß jedes Stückchen gehörig zu benützen
wissen, und nach einer ein bischen größern Tafel noch
einige zierliche und köstliche Mahlzeiten für ihre Hausgenossen zuzubereiten verstehen.

23. Leberknödel vom Geflügel.

Hacke die Hühnerlebern klein, auf 6 Hühnerlebern
gib 3 oder wenigstens 2 Loth frisches Rindsmark, 3 ganze Eier und eine geriebene Semmel; das Mark muß
mit den Lebern vorerst recht klein gehackt werden, dann
gib es in eine Schüssel, schlage die Eier darein, und
streue die Semmel dazu, salze es, gib Muskatenblüthe,
grüne kleingehackte Petersilie und ein bischen Neugewürz
dazu; auch kannst du Majoran hinzuthun, wenn du willst;
probire, ob sie fest genug sind und nicht zerfließen; ist
dies der Fall, so muß man Semmel zugeben.

24. Gemischte Knöderln.

Eine geübte Köchin kann aus verschiedenen Kleinigkeiten manchmal etwas recht Gutes machen ohne sich
gerade aufs Maaß zu binden, so z. B.: Nehme zwei
Hühnerlebern, ein Stückchen Kalb, ein Stückchen

14

Schweinfleisch, ein Stückchen Rindsmark oder frischen Unschlitt, dies hacke alles recht fein, gib dazu 3 gerührte überkühlte Eier, eine halbe abgeriebene, im Wasser oder Schmetten geweichte ausgedrückte Semmel, hacke und treibe alles recht fein, salze und würze es mit Muskatenblüthe; nun kannst du längliche Knöderln daraus formiren, die Hälfte im zerschlagenen Ei eintunken, in geriebener Semmel umwälzen und in Schmalz schön goldgelb backen; die andere Hälfte aber koche in Rindsuppe, lege beide in die Schüssel und gieße entweder die gedünstete Suppe Nro. 6, oder den Abguß Nro. 15 darüber. Brauchst du etwas mehr davon, so kannst du einen Löffel voll Gries- Reiskoch und ein rohes Ei dazu mischen, alles recht abtreiben und damit entweder so wie oben gesagt wurde, verfahren, oder schmiere ein reines Tuch mit frischer Butter, lege einen schönen Kranz von Petersilienblättern aus, gib es darein, binde es locker zu, lasse es in der Rindsuppe eine Stunde kochen, gieße die Suppe in die Schüssel, diesen Suppenbubbing aber stürze auf einen Teller, mache einen Kranz von gebackener, in Würfeln geschnittener Semmel und trage es auf.

25. Andere gemischte Knöderln in die Suppe.

Nimm für 8 Personen von 3 Hühnern die Leber und die Brust, hacke es mit drei Loth Rindsmark recht fein, gib dazu 3 gerührte überkühlte Eier, eine halbe abgeriebene im Wasser geweichte ausgedrücke Semmel, salze und würze es mit Muskatenblüthe, gib ein bischen grüne Petersilie, und koche kleine Knöderln in die Rindsuppe ein; lege sie in die Suppenschüssel, gieße entweder die gedünstete Suppe Nro. 6, oder den Abguß Nro. 15, oder eine gute, mit weißer Einbrenn eingebrennte Suppe darüber. Auch diese Massa kann in ein mit Butter geschmiertes Tuch locker eingebunden, eine Stunde in der Rindsuppe gekocht, und wie das vorige aufgetragen werden.

26. Noch andere gemischte Knöderln.

Nimm für 8 Personen zwei Hühnerlebern, zwei Hühnerbrüstchen, 2 Loth Rindsmark, 10 Krebsschwei= feln, hacke alles recht fein, gib dazu 2 gerührte, über= kühlte, separat gehackte Eier, salze und würze es mit Muskatenblüthe, gib dazu eine halbe in guter Milch ge= kochte abgeriebene Semmel, hacke und treibe alles recht fein ab, von den Schalen mache Krebsbutter, gib einen Löffel von Krebsbutter auf eine Schüssel, lege das Ge= hackte hinein, schlage ein Ei und einen Dotter dazu, gib 2 Löffel voll geriebene Semmel, und wenn es die Jah= reszeit erlaubt, auch noch entweder in der Rindsuppe überkochte Spargelköpfchen oder Karfiol dazu, koche ent= weder Knöderln davon in die Rindsuppe ein, oder koche es in einem mit Butter geschmierten Tuch in der Rind= suppe, oder schmiere eine kleine Melonenform mit But= ter aus, gib es hinein, koche es im Dunst, und stürze es wie die vorhergehenden; auch dazu kann entweder die Suppe Nr. 6, oder Nr. 15, oder eine gute, mit ein wenig weißer Einbrenn verdickte Suppe gegeben werden. Sind mehrere Personen, so kann man die Hühnerchen, wo man die Brüstchen ausgeschnitten hat, entweder ge= kocht oder gedünstet beifügen, versteht sich, daß man selbe zuvor zierlich zerschneiden muß.

27. Semmelbudding in die Suppe.

Nimm für 8 bis 12 Personen ein Seidel Schmet= ten, schlage darein 3 ganze Eier, quirle es recht ab, gieße es über zwei abgeriebene, würflicht geschnittene Semmeln, lasse es etwa eine halbe Stunde weichen, treibe dann 3 Loth Schmalz oder Krebsbutter, oder von der Rindsuppe abgeschöpftes Fett ab, gib dazu einen Dotter, ein bischen Muskatenblüthe, salze es, gib die ge= weichte Semmel dazu, füge ein bischen kleingeschnittener grüner Petersilie bei, schmiere ein reines Tuch mit But=

ter, gieße es hinein, binde es locker zu, laß es eine Stunde in der Rindsuppe kochen. Hast du mehrere Hahnenkämme oder Krebsschweifeln, so schneide kleine Nudeln daraus und füge sie bei, gib diesen Budding auf einen Teller, garnire ihn mit gebackenen Semmelwürfeln oder in der Rindsuppe überkochten Spargelköpfchen oder Karfiolbröckchen, und gib entweder gute klare oder die Nro. 15 Suppe dazu.

28. Ein Gemisch zur Suppe Nr. 15.

Schneide für 8 bis 12 Personen zwei in der Rindsuppe weichgekochte Kohlhäupel auf Nudeln. Mache von 4 Eiern Amuletchen, schneide auch Nudeln davon, und mische es, gib es in die Mitte eines tiefen Tellers, mache einen Kranz von gekochtem Karfiol oder Spargelköpfchen mit Krebsschweifeln garnirt, belege ihn mit gebratenen, zierlich geschnittenen Hühnern oder jungen Enten, die Mitte bestreue mit gebackenen Semmelwürfeln oder würflicht geschnittenen Hühnerlebern und Hühnermägen, trage es so auf, die Suppe Nro. 15 gib separat auf den Tisch.

NB. Diese Mischung kann von einer umsichtigen Hausfrau nach Belieben geändert werden, was die Jahreszeit und der Vorrath in der Speisekammer bietet, kann zugesetzt oder abgenommen werden; diese Mischung kann auch zu einer ganz klaren Suppe gebraucht werden, wo man einen Kranz von gesetzten, mit dem kleinen runden Model ausgestochenen Eiern besetzen kann, das Überbliebene von den ausgestochenen Eiern kann man zwischen die Kohlnudeln statt den Amuletnudeln mischen, ist auch zierlich und gut.

29. Ein anderes Gemisch in die Suppe Nr. 15.

Gebe in die Mitte eines tiefen Tellers würflicht geschnittene Hühnerlebern oder Hühnermägen, auch von Enten oder einer Gans, mische darunter kleingeschnitte-

nen, in Rindsuppe gekochten Spargel oder Karfiol, was
gerade die Jahrszeit gibt, dann Krebsschweifeln, mache
dann einen Kranz von Sulzwandeln, welche du also be=
reiten kannst: Nimm so viel Eier als du Gäste hast,
schlage sie in ein Töpfchen, quirle sie recht ab, z. B.
auf 6 bis 8 ganze Eier nehme ein halb Seidel gute
Rindsuppe, welche aber lau seyn muß; würze es mit
Muskatenblüthe, schmiere ganz kleine Modeln mit But=
ter aus, lege am Boden ein oder mehrere gekochte Spar=
gelköpfchen, Krebsschweifeln, oder Karfiolbröckchen, oder
mache ein Kränzchen von Petersilblättern, in die Mitte
lege ein Stückchen Krebsbutter, gieße die Modeln etwas
über die Hälfte voll, stelle selbe in kochendes Wasser,
laſſe sie etwas über eine halbe Stunde kochen, stelle sie
dann sammt dem Wasser in eine heiße Röhre, damit sie
auch oben fest werden, stürze sie und mache den Kranz,
gib auf jedes ein Stückchen Krebsbutter, wenn welche
da ist, es kann aber auch ohne Krebsbutter seyn; sind
aber keine derlei Modeln bei Hause, so mache die Sulze
von Nr. 3 dazu, nehme wie halb Ei große Stücke mit
einem Löffel heraus und mache daraus einen Kranz.

30. Noch ein Gemisch.

Schlichte Spritzkrapfen Nr. 17 in die Mitte eines
tiefen Tellers schön hoch auf, mache einen Kranz von
der Sulze Nr. 3, wozu du zur Unterlage eben würflicht
geschnittene Hühnerlebern und Mägen, Hahnenkämme
u. dgl. nehmen kannst, gib in die Suppenschüſſel entwe=
der die Suppe Nr. 6 oder Nr. 15.

Eine geübte Hausfrau oder Köchin bedarf nur die=
ser wenigen Beispiele, um sie ins unendliche zu ändern;
man kann Magarony, Amuleteln, Hühnerflügel, gebra=
tene Hühner, gebratene Tauben, Bratwürste, Leberwür=
ste, verschiedene Fasch,= Leber,= Lungen= oder Reisknö=
deln zusammen mischen und zierlich sortiren.

31. Suppenſulze, welche gut im Hauſe und vorzüglich für Kranke zu gebrauchen iſt.

Gieße auf 3 Pfund Rindfleiſch 4 Maaß Waſſer, gib dazu 2 oder 3 Kälberfüſſe und laſſe es bis auf 3 Maaß einkochen, richte indeſſen in ein großes, mit Butter geſchmiertes Gefäß ein Pfund Rindfleiſch, ein Pfund Kalbfleiſch, beides in kleine Stücke geſchnitten, füge dazu 2 Peterſilwurzeln, 2 gelbe Rüben, einen großen Zeller, eine halbe weiße Zwiebel, 4 Loth weißen Sago, 6 Stück geputzte Schnecken, gieße darauf 2 Schöpflöffel voll gute Rindſuppe und laſſe es langſam dünſten, jedoch muß man durch öfteres Nachgießen guter Rindſuppe das Braunwerden, in ſo lange die Fleiſchgattungen nicht weich ſind, verhüten, dann laſſe es recht kurz eindünſten, ſtreue einen Löffel voll feines Mehl daran, daß ſich davon eine ſemmelgelbe Kruſte am Boden des Gefäßes anſetzt, nun gieße die vorbeſchriebene Suppe daran, und laſſe es noch eine Stunde langſam ſieden, ſeihe es durch ein Sieb in ein anderes Gefäß, laſſe es nochmals ſieden, ſeihe es durch ein dichtes Haarſieb, und hebe es ins kalte Gewölbe zum ferneren Gebrauche auf. Ein Löffel voll von dieſer Sulze, einer jeden Suppe beigemiſcht, gibt ihr beſſern Geſchmack, iſt für Kranke, beſonders für Lungenkranke ſehr ſtärkend; kann auch auf Reiſen mitgenommen gute Dienſte leiſten, indem man davon einen Löffel voll in ein Seidel kochendes Waſſer gibt, hat man die beſte Fleiſchſuppe, was, wenn man in ſchlechten Wirthshäuſern, deren es leider noch immer gibt, nichts bekömmt, treffliche Dienſte leiſtet. Ein bischen Lemoniesaft beigemiſcht, mit einigen Eierdöttern legirt, gibt eine gute Soß, welche man über ein mitgenommenes gebratenes Huhn oder auch Kalbsbraten anrichten kann, es läßt ſich nicht ſo lang wie die bekannten Suppentafeln halten, aber es hat einen angenehmern Geſchmack, und iſt nicht ſo koſtſpielig, kann im kalten

Wetter auch trocken mitgeführt werden, nur muß man sich hüten, es in die warme Stube mitzunehmen; man kann es aber am besten in ein Gefäß, worüber ein hölzernes Futteral ist, geben und so mitführen. Für Gesunde kann man die Schnecken auslassen, und lieber eine alte Henne bei dem Rindfleische kochen lassen, was immer gut ist.

32. Kleine Pfanzerln vom Schweinebraten.

Nimm ein Stück kalten Schweinebraten, schneide ihn mit dem Wiegmesser ganz klein, gib es auf eine Schüssel, so viel gehäufte Löffel Fleisch, so viel gehäufte Löffel voll geriebener Semmel, auf zwei Löffel voll Fleisch gib zwei ganze Eier und 6 Löffel voll Schmetten, salze es ein wenig und gib, wenn du willst, bischen Kümmel dazu, backe selbe an einem blechernen Talkenblech mit Grübchen, so wie man gegossene Talken bäckt, lege in jedes Grübchen ein Stückchen Schmalz, dann einen Löffel voll von dem Gemisch hinein, lasse es über Kohlen, oder auf der Platte von beiden Seiten schön goldbraun backen, dann zerschneide jedes in 4 Viertel, lege es in die Suppenschüssel, gieße eine gute, mit weißer Einbrenn bischen eingebrennte Suppe darüber, welche du mit bischen Muskatenblüthe würzen kannst.

33. Pfanzerln von Hühnern oder Kapaunen.

Schneide das Fleisch von kalten gebratenen Hühnern oder Kapaunen recht fein, gib es auf eine Schüssel; wie viel Löffel voll Fleisch, so viel Eier, einen Löffel voll geriebener Semmel, drei Löffel Schmetten, würze es mit Muskatenblüthe, gib ein bischen grünen Petersil dazu, salze und backe es so wie das vorige. Eben so kannst du auch Pfanzerln von kalten Kalbs-, jungen Lamm- oder Zickelbraten bereiten. Schneide sie auf Viertel, gieße eine mit weißer Einbrenn eingebrenn-

2*

te, oder gedünstete Suppe, ein bischen mit Muskaten=
blüthe gewürzt, darüber.

34. Pfanzerln von Erdäpfeln.

Koche einige schöne mehlige Erdäpfel, schäle und
reibe sie gleich warm, auf einem Riebeisen. Gib für 8
Personen auf eine Schüssel 2 Loth Butter, treibe sie ab,
gib dazu vier gehäufte Löffel voll geriebener Erdäpfeln,
schlage 4 ganze Eier darein, salze es, gib einen Löffel
voll feines Mehl dazu, backe, zerschneide sie und gieße
eine gute Suppe darüber.

35. Griespfanzerln zur Suppe.

Koche für acht oder zehn Personen von einem hal=
ben Seidel süßen Schmetten oder gutes Milch, einen fe=
sten Grieskasch, treibe ein Loth frische Butter ab, gib den
überkühlten Kasch hinein, schlage drei Dötter darein,
salze es ein bischen, gib den Schnee von den drei Eiweis
dazu, backe sie wie die vorigen, gieße eine gute, mit
Eidöttern abgequirlte Suppe daran.

NB. Diese Pfanzerln, wenn man dazu noch ein
Loth gestoßenen Zucker gibt, sie bäckt, und mit Zucker
und Zimmet bestreut, können als selbstständige Mehl=
speise gegeben werden; für Kranke gibt man sie ohne
Zimmet.

36. Reisknöderln.

Koche von zwei Loth gut gewässerten Reis im süf=
fen Schmetten einen festen Kasch, laß ihn überkühlen,
treibe indessen auf einer Schüssel ein Loth frische Butter
und ein Loth Rindsmark ab, gib den Reiskoch darein,
salze es ein wenig, schlage drei Eidötter dazu, treibe
es gut ab, gib dann noch den Schnee von den drei Ei=
weis·dazu, und sollte es zu dünn seyn, so gib einen
Kaffeelöffel voll Reismehl dazu, koche in die kochende
Rindsuppe Knöderln davon ein, aber nur mit einem

Kaffeelöffel, damit sie etwas größer als Haselnüsse wä=
ren. Würze die Suppe mit Muskatenblüthe, und lasse
sie entweder klar, oder quirle sie mit einigen Eierböttern ab; du kannst diese Knöderln auch in heißen
Schmalz legen und schön goldgelb backen, oder daraus
Pfanzerln, wie die von Gries machen.

37. Kohlpfanzeln.

Koche in der Rindsuppe zwei schöne Kohlhäupel,
schneide sie fein, lasse sie mit ein bischen kleingeschnittener Kernfette auf einem Kastrole bischen dünsten, würze
sie mit gestoßenem Pfeffer; lasse es überkühlen, gib es
auf eine Schüssel, schlage 3 Eier dazu, salze es ganz
wenig und gib den vierten Theil von einer abgeriebenen
in Milch geweichten ausgedrückten Semmel dazu, treibe
es recht ab, und backe Pfanzeln wie die vorigen, schneide
sie auf Viertel und gieße eine gute Suppe darüber.

38. Hirnpfanzel zur Suppe.

Reinige ein Kalbs- oder Lammshirn, gib beiläufig
ein Loth frische Butter auf ein Kastrol, laß darin einen
halben feingeschnittenen Zwiebel und bischen feingeschnittenen Peterfil aufschäumen, gib das Hirn dazu, lasse es
bischen dünsten. Gib es auf eine Schüssel, treibe es
ab, bis es kühl ist; schlage darein zwei ganze Eier, salze
es, gib dazu einen gehäuften Löffel geriebener Semmel;
wäre es zu dünn, so gebe zwei Löffel Semmel, backe
und zerschneide sie wie die vorhergehenden, gieße eine
gute Suppe darüber.

39. Budding von Schweinfleisch zur Suppe für 12 Personen.

Hacke ein halb Pfund Schwein- und ein halb Pfund
Kalbfleisch mit 2 Loth Rindsmark recht klein, ziehe alle
Fasern heraus, gib dazu eine halbe, abgeriebene, im

Waſſer geweichte ausgebrückte Semmel, und drei gerührte Eier, hacke es noch bißchen, gib es auf eine Schüſſel,
ſchlage noch ein oder zwei ganze Eier barein, gib dazu etwas in Suppe überkochten Karfiol oder Spargelköpfchen,
ſalze und würze es mit Muſkatenblüthe, ſchmiere ein
Serviet mit Butter, mache einen ſchönen Kranz von grünen Peterſilwurzeln, Spargelköpfchen, Karfiolbröckchen
oder Krebsſchweifeln, gib die Faſch hinein, binde es lok-
ker zu, koche es eine ganze Stunde in der Rindſuppe,
binde es los, ſtürze es auf einen Teller, mache einen
Kranz von goldgelb gebackenen Semmelwürfeln herum,
und gib es zur Tafel, eine gute gedünſtete, mit Krebsbutter verbeſſerte Suppe, extra in die Schüſſel, welche
wie folgt gemacht wird.

Gib die Abſchnitzeln, ſowohl vom Kalb- als auch
vom Schweinefleiſch auf ein Kaſtrol, gib dazu einen
halben kleingeſchnittenen Zwiebel, ein halbes Kohlhäupel
oder Karfiol, eine gelbe Rübe, einen halben Zeller ſammt
dem Grünen, ſo auch Peterſil, laſſe es ſchön gelblich dünſten, doch nicht braun, gieße gute Rindſuppe daran, laſſe
ſie etwa eine halbe Stunde kochen, ſeihe ſie durch, mache
eine weiße, ganz dünne Einbrenn, brenne ſie ganz wenig ein, würze ſie mit Muſkatenblüthe und gib einen
Löffel voll Krebsbutter barein; ſind aber keine Krebſen,
ſo muß es nicht ſeyn.

40. Krebs- und Leberknöderln zur Suppe.

Hacke von einer Henne die Bruſt mit 15 Krebsſchweifeln, und einem Loth Rindsmark klein, gib dazu
ein oder zwei gerührte Eier und ein Viertel abgeriebener, im Schmetten geweichter ausgebrückter Semmel.
Salze und würze es mit Muſkatenblüthe, mache ganz
kleine Knöderln, höchſtens ſo groß, wie die kleinſten Ha-
ſelnüße, koche ſie in der abgeſeihten Rindſuppe, worin

auch das Übrige von der Henne gekocht hat; lege sie
in die Suppenschüssel.

Hacke die rohe Leber von der Henne wieder mit
Krebsschweifeln, und einem Loth Rindsmark, gib es auf
eine Schüssel, schlage dazu ein ganzes Ei und einen Dotter, gib dazu ein bischen Krebsbutter und 2 Löffel geriebener altbackener Semmelbröseln, ist es noch dünn, also
noch mehr; salze und würze es mit Muskatenblüthe,
treibe es recht ab, mache so wie ein Federkiel dünne
längliche Knöderln, koche sie in derselben Suppe, lege
sie zu den erstern, gieße die Suppe, worin dies alles
gekocht hat, mit Muskatenblüthe gewürzt, mit einem
Löffel voll Krebsbutter geziert, darüber.

41. Brodknöderln zur Suppe.

Reibe altgebackenes Hausbrod auf einem Riebeisen,
lasse davon drei gehäufte Eßlöffelvoll entweder auf frischem Rindsmark, oder im Schmalz schön goldbraun
rösten, lege es in eine Schüssel, lasse es auskühlen, röste
feingeschnittenen Zwiebel ebenfalls goldbraun, gebe ihn
dazu, schlage darein zwei ganze Eier, salze es ein wenig, gib dazu drei Löffel voll gute Milch, treibe es
recht glatt ab, und gib noch einen gehäuften Eßlöffel
voll entweder geriebenes Brod oder Semmelrinde dazu,
lasse es im Kühlen stehen; wenn Zeit zum Anrichten ist,
so koche mit 'einem Kaffeelöffel haselnußgroße Knöderln
in die klare kochende Rindsuppe ein. Willst du diese
Suppe für ansehnliche Gäste anrichten, so kannst du noch
ein schön gebratenes Rebhühnchen zerlegt in die Schüssel
sammt dem Saft geben, die Suppe darüber gießen und
auftragen. Wer gerade kein Freund von Zwiebel ist,
kann denselben auslassen; ist auch gut.

42. Wurzelsuppe mit Pfanzeln.

Schmiere eine Kastrole mit Butter, schneide eine
große oder zwei kleinere Zwiebeln in dünne Blätter, be-

lege darin den Boden der Kaſtrole, lege darüber ebenfalls in dünne Scheiben geſchnittene Zeller= und Peterſilwurzel, gelbe Rüben, dann in Scheiben geſchnittenes
geſelchtes Fleiſch, oder in Abgang deſſen junges Schweinfleiſch, Hühner= oder Gansleber, dann ein in vier Theile
geſchnittenes Kohlhäupel, bedecke alles mit reinen Kohl-
blättern, decke die Kaſtrole wohl zu, laſſe alles etwa
zwei Stunden gelinde dünſten, gerührt darf es nicht werden; es iſt daher öfters nachzuſehen, daß es nicht anbrennt, und ſollte es daher zu trocken ſeyn, ſo kannſt
du immer einen Eßlöffel voll gute fette Rindſuppe nachgießen, und wenn ſowohl der Kohl, als auch das Fleiſch
weich ſind, ſo nehme Beides ſammt der Leber heraus,
laſſe es auskühlen, das Übrige zerrühre, gieße gute
Rindſuppe darauf, laſſe es kochen, die überkühlten Kohlherzeln, einige Hühnerleber und einige Schnitzeln von
dem Fleiſche ſchneide mit dem Wiegenmeſſer fein, gebe
es auf eine Schüſſel, ſchlage darein nach Bedarf und
Menge der Suppe zwei bis 3 ganze Eier, gib dazu einen gehäuften Eßlöffel voll geriebenen Semmel, rühre
es glatt ab, ſalze es ein wenig, backe auf einem Grif-
felblech kleine Pfanzerln, ſchneide davon entweder Würfel oder mache aus jedem 4 bis 6 Dreiecke, lege ſie in
die Suppenſchüſſel; ſind mehrere Hühnerlebern oder
Mägen, ſo können dieſelben kleinwürflicht geſchnitten,
beigefügt werden. Die Suppe wird durch ein Haarſieb
durchgeſeiht, laſſe ſie noch etwa 5 Minuten, ohne daß
ſie kocht, ſtehen, gieße ſie dann über Pfanzerl, ſie klärt
ſich durch das Stehen; darum muß der Satz im Topfe
bleiben, wenn Gäſte ſind; fürs Haus kann alles aufge-
goſſen werden, weil der Satz nur von den verſchiedenen
Wurzeln kömmt, und nur dem Anſehen ſchaden, keineswegs aber den Wohlgeſchmack verderben kann.

43. Kraftsuppe.

Nach einer großen Tafel, wo verschiedene Braten sind, bleibt gewöhnlich manches Stück übrig, lege daher in einen Topf von gebratenen Hühnern, Fasanen, Rebhühnern, Kapaunen, Enten u. d. gl. auch vom Kalbschlägel die Knochen, von dem Geflügel die Hälse, und nachdem das Fleisch von Brustbeinchen, Flügeln und Füßen abgelöst ist, so nimm alle diese Beinchen, dann die Bratensoß dazu, gieße darauf ungesalzene Rindsuppe, lasse es kochen, schneide das abgelöste Fleisch in kleine Fillets (Stückchen), lege es mit goldgelb im Schmalz gebackenen Semmelwürfeln in die Suppenschüssel, gieße die durch ein Haarsieb klargeseihte Suppe darüber, trage sie auf. Diese Suppe kann auch bei einer Abendtafel in Bechern aufgetragen werden, es versteht sich ohne Fillets und Semmeln ganz klar; zu diesem Gebrauche kannst du einige Loth reingewässerten Reis dabei kochen lassen, aber nicht zu viel, höchstens so viel Maaß Suppe, so viel Loth Reis.

44. Suppe mit Semmelschnitten.

Zu dieser Suppe muß ein fettes Rindfleisch oder doch gute Suppenknochen und eine alte fette Henne genommen werden. Lasse dieses mit gehörigem Grünzeug kochen, und schäume die Suppe recht ab, damit sie schön klar wird.

Reibe zu zwei Maaß Suppe zwei Semmel ab, daß nichts von der Rinde bleibt; schneide sie in dünne halbmondförmige Scheiben, backe sie schön goldgelb im heißen Schmalze, lege sie in eine, mit Butter geschmierte Form, oder wenn einige Personen sind, auf einen tiefen Teller, lege darauf eine Lage in Suppe abgekochten, in Suppenfet gedünsteten Kohls, welcher nudelförmig geschnitten werden muß; belege dies entweder mit gebratenen Bratwürsten, oder gekochten Hühnerlebern und

Mägen in feine Würfe geschnitten, gib wieder eine Lage Kohl, dann wieder die gebackenen Semmelscheiben, begieße es nur soviel mit fetter Rindsuppe, daß es gehörig anzieht; lasse es in der Röhre schön gelblich backen, die Suppe lasse gut auskochen, seihe sie rein durch ein Haarsieb, würze sie mit etwas wenig Muskatenblüthe und gebe sie so klar in die Suppenschüssel. Die Kohlsemmeln werden dazu herumgegeben, damit sich jeder nach Belieben nehmen kann.

Damit diese Suppe recht kräftig ist, kannst du dabei recht viel Grünzeug, welches gerade die Jahrszeit bietet, als auch übriggebliebenes zahmes und wildes Geflügel sammt der Bratensoß kochen lassen, z. B. übriggebliebene Hälse von Hühnern, Kapaunen, Rebhühnern und Fasanen, welches immer jede Suppe kräftiger und wohlschmeckender macht.

45. Brodsuppe mit Brat= oder Leberwürsten.

Lege in die Suppenschüssel zuerst eine Lage goldbraun in Schmalz gerösteter Hausbrodschnitten, darüber lege entweder in kurze Stückchen abgedrehte gebratene Bratwürste, oder gebratene Leberwürste, dann wieder eine Lage geröstetes Brod, darüber in kochende Rindsuppe gesetzte Eier, bestreue es mit geschnittener Petersilie, gieße darüber eine gute durchgeseihte Rindsuppe, lasse es etwa fünf Minuten stehen, trage es auf; dies ist eine sehr nahrhafte und schmackhafte Suppe.

Hiemit glaube ich die Abhandlung über die Suppen schließen zu können; wer diese studiert, kann ihrer noch zweimal so viel mit verschiedenen Änderungen zubereiten.

Rindfleisch.

1. Rindfleisch.

Das Rindfleisch wird gewöhnlich in allen kleinern Haushaltungen blos gekocht, weil man dadurch eine gute Suppe erzielt. Man gibt es blos mit ein bischen Salz bestreut und mit grüner Petersilie geziert zur Tafel. Wenn Gäste sind, kann man, um es zierlicher zu machen, im Schmalz schön goldgelb geröstete Semmelbrösein daran thun. Will man jedoch, mit einer andern Suppe versehen, das Rindfleisch dünsten, so lege man es in ein Kastrol oder Reindel, lege Unschlitt oder Speck, Thymian, Lorbeerblätter, Zwiebel, Lemonieschale, ganzen Pfeffer, ganzen Ingber und Neugewürz darunter; lasse es so, indem man zeitweilig ein bischen Wasser oder Rindsuppe nachgießt, hübsch im Safte dünsten, bis es weich ist. — Man bereitet eine Soß, indem man halb Essig, halb Rindsuppe aufkochen läßt, und mit brauner Einbrenn einbrennt, dazu gießt man guten saueren Schmetten, würzt es mit ein bischen von den Gewürzen, welche auch beim Rindfleische dünsten, gibt kleingeschnittene Lemonieschalen darein, und gibt es entweder extra in Sossetten, oder gießt es auf das Rindfleisch; gewöhnlich gibt man es extra, indem man den braunen Saft, worin das Fleisch gedünstet, darauf durchseiht. Wenn unter das Rindfleisch nachgegossen werden soll, so muß es nur wenig gesalzen werden; gießt man Wasser unter, so kann man es gehörig salzen.

Die übrigen Zubereitungen vom Rindfleische findet man in andern Kochbüchern, die für große Haushaltungen bestimmt sind; hier will ich nur noch von Rostbraten Meldung thun.

2. Rostbraten.

Rostbraten wird auf dreierlei Art bereitet: gekocht, geröstet und faschirt.

1) Gekochter Roſtbraten muß gerade von dem Fleiſchhacker ſo dünn geſchnitten werden, wie zu Karbonadeln, dann wird er, nachdem er mit dem Meſſerrücken gehörig geklopft wurde, in eine Knoblauchſuppe gelegt, dort weich gekocht, und entweder mit Kren oder mit Lemonieſaft gegeſſen; man kann auch, damit er zierlich iſt, geröſtete Semmelbröſeln daran thun.

2) Wird das weiche Fleiſch vom Schlägel genommen, alles Fett herausgeſchnitten, mit einem Hackmeſſer klein gehackt, geſalzen, große, jedoch nicht zu dicke Karbonadeln daraus formirt; dann läßt man ein Stück Butter heiß werden, zerreibt einige Zeherl Knoblauch mit Salz, wirft ſie in die Butter, läßt ſie aufſchäumen, tunkt den zubereiteten Roſtbraten darein, legt ihn auf den Roſt und läßt ihn auf Kohlen braun röſten, oder man kann ihn bei Abgang eines Roſtes auf einem Reindel oder Pfanne auf gelinder Gluth bräunlich dünſten, dann gibt man ihn mit Lemonievierteln belegt zur Tafel. Wer den Knoblauch nicht leiden kann, nehme ſtatt deſſen Zwiebel.

3) Faſchirte Roſtbrateln werden eben aus dem weichen Fleiſche vom Schlägel bereitet; das Fleiſch wird eben wie beim vorhergehenden klein gehackt, dann gibt man einige Zeherl mit Salz abgeriebenen Knoblauch und ein bischen Pfeffer darein, ſalzt es gehörig, ſchlägt ein ganzes Ei darein und vermiſcht es mit Semmelbröſeln, formirt wie oben große Karbonadeln, tunkt es in Butter und geriebener Semmel ein, und läßt es auf Butter in einer Pfanne oder Kaſtrole braun dünſten. Man kann dazu auch nur Lemonieſchnitte nehmen und wie das vorhergehende mit dem Saft genießen, oder man kann dazu eine gute ſauere Soß nehmen, z. B. Sardellenſoß. Zahl 4.

3. Gedünſtetes Rindfleiſch mit Speck.

Klopfe ein ſchönes Stück Rindfleiſch vom Schlägel, ziehe es mit grobgeſchnittenem Speck durch, gib auf ein großes mit Butter geschmiertes Gefäß eine in Scheiben geschnittene Zwiebel, 2 Petersilwurzeln, einen Zeller, eine gelbe Rübe, 12 Körner Pfeffer, 3 Stück Ingber; lege das geklopfte, gewaschene und ein wenig gesalzene Fleisch darauf, gieße ein halb Seidel Wasser, oder ungesalzene Suppe daran, decke es wohl zu, lasse es entweder auf Kohlen oder auf einer Platte dünsten, kehre es öfters um, und wenn der Saft eingesotten ist, so gieße löffelweis gute fette Suppe zu, lasse es so lange dünsten, bis es weich und der Saft recht kurz und braun eingedünstet ist; dann lege das Fleisch in ein anderes Gefäß, schöpfe von dem Safte das übeflüßige Fett ab, und seihe ihn wieder auf das Fleisch durch, gib dazu einige zerriebene Sardellen, auf jedes Pfund Fleisch eine Sardelle gerechnet, gieße ein halbes Seidel rothen Wein daran, und gib einen Löffel voll Kapern dazu, brenne es mit brauner dünner Einbrenn ganz wenig ein, lasse es noch ein bischen aufkochen aber nicht lange, damit ja die Soß nicht zu dick wird; sollte sie aber zu dick werden, so gieße ein bischen Rindsuppe nach, richte das Fleisch auf eine Schüssel, ziere es mit goldgelb gebackener, geriebener Semmel und Lemonieschnitten, und gib es auf den Tisch.

4. Lungenbraten.

Nehme ein Stück von 4 Pfund von einem schönen Lungenbraten, häutle alles Unschlitt und Häute schön ab, klopfe es, salze und spicke es mit Speck, lasse 2 Seidel Weinessig mit einer zerschnittenen Zwiebel, 12 Körnern Pfeffer, 4 Stück Ingber, ein bischen Thymian aufkochen, lege den Lungenbraten in ein Gefäß, wo er in seiner Lage bleiben kann, begieße ihn mit dem Essig und lasse ihn einige Tage in diesem Sude liegen, jedoch muß er täglich umgewendet werden. Endlich wird er wie ein Hase langsam gebraten und mit sauern Schmetten begossen, kann entweder statt dem Rindfleisch oder auch statt dem Braten aufgetragen werden; im erstern Falle richtet man ihn mit gerösteten Semmelbröseln an, und kann die Soß extra geben.

5. Lungenbraten auf andere Art.

Wenn der Lungenbraten, so wie im vorigen beschrieben, gebraten ist, schneide fingerdicke Schnitzeln daraus, lege sie schön zierlich in eine Schüssel, die Soß legiere mit sauern Schmetten und einem Dotter, lasse sie noch ganz wenig aufkochen, seihe sie auf die Schnitzeln, bestreue es mit gelbgerösteten Semmelbröseln, und trage es auf; es kann entweder statt Rindfleisch oder auch statt einem Eingemachten gebraucht werden.

6. Lungenbraten auf dritte Art.

Häutle, klopfe, wasche ein 3pfündiges Stück Lungenbraten, spicke es mit Speck recht durch, gib kleingehackte Zwiebel, gestoßenen Pfeffer, Ingber, Gewürznelken und ein bischen Thymianpulver dazu, mische alles wohl untereinander, und reibe den Lungenbraten damit recht ein, schmiere ein Gefäß mit Butter aus, belege den Boden mit geschnittenen Zwiebeln, Petersilwurzeln, Zeller, gelben Rüben und den Abschnitzeln von Speck, lege den Lungenbraten darauf, gib einen Schöpflöffel voll Rindsuppe dazu, lasse es zugedeckt so lange dünsten, bis es weich ist, gieße nach und nach einen Schöpflöffel voll Weinessig, und ein halb Seidel rothen Wein darunter, lasse es recht kurz einbünsten, gebe es auf eine Schüssel, passire die braune Soß darüber, belege es mit Lemonieschnitten und trage es auf; versteht sich, daß das überflüssige Fette früher abgeschöpft werden muß. So zubereitet kann der Lungenbraten auch kalt mit Essig und Öhl genossen werden; warm kann man ihn entweder statt Rindfleisch oder statt Braten gebrauchen, wo im ersten Falle die Soß separat in Sosietten herum gegeben wird.

7. Lungenbraten-Schnitzeln mit Erdäpfeln.

Häutle den Lungenbraten ab, schneide Schnitzeln davon und klopfe sie mit dem Messerrücken so wie Karbonadeln, salze während des Klopfens jedes ein bischen,
schneide Speck auf kleine Würfel, lasse sie heiß werden,
gib dazu kleingeschnittene Zwiebel, lege die geklopften
Schnitzel darauf, und lasse sie schnell ausdünsten; die
Abschnitzeln lege in ein anderes Gefäß, gib dazu Petersilie und Zellerwurzeln, gelbe Rüben, ein bischen Thymian,
einige Lorbeerblätter, lasse es hübsch bräunlich dünsten,
streue darüber einen Löffel voll Mehl, rühre öfters um,
damit sich eine braune Kruste am Boden des Gefäßes
ansetze, gieße ein Seidel Rindsuppe daran, würze es mit
Ingber, Pfeffer und Neugewürz, passire es über die
Schnitzeln, gib ein wenig kleingeschnittener Lemonieschal-
len dazu, lasse es ganz wenig aufkochen, damit es nicht
zu dick wird; sollte es jedoch geschehen, so muß man ein
bischen Rindsuppe nachgießen. Wenn du es auftragen
willst, so drücke den Saft von einer Lemonie daran,
richte es in eine runde Schüssel an, und mache einen
Kranz von gerösteten Erdäpfeln herum. Die Erdäpfel
werden also geröstet: schäle schöne kleine Erdäpfel roh
ab, schneide sie auf dünne Blätteln, lasse sie wenigstens
eine halbe Stunde im kalten Wasser auswässern, dann
wische sie in einer reinen Serviette trocken, werfe sie in
zerlassene Butter, salze und lasse sie schön goldgelb rösten; wer ein Freund der Zwiebel ist, kann, bevor er
die Erdäpfel hinein gibt, kleingeschnittene Zwiebel in der
Butter braun rösten; so bereitete Erdäpfel kann man
um jedes braungedünstete Sauerfleisch geben.

8. Kulaschfleisch.

Schneide für 6 Personen wenigstens anderthalb
bis zwei Pfund früher geklopftes Rindfleisch auf ganz
kleine Stückeln wie kleine Semmelwürfeln, am besten ist

auch dazu der Lungenbratel oder vom Schlägel, oder aber
von den Rippen; gib auf ein Reindel ein Stückchen
Butter, auf 2 Pfund etwa 2, höchstens 3 Loth, dann
zwei kleingeschnittene Zwiebeln und eine kleingeschnittene Petersilwurzel, lasse es schnell dünsten; wenn es sich
zu trocken ausgedünstet hat, so gieße löffelweis Rindsuppe zu, eben deßhalb darf es nicht zu sehr gesalzen
werden, weil, wenn man dann Rindsuppe, welche auch
gesalzen ist, nachgießt, man es leicht übersalzen könnte;
wenn es gehörig weich ist, so lasse es bis in kurzen Saft
einbünsten, würze es mit ein bischen Majoran und Pa-
prika, oder in Ermanglung dessen, mit Pfeffer, richte
es an, mache einen Kranz von geschmorten Erdäpfeln,
wie bei Nro. 7, und trage es auf.

NB. Dieses Kulaschfleisch kann man auch vom Kalb-
oder Schöpfenfleisch machen.

9. Rindfleisch mit Ingber.

Nehme ein Stück von etwa 6 Pfund vom mürben
Schlägel, klopfe es recht, salze es, lege es in ein mit
Butter geschmiertes Gefäß, belege es oben ebenfalls mit
Butter, gib einige Schöpflöffel voll Wasser darunter,
lasse es wenigstens anderthalb Stunden gut zugedeckt
dünsten, und kehre es öfters um. Dann nimm den Deckel
ab, bestreue das Fleisch mit gestoßenem Ingber, gib es in
eine wohlgeheizte Röhre, lasse es schön braun von beiden
Seiten braten, spicke es mit Butter, und sehe zu, daß auch
der Saft recht braun wird; beim Anrichten können geröstete Erdäpfeln herumgegeben werden. Man kann diesen Braten entweder gleich nach der Suppe statt Rindfleisch, oder
auch statt dem Braten auftragen; ist es statt Rindfleisch, so
kann man dazu eine Soß bereiten, indem man in den braunen Bratensaft Rindsuppe zugießt und mit brauner Einbrenn ihn ein bischen einbrennt, dann entweder bischen
Weineffig, oder den Saft von einer Lemonie dazu gibt.

NB. Man kann statt Erdäpfeln, wenn es nach dem Rindfleisch aufgetragen wird, auch eingelegte Gurken oder Gurkensalat dazu geben.

10. Schnitzel vom eingelegten Lungenbraten.

Schneide von dem nach Nro. 4 eingelegten Lungenbraten dünne Schnitzel, klopfe sie ein wenig mit dem Messerrücken, gib auf ein Kastrol klein würflicht geschnittene Kernfette und kleingeschnittenen Zwiebel, lege die geklopften Schnitzeln darauf, gib noch dazu eine Wurzel Petersil, eine gelbe Rübe, ein halbes Kohlhäupel, alles kleingeschnitten, und lasse es dünsten, bis die Schnitzeln weich und braun sind, gieße dann darauf ein halb Seidel Rindsuppe, ein halb Seidel Wein, lasse es bischen aufkochen, gib die Schnitzel auf eine andere Kastrole; zu der Suppe gib ein Stückchen brauner Einbrenn, lasse sie aufkochen, seihe sie auf die Schnitzel durch; wenn es zu dick wäre, so gieße ein bischen Wein und gib bischen kleingeschnittener Lemonieschalen dazu, würze es mit Pfeffer, lasse es noch ein bischen aufsieden und richte es an.

Wenn gerade kein eingelegter Lungenbraten vorhanden ist, kann man diese Schnitzel aus einem mürben Stück Fleisch vom Schlägel schneiden, klopfen, und nach der Vorschrift behandeln.

11. Schnitzel vom Rindfleisch mit Erdäpfeln.

Lasse mehlige Erdäpfel nur so viel kochen, daß man sie schälen kann, dann lasse sie mit bischen Rindsuppe weich dünsten, zerrühre sie zu einem Rasch, lasse in Butter einen Kochlöffel voll Mehl aufschäumen, gib die abgetriebenen Erdäpfel darein, gieße bischen Suppe nach, und lasse es ein wenig dünsten.

Schneide von einem mürben Rindfleisch dünne Schnitzel, klopfe sie recht mit dem Messerrücken, mische Salz, Pfeffer und kleingeschnittenen Petersil zusammen,

bestreue die Schnitzel damit von beiden Seiten, laß klein=
geschnittenen Zwiebel in Butter oder geschnittenem Kern=
fett aufschäumen, lege die Schnitzeln darein, lasse sie schön
braun dünsten; damit sie nicht anbrennen, muß du, wenn
der Saft sich einzieht, löffelweis Suppe nachgießen.

Gib die abgetriebenen Erdäpfel auf eine tiefe Schüs=
sel, lege die Schnitzeln schön zierlich herum, und gieße
den braunen Saft darüber; man kann diese Speise ent=
weder Mittags statt Rindfleisch, oder auch zum Nacht=
mahl auftragen, es wird immer besonders für Bier=
trinker willkommen seyn.

12. Schnitzeln vom Rindfleisch mit Sardellen.

Schneide und klopfe dünn mürbe Schnitzeln vom
Rindfleisch, bestreue sie mit Pfeffer, Salz und Majoran,
lasse auf einem Kastrole kleingeschnittenen Speck oder
Kernfett mit kleingeschnittenen Zwiebel aufschäumen, le=
ge die Schnitzeln darein, lasse sie braun und weich dün=
sten, muß daher, damit sie nicht anbrennen, öfters Rind=
suppe löffelweis zugießen, gib, wenn sie weich genug sind,
Sardellenbutter dazu, lasse sie noch bischen dünsten, lege
sie auf eine warme Schüssel; in den Saft gib noch ei=
nige Löffel Rindsuppe und den Saft von einer Lemonie,
begieße die Schnitzel damit, gib sie zur Tafel.

Soßen zum Rindfleisch.

----

1. Zwiebelsoß.

Gib ein Stückchen Butter auf ein Reindel und ma=
che eine dünne Einbrenn; wenn sie schon goldgelb ist, so
gib ein bischen geriebener Semmel darein, und laß sie so
braun als du sie haben willst werden; dann gib darein
kleingehackte Zwiebel und grüne Petersilie, nimm es von

der Gluth, gib es in ein Töpfchen, gieße Rindsuppe darauf, laß es aufkochen; gib es dann in Sosietten auf die Tafel.

2. Polnische Soß.

Mache die Einbrenn so wie bei der Zwiebelsoß; nimm dann ein Stückchen alte Zwiebel, einige Zeherl Knoblauch, ein bischen Schnittling, ein bischen grüner Petersilie, grüne Zwiebel, hacke alles klein, wirfe es in die Einbrenn und verfahre so wie mit der Zwiebelsoß.

3. Gurkensoß.

Schneide saure Gurken auf kleine viereckige Stückchen, gib sie in ein Töpfchen, gieße Rindsuppe und etwas guten Weinessig darauf, lasse es aufkochen, mache eine braune Einbrenn blos von Mehl, brenne es ein; dann lasse ein Stückchen Zucker braun rösten, gib ihn dazu und noch ein Stückchen weißen Zucker, lasse es aufkochen und gib es zur Tafel. Diese Soß kann man zum Rindfleisch, wie auch zu einem vorher gedünsteten Schöpsen- oder Kalbschlägel brauchen.

4. Sardellensoß.

Wasche 3 schöne frische Sardellen im frischen Wasser rein, löse sie von den Gräten, treibe sie mit frischer Butter ab, gib sie in ein Töpfchen, gieße Rindsuppe und ein bischen Weinessig darauf, brenne es mit brauner Einbrenn ein, gib ein Stückchen braungerösteten Zucker dazu, und gib es zur Tafel. Es kann sowohl diese, als auch die Gurkensoß zum gewöhnlichen Gebrauche auch ohne Zucker bereitet werden; der Zucker macht nur die Farbe heller, und versüßt ein bischen die herbe Säure.

5. Dillensoß.

Hacke die Dillen ganz klein, gieße darauf in ein Töpfchen Rindsuppe und ein bischen guten Weinessig,

3*

laſſe es aufkochen; indeſſen nimm in ein anderes Töpfchen ein Stückchen Butter, einige Kochlöffel voll feines
Mehl, einen Eidotter und saueren Schmetten, rühre
alles wohl ab, dann gieße den kochenden Dillen darein,
quirle alles recht ab, laſſe es noch ein bischen aufkochen,
und gib es in Soſietten zum Rindfleiſch.

6. Schmettenkren.

Gib in ein Seideltöpfchen süßen Schmetten, laſſe
dabei ein halb Zucker, ein Loth geschälte, entweder geriebene oder feingeſchnittene süße Mandeln kochen, lege
in ein anderes etwas größeres Töpfchen ein Stückchen
friſche Butter, einen Kaffeelöffel voll feines Mehl, rühre
es mit ein wenig kalten gekochten Schmetten ab, gieße
den kochenden Schmetten darein, laſſe es noch ein wenig
ſieden, gebe dann schönen weißen geriebenen Kren dazu,
rühre es ab, laſſe es nicht mehr kochen, gieße es in die
Soßschale, trage es auf.

7. Suppenkren.

Reibe Kren, vermiſche ihn mit geriebener Semmel,
gib ihn in ein Töpfchen, gib dazu ein bischen Muskatenblüthe, ein Stückchen friſche Butter, gieße Rindsuppe
darauf, laſſe es aufkochen, oder es kann die Semmel
abgerieben, im Waſſer geweicht, ausgedrückt, mit Butter
abgetrieben, und die Rindsuppe darauf gegoſſen werden;
alsdann laſſe man es aufkochen, und wenn der Kren
nicht zu ſcharf iſt, so gibt man ihn erſt dann, wenn es
bereits aufgekocht hat, dazu, sonſt verliert es die Schärfe.
Dies muß auch beim Schmettenkren beobachtet werden.

8. Saucrer Kren.

Reibe Kren, vermiſche ihn mit geriebener Semmel
und ein bischen Zucker, gieße Weineſſig darauf, und
willſt du ihn zur Tafel geben, so gib ein bischen Rindsuppe, welche recht heiß ſeyn muß, dazu. Dieſer Kren

mit Semmel wird blos zum Rindfleisch gebraucht; saurer Kren blos aus Kren, Essig und ein bischen Zucker bestehend, kann aber auch zum kalten Braten, zur Sulze aus Kälberfüßen, auch zum blauen Fisch gebraucht werden, wobei aber auch der Zucker wegbleiben muß; so auch zu Schnecken.

9. Kalte sauere Soß.

Nimm einige im Essig zerweichte Semmelschnitte, 3 hartgesottene Eierdötter, ein bischen Thymian, einige Lorbeerblätter, etwas Kapperln, ein Stück Zwiebel, 2 Stück Sardellen und ein Stückchen rothe Rübe, zerstampfe alles in einem messingenen Mörser, gieße ein bischen Tafelöl und Weinessig darauf, und seihe es auf kleingehackten kalten Kapauner oder Kalbsbraten durch, gib noch einige Löffel voll Rindsuppe dazu, und gib es zur Tafel. Diese Soß kann sowohl zum Rindfleisch, als auch zum kalten Kalbsbraten gebraucht werden.

10. Gelbe Zwiebelsoß.

Hacke Zwiebel klein und lasse sie in guter Rindsuppe aufkochen; nimm dann eine abgeriebene, im Wasser geweichte ausgedrückte Semmel, treibe sie mit ein bischen fein pulverisirten Safran und ein Stückchen Butter ab, gieße die Zwiebelsuppe darüber, quirle es ab, brenne es mit dünner gelblichter Einbrenn ein, und gib es zur Tafel.

11. Braune Dillsoß.

Hacke Dill klein, lasse ihn in Rindsuppe mit ein bischen Essig vermischt aufkochen, brenne ihn mit brauner Einbrenn ein, gieße ein wenig sauern Schmetten daran, und lasse es ein bischen aufkochen. Auch kannst du einige Stückchen geschälter feingeschnittener sauerer Gurken dazu thun.

12. Saure Schmettensoß.

Zerschneide eine Zwiebel, gib dazu 2 Zeherl Knoblauch, ein bischen Thymian, 2 Lorbeerblätter, 6 Körner Pfeffer, 6 Körner Neugewürz, ein Stückchen Ingber; gib alles in ein Töpfchen, gieße 3 Theile Suppe, einen Theil Weinessig daran, lasse es eine Viertel Stunde kochen, seihe es durch, brenne es mit brauner Einbrenn ein, gieße ein bischen sauern Schmetten dazu, und laß es noch ein wenig aufkochen. Gib geschnittene Lemonieschalen dazu, so ist es noch besser.

13. Sardellensoß ohne Essig.

Zerreibe einige geputzten Sardellen mit Butter, gib sie in ein Töpfchen, gieße Rindsuppe daran, brenne sie mit brauner Einbrenn ein, laß sie aufkochen und trage sie auf.

14. Rothe Rüben einzulegen.

Die rothen Rüben müssen erst rein abgewaschen und ganz weich gekocht werden; dann werden sie sauber geschält, auf Scheiben geschnitten und in ein Gefäß gethan; einige Scheiben Kren werden dazwischen gelegt und Fenchel dazwischen gestreut, dann guter Weinessig darauf gegossen. In 24 Stunden sind sie zum Gebrauche geeignet.

15. Gurken einzulegen.

Gurken, welche gleich gebraucht werden, legt man früher in kaltes Wasser, wo man sie einige Stunden liegen läßt; dann nimmt man ein Gefäß, worin man sie einlegen will, wozu ein inwendig glasirter Topf am zweckmäßigsten geeignet ist; nun nimmt man Weichsel- und Weinblätter, gibt davon etwas auf den Boden, dann eine Schichte Gurken, eine Schichte mit Dillenblüthe vermischte Blätter, und so fort, bis das Gefäß voll ist; hat man einige grüne halbreife Pfefferony, sogenannte Schotten von türkischem Pfeffer, so kann man ſie dazu geben, dann gießt man guten Biereſſig darauf; wenn keine Pfefferony ſind, gibt man einige Körner Pfeffer dazu, ſalzt es, deckt es zu, und läßt es durch drei Tage auf einem warmen Orte ſtehen, doch nur lau, nicht etwa heiß dürfen ſie werden; nach drei Tagen ſtellt man ſie ins Kalte, wo ſie dann in einigen Tagen brauchbar ſind. Will man aber Gurken auf den Winter einlegen, ſo läßt man ſie einige Stunden im kalten Waſſer liegen; dann legt man ſie in ein großes Gefäß und begießt ſie mit kochendem Weineſſig, welchen man aber ſogleich wieder abſieht und die Gurken auseinander legt, daß ſie überkühlen; wenn ſowohl die Gurken als auch der Eſſig kalt geworden ſind, ſo nimmt man die dazu bereiteten Fäßchen, und legt die Gurken mit Blättern und Dillenblüthe ſo wie die vorigen ein, gibt ebenfalls Pfefferony oder etwas ganzen Pfeffer dazu, gießt den kalten Eſſig darauf, ſalzet ſie gehörig, vermacht ſie gut, übergießt das Fäßchen von beiden Seiten mit Pech, und ſtellt ſie in einen kühlen trockenen Ort; das Fäßchen muß aber immer längſtens in 3 Tagen umgekehrt werden. Sollte man ſpüren, daß etwa zu wenig Eſſig daran iſt, ſo muß man das Fäßchen behutſam öffnen und Eſſig nachgießen, gleich wieder wie früher zumachen und mit Pech übergießen, ſo dauern ſie ſehr lange. Manche geben, damit die Gurken eine ſchöne grüne Farbe erhalten, einen Kupferkreuzer dazu, was jedoch der Geſundheit ſehr nachtheilig iſt, daher auch nie angewendet werden ſoll. Blos um davor zu warnen, wurde dieſes hier erwähnt.

16. Kalte Soß.

Stoße in einem meſſingenen Mörſer drei hartgeſ..tene Dötter mit einem Loth geſchälter Mandeln, gib dazu ein halb Loth Zucker, 2 Löffel feines Brabanteröhl, 8 Löffel guten Weineſſig, bischen geſchnittenen

Schnittling, 3 gereinigte kleingeschnittene Sardellen, vermische es gut; ist es zu dick, so gieße Essig zu, daß es wie eine andere Soß dick wäre.

Diese Soß kann sowohl zum Rindfleisch als auch zum kalten Braten benützt werden. Schneide Überbleibsseln von kalten Kalbsbraten, Hühnern, Kapaunen, auch Fasanen oder Rebhühnern auf kleine Schnitzel, richte sie zierlich auf einen tiefen Teller, oder wenn davon mehr vorhanden ist, auf eine Schüssel an, begieße es mit diesen Soß, mache einen Kranz vom gehackten Aspik, belege ihn mit Kapperln; so kannst du es statt einer Sulze zwischen die kalten Speisen geben. Statt einem Aspikkranze kann man auch für häuslichen Gebrauch einen Kranz vom Erdäpfelsalat herum geben.

17. Eine andere kalte Soß.

Schneide 3 hartgekochte Dötter, 4 gereinigte Sardellen und eine halbe weiße Zwiebel, jedes extra recht fein, 'gib es auf eine Schüssel, gib dazu 2 Löffel Brabanteröl, 4 Löffel Senft, ein halb Loth gestoßenen Zukker und so viel guten Weinessig, daß es wie eine andere Soß dick wäre; kannst es entweder zum Rindfleisch geben, oder zum kalten Braten, oder auch zu blaugesottenen oder marinirten Fischen; kannst auch marinirten Karpfen, Aalen oder Aalruppen auf Stückchen zerschnitten, auf einen Teller zierlich anrichten, mit diesen Soß begießen, mit gereinigten, auf Stücke zerschnittenen oder getheilten Sardellen belegen und mit einem Kranze vom geschnittenen Aspik mit Kapperln belegt, zieren. Du kannst nebst Aalen und Karpfen auch blaugesottenen Hecht oder Forellen so bereiten, es kann am Fast- oder Fleischtag nach dem Braten kommen.

18. Kalte Soß zum Wildpret.

Schneide die Hälfte von einer weißen Zwiebel und 3 hartgesottene Dötter klein, gib dazu bischen klein-

geschnittener Lemonieschalen, und 8 bis 10 Körner gestoßener Wachholderbeeren, ein halb Loth Zucker, zwei
Löffel Brabanteröl, 10 Löffel Weinessig, und von einer
Lemonie den Saft; ist es noch zu dick, so gieße Essig zu.
Diese Soß gibt man zum gesulzten Schwarzwilde; wenn
nur noch kleine Überreste sind, so schneide und richte sie
zierlich in eine tiefe Schüssel, gieße die Soße darüber,
und ziere sie mit Aspik und Lemonieschalen oder Blättern, wie die vorigen.

19. Reißken zum Fleisch einzulegen.

Dieser schöne orangegelbe Schwamm wächst fast
überall und ist zum Rindfleisch sehr gut. Zum Einlegen
müssen nur die kleinen gewählt, und weil sie leicht verderben, also gleich frisch eingelegt werden. Schneide
die Wurzeln ab, die Köpfchen wasche rein, lasse eine
Maas Weinessig mit Salz und einem Kaffeelöffel voll
Kümmel, 12 Körnern Pfeffer, 12 Körnern Neugewürz
und ein Stückchen Ingber kochen, gib die Schwämme
darein, lasse sie etwa eine viertel Stunde kochen, dann
kalt werden. So können sie schon den folgenden Tag
gebraucht werden; sind selbe aber für den Winter zu
bewahren, so nehme sie, wenn sie kalt werden, aus dem
Sude, koche frischen Weinessig mit dem nämlichen Gewürz, lasse ihn kalt werden, und gieße ihn über die
Schwämme, daß sie vom Essig bedeckt sind, binde sie
recht fest mit Papier oder mit einer Blase zu, so dauern
sie im kalten frostfreien Orte den ganzen Winter.

20. Gute Zwiebelsoß mit Wein.

Röste zuerst eine feingeschnittene Zwiebel schön goldbraun; wenn sie gelb zu werden anfängt, so gebe dazu
einen Kaffeelöffel voll Mehl, und zwei gehäufte Eßlöffel
voll geriebenes Hausbrod, lasse es zusammen schön goldbraun rösten. Gebe es in ein Soßtöpfchen, gieße dar-

auf einen Theil Wein, zwei Theile Suppe, und einen Eßlöffelvoll guten Weinessig; dann röste ein Stückchen Zucker schön braun, gebe ihn dazu, lasse es aufkochen, diese Soß kann auch zum übriggebliebenen Braten benützt werden, wo man noch etwas kleingeschnittene Lemonieschaler oder Kapperln, oder auch Sardellenbutter beifügen kann; es ist immer gut.

21. Braune Dillensoß.

Lasse feingehackte Dillenblätter in Rindsuppe und etwas Weinessig ein bischen überkochen; gebe dann eine braune Einbrenn in den Soßtopf, gieße die Dillensuppe darein, sprittle es recht ab, verdünne es noch mit saurem Schmetten, lasse es noch ein wenig kochen, gib es in die Soßschale zum Rindfleisch.

22 Eingelegtes Gemisch zum Rindfleisch.

Nimm frische kleine Herrnpilze, schäle sie, lege sie aber sogleich ins kalte Wasser, damit sie nicht schwarz werden, sammle ganz kleine schöne grüne Gurken, schneide eine abgeschabte gelbe Rübe in dünne runde Scheiben, formire dann daraus kleine Sterne, Halbmonde, Kränzchen und verschiedene derlei Kleinigkeiten; lege die Schwämme und die gelbe Rübe in kochendes Salzwasser, lasse etwas über 5 Minuten die Schwämme, und 10 Minuten die gelben Rüben kochen, nehme es heraus, lasse es überkühlen, koche echten Weinessig mit etwas Salz, lege die im frischen Wasser abgewaschenen Gurken in ein reines Gefäß, übergieße sie mit dem gekochten Essig, nehme sie aber gleich wieder heraus; lasse sie auskühlen, lege dann in ein Glasgefäß eine Lage Gurken, eine Lage Pilze, eine Lage gelbe Rüben, dann wieder Gurken und so fort, bis das Gefäß voll ist; gieße dann den kalt gewordenen gekochten Essig darüber; willst du es roth haben, so kannst du noch etwas in Essig gekochte

Preiselbeeren dazwischen streuen; auch kannst du etwas
Neugewürz und Pfeffer in Körnern dazwischen streuen,
aber nicht viel; binde das Gefäß mit dreifachen Papier
gut zu, lasse es in einem zwar kalten, aber frostfreien
Orte stehen, so dauert es den ganzen Winter durch und
ist eine gute und zierliche Beilage zum Reindfleisch; auch
kann es bei großen Tafeln zum Garnieren der Schüssel
zum Rindfleisch dienen.

Einige Afietten nach dem Rindfleisch.

1. Gefüllte Zwiebeln.

Höhle so viel weiße spanische Zwiebeln von gleicher
Größe, als du vonnöthen hast, aus; lege sie in eine, mit
frischer Butter ausgeschmierte Kastrole, stelle sie in eine
warme Röhre zum Durchwärmen, mache die Fülle. Schneide eine gebratene Kalbsnieren und ein Stückchen Braten dazu, ganz fein, z. B. auf 12 Zwiebeln eine Kalbsnieren und noch ein Stück Braten dazu. Dann schneide
das Ausgehöhlte aus den Zwiebeln fein, gib auf eine Kastrole zwei Loth frische Butter, zwei Loth frischen, würflicht geschnittenen Speck, gib die geschnittenen Zwiebel
dazu, lasse es rösten, und wenn der Zwiebel anfängt
gelb zu werden, so gebe drei gehäufte Eßlöffel voll geriebener Semmel dazu, und lasse alles goldgelb rösten;
dann gebe das geschnittene Fleisch dazu, und einige Eßlöffelvoll Rindsuppe, bischen Wein, zwei Eßlöffel guten
Weinessig oder den Saft von einer Lemonie dazu, würze es mit kleingeschnittener Lemonieschale mit ein wenig Neugewürz und Pfeffer, beides feingestoßen, laß es
so ein wenig dünsten, bis es die rechte Dicke hat. Dann
fülle die durchwärmten Zwiebel so, daß die Fülle überall
hoch darüber ist, stelle sie wieder in die Röhre, und

wenn der Zwiebel anfängt, von unten gelblicht zu werden, so gieße bischen Wein und Rindsuppe unter, sehe öfters nach, daß es bei Safte bleibt, bis es gar ist; richte die Zwiebel auf ein warmes Assiet, den Saft vermische mit Lemoniesaft, gieße ihn darunter, garnire die Zwiebel herum mit geschälten gebratenen Erdäpfeln und gebe es gleich nach der Suppe statt Hascheewandeln. Um den Wohlgeschmack zu erhöhen oder zu ändern, kann man noch gedünstete, in dünne Blätter geschnittene frische Trüffeln oder Kapperln oder Sardellen beifügen. Eine aufmerksame Hausfrau oder Köchin muß ändern und beifügen, was sie gerade hat, um derlei Sachen zu verbessern.

2. Semmelschnitte mit Sardellen.

Reibe die Semmel ab, schneide sie in dünne Scheiben, schmiere sie mit frischer Butter, lege auf eine jede Scheibe die zwei Hälften einer geputzten Sardelle, besprenge sie mit zerlassener Butter, und bestreue sie mit geriebener Semmelrinde, lege es auf einen Teller schön zierlich, stelle es in eine heiße Röhre, lasse es schnell durchwärmen, ziere es herum mit Lemonievierteln und trage es vor dem Rindfleisch auf.

3. Sardellensemmeln mit Eiern.

Reibe die Rinde von den Semmeln ab, schneide sie in dünne Scheiben, bestreiche sie mit frischer Butter, lege sie auf einen mit Butter bestrichenen Teller, belege sie mit weich gerührten Eiern, und mit einer in zwei Hälften getheilten reingeputzten Sardelle, bestreue sie früher mit ein wenig gestoßenen Pfeffer, dann mit geriebener Semmelrinde, besprenge es mit zerlassener frischer Butter, stelle es in eine heiße Röhre, lasse es schnell durchwärmen, und gebe es auf die Tafel.

4. Semmeln mit Leberpüré.

Schneide abgeriebene Semmeln in dünne Scheiben, bestreiche sie mit frischer Butter und lege sie auf einen mit frischer Butter bestrichenen Teller, stelle sie in eine warme Röhre, lasse sie so ein wenig abrösten, nehme die Brust von einem gebratenen Fasan oder zwei Rebhühnern, schneide es recht fein, gib in eine Kastrole etwa zwei Loth Butter, zwei Loth Speck, den Speck feingeschnitten, dann einen Eßlöffelvoll geriebener Semmel, lasse es schön goldgelb-rösten, gib das geschnittene Fleisch und zwei oder drei rabirte und feingehackte Rebhühner oder Fasanenleber, in Abgang deren kannst du ein Stück Gänsleber oder Kapaunenleber nehmen, gib es dazu, gieße einige Löffelvoll guter fetter Rindsuppe darauf, lasse es dünsten, würze es mit gestoßenem Pfeffer, und füge noch dazu etwas feingeschnittenen, goldbraun gerösteten Zwiebel bei, salze es so viel wie nöthig, bestreiche damit die durchgewärmten Semmeln, bestreue es mit geriebener Semmelrinde, besprenge es mit zerlassener frischer Butter, lasse es schnell in der heißen Röhre durchwärmen, und trage es entweder mit Lemonievierteln oder sogleich nach der Suppe auf die Tafel.

5. Semmelschnitte mit Schnepfenpüré.

Nehme aus einem reingeputzten Schnepfen das Innere heraus, wasche und spicke ihn, salze ihn wohl und brate ihn, das Herausgenommene hacke fein, lasse es mit etwas wenig gelblich gerösteten Zwiebel und Semmel rösten, gib zum Rösten ein Stückchen Butter und etwas kleingeschnittenen frischen Speck; wenn der Schnepf gebraten ist, so löse das Fleisch von den Knochen und schneide es mit dem Wiegemesser ganz fein, gib es dazu, die Knochen stoße im Mörser, lege sie mit etwas Butter und der Bratensoß auf eine Kastrole, gieße einige Eßlöffelvoll guter Rindsuppe darauf, und seihe es durch ein feines Haarsieb;

gib von diesem gewonnenen Saft in das Gedünstete, so
viel als nöthig, damit es sich gehörig zu einem püré
binde, laffe einige von abgeriebenen Semmeln dünn geschnittene, mit Butter geschmierte Semmelscheiben in
der Röhre durchwärmen, bestreiche sie mit dem Schnepfenpüré, bestreue sie mit feingestoßenem Pfeffer und
geriebener Semmelrinde, laffe es schnell in der Röhre
durchwärmen, und trage es auf. — Eben so kann man
bei größern Tafeln, wenn man mehrere Schnepfen hat,
die Semmelschnitten dadurch vermehren, wenn man das
Fleisch von einem gebratenen Schnepfen dem Ingeweide der Übrigen beifügt, weil eigentlich die Semmelschnitte für Feinschmecker von den Schnepfen das beste sind.

Grünspeisen.

1. Braunkohl mit Bratwürsteln.

Den Braunkohl muß man schön vom Stängel lösen
und im Salzwaffer überkochen, dann seihe man ihn ab
und hacke ihn klein; laffe ein Stück Butter zergehen, gib
ein Stück Zucker hinein, laß ihn aber nur aufschäumen,
gib den gehackten Braunkohl hinzu, laffe ihn dünsten,
staube ihn ein bischen mit weißem Mehl ein, und gieße
ein wenig Rindsuppe darein, laß es aufsieden, doch muß
du sehen, daß es fein, fett und süß ist; gib geröstete geschälte Kastanien entweder ganz oder kleingehackt darein.
Die Bratwürstel laffe indessen entweder auf dem Rost,
oder in einer Pfanne braten, und belege den Braunkohl
damit. Man kann auch geselchte Würstel oder Zunge,
auch zierlich geschnittenes, weichgekochtes, geselchtes
Fleisch oder kälberne Karbonadeln darauf legen.

2. Fasan mit Süßsauerkraut.

Nimm Krauthäupel, schneide sie so wie zum Salat, gib auf ein Reindel entweder Schmalz oder Fett, lasse ein Stück Zucker darein goldgelb rösten, werfe dann das zuvor mit heißem Wasser gebrühte Kraut dazu, gib eine auf dünne Nudeln geschnittene Zwiebel dazu, salze es, gib ein bischen Kümmel dazu, doch nicht zu viel, sonst wird es bitter, lasse es weich dünsten, staube es dann mit Mehl ein, gieße ein bischen Essig, guten saueren Schmetten und heißes Schmalz oder Fett darauf, lasse es noch dünsten; doch muß du sehr aufmerksam seyn, daß es sich nicht anlegt und anbrennt. Der gespickte Fasan wird indessen auf dem Spieß gebraten, sodann in die Mitte der Schüssel auf das Kraut gelegt und zur Tafel gegeben.

3. Gefüllte Kohlrabi.

Nimm schöne junge Kohlrabi, schäle sie und kratze das Inwendige schön heraus; du muß aber acht geben, damit du keine Löcher darein machest; das Ausgekratzte lasse mit einem halben Pfund geselchten Fleisch kochen, nimm ein Stück rohes Kalbfleisch, hacke es klein und nimm die Fasern heraus; das geselchte Fleisch und das Ausgekratzte hacke ebenfalls dazu, treibe ein Stückchen Butter auf einer Schüssel ab, gib das Gehackte darein, dann zwei ganze Eier, einen Dotter und eine halbe geriebene Semmel dazu, salze es ein wenig, würze es mit Muskatenblüthe und fülle die Kohlrabi damit; röste ein Stück Zucker auf Butter schön goldgelb, lege die Kohlrabi darein und lasse sie langsam dünsten; damit es nicht anbrennt, kannst du einige Löffel voll Suppe nachgießen, bis sie weich sind, dann nehme die Suppe, worin das geselchte Fleisch gekocht hat, und brenne sie mit lichtbrauner Einbrenn ein, gieße sie unter die Kohlrabi. Das grüne koche gleichfalls in der Suppe, dann hacke es klein, laſſe es eben ein bischen auf Zucker aufdünſten, und gieße ein bischen von der Soß darunter; wenn du es anrichten willſt, so mache aus dem Grünen einen Kranz um die Schüſſel, belege es mit Karbonadeln oder Würſteln; die Kohlrabi ſtelle zierlich in die Mitte, gieße die Soß darüber, welche aber nicht über den Rand gehen darf und gib es zur Tafel.

4. Grüne Erbſen mit gebackenen Hühnern.

Laß in einem Reindel ein Stück Zucker und ein Stück Butter aufſchäumen, gib die gewaſchenen grünen Erbſen darein, ſalze ſie ganz wenig, und laſſe ſie weich dünſten; wenn ſie weich ſind, ſo ſtaube ſie mit ein bischen Mehl ein, gieße ein bischen Rindſuppe, ein bischen ſüßen, und damit er nicht gerinne, gekochten Schmetten darein, gib ein bischen grünen Peterſil, ein bischen Muſkatenblüthe dazu, und laſſe es noch ein wenig dünſten. Die Hühner aber putze, zerſchneide ſie, wenn ſie klein ſind, auf Viertel, ſind ſie größer, alſo auf Theilchen, ſalze ſie, laſſe ſie eine Stunde liegen, dann trockne ſie mit einem reinen Tuche ab, ballire ſie in Mehl, tunke ſie in zerſchlagenen Eiern, dann wickle ſie wieder in geriebener Semmel, und backe ſie im heißen Schmalz, richte die Erbſen auf eine runde Schüſſel, aus den Hühnern mache rund um einen Kranz, die Köpfchen ſtelle zierlich in die Mitte und trage es auf.

5. Faſchirter Kohl.

Nimm Kohl, koche ihn zur Hälfte, zerlege ihn, die Herzeln aber laſſe überkochen, hacke ſie recht klein, zerhacke ein Stück rohes Kalbfleiſch und ein Viertel Pfund geſelchtes gekochtes Fleiſch eben klein, gib den gehackten Kohl, dann ein Stückchen Rindsmark dazu, treibe ein wenig friſche Butter ab, gib das Gehackte, ein ganzes Ei und zwei Dötter, eine halbe, im Waſſer geweichte

Semmel wohl ausgedrückt, zwei Zeherl Knoblauch und
ein bischen Muskatenblüthe dazu, salze es und treibe
alles wohl ab, schmiere die Blättchen mit Eiweiß, gib
immer ein bischen Fülle, wieder ein Blättchen, und so
fort, bis du den Kohl wieder beisammen hast; dann
lasse ein Stück Zucker gelblicht röſten, lege den Kohl
behutsam darauf, laſſe ihn aufdünſten, gieße einige Löffel von der Suppe, wo die Herzeln und das geſelchte
Fleiſch gekocht hat, darunter; die übrige Suppe brenne
mit goldgelber Einbrenn ein, gieße ein bischen davon
unter den Kohl, laſſe es ein bischen aufkochen, dann
nehme den Kohl vorſichtig heraus, lege ihn auf die
Schüſſel, vermiſche die Soß mit der eingebrennten Suppe und gieße es unter den Kohl.

Iſt es in der Jahrszeit, wo es Krebſen gibt, so gib
ein bischen Krebsbutter dazu, würze es mit Muskatenblüthe und ziere es mit Krebsſchweifeln; iſt aber keine
Krebsbutter, so kann man um die Schüſſel herum einen
Rand entweder von kleinen Karbonadeln, Bratwürſteln,
geſelchter Zunge, oder auch von Semmeln, welche man
zierlich entweder wie Halbmonde oder Dreiecke ſchneidet,
und auf dem Schmalz ſchön goldgelb bäckt, machen, und
es so zur Tafel tragen.

6. Kohlrabi mit Fleiſch.

Schäle die jungen Kohlrabi und ſchneide ſie ſchei-
ben- und halbmondförmig; laſſe Zucker lichtbraun auf
Butter aufſchäumen, lege die Kohlrabi darein, laſſe ſie
weich dünſten; das Grüne ſchneide auf Stückchen und
laſſe es im Salzwaſſer oder Suppe kochen; wenn die
Kohlrabi weich ſind, so mache eine lichtbraune Einbrenn,
gieße Rindsuppe darauf, quirle es ab, und gieße es über
die gedünſteten Kohlrabi, gib das Grüne und ein bischen
kleingeſchnittener grüner Peterſil dazu, würze es mit
Muskatenblüthe und Ingber, laſſe es noch ein wenig auf-

kochen, belege es entweder mit gebackenen Hühnern,
Karbonadeln, Würsten oder geselchtem Fleisch, oder koche junges Schwein- oder Schöpsenfleisch und gib es darein. Sind die Kohlrabi schon älter, so kann man sie kleiner schneiden, und in der Suppe, wo das Schweinfleisch
gekocht hat, über die Hälfte abgekocht lassen, dann so wie
mit den vorigen verfahren. Zucker kann man so viel geben, als man gerne süß hat; man kann auch statt Zukker Syrup oder böhmischen Honig nehmen, welches sich
jede Hausfrau einrichten kann, wie sie will.

7. Kohl mit Schweinfleisch.

Putze den Kohl schön und schneide ihn in Hälften;
ist er zu groß, in Viertel, brühe ihn mit kochendem Wasser, lasse ihn eine Weile darein stehen, oder wenn er
alt ist, so lasse einen Sud im Salzwasser darüber gehen und seihe ihn ab; laß in einem Reindel Zucker
lichtbraun auf Butter rösten, lege den Kohl darein, gib
eine mit Gewürznelken gespickte Zwiebel in die Mitte
und lasse sie weich dünsten; doch muß man immer von
der Suppe, worin das Fleisch, welches darein kommt,
kocht, löffelweis darauf gießen; dann brenne es wie die
Kohlrabi ein, und lasse es noch ein bischen aufkochen,
treibe 3 Zeherl Knoblauch mit Salz ab, gib sie dazu,
würze es ein bischen mit Pfeffer, lege das zerschnittene
Schweinfleisch hinein, und gib es zur Tafel. Man kann
auch statt Schweinfleisch junges Schöpsenfleisch darein
thun, oder es mit was immer belegen, als: mit gebackenem Lammfleisch, Hühnern, Zungen u. s. w.

8. Spenat.

Spenat wird sauber geputzt, in einigen Wässern gewaschen, dann mit heißem Wasser gebrüht, und endlich
im Salzwasser gekocht, dann klein gehackt. Sobann nehme ein Stück frischer Butter auf ein Reindel, und ma-

che eine weiße Einbrenn, gib ein bischen feingehackter Zwiebel hinzu, lasse sie aufschäumen, gib den Spenat darein, quirle einige Dötter mit guter Rindsuppe ab, gieße sie darauf, lasse es eine Weile dünsten, würze es mit Muskatenblüthe, und liebst du den Knoblauch, so kannst du, etwa 3 Zeherl mit Salz gut zerrieben, darein thun, es bekömmt einen guten Geschmack; doch ist es nicht bei einer Gasterei rathsam, weil viele Menschen Abscheu vor Knoblauch haben; richte ihn an, belege ihn mit was du willst, allenfalls mit faschirten Karbonadeln oder Würsteln. Diese werden auf folgende Art gemacht: Nimm ein halb Pfund schönes Kalbfleisch von den Schultern, hacke es klein, ziehe alle Fäserchen heraus, thue dazu 3 Loth Rindsmark oder frisches Inselt, gib dann eine halbe, im Wasser geweichte Semmel, welche aber gut ausgedrückt werden muß, drei gerührte Eier dazu, hacke alles recht klein, gib ein Zeherl zerriebenen Knoblauch, ein Stückchen kleingeschnittener Zwiebel und ein bischen Pfeffer darein, hacke alles recht fein, und schlage es mit dem Schneidemesser recht ab, formire entweder Karbonadeln oder Würsteln fingerlang und fingerdick, tunke sie in ein zerschlagenes Ei, ballire sie in geriebener Semmel, und backe sie in heißem Schmalz schön goldgelb, richte den Spenat an, die Würsteln herum, und trage es zur Tafel. Diese Karbonadeln kann man auf alle Grünspeisen als Belege brauchen; auch selbe extra mit einer säuerlichen Soß früher gebacken zubereiten.

9. Gelbe Rüben mit Pofesen.

Schabe gelbe Rüben, wasche sie ab, und schneide sie ganz fein auf Nudeln, lasse Zucker, Honig oder Syrup schön goldgelb aufschäumen, würfe die gelben Rüben darein, lasse sie dünsten bis sie weich sind, rühre jedoch öfters, damit sie nicht anbrennen. Dann mache eine ganz

dünne Einbrenn, in welche du, wegen heller Farbe, ein
wenig gestoßenen Zucker geben kannst, die Einbrenn mag
dunkelgelb seyn; es wird mit guter Suppe abgequirlt
und auf die Rüben gegossen, dann läßt man es noch ein
bischen aufdünsten, würzt es mit Muskatenblüthe, Ingber und Neugewürz. Die Pofesen macht man also: man
reibt schöne, Tags zuvor gebackene Semmeln ab, schneidet sie in Scheiben, nimmt Schmeiten, gib darein ein
bischen Zucker und ein bischen Salz, dann gießt man
ihn über die Semmeln, läßt sie durchweichen, aber ja
nicht lange, sonst zerfallen sie; sobann tunkt man sie in
ein zerklopftes Ei, ballirt sie in Semmelbröseln und bäckt
sie schön goldgelb. Oder man macht eine Fülle, welche
aus gehackten Hühnerlebern und Mägen besteht, wie bei
der Suppe Nr. 12, macht die kleinen Pofesen, verfährt
eben so damit, bäckt sie im Schmalz und belegt die Rüben damit. Diese können zu allen Grünspeisen gebraucht
werden.

10. Hühner mit Karfiol.

Putze schön die Hühner, lege die Füßchen und Flügel ein, und lasse sie in der Rindsuppe kochen; eben
so putze auch Karfiol, lasse ihn ebenfalls in Rindsuppe,
aber nicht zu weich kochen; wenn beides gekocht ist, so
lege es in kaltes Wasser, damit es schön weiß bleibe, mache dünne weiße Einbrenn, gieße die Suppe, worin die
Hühner und der Karfiol gekocht hat, darauf, rühre es
recht ab, lasse es ein bischen aufkochen, lege dann die
Hühner und den Karfiol in ein Kastrol oder Reindel,
seihe die Soß darüber, würze es mit Muskatenblüthe;
hast du Krebsbutter, so gib ein Stückchen dazu, und entweder die ausgelösten Krebsschweifel oder ganze im gesalzenen Petersilwasser gekochte Krebsen darunter; willst
du es aber besonders zierlich machen, so tunke die Hälfte der Karfiolrosen in ein zerschlagenes Ei, ballire es in
geriebener Semmel, backe es im heißen Schmalz, richte

dann in eine runde Schüssel die Hühner in die Mitte, dann immer eine Rose gebackenen, eine Rose gekochten Karfiol herum, in der Mitte belege die Hühner mit Krebsen, gieße die Soß darüber und trage es auf. Zum ordinären Gebrauch kann man sowohl Krebse, als auch gebackenen Karfiol entbehren.

11. Spargel.

Man putze den Spargel sauber, binde ihn locker und lasse ihn im Salzwasser weich kochen; die Probe ist, wenn man eine Wurzel unten bei dem Weißen faßt und das Grüne beugt sich herab, so ist der Spargel weich; man muß darauf sehen, daß er ganz unter dem Wasser ist, dann seiht man das Wasser ab, nimmt ihn vorsichtig heraus, legt ihn zierlich auf die Schüssel, bestreut ihn mit geriebener Semmelrinde, begießt es mit heißer Butter und trägt es auf.

Manche lieben den Spargel süß; wem es also beliebt, der kann die Semmelrinde mit gestoßenem Zucker vermischen, den Spargel damit bestreuen und mit Butter begießen.

12. Spargel mit Hühnern.

Man putzt und kocht die Hühner in der Rindsuppe, und in der nämlichen Suppe kocht man auch entweder ganzen sauber geputzten Spargel, oder wenn man wenig davon hat, schneidet man ihn auf kleine Stückchen; wenn beides weich ist, legt man es auf ein Kastrol, die Suppe brennt man mit weißer Einbrenn ein, seiht sie darüber, würzt es mit Muskatenblüthe, läßt es noch ein bischen aufkochen, und hat man ein Stückchen Krebsbutter, so gibt man sie dazu.

13. Sauerkraut mit einem Schweinbraten.

Lasse Sauerkraut gar kochen, dann nehme Schwein- oder Gänsfett, mache eine dünne gelblichte Einbrenn, wirfe geschnittene Zwiebel darein, lasse es aufschäumen, seihe das Kraut ab, würfe es darein, gieße ein bischen von dem abgeseihten Wasser dazu; ist das Kraut wenig sauer, so gieße ein bischen Essig nach, dann ein bischen sauern Schmetten, gieße noch entweder heißes Fett oder Schmalz daran, lasse es noch ein bischen dünsten, dann gib es auf den Tisch; einen schön reschgebratenen Schweinbraten in die Mitte. Man kann auch statt Schweinbraten Fasanen, Rebhühner, Würstel, geselchtes Fleisch oder gebackene Posesen darauf geben.

14. Grüne Fisolen mit Lammfleisch.

Nimm junge Fisolenschotten, schneide die Spitzen ab, lasse sie im Salzwasser kochen, mache eine weiße Einbrenn, gieße entweder Rindsuppe oder die Suppe, wo das Lammfleisch kocht, daran, rühre es wohl ab, daß es die rechte Dicke hat; sodann richte zierlich geschnittenes Lammfleisch und Bohnenschotten in ein reines Reindel, seihe die Soß daran, würze es mit Muskatenblüthe, lasse es noch ein bischen aufkochen und gib es zur Tafel.

15. Gemeine Feldrüben mit Schweinfleisch.

Nimm schöne süße Feld- oder auch Wasserrüben, steche entweder runde kleine Kügelchen mit der Form aus, oder schneide sie in kleine Würfel, lege die Hälfte in den Topf, dann lege ein Stück Schweinfleisch darein, lege die übrigen Rüben darüber, salze es, gieße Wasser daran, lasse es halb überkochen, indessen gib ein Stück Butter und entweder Zucker, Syrup oder Honig, lasse es schön lichtbraun rösten, seihe die Rüben ab, gib sie darein, lasse sie dünsten bis sie ganz weich sind; das Fleisch kann dann noch in der abgeseihten Suppe, wenn es nicht genug weich ist, gekocht werden, mache eine lichtbraune

Einbrenn, gieße die Rübensuppe daran, und gieße es wohl abgequirlt auf die Rüben, schneide das Schwein= fleisch, gib es darein, würze es mit ein bischen Neuge= würz und Ingber, lasse es noch ein bischen ausbünsten; sollte es zu dick seyn, so gieße Suppe nach. Auf dieses muß überhaupt bei allen Grün= und Einmachspeisen ge= nau gesehen werden, denn oft verdirbt die beste Speise, weil man nicht darnach sieht, ob sie zu sehr austrocknet. Daher kann man allen jenen, die sich mit der Kochkunst befassen, nicht genug Aufmerksamkeit befehlen.

16. Kohl mit gefelchter Zunge in Dunst gekocht.

Nimm für 6 bis 8 Personen 8 Kohlhäupel, klaube alle überflüßigen Blätter ab, die Herzel zerschneide in Viertel, wasche sie in einigen Wässern recht rein, damit kein Sand darin bleibe, lege sie in einen Topf, begieße sie mit kochendem Salzwasser, und lasse sie wohl zuge= deckt eine Viertel Stunde so stehen.

Lasse etwa 3 Loth Butter auf einem Reindel, wohin du die Kohlviertel eins neben dem andern legen könn= test, heiß werden und schlichte sie hinein, in die Mitte lege eine mit Gewürznelken gespickte Zwiebel, decke es mit einem Deckel gut zu und lasse es bünsten, bis der Kohl halb weich geworden; indessen nimm in ein Töpfchen 2 Löffelvoll feines Mehl, gieße langsam ein halb Sei= del Schmetten daran, zerrühre es zu einem glatten Teige und lasse es unter beständigem Umrühren zu einem dik= ken Koch einkochen, lasse es auskühlen und rühre darein anderthalb Loth Butter, schlage 4 Dötter dazu, und von 2 Eiweiß Schnee, salze und würze es mit Musta= tenblüthe, schmiere eine runde= oder Melonenform mit Butter aus, lege am Boden einen Kranz von auf Schei= ben geschnittener, gefelchter, weichgekochter Zunge, in der Mitte mache einen Stern, dazwischen lege Krebs= schweifel, im Falle Krebse zu haben sind, wo nicht, also

Kohlviertel, gieße die Hälfte des Koches darüber, belege
ihn wieder mit Zunge, Krebsschweifeln und Kohlherzeln,
gieße den übrigen Koch darüber, lasse ihn anderthalb
Stunden im Dunste kochen, das heißt, stelle es sammt
der Form in kochendes Wasser, decke es zu, gib aber acht,
daß kein Wasser hinein kommt; eine Viertel Stunde,
bevor du es auf den Tisch geben willst, stelle es sammt
dem Wasser in eine heiße Röhre, daß es oben fest wird,
endlich stürze es auf die Schüssel und trage es zur Tafel.

17. Karfiol im Krem für 8 Personen.

Koche sauber geputzten Karfiol in Rindsuppe, schmiere eine Schüssel, welche auf den Tisch kommen kann mit
Butter aus, lege den Karfiol schön zierlich darein, koche
ein Seidel süßen Schmetten, lasse ihn auskühlen, schlage darein 10 bis 12 Dötter, quirle es recht ab, salze
es ein wenig, würze es mit Muskatenblüthe, begießr
den Karfiol damit und stelle es in eine warme Röhee,
wenn es oben fest geworden, so mache einen Kranz herum von Krebsschweifeln, Spargelköpfchen, Hahnenkämmen oder jungen frischen Morcheln, auch können die Flügelspitzen von gekochten Hühnern beigemischt und Petel-
silblätter zur Verzierung verwendet werden. Das Zierliche und Mannigfaltige überläßt man der Einsicht einer
geübtern Hausfrau oder Köchin; wenn es bald zur Tafel gegeben werden soll, so belege es noch mit Krebsbutter und lasse es in der Röhre schön goldgelb backen.

18. Kohl mit Fasch für 8 Personen.

Klaube 4 bis 5 Kohlhäupel sauber ab, zerschneide die
Herzel in Viertel, wasche sie rein, und brühe sie mit
kochendem Wasser. Alsdann mache die Fasch wie folgt:
nimm drei Viertel Pfund Schwein-, und ein halb Pfund
Kalbfleisch, schneide die Haut von dem Schweinfleisch
und die Knochen und Fasern aus beiden heraus, lasse

dieses alles nebst einem Stückchen fetten Schweinfleisch
kochen, wozu du die Kohlherzeln legest, auch zwar weich,
aber nicht zerkochen lassest, das ausgeschnittene Fleisch aber
hacke roh ganz klein, gib dazu etwas über eine halbe abgeriebene, im Wasser geweichte ausgedrückte Semmel, 3
gerührte Eier und 2 Loth Rindsmark, salze und würze es
mit Muskatenblüthe und Ingber, ein bischen Pfeffer, 2
Zeherl mit Salz zerriebenen Knoblauch, hacke und treibe
es so lange ab, bis es wie ein Teig ist, gib es auf eine
Schüssel, schlage noch 2 ganze Eier dazu, treibe es recht
ab, schmiere eine Melonenform mit Butter, theile noch
jedes itzt schon weichgekochte Kohlherzel in 2 Theile, und
lege einen schönen Stern auf dem Boden, den übrigen
Kohl, dann das Fleisch und Haut, was nun schon alles
weichgekocht ist, schneide auf große Nudeln. Nun belege
den Boden ganz mit der Fleisch, bestreue selbe mit den
Fleisch- und Kohlnudeln, lege wieder ein fingerdickes Blatt
von der Fasch, bestreue sie wieder mit Nudeln und mache
einen Faschdeckel darüber, lasse es eine Stunde im Dunst
kochen, wie Nro. 16, und mache die Soß also: mache
eine braune Einbrenn, gib dazu ein Stückchen, etwa 1
Loth Zucker, daß es eine hellere Farbe bekommt, brenne
die Suppe, worin der Kohl und die Fleischabschnitzel gekocht haben, damit ein, würze die Soß mit Neugewürz
und Ingber, gib darein 2 Zeherl mit Salz geriebenen
Knoblauch, lasse es noch aufkochen, passire es durch;
wenn die Fasch hinlänglich gekocht ist, so stürze sie, begieße sie mit der Soß und trage sie zur Tafel.

19. Kohl im Fasch mit Krebsen.

Putze, schneide, wasche und brühe den Kohl wie den
vorigen, nur daß er mit Salzwasser gebrüht werden
muß, lasse ihn in diesem Wasser eine Viertel Stunde
stehen, dann lasse ihn auf Butter weich dünsten, gib
dazu einen Löffel Semmel, mache dann die Fasch: hacke

ein Pfund Kalbfleisch mit 4 Loth Rindsmark, ziehe alle Fasern heraus, gib dazu 3 gerührte Eier, eine abgeriebene, im Wasser geweichte ausgedrückte Semmel, ein bischen Muskatenblüthe, ein wenig Ingber, und hacke es ganz fein, gib es auf eine Schüssel, schlage dazu ein oder zwei ganze Eier, salze und treibe es recht ab.

Nun nehme den Kohl, zerschneide noch jedes Viertel in der Mitte durch, und lege in die Mitte der ausgeschmierten Form einen Stern, das übrige zerschneide auf Nudeln, nehme von einem halben Schock Krebsen die Schweifel und die Scheeren, lege um den Kohlstern einen Kranz davon aus, das übrige zerschneide eben auf Nudeln und vermische es mit den Kohlnudeln, aus den Schalen mache Butter; ist die Butter früher fertig, so kannst du die Form damit früher ausschmieren; nun theile die Fasch in drei Theile, mit dem ersten bedecke den ausgelegten Boden, bestreue ihn mit denen mit Krebsschweifeln vermischten Kohlnudeln, lege den zweiten Theil der Fasch darüber, bestreue ihn wieder mit Kohlnudeln, decke dann den dritten Theil Fasch darüber, stelle es in das kochende Wasser, lasse es eine Stunde im Dunste kochen, dann stelle es sammt dem Wasser in eine heiße Röhre, bis es auch oben gar ist und schön gelblicht aussieht.

Indessen mache die Soß; in den Saft, worin der Kohl gedünstet hat, gib ein Stückchen Krebsbutter zu, gib dazu einen Löffelvoll feines Mehl, und mache eine gelbe Einkrenn, gib dazu ein halb Loth gestoßenen Zukker, und lasse es bräunlich werden, gieße dann soviel gute Suppe daran, daß es eine gute Soß bilde, lasse es aufkochen, seihe es durch, gib noch ein Stückchen Krebsbutter und ein bischen Muskatenblüthe dazu; wenn die Fasch gar ist, so stürze sie, begieße sie mit zerlassener Krebsbutter und die Soß gib entweder in Sosietten oder gieße sie unter. Es versteht sich von selbst, daß, wenn für mehrere Personen angerichtet wird, sowohl eine größere Form gewählt, als auch von Allem mehr genommen werden muß.

20. Karfiol in der Fasch.

Nimm 6 Rosen Karfiol, (versteht sich, wenn sie von größerer Gattung sind, langen 3 bis 4), putze sie rein und lasse sie in guter Rindsuppe halb übersieden. Nimm von einem Schock gekochter Krebsen die Schweifel und die Scheeren; die Schweifel putze, die Scheeren breche blos ab und lege sie extra, von dem übrigen mache die Butter.

Die Fasch macht man entweder vom Kalbfleisch oder, wenn es ein gehöriger Vorrath vom Geflügel zuläßt, von Hühnel-, Hühner- oder Kapaunerbrüsteln, was noch zarter ist; doch muß für 8 Personen beiläufig drei Viertel Pfund Fleisch, auf 4 Loth Rindsmark gerechnet, genommen werden, welches fein gehackt wird; gib dazu 3 gerührte Eier, ein bischen Muskatenblüthe, salze es, dann gib noch eine abgeriebene, im Schmetten geweichte ausgedrückte Semmel dazu, hacke und treibe alles recht fein, gib es auf eine Schüssel, schlage ein ganzes Ei dazu, und treibe es nochmals recht ab.

Nun schmiere entweder eine Form, was immer sicherer ist, oder eine runde weiße Schüssel mit Krebsbutter, mache einen Kranz von den bewahrten Krebsscheeren, von welchen man die eine Spitze abbrechen kann, einen zweiten Kranz lege von kleinen in der Rindsuppe überkochten Morcheln aus, den britten Kranz bilde von den Krebsschweifeln, wenn es gleichzeitig mit Spargeln ist, so kann man unter diese Kränze auch einen von in der Rindsuppe überkochten Spargelköpfen machen, wo diese nicht sind, legt man noch einen Kranz von grüner Petersilie aus, dann belegt man den Boden mit der Fasch; belege es mit zerlegtem überkochten Karfiol und Krebsschweifeln, besprenge es mit Krebsbutter, lege wieder einen Theil Fasch, belege ihn wie zuvor, gib den Deckel von dem dritten Theile Fasch, stelle das ganze in kochendes Wasser, lasse es eine Stunde im Dunst kochen, dann stelle es in die Röhre sammt dem Wasser, damit es sich oben schön goldgelb backe.

Mache indessen ein bischen weiße Einbrenn, gieße die Suppe, worin der Karsiol gekocht hat, daran, lasse es aufkochen; haben dabei auch die Morcheln gekocht, so kannst du einige Löffel voll abgekochten Schmetten dazu gießen, seihe diese Soß durch und würze sie mit Muskatenblüthe. Wenn nun der Fasch gekocht ist, so stürze ihn, gib rund herum erbsengroße Stückchen Krebsbutter, welche, wenn sie zergehen, es sehr zieren, um die Schüssel mache einen Kranz von frischen Peterfilblättern, die Soß gib extra; auch hier kann eine geübte Köchin verschiedenes ändern, z. B. zwischen den Karsiol mit Krebsschweifeln kann sie in der Rindsuppe überkochte Lebern, Flügelspitzen von jungen Hühneln zierlich geschnitten, dann Hahnenkämme beifügen; diese und dergleichen Änderungen bleiben dem Geschmack und der Einsicht derselben überlassen.

21. Gemischte Grünspeise auf französische Art.

Nimm 2 Kohlhäupel, putze und schneide sie in die Hälfte, brühe sie mit kochendem Wasser, wenn sie bereits früher im kalten überwaschen worden, dann schneide 4 gelbe Rüben auf feine Nudeln, dann 2 weiße Rüben auf Scheiben, woraus du mit einem kleinen Ausstecher kleine runde Plätzchen ausstichst, dann einen Zeller früher auf Scheiben, dann auf kleine Vierecke geschnitten, wasche und dünste jedes extra in Butter und ein bischen fette Rindsuppe bis es halb weich ist, was wohl etwas mühsam, aber für junge Mädchen, die sich für künftige Hausfrauen bilden wollen, eine angenehme Prüfung der Geduld ist.

Nun mache die Fasch: nehme drei Viertel Pfund Kalb- oder Schweinfleisch, hacke es fein; zum Kalbfleisch nimm 4 Loth, zum Schweinfleisch nur 2 Loth Rindsmark, 3 gerührte Eier, eine abgeriebene, im Wasser geweichte ausgedrückte Semmel und ein bischen Muskatenblüthe, gib es auf eine Schüssel; wenn es recht fein gehackt ist, salze es, füge ein ganzes rohes Ei und einen Dotter bei, treibe es recht ab, schmiere eine beliebige, am besten eine Melonenform mit Butter aus, mache von den Kohlherzeln, welche du zierlich zerschneidest, am Boden einen Stern, welchen du mit einem Kranz von weißen oder gelben Rüben zierlich umgibst, darüber lege einen Theil Fasch, belege ihn mit einem von dem gedünsteten Grünzeug, welches du entweder mit Schnitzeln von geselchten weichgekochten Fleisch oder Zunge, oder mit einem zierlich geschnittenen Lamms-Brüstchen, oder jungen Schweinfleisch vermischen kannst, dann lege wieder Fasch, wieder Grünzeug, und zuletzt bedecke es wieder mit Fasch, lasse es eine Stunde im Dunste kochen, dann eine Viertel Stunde sammt dem Wasser in der heißen Röhre oben schön goldgelb backen; die Soß mache wie folgt:

Schneide in einen kleinen Topf ein Kohlhäupel, 2 gelbe Rüben, ein Stückchen Zeller, und ein Stück weißer Rübe ein, welches, versteht sich, früher rein gewaschen werden muß, gieße eine gute Fleischsuppe daran, lasse es weich kochen; es können auch dabei die Abschnizel von dem Fleische, besonders wenn es Schweinfleisch ist, gekocht werden. Mache eine braune Einbrenn, wozu du ein halb Loth gestoßenen Zucker beifügen kannst, damit die Soß eine schöne braunhelle Farbe bekommt, gieße die Suppe, worin das Grüne gekocht hat, daran, lasse es aufkochen, seihe es durch, und würze es mit grüner Petersilie, ein wenig Ingber und Muskatenblüthe; diese

Soß kannst du, wenn die Fasch gestürzt ist, entweder extra in Sosietten auftragen, oder dieselbe unter die Fasch, wenn sie gestürzt ist, gießen.

22. Faschirter Kohl mit Reis.

Nehme für 6 Personen 6 schöne Kohlhäupel, putze und zerschneide sie in die Hälfte, wasche sie im kalten Wasser rein, und brühe sie endlich mit Wasser, worin du sie so lange liegen lassest, bis sie überkühlt sind; nun zerlege den Kohl auf Blätter auf einer reinen Serviette, wohin du von jeder Hälfte die Blätter extra legen muß.

Die Herzeln sammt den Strunkeln lege in einen Topf mit einem halben Pfund geselchten Fleisch, welches du beides weich kochen lassest. Im Abgange des geselchten Fleisches kann man auch fettes Lamm- oder junges Schöpsenfleisch nehmen. Lasse 4 Loth Reis, nachdem du ihn eher wie gewöhnlich brühest, in guter Rindsuppe halb kochen oder dünsten. Wenn das Fleisch weich ist, so schneide es klein, und gib es auf eine Schüssel, den Reis und die kleingeschnittenen Kohlherzeln, welche dabei gekocht haben, dazu, schlage zwei ganze Eier und einen Dotter daran, dann ein Zeherl gut mit Salz zerriebenen Knoblauch, salze es gut und würze es mit ein bischen Pfeffer. Nun schmiere jedes Kohlblättchen mit zerklopften Eiweiß, gib auf jedes Blättchen ein bischen von der Fülle, und lege selbe das größte zu unterst, eins auf das andere, wie sie zuvor waren, drücke sie recht zusammen, daß sie nicht zerfallen, lasse auf einer Reindel 3 Loth Butter heiß werden, gib dazu 1 Loth gestoßenen Zucker, lasse ihn schön gelblicht aufschäumen, lege den gefüllten Kohl eins neben das andere darauf, und lasse ihn wohl zugedeckt weich dünsten. Von der Suppe, worin das Fleisch gekocht hat, gieße zeitweilig löffelweis unter, damit der Kohl nicht anbrennt; die übrige Suppe brenne mit brauner Einbrenn, worin eben ein Stückchen

Zucker wegen heller Farbe gegeben wird, ein, lasse es aufkochen, und seihe es über den Kohl; wohlgemerkt, die Soß darf nicht zu dick, sondern ganz dünn seyn; wer Freund des Knoblauchs ist, kann in der Soß früher als sie durchgeseiht ist, ein mit Salz zerriebenes Zeherl Knoblauch aufkochen lassen; nur muß man dabei acht geben, daß der Kohl nicht auseinander fällt, sonst sieht es unappetitlich aus. Richte es schön im Kreise um die Schüssel, und sind mehrere Personen, so gib in die Mitte zierlich geschnittenes Lamm-, Schöpsen= oder junges Schweinfleisch, oder richte dazu Kalbskarbonadel an.

23. Gefüllter Kohl auf andere Art.

Nimm für 6 Personen 6 Häupel Kohl, putze ihn, wasche ihn im kalten Wasser, zerschneide ihn in zwei Hälften, brühe ihn mit kochendem Wasser, und lasse ihn im Salzwasser übersieden. Zerklaube ihn wie den vorigen auf Blätter, welche du gleichfalls auf einer reinen Serviette abtrocknen läßt; indessen hacke 1 halb Pfund rohes Kalbfleisch und ein halb Pfund gekochtes geselchtes Fleich ganz klein, gib dazu etwas über die Hälfte einer abgeriebenen, im Wasser geweichten ausgedrückten Semmel, 3 bis 4 Loth Rindsmark, vermische und hacke alles so wie jede andere Fasch, gib es auf eine Schüssel, schlage dazu ein ganzes Ei und 2 Dötter, salze es, gib 1 oder 2 Zeherl mit Salz zerriebenen Knoblauch dazu, würze es mit Muskatenblüthe oder Pfeffer und treibe alles recht fein ab; schmiere jedes Blättchen mit zerklopften Eiweiß, belege es mit Fasch, lege die Blätter ordentlich in einander und drücke sie recht an, daß sie nicht zerfallen; gib auf ein Reindel 3 Loth Butter, 1 Loth Zucker, lasse ihn schön bräunlich dünsten, lege den Kohl darein, und lasse es aufdünsten, bis er gehörig weich ist, damit es nicht anbrenne, magst du zeitweilig einen Eßlöffelvoll guter Fleischsuppe darunter gießen. Mache die Soß wie in Nro. 22, gieße sie darüber, laſſe es noch ein wenig aufkochen, und richte es ſchön zierlich an; ſiud Krebſe, ſo beſprenge es mit Krebsbutter, und belege es mit Krebsſchweifeln; außerdem kann man es mit geſelchten Fleiſch oder Zunge, zierlich geſchnitten, zieren und vermehren; daher langt der Kohl auch für mehrere Perſonen, wenn die Verzierung dazu beigeſetzt wird; auch gebackene Hühnel kann man zur Zierde verwenden, wenn man davon rundum die Schüſſel einen Kranz bildet.

24. Karfiol abgeſchmalzen.

Für 6 Perſonen putze 6 Roſen Karfiol recht ſauber ab, lege in kochendes Waſſer zwei Loth friſche Butter, ſalze es gehörig und laſſe den Karfiol darin kochen; nur nicht zu weich, gieße das Waſſer ab, lege den Karfiol ſauber in eine Schüſſel, mache einen Kranz von geriebener, ſchön golbgelb geröſteten Semmel, begieße ihn mit heißer Butter oder mit den geröſteten Semmeln, trage es auf. So zubereitet kann man den Karfiol an Feſttagen aufſetzen, das Waſſer aber, worin der Karfiol gekocht hat, kann man entweder zum nächſten Fleiſchtage zum Fleiſchnachguß, oder auch den nämlichen Tag zur Faſtenſuppe benützen.

25. Faſchirtes Kraut.

Nimm ein ſchönes Kohlhäupel, zertheile es in vier Theile, den Strunk ſchneide heraus, waſche es im kalten und brühe es mit ſiedendem Waſſer, lege es in einen Topf, begieße es mit ſiedendem Salzwaſſer, und laſſe es ein bischen überkochen, nehme es heraus, und laſſe das Waſſer davon ablaufen, indem du es auf eine reine Serviette legeſt. Indeſſen laſſe auf einer Reindel 1 halb Pfund Kalbfleiſch, am beſten Kalbsrieſel mit einem Viertel Pfund halbgekochten geſelchten Fleiſch dünſten, wozu du eine mit Gewürznelken geſpickte Zwiebel legen kannſt;

dann hacke ein halb Pfund Schweinfleisch, so wie auf eine andere Fasch. Wenn dieses alles vorbereitet und das Fleisch weich genug ist, so schneide die Hälfte Kraut auf feine Nudeln, die andere Hälfte aber mit dem gedünsteten Kalbs- und geselchten Fleische ganz klein mit dem Schneidmesser, gib es mit dem gehackten Schweinfleisch auf eine Schüssel, schlage darein 4 Dötter und ein ganzes Ei, würze es mit Neugewürz, Pfeffer und Lemonieschale, gib einen gehäuften Eßlöffel voll geriebener Semmel und auch ein bischen Ingber dazu, salze und treibe es gehörig ab; schmiere die Form mit Butter, streue sie mit geriebener Semmelrinde aus, lege den Boden entweder mit geselchter Zunge oder mit zierlich geschnittenen geselchten Fleisch aus, belege es mit Fasch, bestreue es mit Krautnudeln, wieder Fasch, wieder Nudeln, und schlüßlich den Deckel von Fasch; diese Speise langt für 8 bis 10 Personen; wenn du genug gekochtes geselchtes Feisch oder Zunge hast, so kannst du dasselbe auf Nudeln geschnitten, mit den Krautnudeln mischen, lasse es schön langsam backen, dann stürze es und gieße die Soß, die so wie in Nr. 22 bereitet wird, darüber.

NB. Man kann es auch in Dunst kochen, doch muß es dann länger als die anderen sammt dem Wasser in der Röhre bleiben, daß es recht dunkelgelb gebacken wird.

26. Sauerkraut gebacken.

Koche für 8 Personen etwa einen zwei Seidel Topf saueres Kraut weich, nehme ein Viertel Pfund Schweinfett, schneide es auf Würfel, lasse es zergehen, gib einen Löffel voll Mehl dazu, und mache eine ganz dünne gelblichte Einbrenn, würfe darein eine halbe feingeschnittene Zwiebel, und lasse es ein wenig darein dünsten, das Kraut seihe ab, gib es in die Einbrenn, gib 4 Löffel von dem abgeseihten Krautwasser, 4 Löffel sauern Schmetten dazu, lasse es ein Weilchen dünsten; sollte es zu trocken seyn,

so kannst du sowohl Wasser als auch Schmetten zugeben; ist es zu wenig sauer, säuere es mit Weinessig zu.
Koche ein Pfund junges Schwein= und ein Pfund junges geselchtes Fleisch, und schneide zierliche Schnitzel daraus, schmiere die Form mit Butter, streue sie mit Semmelrinde aus, lege am Boden einen Kranz von dem geselchten Fleisch aus, belege es mit Kraut, gib eine Lage
Schwein= und geselchtes Fleisch, wieder eine Lage Kraut,
wieder eine Lage Fleisch, bis alles gar ist, oben muß
Kraut kommen, welches du mit einem mit zerlassener
Butter abgetriebenen Eidotter beschmierest, und mit geriebener Semmelrinde bestreuest, lasse es in der Röhre
schön langsam ausbacken, dann stürze es vorsichtig heraus, daß es nicht zerfällt, und trage aus auf; man kann
auch, wenn gerade kein Schweinfleisch zu haben wäre,
statt dessen, ein fettes Rindfleisch von Brustkern, oder
Bauchfleisch weichgekocht und kleingeschnitten, dem geselchten Fleisch beimischen.

27. Monatrettig.

Für 6 Personen putze zwei Schock Monatrettige,
wasche sie rein, gib sie in einen Topf, begieße sie mit
siedendem Wasser, und lasse sie darin bis sie überkühlen,
stehen, seihe das Wasser ab, lasse sie auf einer Serviette
abtrocknen, gib auf ein Reindel 3 Loth Butter, anderthalb Loth Zucker, lasse es nur weiß aufschäumen, gib die
Rettige darein, lasse sie dünsten bis sie ganz weich werden, und der Zucker unter ihnen gelblicht zu werden beginnt, nun gib die Rettige auf ein anderes Reindel; in
dieses aber gib einen Löffel voll feines Mehl, lasse es
aufschäumen, gieße eine gute Suppe, worin auch zwei
Lamm= oder Zickelbrüstel gekocht haben, daran, damit
sich eine gehörige Soß daraus bilde. Die Brüstel ist
besser, wenn man sie nur halb kochen läßt, dann im kal-

ten Waſſer abſchreckt, zierlich ſchneidet, allen Schaum
davon abwäſcht, und auf etwa zwei Loth Butter auf einem Reindel gar bünſtet, wo man verſteht ſich, zeitweilig ein bischen Suppe löffelweis nachgießet, damit es
nicht braun wird; wenn man es anrichtet, ſo muß man
das Fleiſch ſchön in die.Mitte, die Rettige, über welche
wenn man die Soß durchgeſeiht hat und ſie darin aufkochen ließ, herum anrichtet, die Soß aber gieße über
alles, welche man entweder gar nicht, oder doch nur ſehr
mäßig mit Muſkatenblüthe würzt.

28. Gefüllte Gurken.

Schneide 6 große Gurken der Länge nach, in die
Hälfte, nehme die Körner heraus, waſche ſie rein, und
trockne ſie mit einer reinen Serviette ab.

Hacke auf 6 Gurken ein Viertel Pfund von allen
Faſern reines Kalbfleiſch mit 2 Loth Rindsmark klein,
gib dazu 2 gerührte überkühlte Eier, und eine halbe
abgeriebene im Waſſer geweichte ausgedrückte Semmel,
ſalze und würze es mit Muſkatenblüthe und kleingeſchnittener Lemonieſchale, treibe noch alles wohl ab, oder ſtoße
es in einem meſſingenen Mörſer, damit es ganz fein iſt.

Nun fülle die beiden Hälften der ausgehöhlten Gurken, ſchmiere ſie mit einem zerklopften Ei, und paſſe
genau die zwei zu einander gehörigen Hälften zuſammen,
winde herum einen ſtarken weißen Faden oder weißen
Spagat, gib auf ein Reindel würflicht geſchnittenen friſchen Speck, 10 Körner Neugewürz, 2 Stückchen Ingber,
2 zerſchnittene Peterſilwurzel, ein Stück eben kleingeſchnittenen Zeller, eine halbe Zwiebel, ein Stückchen friſche Butter, und lege die Gurken darauf, laſſe ſie weich
bünſten; wenn ſie weich ſind, und das Grünzeug gelblicht zu werden beginnt, ſo nehme die Gurken heraus,
lege ſie in ein anderes Reindel, auf das Grünzeug aber

staube 2 Kaffeelöffel feines Mehl, lasse es schön braun
aufschäumen, gieße dann ein Viertel Seidel Rindsuppe
daran und lasse es aufkochen; ist es zu dick, so gieße noch
Rindsuppe zu und seihe es auf die Gurken durch; gib
ein bischen Lemonieschale dazu, und den Saft von einer
halben Lemonie drücke darauf, lasse noch einen Sud
darüber gehen, dann winde die Fäden von den Gurken,
lege sie schön zierlich entweder ganz, oder zur Hälfte über-
schnitten auf die Schüssel, seihe die Soß darüber. Wer
will, kann die ganzen Gurken aushöhlen, mit Fasch füllen, dann wenn sie fertig sind, dieselben auf runde, 2
Finger breite Scheiben zerschneiden; herum kann man
einen Kranz von gebackenen Hühnern oder Karbonadeln
machen, oder kann man eine größere Porzion Fasch machen, und daraus entweder Karbonadeln oder Kranzeln
formiren und gebacken herum legen.

29. Ein gemischtes Grünzeug.

Wenn junge Spargel, grüne Erbsen und junge
Bohnen sind, so nimm ein Seidel junge kleingeschnittene Spargel, ein Seidel grüne Erbsen und ein Seidel
kleingeschnittener Bohnenschotten, wasche sie im kalten
Wasser, gib auf ein Kastrol 4 Loth frische Butter und
2 Loth gestoßenen Zucker, lasse es auf der Gluth aufschäumen, gib das Grüne hinein und lasse es zusammen
dünsten, bis es weich zu werden beginnt, staube darein
einen Löffel voll feines Mehl, lasse es wieder ein Weilchen dünsten, dann gieße ein halb Seidel guter Rindsuppe daran, und einige Löffel voll süßen abgekochten
Schmetten, würze es mit Muskatenblüthe und kleingeschnittener grünen Petersilie, lasse es noch ein bischen
einbünsten, dann richte es gebackenen Hühnern oder
Karbonadeln, oder gebackener Kuheiter geziert auf.

30. Spenat in der Form.

Reibe die Rinde von einer altbackenen Semmel ab, die Semmel reibe, und röste sie schön goldgelb im Schmalz, lege sie in eine Schüssel, lasse sie kalt werden, schlage dann 5 frische Eidötter dazu, salze es ein wenig, gib dazu 8 Löffel süßen Schmetten, 6 gehäufte Löffel im Salzwasser übersottenen feinge- hackten Spenat, treibe es recht ab, würze es mit ein wenig Muskatenblüthe, und gebe zuletzt von drei Ei- weis den Schnee dazu, verrühre ihn noch ein we- nig. Schmiere eine Melonenform mit frischer But- ter, streue sie mit geriebener Semmelrinde aus, gib das abgerührte darein, lasse es in Dunst kochen, stelle es schlüßlich auch sammt dem Wasser in eine heiße Röhre, damit es fest wird. Würze es auf eine läng- liche Schüssel, bestreue mit geriebener Semmelrinde, und begieße es mit heißer frischer Butter, trage es auf den Tisch.

31. Spargel statt grünen Erbsen.

Wenn der Spargel dünn ist, so ist er auf die ge- wöhnliche Art zubereitet unansehnlich, schneide ihn daher klein, daß er so wie junge grüne Erbsen aussieht. Für 6 Personen schneide so viel Spargel, daß es zwei volle Seidel sind; (das weiße harte wird weggeworfen, wie es sich von selbst versteht). Begieße ihn mit heißem Was- ser, seihe ihn aber gleich wieder ab, lasse auf einem Kast- rol 3 bis 4 Loth Butter mit 2 Loth gestoßenen Zucker aufschäumen, gib den erbsenartigen Spargel hinein, lasse ihn dünsten bis er weich ist, dann gieße bischen Rind- suppe unter, damit es nicht anbrennt, mache bischen dünne weiße Einbrenn, gieße halb Rindsuppe, halb gekochten Schmetten hinein, gieße es über den Spargel, doch nicht

so viel, daß es suppig wäre, sondern so wie die grünen
Erbsen dicklich bereitet werden, würze es mit Muskatenblüthe und kleingeschnittener grünen Petersil, richte es
auf eine Schüssel, mache einen Kranz von Karbonadeln
oder gebackenen Semmeln oder Hühneln; sind Krebse zu
haben, so belege es mit Krebsschweifeln und besprenge
es mit Krebsbutter.

Wer es nicht süß liebt, kann es ohne Zucker und
ohne Schmetten bereiten, und blos mit Rindsuppe bischen einbrennen.

Du kannst es auch mit folgendem Gebackenen belegen: hacke einige Hühnerlebern mit 3 bis 4 Loth
Rindsmark, gib es auf eine Schüssel, schlage darein 3
ganze Eier und einen Dotter, salze es, würze mit Muskatenblüthe und grüner Petersil, gib dazu zwei gehäufte Löffel geriebener Semmel, schmiere ein reines weißes Tüchel
mit Butter, gib es darein, binde es locker zu, hänge es
in die Rindsuppe, lasse es eine Stunde kochen, dann binde es auf, stürze es auf ein Brettchen, schneide es zuerst
in der Hälfte durch, dann aus den 2 Hälften halbmondförmige dünne Schnitzel; wenn sie auskühlen, so wälze
sie zuerst im Mehl, dann tunke sie in zerklopften Eiern,
dann in geriebener Semmel, backe sie in heißem Schmalz,
belege die Erbsen damit, und trage sie auf. Dieses Gebackene eignet sich als Beleg zu allen Grünspeisen.

32. Grüne Erbsen mit gelben Rüben.

Gib auf ein Kastrol für 8 bis 10 Personen 4 Loth
Butter, lasse es mit 2 Loth Zucker aufschäumen, wasche im kalten Wasser 2 große Seidel junge grüne Erbsen, gib sie in die Butter, lasse sie dünsten, bis sie weich
sind, bestreue sie mit ein bischen feinem Mehl, gieße
bischen Rindsuppe, bischen gekochten Schmetten daran,

würze sie mit Muskatenblüthe und grüner geschnittenen
Petersil, und wenn es nöthig ist, so salze es bischen zu,
lasse es noch ein-wenig aufdünsten.

Auf ein zweites Kastrol gib ebenfalls 3 oder 4
Loth Butter und 2 Loth Zucker, lasse es schön goldbraun
rösten, gib ebenfalls 2 Seidel auf kleine feine Nudeln
geschnittene gelbe Rübendarein, lasse es weich bünsten,
staube' es ebenfalls mit bischen Mehl ein, gieße halb
Rindsuppe, halb gekochten Schmetten daran, würze es
mit Muskatenblüthe und grüner Petersil, sehe zu, damit
von der Soß nicht zu viel werde; beim Anrichten gib
die Erbsen in die Mitte; von der gelben Rübe mache
einen Kranz, belege ihn mit Karbonadeln von Hühner-
flügeln, oder vom Kalbfleisch, oder mit dem Gebackenen
der vorigen Nummer, oder mit gebackenen Posesen.
Auf diese Art kann man, wenn wenig Erbsen sind, die
Speise zierlich vermehren.

33. Faschirter Kohl mit Reis in Dunst gekocht.

Putze für 6 bis 8 Personen 3 schöne Kohlhäupel,
wasche sie zuerst im kalten Wasser, dann begieße sie mit
kochendem Wasser, lasse es ein Weilchen so zugedeckt,
dann seihe das Wasser ab, lege den Kohl in ein Kastrol,
worin 12 Loth schönes junges geselchtes Fleisch und entweder ein Kalbsriesel oder eine Kalbs=Nieren kocht,
lasse alles kochen, und welches am ersten weich ist, nimm
zuerst heraus, damit nichts überkoche. Indessen gieße auf
5 Loth schönen Karoliner Reis, zuerst kaltes Wasser,
dann 3mal kochendes, welches immer, nachdem der Reis
mit einem Kochlöffel abgesprittelt wurde, abgegossen wird.
Gib auf ein Kastrol etwa anderthalb Loth Butter und
den Reis, lasse es bünsten, damit es nicht braun wird,
gieße löffelweis von der Suppe, worin das Fleisch mit
dem Kohl kocht, darunter.

Hacke indeſſen etwa ein halb Pfund Schweinfleiſch mit 2 Loth Rindsmark, wenn es nicht fett iſt, gib dazu 2 gerührte Eier, eine halbe abgeriebene, im Waſſer geweichte ausgedrückte Semmel, ſalze es, würze mit bischen Pfeffer, hacke und miſche alles recht untereinander, gib es auf eine Schüſſel, ſchneibe dann das geſelchte Fleiſch, 2 Kohlhäupel und das kälberne Brieſel oder Niere recht fein, gib es zu der Fleiſchfaſch, ſchlage noch 2 ganze Eier dazu, ſalze und vermiſche es recht unter einander. Schmiere eine Melonenform mit Butter, lege auf den Boden von dem dritten, in Viertel geſchnittenen Kohlhäupel einen Stern aus, und belege die ganze Form auf einen Finger dick mit der Faſch, dann gib von dem weichgedünſteten Reis eine Lage, wieder auf einen Finger dick Faſch, wieder Reis, und dann wieder einen Deckel von Reis, ſtelle die Form in kochendes Waſſer, laſſe es wenigſtens drei Viertel Stunden kochen, dann ſtelle es ſammt dem Waſſer in eine heiße Röhre, daß es auch oben gar wird, ſtürze es auf die Schüſſel, und gieße die Suppe, worin alles gekocht hat, mit bischen bräunlicher Einbrenn eingebrennt darunter, es iſt eine kräftige und nahrhafte Speiſe; wer will, daß die Soß ſüßlich ſey, kann ein Stückchen goldbraun geröſteten Zucker derſelben beifügen.

34. Kohl-Karbonadel oder Würſtel.

Putze und zertheile zwei ſchöne Kohlhäupel, waſche ſie erſt im kalten Waſſer, dann brühe ſie mit kochendem Waſſer, ſeihe ſie ab und laſſe ſie mit einem Viertel Pfund geſelchten Fleiſch und einer mit Gewürznelken beſteckten Zwiebel kochen, dann hacke ein halbes Pfund Schweinfleiſch, die Haut und Abſchnitzel laſſe ebenfalls mit dem Kohl kochen.

Das gehackte Fleisch gib auf eine Schüssel, gib dazu eine halbe abgeriebene im Waſſer geweichte ausgedrückte Semmel, dann den gekochten Kohl, geſelchtes Fleiſch und Abſchnitzel alles fein geschnitten dazu, schlage dazu 2 oder 3 ganze Eier, treibe es recht ab, ſalze und würze es mit bischen Pfeffer, und backe davon in dem Grübchen = Talkenblech ſchöne runde Karbonadel, oder benetze ordinäre Oplatten mit Eiweiß, ſtreiche von der Faſch fingerdick darauf, rolle es wie Würſtel zuſammen, tunke ſie in zerklopften Eiern, dann in geriebener Semmelrinde und backe ſie im Schmalz.

Beides kann entweder als Beleg von Grünſpeiſen oder als ſelbſtſtändige Speiſe gegeben werden; im letztern Falle lege die Zwiebel, wenn ſie weich gekocht iſt, auf ein Kaſtrol mit einem Stückchen Butter, gib dazu die Abfälle vom Schwein= und geſelchten Fleiſch, laſſe es braun dünſten, ſtreue bischen Mehl daran, und laſſe auf dem Boden eine Kruſte anlegen, doch nicht anbrennen, gieße die Suppe, worin der Kohl und das Fleiſch gekocht, daran, laſſe ſie aufkochen, ſeihe ſie durch und gib dieſer ſehr guten Soß, durch ein Stückchen goldbraun geröſteten Zucker, Wohlgeſchmack und Farbe; dieſe Soß kannſt du zu den Karbonadeln oder Würſteln, in Soſietten extra geben.

35. Gemiſchte Karbonadel.

Koche 2 reingeputzte gebrühte Kohlhäupel mit einem halben Pfund geſelchten Fleiſch, der Haut und den Abſchnitzeln von einem Pfund Schweinfleiſch. Dann ſchneide alles recht fein; das Schweinfleiſch hacke roh recht fein, gib das übrige Gehackte dazu, gib alles auf eine Schüſſel, kannſt auch ein Stückchen kalten Kalbsbraten, wenn gerade einer da iſt, kleingeschnitten dazu geben, ſchlage darein 3 ganze Eier, ſalze ſo viel als nöthig, würze es bischen mit gestoßenen Pfeffer, gib dazu, wenn es zu dünn wäre, einen oder 2 Löffel geriebener Semmel, treibe alles recht ab, formire daraus kleine Karbonabel, tunke sie in zerschlagene Eier, ballire sie in geriebener Semmelrinde, backe sie im heißen Schmalz, und gib sie entweder als eine selbstständige Speise oder belege Grünspeisen damit.

Wer die Grünspeise nicht süß liebt, kann den Zucker überall auslassen; eine jede Hausfrau muß den Geschmack ihrer Hausgenossen sowohl als ihrer Gäste wissen und sich darnach richten, damit sie die Tafel mit schmackhaften Gerichten besetze, als auch nach Möglichkeit spare, und auch die Tafel mit gleichen Speisen nicht überlade, z. B. wenn man eingemachte Hühner aufsetzt, darf man die Grünspeise nicht mit gebackenen Hühnern belegen; erstens, ist es gegen die Regel, und zweitens, liefern die Lebern von den Hühnern das Beleg zur Grünspeise, so ist die Hausfrau für das Bischen mehr Arbeit, hinlänglich belohnt; denn es ist in Wahrheit ein äußerst unangenehmer Anblick, wenn man eingemachte, gebackene und gebratene Hühner in einem Tage zur Tafel bringen sieht. Man muß immer eine gewisse Abwechslung in die Speisen bringen, sonst werden selbst die Köstlichsten zu Eckel.

Eingemachte Speisen.

---

1. Hühnel mit Knöderln.

Nimm ein halb Pfund Kalbfleisch, am besten von den Schultern, oder zwei bis drei Hühnerbrüste, hacke es sehr klein, nimm alle Fasern heraus, gib dazu drei

Loth Rindsmark und dann eine abgeriebene, im Waſſer geweichte und wohl ausgedrückte Semmel; (iſt die Semmel groß und wenig Fleiſch, alſo nur die Hälfte), dann 3 gerührte Eier und Lemonieſchale; alles recht wohl gehackt, und wenn Zeit und Gelegenheit dazu iſt, kann man das Ganze in einem meſſingenen Mörſer ſtoßen, ſalze es, würze es mit Muſkatenblüthe, mache kleine Knöderln, etwas größer als Haſelnüſſe, netze die Hände mit kaltem Waſſer, indem du ſie machſt, koche ſie in einer guten Rindſuppe, worin man auch die Hühnel kochen läßt; kommen ſie auf die Oberfläche, ſo laſſe man ſie nur noch ein bischen kochen, ſo ſind ſie gar; man nehme ſie heraus wie auch die Hühnel, lege alles auf ein Reindel, mache weiße Einbrenn, gieße die Suppe daran, rühre es ab, ſeihe es auf die Hühnel, würze es mit Muſkatenblüthe, und haſt du ein bischen Krebsbutter, ſo gib ſie dazu, es iſt zierlicher und auch geſchmackhafter, laſſe es noch ein wenig aufkochen, richte es zierlich an, und gib es zur Tafel.

2. Hühnel mit Herrupilzen.

Laſſe ſchön geputzte Hühnel in der Rindſuppe kochen, oder ſalze ſie und laſſe ſie auf friſcher Butter mit ein bischen grüner Peterſil dünſten; indeſſen nimm die Pilze, wenn ſie friſch ſind, ſchneide ſie klein, laſſe ſie auf Butter mit grüner Peterſil ganz klar ausdünſten, ſtaube ſie mit Mehl ein, laſſe es noch aufdünſten, bis das Mehl, ſo viel wie eine weiße Einbrenn gedünſtet hat; dann gieße daran halb Rindſuppe, halb ſüßen gekochten Schmetten, ſo daß es die rechte Dicke hat, würze es mit Muſkatenblüthe, ſalze es, doch nicht zu viel, beſonders bei den gedünſteten Hühneln, weil man es da leicht verſalzen könnte, gieße es auf die Hühnel, laſſe es noch ganz wenig aufkochen, doch nicht zu lang, weil da der Schmetten leicht zerinnt. Sind die Schwämme getrocknet, so lasse sie zuvor weich in der Rindsuppe kochen, seihe sie ab, hacke sie ganz klein, mache eine weiße Einbrenn, gieße die Suppe, worin die Schwämme kochten, daran, dann auch so viel Schmetten, lasse es ein bischen aufsieden, seihe es durch einen Durchschlag über die bereiteten Hühnel, und würze es mit Muskatenblüthe. Beim Anrichten kann man die Hühnel in die Mitte geben, und die gehackten Schwämme, die man warm zu erhalten sich bemühen muß, gebraucht man als Zierde um die Schüssel. Ohne Gäste kann man wohl auch die gehackten Schwämme geradezu in die Soß werfen; so ist es, wenn gleich nicht so zierlich, doch eben so gut; auch muß man ein bischen grüner kleingehackten Petersil dazu geben, außer im Winter muß man sie wohl entbehren; auch hier darf die Soß nicht zu viel kochen, sonst rinnt sie zusammen.

3. Hühnel mit Zellersoß.

Bereite die Hühner wie zuvor, koche schönen weißen Zeller in der Rindsuppe; das Grüne ebenfalls zerschnitten nebst einem halben Zeller in einem Seidel Rindsuppe; dieses wird abgeseiht, mit einem Stückchen frischer Butter abgetrieben, die Suppe wieder daran gegossen und durch ein Haarsieb durchgeseiht, lasse es aufkochen, brenne es mit dünner weißen Einbrenn ein, doch nicht so dicklicht wie die vorigen, lege die bereiteten Hühnel in ein reines Reindel, seihe die Soß darüber, nimm dann ein oder 2 Dötter, treibe sie mit ein bischen kalter Suppe und Muskatenblüthe ab, und willst du schon auftragen, so gieße die kochende Soß darein, quirle es ab, richte die Hühnel auf die Schüssel, lege den auf Scheiben geschnittenen Zeller herum, gieße die Soß darüber und trage es zur Tafel; es darf nicht mehr kochen, sonst rinnt es zusammen. Mit allen diesen Soßen kann man auch Kalbfleisch, Hennen, Kapauner und junge Gans zubereiten.

4. Kapauner mit Muscheln.

Brate einen Kapauner entweder auf dem Spieß oder in der Röhre; die Muscheln trockne und wische eher mit einem trockenen Tuche ab, dann wasche sie in Wein, lege sie auf frische Butter in ein Reindel, decke sie zu, lasse sie ganz gemach so lange dünsten, bis sie sich öffnen, dann gieße ein halb Seidel österreicher Wein und ein halb Seidel Rindsuppe daran. Nimm dann 4 schöne frische Sardellen, wasche sie im kalten Wasser, löse sie von den Gräten, zerreibe sie mit einem Stückchen frischer Butter, gib sie in Töpfchen, schlage dazu 3 Dötter, gib kleingeschnittene Lemonieschale, Muskatenblüthe und entweder einen Kochlöffel voll Mehl oder geriebene Semmel, zertreibe es mit ein bischen kalten Wein, gieße die Soß von den Muscheln darein, quirle es ab, lasse noch einen Sud darüber gehen, lege den Kapauner in die Mitte, die Muscheln herum, gieße die Soß darüber und trage es auf.

5. Kapauner mit Aalen.

Brate einen Kapauner wie im vorigen; von dem Aal ziehe die Haut ab, zerschneide ihn auf Stückel wie groß du willst und die Größe des Aales es zuläßt, lege ihn mit ein bischen Lemonieschale auf frische Butter in ein Reindel, lasse ihn gemach dünsten, nimm einige Sardellen, putze und zertreibe sie mit frischer Butter wie im vorigen, gib dazu eine halbe abgeriebene, im Wasser geweichte, wohl ausgedrückte Semmel, 2 oder 3 Dötter, zertreibe alles mit ein bischen kühler Rindsuppe, gib dazu Muskatenblüthe, gieße kochende Rindsuppe darüber, quirle es wohl ab, gieße es über den Aal, lasse es ein bischen aufkochen, lege den Kapauner in die Mitte, den Aal herum, und trage es zur Tafel. Die Soß darf eben nicht lange kochen wie alle Soßen, zu denen frische Eidötter kommen, sonst rinnt es zusammen.

6. Hühnel mit Championen.

Laſſe wohl geputzte Hühnel entweder in Rindſuppe kochen, oder auf Butter dünſten. Nimm Championen, ſchäle, reinige und ſchneide ſie klein, laſſe ſie auf Butter mit ein bischen grüner Peterſil dünſten, würze ſie mit Muskatenblüthe, mache ein bischen weiße Einbrenn, gieße Rindſuppe und ein bischen Schmetten daran, quirle es ab, ſeihe es auf die Championen, laſſe es ein wenig aufkochen, lege die Hühnel darein und richte es an, gib es, die Schüſſel mit grüner Peterſil ſchön geziert zur Tafel.

7. Hühnel mit Paradiesäpfeln.

Bereite ſauber geputzte Hühnel, koche ſie entweder in Rindſuppe, oder dünſte ſie in friſcher Butter, nimm 2 oder 3 reife Paradiesäpfel, koche ſie in Wein, zertreibe ſie mit einer halben abgeriebenen, im Schmetten geweichten ausgedrückten Semmel, gieße daran ein bischen Rindſuppe, ſeihe es durch ein Haarſieb, würze es mit Muskatenblüthe, gieße es über die Hühnel. Willſt tu es ſäuerlich haben, ſo weiche die Semmel in Wein, verſüße die Soß mit Zucker, drücke den Saft von einer Lemonie daran, und gib auch ein bischen kleingeschnittener Lemonieſchale dazu.

8. Hühnel mit Reis.

Waſche den ſauber geklaubten Reis eher im kalten, dann in drei heißen Wäſſern, laſſe ihn im heißen Waſſer ſtehen aber nicht kochen, ſeihe ihn ab, laſſe ihn in guter Rindſuppe kochen, gib ihn in ein Kaſtrol oder Reindel; nimm ein Töpfchen, gib darein 3 Dötter und ein bischen Muskatenblüthe, quirle es mit kühler Rindſuppe ab, gieße es in den Reis, lege die Hühnel, die man eben in der Rindſuppe gekocht hat, darein, laſſe es noch ein wenig aufdünſten, dann gib die Hühnel in die

Mitte, den Reis herum, bestreue es ein bischen mit Muskatenblüthe und trage es auf. So kann man auch eine alte Henne oder junge Gans, oder auch Kalbfleisch bereiten.

9. Kalbfleisch mit Kümmel.

Nimm Kalbfleisch, zerschneide es roh in Stücke, gib es auf ein Reindel, gib dazu frische Butter, Kümmel, Salz und ein bischen Wasser, lasse es gemach dünsten, rühre öfters damit um, daß es überall gleich gedünstet ist; sollte es zu trocken werden, so gieße ein bischen Rindsuppe nach und lasse es so nur im Saft ohne andere Soß; es kann auch junges Schöpsenfleisch so bereitet werden; nur daß es länger dünsten muß.

10. Gedünstetes Kalbfleisch.

Nimm ein kälbernes Brüstel, gib es auf ein Reindel, gib ein Stück Butter, eine auf Scheiben geschnittene Zwiebel, ein bischen Thymian, Salz dazu, und lasse es schön gelblicht dünsten; dann gieße halb Rindsuppe, halb Weinessig daran; wenn der Essig zu scharf ist, also 3 Theile Rindsuppe und ein Theil Essig, lasse es ein bischen aufkochen, nimm das Brüstel heraus auf ein anderes Reindel, bestreue es mit geriebener Semmel, seihe die Soß darüber, gib dazu kleingeschnittene Lemonieschale, Kapperln, Neugewürz und Muskatenblüthe, lasse es noch ein bischen aufkochen; sollte es zu dick seyn, so kann man Suppe oder Essig, nachdem es sauer ist, zugießen. So kann man auch übriggebliebenen Kalbsbraten zubereiten.

11. Hühner mit Kartoffeln.

Brate einen Kapauner oder Hühner, nimm Kartoffeln, schäle sie, schneide sie auf Scheiben, koche sie im süßen Schmetten, seihe sie ab; in den Schmetten gib gelblicht geröstete geriebene Semmel, gieße ein bischen Rindsuppe zu, lasse es aufkochen, lege die gebratenen Hühner auf ein Reindel, seihe die Soß durch ein Haarsieb darauf, würze es mit Muskatenblüthe, und lasse sie ja nicht viel mehr kochen, sonst rinnt die Soß zusammen; immer ist es besser, wenn man den Schmetten früher aufkochen läßt, ehe man die Tartoffeln darein thut, denn es gerinnt gerne. Die Tartoffeln kann man klein gehackt in die Soß geben.

12. Ein Lamm= oder Schöpfenschlägel mit sauern Schmetten.

Nimm einen Lamm= oder Schöpfenschlägel, spicke wohl mit frischen Salbeiblättern, lasse ihn in einem Kastrol oder Reindel auf einer linden Gluth langsam dünsten, gieße immer ein bischen Suppe unter, daß es recht weich wird; ist es ein Schöpfenschlägel, so gießt man gleich ein bischen Wasser unter; wenn er hübsch braun gedünstet ist, so gieße man 3 Theile Suppe und einen Theil Essig daran, läßt es gar kochen; macht eine braune Einbrenn, gießt noch einen Theil sauern Schmetten dazu, quirle es recht ab, und seihe es auf den Schlägel durch, gibt kleingeschnittene Lemonieschalen, Kapperln und ein bischen Neugewürz darein, läßt es noch ein bischen aufkochen, und richtet es an. So kann man auch übriggebliebenen Schöpfenbraten, wenn er auch mit Knoblauch durchgespickt ist, bereiten.

13. Gedämpfte Tauben.

Rupfe und putze die jungen Tauben rein, schneide ihnen die Köpfe ab, hefte sie, lege in ein Reindel in Scheiben geschnittene Zwiebel, Thymian, ein Stückel Butter und ein Stückel Speck, lege die Tauben darau, salze sie, gieße ein wenig Wasser dazu, die Magerln und Lebern gib dazu, lasse es schön bräunlicht dünsten,

doch darf es nicht anbrennen; dann gieße Rindsuppe
und ein bischen Weinessig daran, lasse es ein bischen
aufkochen, nimm sie dann heraus; nimm Mehl auf
einen Teller und Safran, mache es mit Essig an, gie=
ße es in die Soß, lasse es ein bischen aufkochen, dann
seihe es durch, lasse ein Stückchen Zucker braun rösten,
gib ihn dazu, dann ein Stückchen weißen Zucker, daß
es süßsauer ist, gib Lemonieschalen, Kapperln, ein bis=
chen Neugewürz dazu, lege die Tauben wieder darein,
lasse es noch ein bischen aufkochen, dann lege die Tau=
ben schön in die Schüssel, belege sie mit Lemonieblat=
teln und trage sie zur Tafel.

14. Faschirter Schlägel.

Nimm anderthalb Pfund Rindfleisch aus dem Schlä=
gel, ein Pfund Schwein= oder Kalbfleisch, schneide alle
Fasern daraus, hacke es ganz klein, gib dazu ein Vier=
tel Pfund Rindsmark; wenn das Schweinfleisch fett ist,
kann weniger seyn, anderthalb abgeriebene, im Wasser
geweichte gut ausgedrückte Semmel, 4 gerührte Eier,
Lemonieschale, 4 Zeherl Knoblauch, wohl mit Salz zer=
rieben, eine halbe kleingeschnittene Zwiebel, hacke alles
recht wohl untereinander, würze es mit ein bischen Pfef=
fer, salze es gehörig, und formire daraus einen Schlä=
gel; statt dem Bein kannst du entweder eine Petersil=
wurzel oder ein schickliches Bein nehmen; dann gib auf
eine irdene Bratpfanne ein Stück Butter, ein Stück
Speck, ein bischen Thymian, lege zwei Spähne unter,
und eine in Scheiben geschnittene Zwiebel, lege den for=
mirten Schlägel darauf, lasse ihn in einer Röhre gemach
braten; doch darf es nicht gewendet werden. Bereite
die Soß: mache braune Einbrenn, gieße daran Rind=
suppe, Weinessig und saueren Schmetten, lasse es ein
bischen aufkochen, seihe es auf den Schlägel durch, lasse
es noch eine Viertel Stunde kochen; dann nimm den

Schlägel behutsam heraus, lege ihn auf eine Schüssel, bestreue ihn mit Kappern und Lemonieschalen, seihe die Soß darauf durch, und trage es zur Tafel; auch kann man es mit bischen Neugewürz würzen.

Statt sauern Schmetten kann man auch braungerösteten Zucker geben, dann ein Stückchen weißen Zucker; hier gibt man statt Kappern Lemonieblätteln.

15. Rindszunge auf dem Rost gebraten mit Weichselsoß.

Koche eine Rindszunge weich, schäle sie und schneide sie der Länge nach in die Hälfte, tunke sie in zerlassene Butter, bestreue sie mit geriebener Semmel, lege sie auf den Rost, lasse sie auf Kohlen braten; wenn sie auf einer Seite geröstet ist, so wende sie um, lege sie auf die Schüssel; die Soß gib im Sosiet dazu. Die Soß mache also: koche trockene Weichsel oder Hagebutten in halb Wasser, halb Wein, zerreibe sie und schlage sie durch ein Haarsieb, gib dazu geröstete geriebene Semmel, daß es dicklicht werde, versüße es mit Zucker, gib geschnittene Lemonieschalen, ein bischen Gewürznelken, ein bischen Zimmet dazu und lasse es aufkochen; gib sie in Sosiet.

Oder treibe einige Sardellen mit Butter ab, gib sie in ein Töpfchen, gieße daran Rindsuppe und ein bischen Weinessig, lasse es aufkochen, mache braune Einbrenn, halb Mehl, halb geriebene Semmel, brenne es ein, röste ein Stückchen Zucker braun, gib es dazu, dann ein Stückchen weißen Zucker, Lemonieschale, ein bischen Neugewürz, laß es aufkochen, wird eben in Sosietten gegeben.

16. Rindszunge mit polnischer Soß.

Koche die Rindszunge weich, häutle sie und schneide sie in Scheiben; mache eine braune Einbrenn, gieße Rindsuppe und Weinessig daran, gib ein Stück braun gerösteten, ein Stückchen weißen Zucker, laſſe es aufkochen, ſeihe es auf die Zunge durch, gib dazu kleine und große Roſinen, geſchälte Mandeln, Lemonieſchale, Gewürznel= ken, laſſe es noch ein bischen aufkochen und gib es zur Tafel.

17. Schweinskopf.

Koche den Schweinskopf weich, und ſchneide ihn zierlich, lege ihn in ein Reindel, nimm ein bischen ge= riebenen Pfefferkuchen in ein Töpfchen, gieße daran von der Suppe, worin der Kopf geköcht hat, und Weineſſig, laſſe es aufkochen, brenne es mit brauner Einbrenn ein, dann gib ein Stückchen braungerösteten Zucker dazu, laſſe es ein bischen aufkochen, ſeihe es auf den Schweinskopf durch, gib dazu Lemonieſchale, kleine und große Roſi= nen, geſchälte Mandeln, Gewürznelken, laſſe es aufko= chen und trage es auf.

18. Heiß abgeſottene Hühner.

Laſſe halb Eſſig, halb Waſſer kochen, lege darein eine Zwiebel blättelt geſchnitten, 2 Zeherl Knoblauch, 3 Lorbeerblätter, einige ganze Körner Neugewürz, Pfef= fer, Ingber, ein Stückchen friſcher Butter, Salz; wenn es zu kochen beginnt, ſo lege darein die ſauber geputzten Hühner, laſſe ſie ein halbes Stündchen wohl zugedeckt kochen, lege ſie in die Schüſſel, gieße ein bischen von der durchgeſeihten Soß darauf, beſtreue ſie mit goldgelb gerösteten geriebenen Semmel und trage es auf.

19. Hühner mit gefälſchter Auſternſoß.

Brate die Hühner, lege ſie in ein Kaſtrol, waſche einige Sardellen, löſe ſie von den Gräten, treibe ſie mit ein bischen friſcher Butter ab, gib ſie in ein Töpfchen, ſchlage dazu 3 Dötter, gib einen Kochlöffel voll weißes Mehl, ein bischen Lemonieſchale, ein bischen Muſkaten= blüthe dazu, rühre es mit kalten Wein wohl ab, gib in

6*

ein anderes Töpfchen, 3 Zeherl Knoblauch, eine halbe
Zwiebel, 1 Lorbeerblatt, einige Körner ganzen Pfeffer,
Ingber, Neugewürz, gieße darauf halb Rindsuppe, halb
österreicher Wein, lasse es auffochen; dann seihe es auf
die Sardellen durch, quirle es wohl ab, gieße es auf die
gebratenen Hühner, und laß es ein bischen auffochen;
dann wenn du anrichten willst, so drücke den Saft von
einer Lemonie daran, richte es in die Schüssel und trage
es auf.

Im Winter kann man in größern Haushaltungen
sich den im Vorworte angemerkten Aspik machen, davon
in ein Seibeltöpfchen auffochen lassen, so ist die Soß
gleich fertig.

20. Lungenbraten.

Nimm einen schönen Lungenbraten, häutle ihn wohl
ab, klopfe ihn ein bischen und salze ihn. Koche Essig mit
Zwiebel, Thymian, ganzen Pfeffer, Ingber, begieße den
Lungenbraten, lasse ihn 6 bis 8 Tage liegen; er muß
aber täglich gewendet werden.

Wenn du ihn braten willst, so spicke ihn wie einen
Rehrücken mit Speck, gieße etwas von der Soß darauf,
gib ein Stück Butter dazu und lasse ihn in der Röhre
langsam braten, begieße ihn während des Bratens mit
saurem Schmetten. Er kann statt einem Braten zur
Tafel gegeben werden, oder man kann ihn auf Stückel
zerschneiden, die Soß einbrennen, so ist er ein Einge=
machtes. Als Braten kann er warm und auch kalt mit
Essig und Öl gegessen werden. Zum Eingemachten gibt
man noch ein bischen Lemonieschalen und drückt den
Saft einer Lemonie daran.

21. Kalbskopf mit Frikase.

Koche den Kalbskopf weich, das Hirn nimm be=
vor roh heraus. Gib in ein Töpfchen einen Theil Rind=
suppe, einen Theil österreicher Wein, lasse es kochen; in

ein anderes Töpfchen gib 4 Dötter, ein Stückchen Butter, ein bischen feines Mehl, treibe es mit ein bischen kalten Wein ab, gib Lemonieschale und Muskatenblüthe dazu, gieße die kochende Suppe mit dem Wein darauf, quirle es recht ab, gieße es auf den gekochten und zierlich geschnittenen Kalbskopf, gib ein Stückchen Zucker dazu, daß es lieblicher wäre, laße es ganz wenig aufkochen. Das Hirn salze, schneide es in Stückel, ballire es eher in Mehl, tunke es in ein zerschlagenes Ei, bestreue es mit Semmel, backe es im heißen Schmalz, schneide eine Semmel in kleine Würfel, backe sie gleichfalls schön goldgelb. Richte den Kopf in die Schüßel, das gebackene Hirn gib zierlich in die Mitte darauf, von den gebackenen Semmelwürfeln mache einen Kranz um die Schüßel herum und gib es zur Tafel.

22. Kuttelflecke.

Putze die Kuttelflecke, koche sie eine halbe Stunde ohne Salz, dann wasche sie wieder im kalten Waßer rein durch, gib sie in einen Topf, salze sie, gieße reines Waßer darauf, und laße sie ganz weich kochen, dann schneide sie auf Nudeln; laße dabei, wenn du willst, ein Stück geselchtes Fleisch kochen; das Fleisch hacke ganz klein, mache eine weiße Einbrenn, gib darein feingeschnittene Zwiebel, laße sie aufschäumen, würfe die geschnittenen Kuttelflecke und das gehackte Fleisch darein, gieße so viel Rindsuppe als du nöthig glaubst dazu, würze es mit Muskatenblüthe und Ingber, gib grüne kleingehackte Petersil dazu; wenn du sie anrichtest, so mache herum um die Schüßel einen Kranz von gebackenen Semmelwürfeln.

23. Spanische Vögel von Kraut.

Hacke ein Pfund Schweinfleisch klein, gib es in eine Schüßel, schlage darein 2 ganze Eier, und einen halben Kaffeebecher Schmetten gieße nach; gieße dazu so viel geriebene Semmel als du nöthig erachtest, daß es beisammen bleibe, gib dazu Lemonieschale, ein bischen Neugewürz oder Gewürznelken, salze es, lasse ein Kraut= häupel halb abkochen, nimm die Blätter auseinander, gib in ein jedes Blättchen von der Fasch, wickle es ein, binde es mit einem Zwirnfaden um, lasse es im heißen Schmalz backen; dann nimm die Fäden weg, schlichte es in Kastrol, begieße es mit süßen Schmetten, lasse es in der Röhre dünsten, gib es sammt der Kastrole auf den Tisch.

24. Faschirte Semmel.

Lasse ganz kleine Semmel backen, so viel als du nöthig hast, reibe die Rinde ab, schneide oben einen Deckel heraus, nimm die Krumme vorsichtig heraus, netze die Semmel und die Deckel mit Schmetten, doch nicht stark, damit sie nicht zerfallen, backe sie im heißen Schmalz aus. — Hacke 2 oder 3 Hühnerbrüstel mit ein bischen Rindsmark fein, nimm die Adern heraus, gib dazu das Gerührte von einem oder 2 Eiern, den vier= ten Theil einer abgeriebenen, im Wasser geweichten ausgedrückten Semmel, ein bischen Muskatenblüthe, ein bischen Salz, hacke alles recht, dann stoße es im Mör= ser, mache daraus ganz kleine Knöderln, höchstens so wie die kleinsten Haselnüße groß, koche sie in der Rindsuppe, nimm 1 Spargel, schneide in kleine Stückchen, dann Mor= cheln, koche beides in der Suppe, wo die Knöderln gekocht haben, mache weiße Einbrenn, gieße diese Suppe daran, lasse es aufkochen, seihe die Soß durch, würze sie mit Muskatenblüthe. Gib sowohl die Knöderln als auch den Spargel und die Morcheln hinein, dann kleingeschnittenes kälbernes Briesel, Krebsschweifel, ein bischen Krebsbutter, mische alles wohl untereinander, stelle die Semmeln auf eine tiefe Schüssel, fülle sie mit diesem Gemisch, decke die gebackenen Deckel darüber, gieße ein bischen von der

Soß unter, lasse es an einem warmen Orte stehen, dann trage es auf; lange darf es nicht stehen, sonst möchten die Semmeln zerfallen. Man kann auch statt Spargel Karfiol, statt Kalbsbriesel Hühnermägen und Leber nehmen.

25. Schweinfleisch im Bier.

Schneide junges Schweinfleisch in Stücke, lege es in eine Kastrole, salze es, streue ein bischen Kümmel darüber, gieße heißes Bier darauf und lasse es wohl zugedeckt kochen; wenn es halb gekocht ist, so streue geriebenes Brod daran, daß es gehörig dicklicht wird, zerreibe einige Zeherl Knoblauch mit Salz, gib es dazu, dann Lemonieschalen. Wenn das Fleisch in Gänze weich, die Soß gehörig dick ist, so trage es auf. So kann man auch Bratwürste bereiten.

26. Kälberne Schnitzel mit Sardellen.

Nimm von einem kalten kälbernen Schlägel die Schnitzel, schmiere eine blecherne Schüssel oder ein Kastrol mit Butter aus, lege die Schnitzel darauf, bestreue sie mit geriebener Semmel, wasche Sardellen im kalten Wasser rein, löse sie von den Gräten, zerreibe sie mit frischer Butter, belege die bestreuten Schnitzel damit, gib wieder Schnitzel, streue mit Semmel, belege mit Sardellen, wieder Schnitzel und so fort, bis alles gar ist; dann gieße Rindsuppe darüber, lasse es in einer Röhre aufdünsten, und gib es dann in dieser Schüssel oder mit diesem Kastrol auf den Tisch.

27. Kälbernes Geschling.

Das kälberne Geschling kann man auf verschiedene Art benützen, als: man koche das Herz und die Lunge weich, hacke es klein, gib es in ein Reindel, ein Stück Butter dazu, ein bischen geriebene Semmel, ein bischen

Lemonieschale, gieße ein wenig Suppe und österreicher
Wein daran, laſſe es aufdünſten; die Leber kann man
indeſſen auf kleine Stücke ſchneiden, mit Zwiebel auf
Butter dünſten laſſen; doch gibt man das Salz erſt dazu, wenn ſie bald gedünſtet ſind. Wenn man es anrichten will, ſo gibt man von einer Lemonie den Saft darein, würzt es mit Neugewürz und Muſkatenblüthe, richtet
es in die Schüſſel und die Leber gibt man oben zierlich herum.

Oder: man kocht die Leber auch mit, ſchneidet dann
alles in Stücke, gibt es auf ein Reindel, wo früher ein
bischen Zwiebel in Butter gedünſtet hat, ſtreuet auch
ein bischen Kümmel darüber, ein bischen Lemonieschalen
und Neugewürz; macht eine lichtbraune Einbrenn, gießt
die Suppe von dem Geſchling und Eſſig daran, quirlt
es ab, gießt es über das Geſchling, läßt es aufkochen
und trägt es auf.

28. Faſchirte Hühner.

Schlachte ein Hühnel, rupfe es gleich warm und
putze es ganz rein, ſchneide es auf dem Rücken auf,
nimm die Därmer heraus, dann löſe die Haut vorſichtig von den Knochen, gib aber acht, daß du die Haut
nicht zerreißeſt, das Fleisch davon zerhacke fein, gib dazu 6 Loth Rindsmark, reibe eine Semmel ab, weiche
ſie im Schmetten, gib ſie dazu; iſt das Hühnel klein,
also nur die Hälfte, gib dazu 2 gerührte und 1 rohes
Ei, würze es mit Muſkatenblüthe, gib Lemonieschalen
und Salz darein, hacke es und ſtoße es in einem meſſingenen Mörſer, fülle das Hühnel, nähe es auf dem Rük-
ken zuſammen, laſſe es in der Rindsuppe kochen, mache
eine weiße Einbrenn, gieße Suppe daran, rühre es wohl
ab, ſeihe es auf das Hühnel durch, würze es mit Muſkatenblüthe; bleibt etwas von der Faſch übrig, ſo mache Knöderln; koche ſie in der Rindsuppe, gib ſie dazu.

Sind Krebse, so gib in die Soß Krebsbutter und in die Fasch kleingeschnittene Krebsschweifel.

29. Faschirte Enten.

Nimm eine Ente, schneide sie auf dem Rücken auf, nimm eher die Därmer heraus, dann löse die Haut von den Knochen, die Brust hacke ganz klein, gib dazu ein Stückel Speck, eine halbe Zwiebel, 3 Zeherl Knoblauch mit Salz zerrieben, ein Stückchen kleingehacktes geselch= tes Fleisch, eine halbe, im Wasser geweichte ausgedrückte Semmel, ein bischen Salz, Lemonieschale, Gewürznelken, 2 oder 3 gerührte Eier, hacke alles ganz klein, dann treibe es noch recht ab, fülle damit die Ente, nähe sie zu, gib in eine Pfanne oder Kastrol ein Stückchen Butter, Zwie= bel, Thymian und die Abschnitzel vom Speck und geselch= tem Fleisch, lege die Ente darauf, lasse sie schön dünsten, oder in der Röhre braten, gieße Rindsuppe und ein bis= chen Essig darunter, lasse es gar kochen; mache braune Einbrenn, brenne es ein, röste ein Stückchen Zucker braun, gib ihn dazu, dann ein Stückchen weißen Zucker, Lemonieschale, seihe es durch, gib dann Kappern dazu, würze es mit Gewürznelken, nimm die Ente vorsichtig heraus, lege sie in eine Schüssel, gieße die Soß darüber, ziere es mit Lemonieblatteln und gib es zur Tafel.

30. Kuheiter.

Nimm ein Kuheiter, koche es weich, schäle die Fett= häuteln alle ab, schneide es auf Blatteln, tunke sie in Butter und Semmelbröseln, brate sie auf dem Rost; so kannst du sie auftragen und Lemonieschnitte dazu ge= ben; es ist gut wie Karbonadel.

31. Kuheiter mit Soß.

Bereite das Kuheiter ganz wie das vorige; wenn es auf dem Rost gelblicht gebraten ist, so lege es in ein

Reindel oder Kaſtrol, gieße daran einen Theil Rindſuppe, einen Theil Wein und einen Theil Weineſſig,
gib dazu Lemonieſchale und Muſkatenblüthe, laſſe es aufkochen, und wenn du es auftragen willſt, ſo drücke noch
den Saft von einer Lemonie daran.

32. Pfanzel von Kuheiter.

Hacke ein Stück Eiter, wenn es weich gekocht iſt,
ſammt den Fetthäuteln klein, gib dazu Lemonieſchale,
Muſkatenblüthe, einige ganze Eier, dann geriebene Semmel ſo viel, bis es die gehörige Dicke eines Pfanzels
hat, ſalze es, ſchmiere ein Reindel oder Form mit Butter, ſtreue ſie mit geriebener Semmelrinde aus, gieße
das Pfanzel darein, laſſe es ſchön goldgelb in der Röhre
backen. Du kannſt es auf Stückel zerſchneiden, in die
Rindsuppe oder auf eine Grünſpeiſe geben, oder ſo als
Nebenſpeiſe auftragen, oder mache eine gute Schwäm-
menſoß, oder auch eine weiße Soß mit Krebsbutter darüber, laſſe es aufkochen und trage es auf.

33. Haſchee von Kuheiter.

Nimm ein Stück weichgekochtes Kuheiter, ein Stück
gekochtes oder gedünſtetes Kalbfleiſch, Kapperln, grüne
Peterſil, Lemonieſchale, hacke alles recht klein, gib es
auf ein Reindel, gib dazu geriebene Semmel, halb ſo
viel als Fleiſch iſt, und 1 Stück friſche Butter, einen
Theil Rindſuppe, einen Theil Wein, einen Theil Weineſſig, doch nur ſo viel, daß es gehörig feucht, nicht zu
ſehr ſuppig iſt, gib darein ein bischen Muſkatenblüthe,
ſalze es und drücke dann den Saft von einer Lemonie
daran; wo aber kein Eſſig dazu kommen darf. Laſſe
es aufkochen; ein Stück von dem Kuheiter ſchneide
auf Blatteln, tunke ſie zuvor in Mehl, dann in zerklopfte Eier, dann in geriebene Semmel ein, backe
ſie ſchön goldgelb, lege ſie zierlich, wenn du anrichteſt,

auf das Haschee. Die gebackene Kuheiter kannst du auch
zu allen Grünspeisen als Belege brauchen.

34. Gebackene Kälberfüsse.

Koche die Kälberfüsse im Salzwasser recht weich,
dann wasche sie im kalten Wasser, trockne sie mit einer
reinen Serviette ab, tunke sie in Mehl, dann in zerklopften Eiern und in geriebener Semmel, backe sie im heißen Schmalz schön golbgelb, gib eine Schüssel grünen
Feldsalat dazu. So kannst du es statt eines Bratens benützen; auch kann man es zum Belegen der Grünspeisen
gebrauchen.

35. Nieren-Pfanzel.

Schneide vom Nierenbraten die Nieren weg, hebe
sie auf, oder lasse sie wenigstens kalt werden, hacke sie
dann klein, gib sie in einen Topf, schlage darein 6 ganze
Eier, gib dazu ein bischen Majoran, ein bischen Muskatenblüthe und Lemonieschale, dann eine Hand voll geriebene Semmel, salze es und treibe es recht ab, schmiere
die Form mit Butter, streue sie mit geriebener Semmelrinde aus, gieße es hinein, lasse es schön bräunlich
backen. Es kann auf kleine Stücke geschnitten in Rindsuppe gegeben werden, oder man belegt eine Grünspeise
damit, oder macht eine Soß wie auf das Pfanzel Nr. 32,
auch gibt man es so um eine Schüssel grünen Salat.
Es ist eine gute und leichte Speise zum Nachtmal.

36. Pfanzel von Kälberbraten.

Hacke die Überbleibsel vom Kälberbraten klein, gib
es in einen Topf, schlage dazu 6 ganze Eier, gib 3 Löffel Schmetten, eine Hand voll geriebene Semmel, den
vierten Theil einer Zwiebel, kleingeschnitten, 2 Zeherl
Knoblauch mit Salz zerrieben, ein bischen Lemonieschale und Muskatenblüthe, treibe alles im Topfe recht
ab, gib noch ein bischen Majoran oder grünen Petersil

und Schnittling dazu, schmiere die Form mit Butter, streue sie mit geriebener Semmelrinde aus, backe es schön bräunlicht. Dieses Pfanzel kann eben so wie das Vorige verwendet werden; nur daß darauf allenfalls eine Lemoniesoß am besten wäre.

37. Gebackene Kälberschnitzel.

Schneide von einem kalten kälbernen Schlägel schöne Schnitzel, tunke sie zuvor in Mehl, dann in zerklopften Eiern und Semmelbröseln ein, lasse sie im heißen Schmalz schön goldgelb backen. Dieses kann entweder zum Belegen einer Grünspeise gebraucht werden, oder man kann es so trocken auftragen, und entweder einen grünen Salat, oder gutes Sauerkraut dazu geben; es ist eine gute Aushilfsspeise.

38. Junges Schöpfenfleisch mit Erdäpfeln.

Koche junges Schöpfenfleisch, dann Erdäpfeln von der kleinern Gattung, mache eine weiße Einbrenn, gieße die Suppe, worin das Fleisch gekocht hat, daran, lasse es aufkochen, schneide das Fleisch zierlich, lege es in ein Reindel; die geschälten Erdäpfel dazu, seihe die Soß daran, gib dazu einige Zeherl mit Salz geriebenen Knoblauch, ein bischen Majoran, ein bischen kleingeschnittener grünen Petersil, lasse es aufkochen und gib es auf den Tisch. Willst du es noch geschmackhafter haben, so kannst du einige mit Butter abgetriebene Sardellen dazu geben.

39. Junges Schöpfenfleisch mit Schneckensoß.

Koche junges Schöpfenfleisch nicht zu weich und nicht zu hart, treibe einige Sardellen mit frischer Butter ab, gib sie in ein Reindel, gib dazu eine halbe abgeriebene im Wasser geweichte wohl ausgedrückte Semmel, ein bischen Lemonieschale, Muskatenblüthe, einige

Zeherl Knoblauch gut mit Salz zerrieben, ein bischen Majoran, treibe es wohl ab, gieße von der Suppe, worin das Schöpsenfleisch gekocht hat, dazu; rühre es ab, gieße es über das geschnittene Schöpsenfleisch, lasse es aufkochen, daß es weder zu dick, noch zu suppig wäre.

40. Schnitzel vom kalten Braten.

Schneide vom kalten Kalbsbraten kleine Schnitzel, so wie wenn man große Nudeln macht, gib sie in ein Kastrol, gib dazu nach Verhältniß geröstete geriebene Semmel, beiläufig auf 6 Eßlöffel voll Bratenschnitzel einen Eßlöffel voll Semmel, ein bischen Lemonieschale, Kappern, Thymianblätter, würze es mit Neugewürz, gieße Rindsuppe und einige Löffel voll Weinessig daran, lasse es aufkochen, richte es an, ziere die Schüssel mit gebackenen halbmondförmigen Semmelschnitten und trage es auf. Auch kannst du statt des Essigs Lemoniesaft nehmen; es ist eine gute Speise, und es können dazu ganz kleine Stückchen, die sonst unbrauchbar wären, benützt werden; es kann dazu jedes Überbleibsel vom Kalb-, Schwein- und Schöpsenfleisch, wie auch Hühnern, Kapaun, Enten und Gans, alles zusammen und jedes einzeln verwendet werden.

41. Kälberne Schnitzel mit Schneckenfülle.

Treibe für 6 Personen 6 Loth Butter mit 6 Sardellen ab, gib dazu ein oder 2 Zeherl Knoblauch, ein bischen Majoran, Lemonieschale, Muskatenblüthe und etwas über die Hälfte einer geriebenen Semmel; dieses treibe alles wohl ab; ist es nicht von den Sardellen genug gesalzen, so salze es zu, schneide vom kalten Kalbsschlägel schöne Schnitzel, schmiere eine Schüssel, mit der es auf die Tafel kommen kann, mit Butter aus, in welcher ebenfalls eine Sardelle gerieben werden kann, belege jedes Schnitzel mit der Fülle, streiche es schön glatt zu,

damit es wie ein Hügelchen ist, lege sie schön zierlich
erst um die Schüssel, dann fülle die Mitte damit aus;
in die Schüssel, worin die Fülle gemacht wurde, und ein
bischen übrig blieb, gib ein wenig Rindsuppe und zerrühre es, begieße damit jedes Schnitzel mit einem Löffel,
gib es in die heiße Röhre, lasse es geschwind oben schön
gelblicht backen, so wie die Schnecken; so vergißt man
beim Essen, daß es Kalbfleisch ist.

42. Kälberne Schnitzel mit Morcheln.

Schneide eben vom kalten Braten kleine Schnitzel,
gib sie auf ein Kastrol, lasse auf einer andern Kastrole
oder Reindel frische zierlich geschnittene Morcheln auf
Butter mit grüner Petersilie dünsten, salze und würze
sie mit Muskatenblüthe, lasse sie ausbünsten, bestäube
sie ein bischen mit feinem Mehl, lasse sie ein Weilchen
aufschäumen, gieße Rindsuppe daran, lasse aufkochen,
und gieße es auf die Schnitzel, welche indessen mit einem
Stückchen Butter und ein bischen Rindsuppe gedünstet
haben; wenn Krebse sind, kannst du die Schweifel, wenn
Spargel ist, kleingeschnittenen in der Rindsuppe weichgekochten Spargel beifügen; auch kannst du es mit kleinen in der Rindsuppe gekochten Faschknöderln mit weichgekochten Hühnerlebern, Hühnermägen, Hahnenkämmen,
Kalbsriefeln u. d. m. vermehren, ist eben eine gute
Speise.

Auch hier macht man die Einfaßung mit zierlich
geschnittenen Semmelschnitten, welche schön goldgelb im
Schmalz gebacken werden.

43. Haschee vom Kalbsbraten.

Schneide kalten Kalbsbraten oder auch andere
Überbleibsel vom Geflügel ganz fein mit dem Schnei-
bemesser, röste geriebene Semmel schön goldgelb, das
heißt den achten Theil; nämlich, wenn du 7 gehäufte

Löffel Fleisch hast, so röste einen gehäuften Löffel voll
Semmel; wenn er geröstet ist, so gib das gehackte
Fleisch darein, vermische es wohl, gib dazu ein bischen
Lemonieschale, ein wenig Neugewürz, gieße daran ein
Theil Rindsuppe, ein Theil österreicher Wein, säuere
es mit Lemoniesaft oder einigen Löffeln voll guten Weinessig, lasse es einbünsten, gib es auf die Schüssel, herum
einen Kranz von gebackener Semmel oder Kalbskarbonadeln oder Butterteig oder Faschkarbonadeln wie bei
der Grünspeise Nro. 28 angesetzt ist.

44. Kälberne Schnitzel mit Wein.

Schneide entweder von einer schönen Schulter oder
Schlägel fingerdicke Stückchen rohes Kalbfleisch in der
Größe eines Karbonadels ab, klopfe die Stücke so wie
Karbonadeln mit einem Messerrücken, salze jedes ein
bischen, schneide die Hälfte einer kleinen Zwiebel und
auf ein Pfund Schnitzel 2 Loth frischen Speck auf kleine
Würfel, gib es auf ein flaches Reindel oder Kastrol,
lege die Schnitzel darauf, und lasse sie schnell dünsten;
wenn sie auf beiden Seiten schön braun sind, dann gib
in ein Töpfchen auf ein Pfund Schnitzel gerechnet ein
Loth Butter, lasse sie zergehen, gib darein ein Kaffeelöffel
voll feines Mehl, zerreibe es, gib ein Viertel Seidel
Rindsuppe, ein Viertel Seidel österreicher Wein daran,
gieße es über die Schnitzel und lasse alles aufdünsten; ist
die Soß zu dick, so gieße noch Suppe zu; willst du, so
kannst du Lemonieschale und Saft beifügen, oder es so
lassen, ist immer gut.

45. Kälberne Schnitzel mit sauern Schmetten.

Schneide und klopfe Schnitzel entweder von kälber-
nem Schlägel oder von der Schulter, so wie die vorigen,
salze sie während des Klopfens, bestreue sie dann von
beiden Seiten mit Ingber, kehre sie erst in zerlassener

Butter, dann in geriebener Semmel um, lege sie in ein flaches mit Butter ausgeschmiertes Kastrol, und lasse sie auf beiden Seiten schön braun braten, begieße sie mit sauerem Schmetten, dem du ein bischen klare Rindsuppe beimischen kannst, gib noch Lemonieschale dazu; wenn du sie auftragen willst, so lege sie schön zierlich auf eine Schüssel; in die Soß drücke Lemonieschale und seihe sie über die Schnitzel.

46. Kälberne Schnitzel mit Sardellen.

Schneide und klopfe die kälbernen Schnitzel wie in dem Vorigen, mit einem Messerrücken, salze sie, gib auf ein Reindel ein Stückchen Butter, (beiläufig auf 1 Pfund Schnitzel anderthalb Loth) und eine halbe fein-geschnittene Zwiebel, lasse es so lange dünsten, bis der Saft ganz eindünstet; dann gieße löffelweis Rindsuppe zu, bis sie weich genug sind, mache Sardellenbutter, z. B. auf ein Pfund Schnitzel 2 schöne mit Butter zer-riebene Sardellen, gib sie dazu, würze es mit Muskaten-blüthe und lasse es so lange eindünsten, bis es nur wie ein Saft ist, richte sie schön zierlich auf die Schüssel, bestreue sie mit Semmelbröseln, welche schön goldgelb im Schmalz geröstet sind, ziere die Schüssel mit Lemo-nievierteln; versteht sich, wenn keine Gäste sind, daß die Schnitzel nicht gerade vom Schlägel seyn müssen; auch können die Lemonieviertel ausbleiben, es ist auch so gut; eben so kann ungeklopftes Kalb- oder junges Schöpsen-fleisch so gedünstet und bereitet werden, wobei eine ge-übte Hausfrau sich ohnehin zurecht zu finden weiß. Für das Haus kann man, wenn nur der Wohlgeschmack erzielt ist, die Zierlichkeit der Ersparniß wegen leicht entbehren.

47. Karbonadeln oder Würsteln vom kalten Braten.

Schneide vom übriggebliebenen kalten Kalbsbraten, Kapaun, Hühnern u. d. g. mit dem Biegmesser recht fein, gib auf beiläufig 5 Löffel voll von diesem gehackten Fleische, 3 gerührte Eier, und stoße beides in einem messingenen Mörser recht fein, gib es auf eine Schüssel, schlage darein zwei ganze Eier, salze es, gib eine zuvor abgeriebene, dann geriebene und durch einen Durchschlag durchgesiebte Semmel, einen Löffel voll vom süßen Schmetten, treibe es zusammen recht ab, mache entweder Würstel oder Karbonadel, oder, wenn du mehr hast, auch einen Schlägel; was du immer machst, wälze oder bestreue mit feinen Semmelbröseln, welche auch mit ein bischen feinem Mehl vermischt seyn können, und koche es in der Rindsuppe; nun bereite die Soß: mache ein bischen dünne weiße Einbrenn, gieße ein halb Seidel Rindsuppe, ein halb Seidel süßen, zuvor abgekochten Schmetten daran, lasse es ein wenig einkochen, dünste schöne Herrnpilze mit etwas frischer Butter, grüner Petersilie und ein bischen Muskatenblüthe; wenn sie gar gedünstet sind, so seihe die Soß darauf, lege die in der Rindsuppe gekochten Würstel oder Karbonadel dazu, lasse es noch ein bischen aufkochen und richte sie an; ist es ein Schlägel, so muß man verhältnißmäßig mehr Soß machen; sind keine frische Herrnpilze, so kann man feine trockene nehmen, sie bevor in der Rindsuppe, worin die Karbonadel gekocht wurden, und die zur Soß genommen wird, kochen, dann klein schneiden und mit kleingeschnittener Petersilie dazu geben; man kann auch Morcheln oder Spargelköpfe, Zeller oder Karfiol zur Soß nehmen, wo auch der Schmetten ganz ausbleiben kann.

7

48. Kalbsschlägel mit Zellersoß.

Klopfe einen Kalbsschlägel recht mürbe, häutle ihn recht ab, schneide dann das obere Fleisch bis zum Knochen ab, salze es, spicke es zierlich, dann schmiere ein Kastrol mit Butter, lege das Fleisch hinein, lege dazu Zeller, Petersil, versteht sich die Wurzeln in kleine Stükke geschnitten, dann eine halbe Rübe, lasse es wohl zugedeckt dünsten, damit es sich nicht anlegt oder braun wird, gieße löffelweis ein wenig Rindsuppe unter, koche in der Rindsuppe 2 große Zeller, einen nicht sehr weich, den andern recht weich; wenn der Zeller klein ist, also von jedem 2, mache ein wenig weiße Einbrenn, gieße von der Suppe, worin der Zeller gekocht hat, daran, und zerrühre den ganz weich gekochten Zeller darin, lasse es zusammen ein bischen aufkochen, würze es mit Muskatenblüthe; wenn du nun schon auftragen willst, so lege den Schlägel auf eine warme Schüssel; die Soß gieße in den Saft, vermische ihn mit derselben und passire dann die Soß über den Schlägel, den fester gekochten Zeller schneide in schöne runde Blätter, oder wie Halbmonde, lege um die Schüssel davon einen Kranz, stecke in jedes Stückchen ein zierliches Zellerblatt, so sieht es allerliebst aus; man kann wohl einen ganzen Schlägel so bereiten, sieht aber nicht so zierlich aus, worauf man bei einem ansehnlichen oder lieben Gaste vorzüglich sein Augenmerk richten muß.

49. Kalbsschlägel mit Schmetten.

Klopfe einen mürben Kalbsschlägel noch mürber, häutle ihn so wie den Rehschlägel ab, und spicke ihn mit frisch geselchtem Speck, der zuvor im Salz und Pfeffer umgewälzt wurde, entweder so, wie man gewöhnlich spickt, oder steche mit einem zugespitzten Kochlöffelstiel Löcher hinein, und stecke ihn mit Speck voll.

Die Abschnitzel sowohl vom Schlägel als vom Speck lege mit einem Stückchen Butter und bischen Wasser in die Bratpfanne, lege den Schlägel, den du noch bischen mit Salz bestreut hast, darauf, und lasse ihn wie einen gewöhnlichen Braten braten; wenn er zur Hälfte gebraten ist, gieße ein Seidel österreicher Wein in ein Töpfchen, worin du einen Kaffeelöffel voll feines Mehl mit ein bischen zerlassener Butter vermischt hast, gieße noch ein halb Seidel guten sauern Schmetten dazu, quirle es recht ab, und begieße den Schlägel damit nach und nach, so bildet sich eine schöne gelbe wohlschmeckende Kruste darüber. Wenn du es auftragen willst, so lege den Schlägel auf eine gewärmte Schüssel (was vorzüglich im Winter bei allen Speisen zu beobachten ist), in die Soß drücke den Saft von einer Lemonie, seihe sie durch, gieße sie unter den Schlägel, bestreue ihn mit kleingeschnittenen Lemonieschalen, ziere die Schüssel mit Lemonieblättchen und trage sie auf; diese Speise eignet sich zum Eingemachten; man kann sie aber auch, mit Ausschluß der Lemonieschale und Lemonieschnitten, dem Braten zugesellen, wo man die Schüssel und den Braten blos mit Petersilblättern zieret.

50. Gebratene Kalbsbrust mit Soß.

Löse aus der Kalbsbrust alle Knochen aus, salze sie und lasse sie schön braten. Gib in ein Töpfchen ein halb Seidel Rindsuppe, 1 halb Seidel österreicher Wein, 1 Zeherl Knoblauch, 1 halbe Zwiebel, 10 Körner Pfeffer, 10 Körner Neugewürz, 1 Stückchen Ingber, 2 Lorbeerblätter, ein bischen Thymian, und lasse es kochen. Nimm ein Stückchen gebratenes Kalbfleisch, 2 oder 3 hartgekochte Eierdötter, 1 halbe Zwiebel, und 1 Loth in Mehl umgewälzter Butter, stoße alles wohl im messingenen Mörser, gieße den gekochten Wein dazu, quirle es recht ab, und seihe es über die gebratene Kalbsbrust,

laſſe es ein Weilchen darin aufkochen, würze es mit Muskatenblüthe und Lemonieſchale, und richte es auf eine
warme Schüſſel an; man kann noch den Saft von einer
Lemonie daran drücken, was aber nicht gerade nothwendig iſt.

51. Birnen oder Apfel vom Kalbfleiſch.

Nimm ein halbes Pfund Kalbfleiſch, woraus alle
Faſern ausgeſchnitten werden müſſen, klopfe es, wenn es
zuvor auf Stücke zerſchnitten iſt, ſalze es ein wenig,
und laſſe es auf friſcher Butter weich- dünſten, dann
auskühlen.

Reibe eine Semmel ab, laſſe ſelbe im Schmetten
weichen, drücke ſie aus, und ſtoße ſie ſammt dem gedünſteten Fleiſche, welches früher kleingehackt wird, mit
6 gerührten Eiern in einem meſſingenen Mörſer; willſt
du ſie grünlich haben, ſo gib ein halbes Ei, großes
Stückchen Spenattopfen dazu, würze es mit Muskatenblüthe und Lemonieſchale, ſalze es gehörig und formire
entweder Äpfel oder Birnen daraus; ſtatt dem Putzen
ſtecke eine Gewürznelke in die Mitte, ſtatt dem Stiele
gib wieder eine Gewürznelke, laſſe ſie in der Rindſuppe
kochen. Die Abſchnitzel laſſe mit ein bischen Zwiebel und
Peterſilwurzeln ſchön bräunlicht dünſten, beſtreue ſelbe
mit Mehl, laſſe eine Kruſte am Boden anlegen, gieße 1
halb Seidel öſterreicher Wein und 1 halb Seidel Rindſuppe daran, laſſe es aufkochen, lege die gekochten Birnen
in eine Schüſſel, ſeihe die Soß, die noch zuvor mit Lemonieſchale und Muskatenblüthe gewürzt wird, daran,
drücke den Saft von einer Lemonie dazu, laſſe es wohl
zugedeckt ein Weilchen auf einem warmen Orte ſtehen,
damit es den Geſchmack der Soß anzieht, doch nicht mehr
kocht, und trage es auf.

52. Faſchirter Schlägel mit weißer Soß.

Hacke ein Pfund Kalbfleiſch mit 4 Loth Rindsmark, ziehe alle Äberchen heraus, gib dazu 3 gerührte
Eier, mit etwas mehr als einer halben abgeriebenen, im
Waſſer geweichten ausgedrückten Semmel fein gehackt,
ſalze es, gib dazu kleingeſchnittene Lemonieſchalen, bischen geſtoßene Muſkatenblüthe, hacke und treibe alles zuſammen recht ab, formire daraus einen Schlägel; ſtatt
dem Bein gib eine Peterſilwurzel, gib es auf eine Bratpfanne mit Butter und kleingeſchnittenem Zwiebel in
eine heiße Röhre, laſſe es ſchön golobraun backen, nur
nicht zu braun. Gieße dann eine mit weißer Einbrenn
verdickte Rindſuppe darüber, würze es mit Muſkatenblüthe und Lemonieſchalen, gib bischen geſtoßenen Zukker dazu, richte es auf eine Schüſſel, drücke den Saft
von einer Lemonie in die Soß, gieße ſie darüber.

Wegen zu großer Weitläufigkeit will ich nichts mehr
vom Kalbfleiſch erwähnen; eine jede geübte Köchin wird
leicht einſehen, daß ſie nach dem hier Angezeigten, mit
verſchiedenen Änderungen noch auf vielerlei Art dasſelbe
zubereiten kann; denn alle Soßen, welche hier zu Hühnern und Kapaunen angezeigt ſind, laſſen ſich auch zum
Kalbfleiſch benützen, welches man, wenn es ſeyn kann,
möglichſt zierlich ſchneiden, klopfen und dünſten kann,
dann jede Soß dazu beiſetzen mag. Es verſteht ſich
von ſelbſt, daß, wenn' es Zeit und Fleiſchgattungen
nicht geſtatten, Schnitzel zu ſchneiden und zu klopfen,
man das Kalbfleiſch im Salzwaſſer kochen, und zierlich
geſchnitten, mit einer der angezeigten Soßen bereiten
kann; nur hüte man ſich vor dem Überkochen, und
dann, daß man das Kalbfleiſch ja nicht zu oft mit einer
und derſelben Soß auftrage; ſonſt wird es leicht zu
Eckel, woher dann die ſo oft gehörte Klage über das
Kalbfleiſch entſteht, woran einzig und allein bequeme
Hausfrauen und Köchinen ſchuld ſind, die um nicht

erst viel nachzudenken und sich zu mühen, es immer auf
einerlei Weise zubereiten.

53. Junge Tauben in weißer Soß.

Koche die reingeputzten Tauben in der Rindsuppe,
zerschneide sie dann in vier Theile, lege sie in ein Reindel, mache ein bischen weiße Einbrenn, gieße Rindsuppe
daran, lasse aufkochen, seihe sie durch auf die Tauben,
würze mit ein bischen Muskatenblüthe und kleingeschnittenen Lemonieschalen; gib auf ein Paar Täubchen wenigstens ein halbes Loth gestoßenen Zucker, dann von
einer halben saftreichen Lemonie den Saft dazu; doch
erst dann, wenn es zuvor aufgekocht, und schon zur Tafel getragen werden soll; so kann man auch Hühner,
Lamm- und Zickelfleisch, wie auch Kalbfleisch zubereiten.

54. Hühnel auf türkische Art.

Zerschneide 2 rohe Hühnel auf Viertel, oder wenn
sie größer sind, auf Gliedel, salze sie, lege sie auf ein
Kastrol oder Reindel, gib dazu auf ein jedes Hühnel
2 Loth Butter und ein Zwiebel kleinwürflicht geschnitten, bestreue sie mit gestoßenem Pfeffer, und lasse sie
schön bräunlicht und weich dünsten; richte sie auf eine
Schüssel an, bestreue sie mit geschnittener Lemonieschale
und drücke den Saft von einer Lemonie darauf. Auch
Kalbfleisch kann so zubereitet werden.

55. Faschirter Schlägel vom Schweinfleisch.

Nimm etwa 2 Pfund Schweinfleisch vom Schlägel, hacke es ganz fein, gib es auf eine Schüssel, mache von 6 Sardellen Sardellenbutter, gib die Hälfte
davon zu dem gehackten Fleisch, schlage dazu 6 Eier,
2 geriebene Semmeln, 5 Löffel voll Schmetten, ein bischen Lemonieschale kleingeschnitten, ein Zeherl mit Salz
zerriebenen Knoblauch und ein Stückchen feingeschnittene

Zwiebel, mische es recht durch, salze es gehörig, bestreue das Brett ein bischen mit Mehl, und formire einen Schlägel aus der Massa, schmiere ein Kastrol mit Butter, lege den Schlägel darein, und lasse ihn in der Röhre schön langsam bräunlich braten.

Die Abschnitzel vom Fleisch, die Sardellen-Grätchen (Beinchen), etwas Zeller und Petersilwurzel, Zwiebel, Ingber, Pfeffer, Neugewürz, alles in Körnern, lege mit einem Stückchen Butter auf ein anderes Reindel, und lasse es schön braun dünsten. Wenn es schön braun ist, so gieße halb Wein, halb Rindsuppe; von jedem wenigstens drei Viertel Seidel, gib dazu ein Stückchen braune Einbrenn, daß er dicklicht wird, lasse es ein bischen aufkochen, dann seihe es in ein Töpfchen durch, gib dazu die zweite Hälfte der Sardellenbutter, etwas kleingeschnittene Lemonieschalen, ein bischen Muskatenblüthe, quirle es recht ab, gieße es über den schon gebratenen Schlägel; sollte die Soß zu dicklicht seyn, kannst du noch Wein und Suppe nachgießen. Nun lasse es noch ein wenig in der Röhre, richte es endlich auf eine Schüssel an, welche man mit Lemonievierteln oder Scheiben zieren kann; auch kann man ein bischen Lemoniesaft daran drücken. Bei Abgang des Schweinfleisches kann man auch Kalb- oder Rindfleisch nehmen; nur muß man in diesem Falle auf 2 Pfund Fleisch wenigstens 4 bis 5 Loth Rindsmark dazu beifügen; übrigens so wie mit dem Schweinfleisch verfahren.

56. Hühner im Krebskonsume.

Nimm für 12 Personen 4 Hühner; wenn selbe sauber geputzt sind, so stecke die Füssel ein, und lasse sie in guter Rindsuppe halb übersieden, mache dann von zwei Loth Butter eine dünne weiße Einbrenn, gieße von der Rindsuppe, worin die Hühner gekocht haber, so viel daran, daß eine dünne Soß daraus wird, schneide die

Hühnchen zierlich; lege sie in ein Reindel, seihe die Soß darüber, und lasse sie darin gar kochen, würze sie mit Muskatenblüthe und gib schlüßlich ein Stückchen Krebs- butter dazu; mache das Konsume: koche 20 bis 30 Krebse im Salzwasser, nimm das Bittere heraus, löse die Schweifel ab, das Übrige stoße mit einer abgerie- benen, im Schmetten geweichten ausgebrückten Semmel in einem messingenen Mörser recht fein, gib es in einen Topf, gieße 2 Seidel gekochten überkühlten Schmetten daran, quirle es recht ab, und seihe es durch ein Haar- sieb. Hacke 2 Kapaunerbrüste oder von großen Hennen oder von 6 kleinen Hühnern mit 3 Loth Rindsmark recht fein; beim Mangel der Hühnerbrüste kann man auch ein halb Pfund von allen Fasern gereinigtes Kalb- fleisch nehmen; dieses und die 20 kleingehackten Krebs- schweifel gib in den Schmetten, quirle es recht ab, salze und würze es mit ein bischen Muskatenblüthe. Schmiere eine Kranzform mit Butter, gieße es darin, lasse es eine gute Stunde im Dunst kochen, dann stürze es auf eine runde tiefe Schüssel, gib die Hühner in die Mitte, stecke rundum in den Konsume-Kranz schöne abgekochte Krebse mit den Scheeren hinein, als ob sie herauskriechen, oben ziere den Kranz mit Krebsbutter und grünen Petersil, so auch den Schüsselrand zwischen den Krebsen. Es ver- steht sich, wenn weniger Personen sind, so nimmt man von allem nur die Hälfte, kocht das Konsume in einer run- den Form, stürzt es, legt die Hühner herum, und steckt die Krebse eben so wie in den Kranz; in die Mitte aber gibt man das obere von einem schönen grünen Zeller; bei gänzlichem Mangel an Hühnern kann man statt der- selben Kälberschnitzel nehmen.

57. Gedämpfte Kalbsleber.

Nimm eine schöne Kalbsleber, ziehe das feine Häut- chen davon ab, so schneide auch alle Fasern unten ab;

schneide schönen Speck, wälze ihn in Salz und feingestoßenen Pfeffer, spicke die Leber in 4 Reihen damit,
schmiere eine Kastrole mit Butter, lege auf den Boden
Petersil, Zeller, gelbe Rüben, die Abschnitzel vom Speck
alles kleingeschnitten, dazu noch Ingber, Pfeffer, Neugewürz, alles umgestoßen, dann einige Lorbeerblätter und
ein bischen Thymian, lege die Leber darauf, decke es wohl
zu und lasse es dünsten; doch muß die Leber stets mit dem
Gespickten oben bleiben, lasse es so lange dünsten, bis das
Grünzeug schön lichtbraun ist, doch darf es nicht anbrennen, dann gieße 3 Viertel Seidel österreicher Wein daran;
indessen lasse die Abschnitzel von der Leber, ein Stückchen
Kalbfleisch und eben dasselbe Grünzeug und Gewürz wie
bei der Leber, ein Stückchen Speck oder geselchtes Fleisch
auf einem Reindel extra dünsten, bis es oben braun ist,
gieße einige Schöpflöffel gute Rindsuppe daran, gib ein
bischen braune Einbrenn, und einige Löffel voll Weinessig dazu, lasse es aufkochen, seihe es zu der Leber durch,
lasse es noch ein wenig aufkochen; auf den eisernen Dek-
kel gib glühende Kohlen, daß die Leber einen Glanz
bekommt, richte die Leber auf eine Schüssel, gieße die
durchgeseihte Soß darunter und trage sie auf.

NB. Man kann auch nur in dem nämlichen Kastrole, wo die Leber dünstet, die Soß bereiten. Die Leber wird nicht gesalzen, nur der Speck.

58. Kalbslunge als Haschee.

Koche eine Kalbslunge sammt dem Herzen im Salzwasser weich, schneide selbe mit dem Wiegemesser recht
fein, lasse auf einem Reindel etwa drei bis vier Leth
Butter heiß werden, gib etwas mehr als die Hälfte einer geriebenen Semmel darein, lasse sie goldgelb rösten,
gib die gehackte Lunge darin, gieße daran einen Theil
österreicher Wein, einen Theil guten Weinessig, einen
Theil von der Suppe, worin die Lunge gekocht hat; nur

daß es nicht zu dünn wird; es müssen daher diese Flüs-
sigkeiten nur löffelweis hinein gegeben werden; wird es
für einen Kranken bereitet, so gibt man statt Essig Lemoniesaft oder säuert es gar nicht, würzt es mit ein
bischen Neugewürz, Pfeffer und kleingeschnittener Lemonieschale, richte es an, ziere es entweder mit gebackener Leber oder mit gebackener Semmel. Bei Kranken
vermeidet man auch das Gewürz. So bereitet man auch
das Haschee von Lamm= und Zickellungen.

59. Kalbslunge auf andere Art.

Koche die Lunge sammt dem Herzen wie im vorigen im Salzwasser weich, schneide alles in feine Nudeln, lasse kleingeschnittene Zwiebel im Butter ein bischen aufschäumen, gib die Lungennudeln hinein, lasse
es ein bischen aufdünsten, mache die Soß: lasse ein
Stückchen Leber, die Milz und ein Stückchen Kalbfleisch
mit verschiedenem Grünzeug, als: mit Zeller, Petersilie,
gelben Rüben, Zwiebel, Thymian, Lorbeerblatt, Ingber,
Pfeffer und Neugewürz bräunlich dünsten. Gieße daran
ein halb Seidel österreicher Wein, ein halb Seidel
Suppe, worin die Lunge gekocht, und 6 Löffel voll guten Weinessig, gib dazu ein Stückchen braune Einbrenn,
lasse es aufkochen, seihe es auf die Lungennudeln, lasse
es abermal ein wenig aufkochen, und richte es an; herum
ziere es entweder mit Butterteig oder mit gebackenen,
in Halbmonde zierlich geschnittenen Semmelschnitten.
Dieses Gericht kann auch in eine Pastete gegeben werden; nur darf nicht so viel Soß darein kommen. Auch
hier, wenn es für Kranke bereitet wird, muß der Essig
entweder durch Lemoniesäure ersetzt, oder die Säure ganz
ausgelassen werden. Auch kann man, wenn diese Lungennudeln mit Zwiebel aufgedünstet sind, blos eine einfache Soß dazu geben.

Mache ein bischen braune Einbrenn, gieße halb Suppe, halb Essig darein, quirle es ab, seihe es auf die Lungennudeln, füge noch ein bischen Kümmel, Neugewürz und Lemonieschale bei, lasse es ein wenig aufkochen und richte es an; mache einen Kranz von geschälten, ein bischen in Butter gedünsteten Erdäpfeln herum und trage es auf.

60. Gebratenes Geschling.

Lasse eine Kalbslunge sammt dem Herzen im Salzwasser weich kochen, koche noch dabei anderthalb Pfund fettes Schweinfleisch, hacke es dann alles so fein wie in die Würste. Die Leber hacke roh wie zu Leberknödeln, gib dazu 2 im Wasser geweichte ausgedrückte Semmeln, gib alles auf eine Schüssel, würze es mit der Schale von einer halben Lemonie, dann 12 Gewürznelken, 15 Körner Neugewürz, 15 Körner Pfeffer, versteht sich alles feingestoßen, dann zerreibe 6 Zeherl Knoblauch mit Salz, füge ihn bei, gib einen Kaffeelöffel voll Majoran, salze es gehörig und mische es wohl unter einander, zerschneide 4 Loth frische Schweinfetten, lasse sie auf einer Bratpfanne zergehen, bis die Fettwürfel gelblicht zu werden beginnen, dann gieße das Gehäck hinein, oben benetze es wieder mit heißer Schweinfette, lasse in einer heißen Röhre schön braun braten; trage es zur Tafel; gib eine Schüssel gut bereitetes Sauerkraut dazu, es ist wie Leberwürste und in größeren Haushaltungen eine ausgiebige Speise; bei wenigen Personen kann man von allem blos die Hälfte nehmen, und die andere Hälfte der Lunge und Leber zu anderen Sachen, als zu Haschee, Leberknödeln und dergleichen, die hier beschrieben sind, verwenden; so kann man ein kälbernes Geschling vielseitig benützen.

61. Kalbsgekröße mit Fritase.

Koche ein früher recht in Salz geputzten Kalbsgekröße im Salzwasser recht weich, zerschneide es in Stük-
ken, gib in ein Töpfchen 3 Eierdötter, 1 Stückchen Butter, ein Kaffeelöffel voll feines Mehl, mache es mit kaltem Wein an, würze es mit Lemonieschale und Muskatenblüthe, lasse es in einem Töpfchen kochen, halb Rindsuppe, halb Wein mit einer halben Zwiebel, 2 Zeherl
Knoblauch, 2 Lorbeerblärter, 1 Stückchen Thymian,
seihe es durch, quirle es mit den Eierdöttern recht ab,
gib ein Stückchen Zucker, lasse es unter beständigem
Rühren ein bischen aufkochen, würze es mit Muskatenblüthe; wenn du es schon auftragen willst, so drücke den
Saft von einer halben oder ganzen Lemonie daran, je
nach dem du es sauer haben willst, so halte es auch
mit dem Zucker nach Belieben.

62. Kalbsgekröße mit Schmettensoß.

Koche und schneide ein reingeputztes Kalbsgekröße,
so wie zuvor, gib es auf ein Reindel auf ein Stückchen
Butter, und mache die Soß: gib in ein Töpfchen 3 Eierdötter, ein Kaffeelöffel voll Mehl, ein Stückchen Butter und zertreibe es mit 2 Löffel voll kaltem Schmetten, würze es mit Muskatenblüthe und ein wenig Lemonieschale, salze es ein bischen, und gib ein Stückchen gestoßenen Zucker, dann ein halbes Seidel kochenden Schmetten darein, quirle es recht ab, und gib noch
ein Viertel Seidel Rindsuppe dazu, gieße es über das
Gekröße, lasse es nur ganz wenig aufwallen, ja nicht
lange kochen, sonst rinnt es zusammen, und es wird
unansehnlich.

63. Hühnel mit Schnecken.

Putze die Hühnel oder Kapauner sauber und brate
sie schön im Saft.

Koche ein halb Schock Schnecken, nehme sie aus den Gehäusen heraus, schneide die Schweifel ab, die Schnecken aber putze, wasche sie im Salzwasser und lasse sie noch in der Rindsuppe in einem kleinen Töpfchen weich kochen. Mache indessen die Fülle: treibe 6 Loth Butter ab, zertreibe 6 Loth schöne frische reingeputzte Sardellen mit Butter, gib sie in die abgetriebene Butter, gib dazu bischen Muskatenblüthe, bischen Lemonieschalen klein geschnitten, drei Zeherl mit Salz zerriebenen Knoblauch, bischen Majoran, und eine ganze, früher geweichte abgeriebene Semmel, treibe alles wohl ab, salze es nicht, weil die Sardellen ohnedies genug gesalzen sind, die Häuschen müssen indessen mit Salz geputzt und rein gewaschen seyn; nun gib in ein jedes Häuschen erst ein Stückchen Fülle, dann eine Schnecke, und dann so viel von der Fülle bis das Häuschen voll ist, als ob die Schnecke geschloßen wäre, lege die gebratenen Hühnel auf ein Kastrol, gib die Schnecken dazu; in die übrige Fülle gieße etwas von der Rindsuppe, worin die Schnecken gekocht haben, und rühre es ab, gieße es über die Hühner; sollte es zu dünn seyn, so kannst du, um es zu binden, einen Kochlöffel voll weiße Einbrenn dazu geben, lasse es ein bischen aufkochen, richte dann den Kapauner oder Hühner in die Mitte, die Schnecken schön zierlich herum, gib es zur Tafel; auch kann man statt gebratenen Hühnern eine weichgekochte, zierlich zerlegte Henne zu den Schnecken geben, ist eben so gut; nur daß für Gäste, das erstere ansehnlicher ist.

64. Faschirte Lammbrust mit Krebsen.

Höhle eine schöne Brust von einem jungen Lamm oder Zickel aus, nehme die Beinchen behutsam heraus, damit keine Öffnung gemacht wird, wo die Fülle herausrinnen könnte, lege sie in laues Salzwasser. Hacke

1 halb Pfund Kalbfleisch, ziehe alle Fasern heraus, hacke
dabei 2 Loth Rindsmark, gib dazu 2 gerührte Eier und
ein Viertel im Wasser geweichte Semmel, hacke alles
sehr fein, salze es und würze es mit Muskatenblüthe,
gib es auf eine Schüssel, schlage darein ein rohes Ei,
und gib einen Löffel voll Krebsbutter dazu, dann von
etwa 20 Krebsen die kleingeschnittenen Schweifeln, treibe alles recht ab, und fülle die ausgehöhlte Brust, nähe
sie zu, schmiere ein Kastrol mit Butter, belege mit
Petersilblättern und Stückchen kleingeschnittenen Zeller,
lege die Brust darauf, decke es zu, lasse es langsam
dünsten, damit es nicht anbrennt, gieße löffelweis
Rindsuppe unter; ist etwas von der Fülle übrig geblieben, so mache haselnuß große Knöderln, koche sie in
der Rindsuppe; wenn das Brüstel weich genug ist, so
reinige es von den Blättern, lege es in ein anderes
Kastrol, gib die Knöderln und reingeputzte Krebsschweifel dazu, in den Saft gieße die Suppe, worin die Knöderln gekocht haben, brenne es mit dünner weißer Einbrenn ein, passire es über die Brust, würze es mit Muskatenblüthe, gib einen oder 2 Löffel Krebsbutter dazu,
dann richte es an, gib die Brust in die Mitte, und von
den Knöderln und Krebsschweifeln mache einen Kranz
herum, trage es zur Tafel. Auch eine Kalbsbrust kann
so bereitet werden.

Ragou mit Hahnenkämmen.

Wenn eine große Tafel bereitet wird, wo viel Geflügel geschlachtet wird, gibt es verschiedene Kleinigkeiten, welche gesammelt eine köstliche Speise liefern —
zum Beispiel will ich zwei hier beschreiben.

1. Sammle von Hühnern die Kämme, Lebern, Mägen, von Enten und Gänsen die Zungen, vom Kalbe
das Briesel; die Kämme sind bei gebrühten Hühnern
ohnedies schon reingeputzt, von den gerupften müssen sie

aber mit heißem Waſſer begoſſen, und das feine Häutchen abgezogen werden. Gib alle dieſe reingeputzten, im
kalten Waſſer gewaſchenen Sachen mit einem Stückchen
Butter, grünen Peterſil und Zellerwurzeln auf ein Kaſtrol, laſſe es dünſten bis alles weich iſt, ſchneide alles
auf zierliche Stückchen; die Kämme bleiben ganz; was
früher weich iſt, wird früher herausgenommen, geſchnitten und auf ein Kaſtrol gelegt; die Mägen müſſen am
längſten dünſten, dann gib ſie auch dazu, gieße auf den
Saft gute Rindſuppe, laſſe darin etwas größere als
erbſengroße Knöderln von der Faſch Nro. 64 kochen,
gib ſie zu dem Gemiſch, ſeihe die Suppe durch, laſſe
dazu noch Spargelköpfchen oder Karſiolbröckchen kochen,
gib ſie auch dazu, dann Krebsſchweifel, Krebsſcheeren;
die Suppe brenne mit weißer dünner Einbrenn ein,
paſſire ſie über das Gemiſch, würze es mit Muskatenblüthe, und gib einen Löffel voll Krebsbutter dazu; doch
darf die Soß nicht darüber gehen; iſt kein Karſiol oder
Spargel oder Krebſe, ſo kann man auf Kränzchen geſchnittene Maurochen dazu geben, richte es auf eine
warme Schüſſel, ziere es herum mit gebackener Semmel,
welche wie Hahnenkämme oder ſonſt in hübſchen Figu-
ren geſchnitten iſt, und trage es zur Tafel.

2. Wenn vom wilden Geflügel verſchiedenes übrig
geblieben iſt, ſo ſchneide von Faſanen und Rebhühnern
die beſſeren Stückel in zierliche Schnitzel, laſſe ſie auf
kleingeſchnittenem Speck mit bischen Zwiebel ebenfalls
fein geſchnitten, dünſten. Das Übrige ſammle und
ſchneide fein, die Mägen und Lebern vom Faſan und
Rebhühnern laſſe ebenfalls mit bischen Speck und Zwiebel dünſten, ſchneide es ebenfalls klein; in den Saft
gieße halb Rindſuppe, halb rothen Wein, laſſe mit
bischen brauner Einnbrenn aufſieden, ſeihe es auf ein
reines Kaſtrol durch, ſchneide Lemonieſchalen und Kapperln ebenfalls fein, gib alles feingeſchnitten in die Soß,

beren nur so viel seyn darf, daß sie mit dem Gehackfel wie ein dünnes Hascher wäre, lasse bischen aufdünsten, gib ein wenig Lemoniesaft darein, richte es auf eine warme Schüssel an; die Brustschnitzel richte darüber sammt dem Safte, worin sie gedünstet haben, herum, gib einen Kranz von Butterteig oder Lemonieblättern als Halbmonde geschnitten und trage es zur Tafel.

So kann eine umsichtige Hausfrau ein jedes Stückchen in der Haushaltung benützen, und was manchmal unbeachtet verworfen wird, kann zu einer schönen und geschmackvollen Speise verwendet werden, und eine Tafel zieren.

Harte Pasteten.

1. Harte Hasenpastete.

Lege auf eine Kastrole 4 Loth würflet geschnittenes Rindsnierenfett, und 4 Loth ebenfalls geschnittenen Speck, darauf eine blätterig geschnittene weiße spanische Zwiebel, eine Petersil- und eine Zellieriewurzel und eine gelbe Rübe, alles sauber geputzt und in dünne Blätter geschnitten, füge noch etwas Thymian und Lorbeerblätter, dann Neugewürz, Pfeffer und Ingber, alles in Körnern bei, lege darauf den, in kleine Stücke zerschnittenen Vorderhasen und eine Gansleber; in Abgang derselben ein Stück Kalbsleber, lasse alles wohl zugedeckt unter öfterem Umrühren, damit es nicht anbrennt, braun dünsten; den Hinterhasen brate wohlgespickt; doch darf er nicht mit Schmetten begoßen werden. Wenn er gebraten ist, so schneide alles Fleisch in schöne Schnitzel herunter, und lasse sie wohl zugedeckt am warmen Orte stehen. Die Knochen sammt dem noch

darauf haftenden Fleische stoße in einem messingenen
Mörser, so auch den braungedünsteten Vorderhasen und
die Kalbsleberschnitzeln, lege es alles wieder zurück in
die Kastrole; ist eine Gansleber dabei, so nehme sie
heraus, und lege sie in Schnitzel getheilt, zu den Ha-
senschnittchen. Das Gemisch auf der Kastrole zerrühre
mit einem Seidel daraufgegossener braunen oder guten
Rindsuppe, und lasse es zusammen recht kochen, bis es
wie ein Kasch ist, schlage darein 1 ganzes Ei, zerrühre
es recht, dann schlage es zuvor durch einen Durchschlag,
dann passire es durch ein grobes Haarsieb durch, mache
von einem Viertel Pfund Sardellen eine feine Sardellenbutter, gib sie dazu, dann von einer halben Lemonie die feingeschnittene Schale, einen gehäuften Eßlöffel voll frische Kapperln, eben so viel in guter Rindsuppe gekochte Trüffeln oder getrocknete Herrnpilze, beides feingeschnitten, füge noch den Saft von einer halben
Lemonie bei, würze es mit gestoßener Muskatenblüthe
und rühre es recht ab; auch muß es gleich zum Dünsten
ein wenig gesalzen werden, doch nicht zu viel, koste es,
ob es genug säuerlich ist; ist es zu wenig, so drücke
noch den Saft von der anderen Hälfte dazu. Lasse noch,
wenn du mehrere Ganslebern hast, dieselben mit geschnittenem Zwiebel schön goldbraun dünsten; den Teig
mache wie folgt:

Gib auf ein Nudelbrett drei Seidel feines Mehl,
schneide darein etwa 2 Loth frische Butter, verarbeite
sie mit einem Messer, mache in der Mitte ein Grübchen,
schlage drei Dötter und ein ganzes Ei darein, und gib
noch so viel Schmetten dazu als nöthig, daß daraus ein
fester Teig werde, salze es ein wenig, und arbeite daraus einen Teig, der so fest wie ein Nudelteig ist, mache
3 Theile davon; den einen walke drei messerrückendick
aus, und schneide ihn nach der Größe der Schüssel,
lege es auf ein festes, mit Butter geschmiertes Papier

und Blech. Aus dem 2. Theil mache einen daumhohen
Streifen, der auch über Daumbreite hat, schmiere das
Blatt mit zerklopften Eiern, lege den Streifen herum,
und kneipe es um den Rand fest, damit es beim Backen
nicht auseinander ginge. Nun belege es mit der Hälfte
der durchpassirten Fasch; diese belege mit den Hasen-
schnitzeln und den Ganslebern, welche dabei sind, und
mit jenen, welche mit dem Zwiebel gedünstet, gieße den
Zwiebelsaft darüber, worin die Leber gedünstet ist, lege
die zweite Hälfte Fasch darüber, streiche es schön glatt,
und sehe darnach, daß es ja nicht höher wird als der
Rand, belege es zierlich mit ganzen Kapperl, geschnittener Lemonieschale, blätterig geschnittenen Trüffeln und
Sardellenhälften nach eigener Einsicht, und was im
Hause ist; sind keine Trüffeln zu haben, so können sie
wegbleiben. Nun zerwalke den dritten Theil des Teiges
etwas über messerrückendick, bedecke das Ganze zierlich
damit, aus allen Abschnitzeln zerwalke wieder ein mes-
serrückendickes Blatt, und steche verschiedene Verzierungen mit Blechformen aus, beschmiere das Blatt zuerst
mit zerklopften Eiern, formire zuerst herum einen Kranz,
gegen die Mitte wieder einen Kranz, dazwischen Kleinigkeiten, zwischen dem kleineren Kranze in der Mitte
steche Löcher in den Teig, damit er sich nicht beim Bakken unförmlich hebt, bestreiche das Ganze mit Eiern,
und lasse es langsam backen entweder in einem etwas
überkühlter Backofen oder in einer kühlen Röhre.

Wenn die Pastete gar gebacken ist, und zur Tafel
kommen soll, so schneide den Deckel behutsam, daß er
nicht zerbrochen werde, ab; wenn es zu trocken ausgedünstet ist, so feuchte es mit ein bischen Kraftsuppe an,
mit Wein und Lemoniesaft vermischt, ziere es mit Lemoniescheiben, gib den Deckel darüber und trage es auf
die Tafel.

Diese Pastete kann entweder warm oder kalt ge=
nossen werden, sie ist immer gut.

Hast du Überbleibsel von Fasanen oder Rebhüh=
nern, so kannst du das Fleisch in zierliche Schnittchen
zerschnitten, und das Übrige eben im Mörser zerstoßen,
sammt der Soß beifügen. Ohnedies wird eine solche
Pastete nur bei größeren Tafeln bereitet, daher derlei
Sachen im Überflusse sind, so kann jede umsichtige Haus=
frau oder erfahrene Köchin alles benützen, damit die Sa=
che auf das beste zubereitet noch weniger koste, als wenn
man jedes Einzelne erst anschaffen, und nur zu dieser
einen Pastete benützen wollte; diese Pastete, wenn sie
auch nicht so theuer ist, als jene aus dem Auslande be=
stellte, hat den Vortheil, daß sie frisch und schmackhaft
zubereitet ist. Sind viele Gäste, so versteht es sich von
selbst, daß alles verdoppelt und die Pastete noch einmal
so groß gemacht werden müsse; für wenige Gäste langt
diese, und ein jüngerer Hase ist immer besser als ein alter.

2. Harte Pastete von einer Gans.

Den Teig bereite eben so, wie bei der Vorigen, und
formire sie eben so; die Fasch bereite wie folgt:

Nehme zwei schöne Gänslebern, radiere sie sauber,
daß keine Fasern darin bleiben, hacke sie fein, schneide
2 Zwiebeln ganz fein, gebe sie mit einem etwa 3 Loth
großen Stück Butter oder reiner Gansfette und der Le=
ber auf eine Kastrole, lasse es dünsten, schneide die Brust
von einer gebratenen Gans in zierliche Schnittchen, und
diese bewahre auf einem lauwarmen Orte. Das übrige
Fleisch schneide von den Knochen, und schneide es mit
dem Wiegemesser fein, gib es zu der Leber, damit es
sich nicht anlege, gieße löffelweis etwas Wein zu, koche
entweder frische oder gedörrte Trüffeln (Tartoffeln) in
guter Rindsuppe, schneide sie fein, gib sie dazu; diese
Suppe kannst du wechselweise mit Wein zugießen, füge

noch dazu 2 gehäufte Eßlöffel voll geriebenen goldgelb
gerösteten Semmel und kleingeschnittene Lemonieschale
bei, würze es mit ein bischen feingestoßenen Pfeffer,
und wenn es nöthig ist, so salze es, gieße dann noch
von der Suppe, worin die Trüffeln gekocht haben, und
bischen Wein so viel darein, daß es wie ein anderer
Rasch oder Koch die rechte Dicke hat. Belege nun den
Boden der schon bereiteten Teigpastete zuvor mit der
Hälfte dieses Kochs, dann belege es mit den Schnitzeln
von der Gans, gebe die andere Hälfte des Kochs darauf, streiche es glatt, belege es mit zierlich geschnittener
Lemonieschale, drücke den Saft von einer halben Lemonie
darauf, gib den Deckel darüber, bestreiche es mit zerklopften Eiern, verziere und steche Löcher in den Teig
wie bei der vorigen, und lasse es backen; für das Haus
kannst du es auf einen Teller oder kleine Schüssel richten, dann einen Kranz von Butterteig herum geben, so
ist es eine Schüsselpastete. Oder statt Butterteig kannst
du die abgeriebenen Semmeln in halbmondförmige
Scheiben oder Dreiecke schneiden, besprenge sie entweder mit Schmetten oder Wein, tunke sie in zerklopfte
Eier ein, bestreue sie mit geriebener Semmelrinde und
backe sie schnell im heißen Schmalz schön goldgelb, gib
sie herum statt dem Kranze von Butterteig; so ist es
auch gut.

3. Eine Schüsselpastete von Kalbslebern.

Nehme eine schöne Kalbsleber, ziehe zuerst das
feine Häutchen ab, lege sie auf reines Brett und
schabe sie, damit alle die Fasern wegkommen, dann
hacke sie noch fein, lege in eine Kastrole zwei mittel-
große weiße spanische feingeschnittene Zwiebeln mit
einem Viertel Pfund würflicht geschnittenen frischgesälch-
ten Speck und einem Stückchen frischer Butter; sobald
der Zwiebel anfängt zu dünsten, gib die Leber hinein,

laſſe es dünſten bis es eintrocknet; doch gib acht, daß
es ja nicht anbrennt; daher muß du zeitweilig löffelweis
eine gute Suppe untergießen; nun ſalze es und würze
es mit geſtoßenen Pfeffer. So zubereitet kannſt du die
Leber auch auf halbmondförmig geſchnittene blaß goldgelb im heißen Schmalz gebackene Semmelſchnitten geſchmiert, nach der Suppe auftragen. Die Schüſſelpa-
ſtete mache aber wie folgt: gebe die Hälfte von dieſer
Leberfaſche auf einen tiefen Teller oder Schüſſel, belege es mit Schnittchen von Rebhühnern, Faſanen oder
auch Entenbrüſtchen, welche recht im Saft gebraten ſeyn
müſſen, gib die andere Hälfte der Faſche darauf, ſtreiche es glatt, gib es in die heiße Röhre nur noch zum
Durchwärmen, gib einen Kranz von Butterteig herum
und trage es zur Tafel. — Oder gib die ganze Faſch
auf eine Schüſſel, belege ſie mit zierlichen Kottelets vom
Kalbfleiſch, und mache einen Kranz von gebratenen kleinen Erdäpfeln, welche wie folgt, bereitet werden müſſen.
Wähle kleine Erdäpfel von gleicher Größe aus, ſchäle
ſie gleich roh, waſche ſie rein, ſchneide ſie in dünne
Blätter, lege ſie eine Stunde lang in geſalzenes Waſſer,
daß ſie davon anziehen; doch darf das Waſſer nicht
zu ſtark geſälzen ſeyn, dann lege ſie auf ein reines Tuch,
damit ſie abtrocknen, lege ſie ſodann in heiße Butter
oder Schmalz, laſſe ſie ſchön gelblich röſten, und mache
einen Kranz davon um die Faſch; auf jede Art iſt es gut.

Wildbrett-Bereitung.

---

1. Schwarzes Wildbrett.

Das ſchwarze Wildbrett muß mit einer glühenden
Schiene abgebrannt werden, dann wäſcht man es rein,

legt es in einen Topf, daß es genug Raum hat, gießt daran 2 Theile Wasser, einen Theil Wein und einen Theil Weinessig, legt dazu einige Lorbeerblätter, eine ganze Zwiebel, ganzen Pfeffer, ganzen Ingber, ein Stück Lemonieschale und läßt es weich kochen.

Koche entweder Weichsel oder Hagebutten, versteht sich getrocknete, in halb Wasser, halb österreicher Wein, zerdrücke sie und seihe sie durch, brenne sie mit goldgelber Einbrenn ein, gib dazu ein Stück Zucker, ein bischen Lemonieschale, etliche Gewürznelken und Zimmet und lasse es noch ein bischen aufkochen.

Wenn das Wildbrett weich ist, so seihe es ab, lege es auf ein zierlich zusammengelegtes Serviet, mit Lemonieschale bestreut, auf die Tafel; die Soß gib in Sossetten dazu.

2. Eingemachtes Wildbrett.

Wenn das Wildbrett von Reh oder Hirsch wohl abgelegen ist, so nimmt man ein Stück davon, wäscht es von den Wachholdern los; ist es von einem jungen Stück, so läßt man es blos dünsten, gib es auf ein Reindel, darunter ein Stück Butter, eine in Scheiben geschnittene Zwiebel, ganzes Gewürz, als: Pfeffer, Ingber, Neugewürz, läßt es dünsten, gießt dann Suppe und Weinessig daran, läßt es gar kochen, brennt es mit einer braunen Einbrenn ein, gießt sauern Schmetten daran, seiht die Soß durch; will man die Soß dunkel haben, so gibt man statt sauern Schmetten gerösteten Zucker, ein Stück weißen Zucker und Kapperln. Die Schüssel kann man mit Lemoniescheiben oder mit einem Kranz von Butterteig zieren. Ist das Wildbrett alt, so muß man es früher mit Essig, Wasser und dem angezeigten Gewürz abkochen.

3. Wilde Enten mit Soß.

Wenn die wilde Ente sauber geputzt ist, versteht sich, daß der Kopf nicht abgerupft und die Füße nicht abgeschnitten werden, so wird die Ente gesalzen, geheftet und in eine Pfanne oder Reindel gelegt; man gibt dazu Zwiebel, Thymian, Lorbeerblatt, Lemonieschale, Neugewürz, Ingber, Pfeffer, 1 Stück Butter, 1 Stück Speck und läßt sie schön bräunlich dünsten, gießt dann Rindsuppe und Weinessig daran, läßt es gar kochen, nimmt man dann die Ente heraus. Nun walzt man ein Stückchen Butter recht in Mehl ab, dann wirft man es in die Soß, zerrührt es; wenn es zerrührt und aufgekocht ist, so seiht man es durch, röstet ein Stück Zucker braun, gibt es dazu, dann ein Stück weißen Zucker, geschnittene Lemonieschalen, Kappern, Gewürznelkeh, legt die Ente darein, läßt es noch ein bißchen aufkochen, legt die Ente in die Mitte, und macht um die Schüssel entweder einen Kranz von Butterteig, oder ziert die Schüssel mit Lemoniescheiben. Eben so kann man auch eine zahme Hausente zubereiten.

4. Gedämpfte Rebhühner.

Putze ein Paar Rebhühner sauber, putze sie so wie zum Braten, dann lege sie in ein Kastrol, gib dazu ein Stückchen frische Butter, die Abschnitzel von Speck, dann Thymian, Lorbeerblatt, ganzen Pfeffer, Ingber, Neugewürz, Lemonieschale, gib dazu die Leber und Mägen; auch kannst noch einige Hühnerlebern und Mägen dazu geben; im Abgange derselben auch nur 1 Stückel Kalbfleisch geben, lasse sie schön bräunlich dünsten, gieße dann Rindsuppe und Weinessig daran, lasse es ein bißchen kochen; denn gewöhnlich pflegen die größern Rebhühner hart zu seyn, nehme die Mägen und Lebern heraus, hacke sie mit ein bißchen grünen Petersil, Kappern und Lemonieschale, lege die Rebhühner auf ein reines Kastrol, seihe die Soß, welche man früher ein bischen mit brauner Einbrenn einbrennen muß, über die Rebhühner, gib das Gehackte in die Soß, lasse es noch aufkochen; richte dann die Rebhühner an, die Soß gieße darauf, und ziere die Schüssel entweder mit Bögen von Butterteig, oder mache einen Kranz, eben von Butterteig.

5. Kleine Vögel mit Soß.

Wenn die kleinen Vögel rein geputzt sind, so gib auf ein Reindel ein Stück Butter und kleingeschnittene Zwiebel, salze die Vögel, lege sie darein, lasse sie dünsten bis die Zwiebel bräunlich ist; sie darf aber nicht anbrennen, darum muß man die Vögel öfters umrühren. Mache eine bräunliche Einbrenn von halb Mehl, halb Semmel, gieße Rindsuppe daran, rühre es wohl ab, gieße es auf die Vögel, lasse es noch ein bischen aufkochen, würze es ganz wenig mit Neugewürz und richte sie an; man kann ebenfalls um die Vögel einen Kranz von Butterteig herum geben.

6. Kleine Vögel im Schlafrock.

Putze kleine Vögel sauber, salze und lasse sie auf Zwiebel und frischer Butter bräunlich dünsten. Indessen koche anderthalb Pfund geselchtes Fleisch, ein Pfund Kalbfleisch, lasse es auf Butter dünsten, hacke dann beides recht fein, gib dazu ein Viertel Pfund kleingehacktes Rindsmark, 4 gerührte Eier, ein bischen Gewürznelken, Lemonieschale und Muskatenblüthe, hacke alles recht zusammen, gib dann so viel geriebene Semmel dazu, als du siehst, daß nöthig ist, daß es sich wie ein Teig beisammen hält, treibe es ab, salze es so viel, als nöthig ist, und lege damit eine Melonenform, die zuvor mit Butter geschmiert und mit Semmelrinde ausgestreut werden muß, auf 2 Finger dick aus, lege die Vögel darein bis die Form voll ist; dann mache vom nämlichen Teige einen Deckel, und lasse es in der Röhre eine Stunde gemach backen. Mache indessen die Soß: nimm die Abschnitzel von dem Kalb= und geselchten Fleisch, einige Vögel, gib dazu Zwiebel, Gewürznelken, Lemonieschale, ein Stückchen Butter, lasse es bräunlich dünsten, gieße dann die Hälfte Rindsuppe, die Hälfte österreicher Wein daran, brenne es mit brauner Einbrenn ein, lasse es aufkochen und seihe es durch; wenn die Vögel im Schlafrock gehörig gebraten sind, so stürze sie auf eine Schüssel, die Soß gib in einer Sosiette dazu, und trage sie auf.

7. Eingemachte Krammetsvögel.

Nimm etwa 24 Krammetsvögel; wenn sie sauber geputzt sind, ziehe die Därmer heraus, die Füßchen steche durch, schmiere ein Reindel oder Kastrol mit Butter aus, bestreue den Boden mit auf Nudeln geschnittener Zwiebel, lege die Vögel darauf, bestreue sie ein bischen mit Salz, decke sie zu und lasse sie hübsch braun dünsten; wenn die Zwiebel schon braun ist, so nimm es von der Gluth, nimm die Vögel heraus, schneide die Brüstel schön zierlich heraus, und lege sie auf ein anderes Reindel, die Abfälle stoße im Mörser, gib sie zu der braunen Zwiebel, lasse es ein Weilchen beisammen dünsten, gieße dann ein halbes Seidel österreicher Wein und 3 Viertel Seidel gute Rindsuppe daran, lasse es aufkochen, gib dazu geriebene, goldgelb in Schmalz geröstete Semmel so viel als nöthig ist, daß eine gehörige nicht zu dicke und nicht zu dünne Soß daraus werde; seihe nun diese Soß auf die Brüstel durch, lasse es noch ein bischen aufkochen, gib Lemonieschale dazu, richte die Brüstel zierlich auf die Schüssel, seihe die Soß darüber, gib einen Kranz von Butterteig herum oder Lemoniescheiben und trage es zur Tafel.

Es versteht sich von selbst, daß diese Speise nur dann gemacht werden kann, wenn man diese Vögel im Überfluße hat, sonst in einer Haushaltung können die Vögel zwar so zubereitet werden, nur läßt man sie ganz und stößt höchstens die Abfälle von 1 bis 2 Vögeln, um die Soß zu verbessern; denn die bloßen Brüstel, wie beschrieben, gehören schon in die Klasse der vornehmen Speisen, wenn man eine Gesellschaft Feinzüngler bewirthen will; was ohnedieß eine wirthliche Hausfrau einsehen wird.

8. Karbonadeln vom Hasen.

Wenn der Hase abgezogen und abgehäutelt ist, so schneide das Fleisch alles ab, löse alle Fasern heraus, wasche es rein und hacke es fein. Zum Fleisch von einem ganzen Hasenrücken gibt man wenigstens 3 Loth Sardellen, 3 Loth Kappern, schneidet es fein, gibt es zu dem gehackten Fleisch, salzt es und vermischt es recht untereinander, formirt daraus thalergroße, auf einen Finger dicke Karbonadeln, dann schmiere eine große flache Kastrole mit Butter aus, lege die Karbonadeln eines neben den andern darauf, bestreue sie mit geschnittenen Schnittling, Kappern, und entweder mit frischen oder trockenen Tartoffeln, oder auch getrockneten Herrnpilzen, lasse es dünsten, kehre sie öfters um, bis sie auf beiden Seiten schön bräunlich sind, gieße dann einige Löffel voll Wein unter, lasse es noch dünsten bis die Karbonadeln den Wein eingesaugt haben. Nun lege sie auf ein anderes Kastrol; auf den braunen Saft streue einen Löffel voll feines Mehl, lasse es so bräunlich eintrocknen, dann gieße ein halbes Seidel österreichen Wein, ein halbes Seidel gute Rindsuppe daran, und lasse es aufkochen zu einer gehörigen Soß; ist es zu dick, kann man Suppe und Wein zugießen; nun seibe es auf die Karbonadel durch, lasse noch einmal aufsieden, richte sie auf eine Schüßel an, die Soß darüber, bestreue sie mit goldgelb gerösteten Semmelwürfeln, und ziere die Schüssel mit halbmondförmig geschnittenen Lemoniescheiben. Hier versteht es sich wieder, daß in einer Haushaltung nicht das hintere, sondern bloß das vordere zu diesen Karbonadeln benützt wird, von einem Hasenvordertheile ist für 3 bis 4 Personen genug Fleisch zu Karbonadeln; es versteht sich daher, daß man in diesem Falle auch weniger Kapperln und Sardellen nehmen muß, von 2 Vorderhasen kann man eine gehörige Schüssel solcher Karbonadeln herstellen, eben so werden die Karbonadeln von Wildbrett gemacht, nur daß man immer das zärtere Fleisch dazu wählen, und alle Fasern herauslösen muß.

9. Haschee vom Hasen.

Wenn der Vorderhase gut gewaschen ist, so schneide ihn in Stücke, gib ihn in eine Kastrole, gib dazu eine ganze auf Nudeln geschnittene Zwiebel, ein bischen Thymion, salze es ein wenig, gib noch 1 Stück Butter und 1 Stück zerschnittenen frischen Speck dazu, und lasse es weich dünsten; sollte es ausgedünstet und noch nicht weich seyn, so gieße löffelweis gute Rindsuppe unter. Wenn es weich ist, so löse alles Fleisch ab und hacke es fein, die Knochen und das Häutige gib wieder in die Kastrole zurück, und lasse es hübsch braun eindünsten, streue einen halben Löffel voll feines Mehl daran, und lasse es, unter öfterem Umrühren hübsch braun eintrocknen, nicht aber anbrennen; dann gieße ein Viertel Seidel entweder rothen melniker oder österreicher Wein und ein Viertel Seidel Rindsuppe daran, und lasse es zu einer Soß aufsieden. Das Fleisch aber schneide mit einem Wiegemesser klein, gib dazu 2 Loth kleingeschnittene Kapperln, 2 Loth kleingeschnittene Sardellen, 1 Loth klein geschnittene Kartoffeln oder Herrnpilze, welche, wenn sie trocken sind, zuvor in Rindsuppe überkocht, wenn sie frisch sind, in Butter überdünstet

ſeyn müſſen; nun laſſe auf einem Reindel Butter heiß
werden, gib das gehackte Fleiſch darein, laſſe es ein bischen dünſten, gieße dann einige Löffel voll von der zubereiteten Soß daran, daß es wie jedes andere Fleiſch
oder Lungenhaſchee wäre; nun richte es auf die Schüſſel
ſchön an, herum ziere es mit halbmondförmigen goldgelb
gebackenen Semmeln, in der Mitte ziere es mit einem
Kranz oder Stern von Lemonieſcheiben; wer etwas mehr
Haſchee bedürfte, und nur einen Vorderhaſen hätte, kann
in der Butter, bevor er das Fleiſch hineingibt, eine halbe
geriebene Semmel goldgelb röſten, dann erſt das Fleiſch
hinein geben; in dieſem Falle aber dürfte die Soß nicht
mit Mehl verdickt, ſondern bloß von Wein und Suppe
gefertigt werden.

10. Der Vorderhaſe in brauner Soß.

Zerhacke den Vorderhaſen in Stücke, waſche ihn
rein, gib in eine Kaſtrole ein Stück Butter, 1 Stück
würflicht geſchnittenen Speck, eine kleingeſchnittene
Zwiebel, ein bischen Thymianblätter, und ein kleinge-
ſchnittenes Lorbeerblatt, lege den zerſchnittenen Vorderhaſen darein, ſalze ihn, gib 1 Schöpflöffel voll Waſſer
oder Rindſuppe daran, decke es wohl zu und laſſe ihn
weich dünſten, bis ſich die Suppe ganz einbünſtet und
die Zwiebel braun wird; nun gieße anderthalb Seidel
Rindſuppe, und ein halbes Seidel guten Weineſſig daran;
wer gerade will, kann auch ein bischen öſterreicher oder
rothen Wein dazu gießen; wenn der Haſe noch nicht genug weich iſt, ſo laſſe ihn weich kochen, brenne ihn dann
mit Einbrenn ein, in welche, damit ſie recht braun
wird, man ein bischen geſtoßenen Zucker gibt, und laſſe
es noch ein bischen aufkochen. Gib noch ein wenig Lemonieſchale, Neugewürz oder Gewürznelken dazu, und
richte es an; herum kann man einen Kranz von Butterteig machen, oder mit halbmondförmigen Lemonie-

scheiben zieren; der so zubereitete Vorderhase kann zur
Zeit der Noth die Stelle des Wildbretts ersetzen; nur muß
er versteht sich zierlich geschnitten und angerichtet werden.

11. Der Vorderhase auf andere Art.

Wenn der Hase nicht sehr alt ist, so schneide den
Vorderhasen in zierliche Stücke, wasche ihn rein, gib
auf ein Reindel 1 Stück Butter, eine kleingeschnittene
Zwiebel, kleingeschnittenen frischen Speck, ein bischen
Thymianblätter, ein kleingeschnittenes Lorbeerblatt, salze
es, gib einen Schöpflöffel voll Rindsuppe daran, und
lasse es dünsten, bis die Zwiebel braun zu werden beginnt; nun gieße nur löffelweis Rindsuppe zu, daß es
im kurzen Saft bleibe, gib auch noch ein Stückchen frische Butter daran; ist er so weich genug gedünstet, so
richte ihn im Safte an, mache rundum die Schüssel einen
Kranz von gerösteter geriebener Semmel, und trage ihn
auf; in die Mitte gib auch ein Häufchen von der goldgelb gerösteten Semmel; es ist eine zierliche, schmackhafte Speise, und man verhütet mit dieser Abwechslung in der Zubereitung den Eckel und das Überessen
einer Speise, die zur Zeit, wo der Hase öfters zur Tafel kommt, so oft eintritt; es kostet die Köchin oder die
Hausfrau etwas mehr Mühe, sie hat aber die Freude,
ihre Gäste mit Appetit speisen zu sehen.

12. Gedämpfte Fasanen und Rebhühner.

Nimm 2 oder 3 Fasanen oder Rebhühner, putze
sie sauber, hefte und spicke sie, salze sie ganz wenig inwendig, schmiere eine Kastrole mit frischer Butter,
schneide 2 gelbe Rüben, 2 Petersilwurzeln und einen
Zeller auf Scheiben, so auch eine Zwiebel, dann schneide ein Stück Speck und ein Stück Rindsunschlitt würflich; alles dieses gib in die geschmierte Kastrole, lege
die Fasanen darauf, gieße ein halbes Seidel rothen

Wein, und einen Schöpflöffel voll Rindsuppe daran,
decke es wohl zu, und lasse es weich dünsten, nehme
dann die Fasanen extra; das Wurzelwerk aber, wobei
auch die Lebern und Mägen der Fasanen dünsten, lasse
braun ausdünsten; indessen zerlege die Fasanen, und
lege die Flügel, Brüstchen, Füßchen extra, decke alles
wohl zu, damit es nicht abtrockne, die Abfälle theile zur
Hälfte, die andere Hälfte backe mit einigen Semmelschnitten im Schmalz, dann stoße alles das Gebackene
und die andere Hälfte der Abfälle im Mörser, zu dem
Wurzelwerk gib noch ein Stückchen Butter, und wenn
es aufschäumt, so streue darein einen Löffel voll feines
Mehl, dann gib das Gestoßene dazu, gieße, wenn es
hübsch bräunlich geworden, ein Seidel rothen Wein, 1
Seidel Rindsuppe darüber, lasse es unter beständigem
Umrühren zu einem dicken Brei einkochen, dann passire es durch ein grobes Haarsieb, drücke den Saft einer Lemonie dazu und rühre es recht um. Von diesem
Brei gib nun die Hälfte auf die dazu bestimmte Schüssel,
lege die zerlegten Fasanen darauf, und streiche die zweite Hälfte des Breies darüber, dann eine halbe Stunde
vor dem Anrichten stelle es in die Röhre; ist die Schüssel schön, so stelle sie auf ein mit Salz oder Asche be-
legtes Blech, und lasse es so wie Schnecken oben backen;
wenn du es auftragen willst, so ziere es mit gebackenen
Semmelschnitten und Lemoniescheiben. Auch mit Rebhühnern verfährt man auf gleiche Weise.

13. Karbonadeln vom Fasan oder Rebhühnern.

Bei großem Überflusse an Fasanen oder Rebhühnern, wo man etwas besonderes machen wollte, könnte
man folgende Karbonadeln machen. Schneide den Flügel sammt der Brust von beiden Seiten ab, von diesem dann die Spitze, das Beinchen reiße ab, indem du
so wie bei Kalbskarbonadeln das Fleisch herabstreichest,

klopfe diese Flügel so wie andere Karbonabel mit dem
Messerrücken mürbe; während des Klopfens salze sie ein
wenig; das übrige vom Fasan lege in eine Kastrole,
gib dazu einige Wurzeln Peterfil, Zeller, gelbe Rüben,
eine mit Gewürznelken durchspickte und eine zerschnittene
Zwiebel, dann ein halb Pfund geselchtes und ein halb
Pfund Kalbfleisch dazu, gieße ein bischen gute Rindsuppe darüber, und lasse alles wohl zugedeckt weich dün=
sten; auch kann man noch ein bischen Tartoffeln oder
Herrnpilze beifügen. Wenn alles weich ist, so schneide
die Füße und das Brauchbare von den Fasanen ab, und
hebe es wohl zugedeckt auf, das übrige lege wieder zurück, und lasse es ganz braun einbänsten, gieße wieder
etwa 2 Schöpflöffel voll guter Rindsuppe daran, lasse
es dicklich einsieden, seihe es ab und stelle es bei Seite;
auf das Gedünstete aber gieße nun ein Seidel gute Suppe und ein Seidel rothen oder österreicher Wein, und
lasse es abermals sieden.

Die Karbonadeln aber, wenn ihrer z. B. 6 sind,
so schneide eine halbe Zwiebel, ein bischen grüne Petersilie, dann entweder frische oder trockene, in der Rindsuppe überkochte Tartoffeln oder Herrnpilze klein, lasse
dieses alles in zerlassener Butter ein wenig aufschäumen,
wende die bereiteten Karbonadeln darin um, dann in geriebener Semmel, und brate sie schnell entweder auf dem
Rost über Kohlen oder auf einer seichten Kastrole oder
Deckel, lege sie auf einen warmen Teller oder Schüssel,
und den bewahrten braunen Saft gieße darunter, ziere
die Schüssel mit halbmondförmigen Lemonieschnitten und
trage sie schnell zur Tafel. Es versteht sich von selbst,
daß man diese Speise nur bei großem Überfluße an Fasanen und nur für wenige sehr ansehnliche Gäste auf-
setzen kann. Das übrige gibt auch noch eine leckere
Schüssel: man nimmt nun, nachdem man von dem Gedünsteten die Soß abgeseiht hat, die Lebern und Mägen,

dann was noch an den Beinen fleischiges ist, heraus,
dann ein Stück des mitgedünsteten Kalbfleisches, schnei=
det alles mit einem Wiegemesser fein, gib dazu 2 Loth
feingeschnittene Kappern und von einer halben Lemonie
die Schale, die abgeseihte Soß verdicke mit einem an=
gemessenen Stückchen brauner Einbrenn, lasse ein Stück=
chen Zucker braun rösten, gib ihn dazu, lasse es aufkochen
und seihe es abermals durch auf eine Kastrole, gib das
Gehackte darein, lasse es durchwärmen, richte es auf die
dazu bestimmte gewärmte Schüssel an, die aufbewahr=
ten Füße und Steißel ordne schön zierlich darauf, decke
es mit einer zweiten Schüssel zu, und stelle es warm;
bis es aufgetragen werden soll, so ziere die Schüssel wie=
der entweder mit halbmondförmigen Lemoniescheiben oder
gebackenen Semmelschnitten, so ist die zweite zierliche
und köstliche Speise vorhanden. Eben so können auch
Krammetsvögel, Rebhühner, wilde Enten, Rohrhühner
und anderes Wald= und Wassergeflügel zubereitet wer=
den, wornach sich jede geübte Hausfrau oder Köchin zu
achten wissen wird, und es daher ganz überflüßig wäre,
jedes für sich zu beschreiben, da es nur Zeit und Raum
raubend wäre, wodurch nur das Buch mit Wiederho=
lungen überfüllt, und dadurch vertheuert würde.

14. Haschee von Fasanen und Rebhühnern.

Wo z. B. mehrere Tage nach einander Gastereien
gehalten werden, fügt es sich, daß von jedem Tage et=
was vom Braten übrig bleibt; da sich nun unter diesen
Überbleibseln sehr leicht auch Fasanen und Rebhühner
befinden können, welche durch Aufwärmen an Wohlge=
schmack verlieren würden, so will ich angeben, wie man
auch von diesen Überbleibseln eine selbstständige und gute
Speise herrichten kann, wie folgt: von den Brüsteln,
welche da sind, ziehe die Haut ab, löse das Fleisch vom
Brustbein und hebe die Schnitzel auf. Das übrige

Fleisch aber löse alles von den Beinen ab, und richte
es zum Schneiden, die Lebern und Mägen von allen ver=
brauchten Fasanen und Rebhühnern hebe schon zu die=
sem Gebrauche auf; nun wasche diese Lebern und Mä=
gen rein aus, lege sie mit einem halben Pfund Kalb=
fleisch, mit den abgeklaubten, ein bischen zerstoßenen
Beinchen, dann mit Zeller und Petersilwurzeln, gelben
Rüben, Zwiebel, 1 Stück geselchten Fleisch oder frischen
Speck in eine Kastrole, gieße einen Schöpflöffel voll
guter Rindsuppe daran, und lasse es ganz ausdünsten,
bis es hübsch braun ist. Nun gieße daran ein Viertel
Seidel Suppe, und ein halb Seidel Wein, lasse es ein
bischen aufkochen, nimm die Mägen und Lebern heraus,
und schneide selbe mit dem früher abgeklaubten Fasanen=
und Rebhühnerfleische klein; nun nimm Kapperln im
Verhältnisse auf die Menge des Fleisches, z. B. auf
das Fleisch von einem Fasan oder Rebhuhn 1 Loth
Kapperln, auf 2 Rebhühner von einer halben Lemonie
die Schale, 1 bischen grüne Petersilie, dieß mische alles
mit dem gehackten Fleisch; nun röste geriebene Semmel
schön gelb, auf 2 Rebhühner einen Löffel voll Semmel;
in diesen nun gib das Gehackte, und gieße von der Soß
von dem gedünsteten so viel daran, daß es so wie jedes
andere Haschee wäre, dann lasse es noch ein wenig auf=
kochen. Nun richte es auf die dazu bestimmte gewärmte
Schüssel an, die bewahrten Brustschnitzel drücke darein,
doch so, daß man sie hervorragen sieht, decke es zu, und
stelle es auf einen Ort, wo es zwar nicht kocht, aber
doch gehörig warm bleibt; beim Auftragen ziere es wie=
der entweder mit einem Kranz von Butterteig, oder
mit halbmondförmigen Lemoniescheiben, oder mit aus=
gebackenen Dreiecken von Semmel u. s. w.; auch
dieses Gehäck kann auf verschiedene Art verändert
werden, indem man zu den Kapperln, noch auf jedes
Rebhuhn gerechnet ein Loth Sardellen beifügt; so kann

auch noch der Geschmack verändert werden, wenn man
es säuerlich haben will, indem man dazu den Saft einer
Lemonie gibt, oder auch ohne Lemonie bloß mit Tartoffeln, Herrnpilzen oder Championen den Geschmack
verändern; ist des Fleisches und der Rebhühner - und
Fasanenlebern zu wenig, so kann man auch ein Stückchen Kalbfleisch, dann die Mägen von Enten, Kapaunen
und Hühnern beifügen, wenn es zusammen dünstet, so
nimmt es den Wildgeschmack an. Auf diese Art kann
man ein sonst unbrauchbares Wildgeflügel wieder zu einer Prachtschüssel verwenden; auch zu diesem Haschee
kann man sowohl jedes andere Wald - und Wassergeflügel, als auch Hasen und Rehfleisch benützen, was ohnehin die thätige wirthliche Hausfrau und Köchin einsehen wird; daher die Wiederholung überflüßig wäre, und
diejenige, der es entweder an Erfahrung oder an der
Lust zur Sache mangelt und ihre Bequemlichkeit über
alles liebt, wird sich mit derlei Bereitungen ohnedieß
nicht befassen.

15. Kaltes Wildbrett, als: Hasen, Rebhühner, Fasanen und Rehbraten.

Wenn verschiedenes von solchen Braten übrig bleibt,
ob es schon Feder- oder Rothwild ist, so schneide es in
kleine Schnitzel so wie große Nudel, nimm dann Kapperln
und reingeputzte Sardellen, welche man von den Gräthen ablößt und ebenfalls auf Nudeln schneidet, endlich
schneide noch festen Aspick auf Nudeln. Nun nimm z. B.
auf 3 Löffel voll geschnittene Fleischnudeln immer einen
Löffel voll von denen Sardellennudeln mit Kapperln und
Aspick gemischt, vermische alles recht mit 2 Gabeln untereinander und richte es auf die dazu bestimmte Schüssel
an; stoße im Mörser die Beinchen, wenn es Waldgeflü-
gel ist oder ein Stück Fleisch vom Hasen oder Reh,
mit einigen Körnern Pfeffer, einigen Lorbeerblättern,

und einer halben; wenn viel Schnitzeln sind, einer gan=
zen Zwiebel, gieße Weineſſig daran, ſeihe es durch, ver=
miſche es mit einigen Löffeln voll guten Brabanteröl,
und einigen feingehackten hartgekochten Eierdöttern, und
begieße die Schnitzel damit, ziere die Schüſſel herum mit
gehackten Eierdöttern und Eiweis jedes extra, ſo auch
mit gehackten Schnittling und Aſpick; ſollte jedoch kein
Aſpick vorhanden ſeyn, kann es auch ohne Aſpick bleiben.
Vorzüglich zieren eine ſolche Schüſſel friſche Lemonie,
Orangen= oder Lorbeerblättern; ſind die Schnitzel vom
Faſan, ſo kann man auch noch kleinnublich geſchnittene
friſche Tartoffeln darunter miſchen, und oben mit Au=
ſtern die Schüſſel garnieren. Faſan und Rebhuhn kann
ohne Nachtheil gemiſcht, doch das Rehfleiſch keinesfalls
gemiſcht werden. Auch hier kann die geübte Köchin vie-
les ändern.

Mehlspeisen und feine Köche.

1. Apfel=Koch.

Nimm 5 Loth friſche Butter, treibe ſie recht ab,
gib dazu 8 Dötter und von 4 Eierklar den Schnee,
dann 3 Löffel geriebene durchgeſeihte Semmelbröſeln,
rühre es wohl ab.

Nimm geſchälte borsdorfer (mjſſenſkè) Apfel, nimm
den Gröbs (Kerngefäß) heraus, gib ſie auf ein Rein=
del, gib dazu Zucker, Zimmet, Gewürznelken und ei=
nen Löffel voll Waſſer, laſſe es zu einem Kaſch unter
immerwährendem Umrühren dünſten, laſſe es auskühlen,
miſche es in das Vorige, rühre es recht ab, gib noch
ein bischen Lemonieschale und Zucker dazu ſo viel, daß
gerade genug ſüß iſt, dann lege eine Melonenform mit

9*

Butterteig aus, gieße es hinein, mache wieder einen Deckel von Butterteig, lasse es langsam schön goldgelb backen, stürze es, bestreue es mit Zucker und trage es zur Tafel.

2. Auflauf von Rindsmark.

Nimm 4 Loth Rindsmark, hacke es klein, dann treibe es ab, nimm 4 Semmel, reibe sie ab, schneide sie würflicht, weiche sie im Schmetten, drücke sie aus, gib sie zu dem Mark, treibe es zusammen wohl ab, schlage dazu 4 Dötter, 4 ganze Eier, ein bischen Lemonieschale, ein bischen Salz, 6 Loth Zucker, treibe alles wohl ab, schmiere die Form mit Butter, streue sie mit geriebener Semmelrinde aus, gieße es hinein, lasse es langsam schön bräunlich backen, stürze es, bestreue es recht mit Zucker und Zimmet, und trage es zur Tafel.

NB. Diese Quantität ist in 2 kleinere oder eine große Form für 12 Personen; sind weniger, so mache die Hälfte.

3. Geschwinder Äpfelkoch.

Schäle für 6 Personen 6 borsdorfer Äpfel, reibe sie auf einem Reibeisen, gib sie in einen Topf, schlage dazu 5 oder 6 ganze Eier und eine geriebene Semmel, Lemonieschalen, ein bischen Gewürznelken, ein bischen auf Nudeln geschnittene Pomeranzenschale und Zucker so viel, daß es gerade genug süß ist, gieße 6 oder 8 Löffel süßen Schmetten dazu; ist die Semmel größer und sehr hart, so kannst du auch fast ein halbes Seidel geben, wie man es sieht, daß es die rechte Dicke hätte, rühre es eine Viertel Stunde wohl ab, schmiere die Form mit Butter und streue sie mit Semmelbröseln aus, gieße es darein, lasse es schön bräunlich backen, stürze es, bestreue es mit Zucker und trage es auf; auch hier kann die Form mit Butterteig ausgelegt werden.

4. Guter Krem mit gebackenen Semmeln.

Schneide 2 abgeriebene Semmeln entweder auf
Würfel oder auch auf dünne halbmondförmige Blatteln,
lasse sie im Schmalz schön goldgelb backen; dann nimm
anderthalb oder ein großes Seidel süßen Schmetten,
schlage darein 4 Dötter, 1 ganzes Ei, 1 Loth länglich
fein geschnittene süße Mandeln, dann 1 halbes Loth geriebene oder gestoßene bittere Mandeln, 3 oder 4 Loth
Zucker, quirle alles wohl ab, gib die gebackene Semmel
dazu, tunke die Form in kaltes Wasser, lege sie mit Butter geschmierten Papier aus, gieße es hinein, lasse es im
Dunst kochen, das heißt, gib in eine Schüssel kochendes
Wasser, stelle sie in die Röhre, die Form hinein, lasse
es so kochen bis es gar ist; nur darf in die Form kein
Wasser kommen, dann stürze es, nimm das Papier weg,
glasire es oben mit goldgelb gerösteten Zucker, oder belege es mit eingesottenen Rivis oder Weichseln, streue
es mit Zucker, und trage es zur Tafel.

5. Eine andere Speise von gebackenen Sem= meln.

Schneide 3 oder 4 abgeriebene Semmeln in Scheiben, backe sie schön goldgelb aus, nimm 2 Seidel guten
rothen Wein, lasse ihn in einem reinen Gefäß kochen,
lege darein ein halb Pfund Zucker, Lemonieschalen, ein
bischen gestoßenen Zimmet und Gewürznelken, lasse den
dritten Theil einkochen, dann gieße es über die gebackenen Semmeln. Indessen lege eine Form mit Butter
geschmierten Papier aus, lege eine Schichte dieser angefeuchten Semmeln, belege mit eingesottenen Rivis, wie=
der Semmel und wieder Rivis bis alles gar ist, lasse
es in der Röhre ein bischen ausbünsten, stürze es, neh=
me das Papier ab, bestreue es recht mit Zucker, und
trage es auf.

6. Gegoffene Semmeltalken gefüllt.

Reibe 4 Semmeln, schlage darein 8 ganze Eier und 1 Seidel süßen Schmetten, schlage alles wohl in einem Topfe ab, gib dazu kleingeschnittene Lemonieschäler, ein bischen Muskatenblüthe, 3 Loth Zucker, ein bischen Salz, schlage alles eine Viertel Stunde wohl ab, nimm ein Blech mit Grüberln, gib in jedes Grüberl ein bischen Schmalz, einen Löffel voll Teig, 1 Stückchen mit Lemonieschalen, Zucker und Gewürznelken bereitete Powideln und wieder einen Löffel voll Teig; wenn es auf einer Seite gebacken ist, so kehre es um und backe es auf der andern und so fort, bis alles gar ist, gib sie dann auf eine Schüssel, bestreue sie mit Zucker und Zimmet, begieße sie mit heißer Butter, und trage sie zur Tafel. Man kann sie auch ohne Fülle machen.

7. Gegoffene Mehltalken.

Nimm 4 ganze Eier, 4 Dötter in einen Topf, 1 Seidel süßen Schmetten, 3 oder 4 Löffel gute Hefen, (wenn sie ganz dick sind, nur 2 Löffel), ein bischen Lemonieschale, ein bischen Zucker und so viel Mehl als nöthig ist, um einen dünnen Tropfteig zu machen, lasse es gehen; wenn es gegangen ist, so salze es, rühre es um, und gieße die Talken so wie die vorigen; du kannst sie entweder mit Zucker und Zimmet bestreuen und mit Butter begießen, oder schmiere sie mit gut bereiteten Powideln, bestreue sie mit geriebenem Quargel, und begieße sie mit frischer Butter, oder auch mit Pfefferkuchen können sie bestreut werden.

8. Koch von hartgesottenen Döttern.

Nimm 9 hartgesottene Eierdötter, treibe sie mit ein bischen süßen Schmetten ab, reibe 3 abgeriebene Semmeln, seihe sie durch einen Durchschlag und lasse sie in Butter unter beständigem Rühren schön goldgelb rösten, gieße so viel kochenden süßen Schmetten daran, daß ein dicker Koch daraus wird, rühre beständig, bis es sich in einen Knödel zusammenzieht und die Butter davon abfließt, dann nimm es von der Gluth, lasse es unter beständigem Rühren auskühlen, gib es zu den abgerührten harten Döttern, rühre es ab, schlage dazu noch 4 oder 5 Dötter, von dem Eiweiß den Schnee, 6 Loth Zucker, 1 Loth geriebene bittere Mandeln, rühre alles wohl ab, schmiere die Form mit Butter, streue sie mit geriebener Semmelrinde aus, gieße es darein, lasse es schön goldgelb backen, stürze es, bestreue es mit Zucker und trage es zur Tafel. Diese Speise ist für 12 Personen; es kann daher für weniger nur die. Hälfte gemacht werden.

9. Schunkenfleckel.

Koche das geselchte Fleisch weich, das Magere hacke ganz klein, das Fett schneide würflet, mache große Fleckel oder Magrony, koche sie in der Suppe, wo das Fleisch gekocht hat, seihe sie ab, gib sie in eine Schüssel, gib das geselchte Fleisch sammt der Fette darein, schlage dazu ein ganzes Ei und einen Dotter, gieße guten süßen Schmetten dazu, schmiere die Form mit Butter, streue sie wohl mit geriebener Semmelrinde aus, rühre die Fleckel wohl ab, gieße sie in die Form, belege sie oben mit frischer Butter und lasse sie in einer Röhre schön bräunlich backen; du kannst sie entweder stürzen, oder auch sammt der Form zur Tafel geben. Man kann auch in die ausgeschmierte Form eine Schichte Fleckel, eine Schichte Fleisch geben, dann den Schmetten mit den Eiern wohl abgequirlt daran gießen. — Manche lieben diese Speise auch süßlich, und da muß man zu dem Übrigen noch ein bischen Muskatenblüthe, Lemonieschale und Zucker geben; doch ziehe ich es ohne Zucker vor.

10. Gegoffene gebackene Strudel.

Gib in einen Topf 4 ganze Eier, 2 Dötter und rühre es mit Mehl recht ab, gieße nach und nach ein Seidel guten Schmetten oder auch gute Milch darein, gib immer wieder Mehl zu, bis du einen dünnen Tropfteig hast; gib in die Strudelpfanne immer ein bischen Schmalz und ein bischen Teig, gieße ihn gut auseinander, laße die Strudel von einer Seite schön gelblicht backen, lege sie auf ein reines Brett zum Auskühlen und mache die Fülle, schäle und reibe ein Viertel Pfund süße Mandeln, gib darein 4 Dötter und von 3 Döttern den Schnee, treibe es wohl ab, gib dazu 6 Loth feingestoßenen Zucker, einen Löffel voll fein geriebene durchgesiebte Semmelbrösel, ein bischen Lemonieschale, treibe alles wohl ab, schmiere die ausgekühlte Strudel damit, rolle sie, schneide sie in die Hälfte, tunke sie in ein zerschlagenes Ei, ballire sie in Semmel, laße sie im heißen Schmalz backen, bestreue sie mit Zucker und trage sie auf. Du kannst dazu Schodoh geben. Diese Strudeln können nebst dieser Fülle auch entweder mit eingesottenem Nivis oder gut bereiteten Powideln geschmiert, gerollt, und so wie die andern gebacken, dann mit Zucker und Zimmet bestreut aufgetragen werden; auch kann man goldgelb geröstete Semmelbrösel mit Zucker, Zimmet und kleinen Weinbeerln vermischt hinein geben, sie rollen, in eine geschmierte blecherne Schüssel legen, mit Eierböttern und Zucker abgequirlten Schmetten daran gießen und so in der Röhre ausdünsten laßen, und mit Zucker bestreut auftragen.

11. Gezogener Strudel mit Äpfeln.

Nimm in ein Töpfchen ein halbes Seidel laues Wasser, schlage darein ein ganzes Ei, gib dazu ein Stückchen Schmalz, salze es ein wenig, quirle es wohl ab, gib auf ein Nudelbrett feines trockenes durchgesiebtes

Mehl, mache es mit diesem Abgequirlten ein, so dick wie einen Butterteig, arbeite es so lange aus, bis es sich ziehet, dann lasse in einem Reindel Wasser kochen, gieße es schnell heraus und decke das heiße Reindel auf den Teig, lasse ihn eine halbe Stunde rasten, bestreue dann ein reines Tischtuch mit feinem Mehl, ziehe den Strudel darauf ganz dünn aus; die dicken Rände, die sich nicht ausziehen lassen, schneide ab, bestreue ihn mit Zukker und kleinen Weihbeeren, mit würflicht geschnittenen borsdorfer= oder Kittenäpfel, dann auf Nuderln geschnittene verzuckerte Pomeranzenschale und kleingeschnittene Lemonieschale, rolle den Strudel, wickle ihn zusammen so wie eine Schnecke, gebe ihn auf eine mit Butter geschmierte Schüssel, lasse ihn backen, schmiere ihn oben mit Butter und bestreue ihn mit grob gestoßenen Zucker einigemal, so formirt es eine dicke Kruste, bestreue es dann mit weißen Zucker und trage es auf.

12. Pischkoten-Koch.

Nimm ein halbes Pfund feingestoßenen Zucker in einen Topf, schlage dazu 6 ganze Eier, schlage es eine halbe Stunde, daß es sich recht saumet, dann gib dazu kleingeschnittene Lemonieschäler und 12 Loth feines durchgesiebtes Mehl, rühre noch eine Viertel Stunde, schmiere die Form mit Butter, streue sie mit geriebener Semmelrinde aus, gieße es darein, lasse es langsam backen, bestreue es mit Zucker und trage es auf. — Stürzen läßt sich dieser Pischkotenkoch schwer.

13. Markschnitzel.

Schneide 2 abgeriebene Semmeln würflicht, hacke ein Stückchen Rindsmark klein, vermische es mit kleinen Weinbeeren und geschnittener Pomeranzen= und Lemonieschale, schmiere die Form mit Butter aus, gib etwas von den Semmeln darein, bestreue selbe mit diesem Gemeng, dann wieder eine Schichte Semmeln, wieder Ge-

meng und so fort, bis es gar ist, nimm anderthalb oder
wenigstens ein großes Seidel guten süßen Schmetten,
quirle ihn mit einem ganzen Ei und einem Dotter ab,
gib wenigstens 2 Loth gestoßenen Zucker hinein, salze
es ein wenig, begieße die Schnitzel, belege sie oben mit
Butter, bestreue sie mit Zucker und lasse sie schön gelblicht in der Röhre backen, dann bestreue es mit Zucker
und trage es auf.

14. Kaffeekoch für 12 Personen.

Koche ein Viertel Pfund gebrennten ungemahlenen
Kaffee in 2 Seidel guten süßen Schmetten, lasse ihn klar
werden, schneide 3 abgeriebene Semmel würflich, gieße
diesen Kaffee kühl darüber, lasse es weichen, dann auf
einem Reibel unter beständigem Rühren zu einem dik-
ken Kasch kochen; wenn es abkühlt, gib dazu 7 Dötter,
von 2 Eiweiß den Schnee, 4 Loth Zucker, ein Stückchen
Vanille, schmiere die Form, streue sie mit geriebener
Semmelrinde aus, mache ein Gitter auf dem Boden
von Butterteig, gieße es darein, lasse es backen; wenn
es gebacken ist, stürze und bestreue es mit Zucker und
trage es auf.

15. Brennbeiße Würste.

Stoße oder reibe ein Viertel Pfund Mandeln sammt
der Schale, reibe eine Semmel, gib beides in einen Topf,
schlage dazu 2 ganze Eier, 2 Dötter, gib von einer
halben Lemonie die kleingeschnittene Schale dazu und
rühre es recht ab, treibe 2 Loth frische Butter ab, gib
das Abgerührte darein, gib dazu 5 Loth gestoßenen
Zucker, treibe alles noch wohl ab, mache kleine fingerdicke und fingerlange Würstel, backe sie im heißen
Schmalz schön goldgelb, lege sie in ein tiefes Gefäß,
gieße ein Seidel Punscheffenz daran, lasse sie darin weichen; wenn du sie auftragen willst, so richte sie zierlich

in eine Schüssel; ist noch etwas von der Essenz darun=
ter, so gieße es darüber, begieße es oben mit Weingeist,
zünde es an, und trage es brennend zur Tafel.

16. Buding.

Nimm ein Viertel Pfund Rindsmark, 1 Viertel
Pfund frisches Inselt, ziehe die Häutel ab, hacke es ganz
klein, gib es auf eine Schüssel, gib dazu anderthalb
Pfund große Rosinen, die gewaschen und getrocknet wer=
den müssen, schlage dazu 10 ganze Eier, gib 3 hand=
voll feines durchgesiebtes Mehl dazu, ein bischen gestoße=
nen Zimmet, Gewürznelken, Zucker, daß es gehörig süß
ist, salze es ganz wenig, rühre es gehörig ab, schmiere
ein Serviet mit Butter, gib es darein, binde es nur
locker zu und lasse es 3 Stunden hängend im kochenden
Wasser, welches eben ein wenig gesalzen seyn muß, ko=
chen, gieße Arak in ein Kastrol oder messingenen Kessel,
lege darein 1 Stück Zucker, lasse es gemach aufkochen;
wenn der Buding gekocht ist, so gib ihn auf eine Schüssel,
steche Löcher hinein, gieße den heißen Zucker=Arak dar=
über. Wenn du willst, kannst du obenauf eben Wein=
geist gießen, anzünden und brennend zur Tafel geben.

Diese Speise kann man entweder als Mehlspeise
vor dem Braten oder auch erst nach dem Braten geben,
wird immer vollkommen seyn.

17. Ein Kranz von Brandteig.

Lege in 1 halb Seidel Milch ein haselnuß großes
Stückel Butter, ein Stückchen Zucker, lasse es aufkochen;
wenn es kocht, so werfe unter schnellem Umrühren so
viel feines durchgesiebtes Mehl darein, daß ein dicker
Kasch daraus wird, rühre beständig bis ein Klumpen
daraus wird, und nicht mehr am Reindel klebt; lasse
diesen Teig, den man den Brandteig nennt, auskühlen,
gib ihn in einen messingenen Mörser, schlage darein 3

ganze Eier und 4 Dötter, stoße es recht ab, lasse in einer Pfanne Schmalz heiß werden, in der andern Schmetten mit Vanilie und Zucker sieden, gib die Hälfte Teig in die Spritzkrapfenspritze, drücke es schön rund aus in den kochenden Schmetten, die andere Hälfte fülle wieder und drücke sie eben kranzförmig in den heißen Schmalz, lasse es schön goldgelb backen; wenn das in dem Schmetten genug gekocht hat, so seihe den Schmetten ab, lege es behutsam, daß es nicht zerfällt, auf eine Schüssel, den gebackenen Kranz darauf, den Schmetten lasse kochen, quirle einige Dötter mit ein bischen kalten Schmetten ab, gieße den kochenden Schmetten daran, quirle es recht ab, begieße damit die beiden Kränze, bestreue sie mit Zucker und Vanilie, lasse sie auf einem warmen Orte stehen; wenn du es auftragen willst, so streue es nochmals mit Zucker, halte eine glühende Schaufel darüber, daß sich der Zucker aufschäumt, und trage es auf. Von diesen Teig kann man auch nockengroße runde Stücke in heißes Schmalz werfen, schön goldgelb backen lassen, und entweder mit Zucker bestreut trocken auftragen, oder den Vanilienschmetten, wie oben angezeigt ist, bereiten, und damit so wie mit dem Kranz verfahren.

18. Buding mit Chokolade.

Schneide vier abgeriebene Semmeln würflicht, begieße sie mit süßem Schmetten, lasse sie weichen, treibe 6 Loth frische Butter ab, drücke die Semmeln wohl aus, gib sie dazu, schlage unter beständigem Umrühren 6 ganze Eier und 3 Dötter darein, gib dazu 6 Loth geschälte geriebene oder gestoßene Mandeln, ein bischen Muskatenblüthe, 4 Loth gestoßenen Zucker, ein wenig Salz, treibe alles eine Viertel Stunde wohl ab, tunke ein reines Serviet in kaltes Wasser, winde es ein bischen aus, bestreue es mit feinem Mehl, gieße es darein, binde es locker ein, hänge es in kochendes Wasser, lasse es wenigstens eine gute Stunde kochen, lege es auf eine Schüssel, begieße es mit guter Chokolade, ziere es oben mit einem Kranz von schönen frischen Pistazen, und trage es auf. Auch kannst du es in eine ausgeschmierte mit Semmel ausgestreute Form geben, und in Dunst wie den Krem Nr. 4 kochen; doch wer solche Speisen nicht gern zu fett ißt, soll es lieber kochen, es ist nicht so sehr fett.

19. Reiskoch.

Klaube ein Viertel Pfund Reis sauber, wasche ihn erst im kalten, dann 3 bis 4 kochenden Wässern, immer mit einem Kochlöffel wohl abgequirlt, zuletzt wieder im kalten Wasser, seihe das Wasser ab, und gib den Reis in kochenden Schmetten, laß ihn weich und dick sieden, laß ihn dann überkühlen, treibe ein Loth frische Butter ab, gib den Reis dazu, treibe es noch ein bischen ab, schlage darein 6 Dötter, von dem Eiweiß mache Schnee, gib ihn ebenfalls dazu, dann 4 Loth gestoßenen Zucker mit Vanilie oder Lemonieschale, salze es ein wenig, schmiere die Form aus, gieße darein, laß es schön gemach backen. Oder, wenn der Reis schon zum Eingießen bereitet ist, so schäle 6 schöne borsdorfer Äpfel ab, nimm das Kerngehäus heraus, und höhle die Äpfel ein bischen aus, fülle sie entweder mit eingesottenen Ribis, oder mit geschnittenen Mandeln, kleinen Rosinen und Zucker, gieße etwas von dem Teig in die Form, stelle die Äpfel darein, gieße das Übrige darauf; hier muß diese Speise länger backen.

20. Auflauf von geriebenen Teig.

Mache aus 3 Döttern einen geriebenen Teig, siebe ihn durch einen Durchschlag; laß ein großes Seidel süßen Schmetten kochen, koche den geriebenen Teig ein, laß einen dicken Kasch unter beständigem Rühren daraus kochen, dann gib es auf eine Schüssel, laß es auskühlen;

treibe ein Loth frische Butter ab, gieße den ausgekühlten
Kasch darein, rühre es recht ab; schlage darein unter be=
ständigem Umrühren 6 Dötter, von dem Eiweiß mache
den Schnee, gib ihn auch dazu; dann treibe die Schale
von einer ganzen Lemonie auf Zucker ab, gib es dazu,
und Zucker so viel als nöthig ist, daß es gehörig süß ist,
salze es ein wenig; bereite die Form wie gewöhnlich, gie=
ße die Hälfte von dem Teige darein, belege ihn mit ein=
gesottenen Rivis, gieße das Uibrige nach, laß es langsam
backen. Es kann auch ohne Rivis seyn, und statt Lemo=
nieschale kann man entweder abgebrühte geriebene Man=
deln oder Vanilie geben. — Wenn es gebacken ist, so
stürzt man es, bestreut es mit Zucker und trägt es auf.

21. Auflauf von Tropfteig.

Lasse ein großes Seidel süßen Schmetten kochen,
mache von 2 Döttern und einem ganzen Ei ein ganz
dünnes Tropfteigel von feinem Mehl, gieße es unter be=
ständigem Rühren in den kochenden Schmetten, lasse es
aufkochen, bis es ein dicker Kasch ist, dann auskühlen;
treibe ein Loth frische Butter ab, gib das Uiberkühlte
darein, rühre es wohl ab; schlage 6 Dötter darein und
von 5 Eiweiß den Schnee; dann kannst du Lemonie=
schale oder Vanilie darein thun. Zucker gib so viel, daß
es gehörig süß ist, salze es ein wenig; schmiere die Form
mit Butter, streue sie mit geriebener Semmelrinde aus,
gieße es hinein, laß es schön goldgelb backen; stürze es
und bestreue es mit Zucker.

Sind Krebsen, so gib darein statt frischer Butter
ein Loth Krebsbutter, und dann von einem halben Schock
Krebsen die Schweifel geschnitten darein gemischt, was
noch besser ist; dabei kann man doch auch Vanilie oder
Lemonieschale geben.

Man kann auch so wie bei den vorigen Häufeln
von gesottenen Rivis geben, wenn keine Krebse sind.

22. Quargkoch mit Krebsbutter.

Nimm 4 Seidel süßen Schmetten, schlage darein 6 ganze Eyer und 6 Dötter, drücke den Saft von einer Lemonie aus; wenn es wenig saftig ist, muß man 2 nehmen, quirle es wohl ab, gieß es in ein Kastrol oder Reindel, stelle es auf die Gluth; laß es unter beständigem Umrühren kochen, bis es ganz gerinnt, und ein gehöriger Quarg daraus wird; gieße es in eine Serviette, binde es zu, lege es zwischen 2 Brettel und gib einen Stein darauf, laß es gut auspressen. Dann zertreibe und zerdrücke es recht, damit keine Knöller bleiben; kannst es entweder mit einem Stückchen frischer oder Krebsbutter zertreiben; gib ein Viertel Pfund feingestoßenen Zucker darein, 12 Dötter und von 4 Eiweiß den Schnee, 6 Löffel voll Krebsbutter, ein bischen Muskatenblüthe, ein bischen Lemonieschale oder Vanilie; schmiere die Form, bestreue sie mit geriebener Semmelrinde, gieße es darein, laß es schön backen; wenn etwas übrig bleibt, so kann man es in den kleinen Tortaletten-formen backen, dann die große in die Mitte, die kleinen herum auf eine Schüssel stürzen, reche mit Zucker und Vanilie bestreuen und auftragen. Diese Speise langt für 12 bis 20 Personen.

23. Tortaletten mit Schodoh.

Nimm für 6 Personen ein Viertel Pfund süße Mandeln, schäle und reibe sie auf einem Reibeisen; gib sie in einen Topf, schlage dazu 2 ganze Eier und 3 Dötter, von einem Eiweiß den Schnee; sind die Eier klein, also von zwei; dann nimm von einer halben Lemonie die Schale kleingeschnitten dazu, und einen Eßlöffel voll feingeriebene durchgesiebte Semmel, schlage es eine halbe Stunde in den Topf wohl ab, schmiere die kleinen Tortalettenformen mit zerlassener Butter, und mit feingeriebener Semmelrinde streue sie aus; gieße die

Formen halb voll, laſſe ſie ſchön goldgelb backen, ſtürze ſie und laſſe ſie auskühlen; dann ſchlichte ſie bergförmig auf eine Schüſſel, begieße ſie mit Schoboh und trage ſie auf.

24. Speckknödel.

Koche ein Stück fettes geſelchtes Fleiſch, das Fette ſchneide in Würfel; nimm beiläufig ein Viertel Pfund würflicht geſchnittenen Speck, und eine würflicht geſchnittene Semmel, laß es beiſammen ſchön goldgelb röſten und auskühlen; ſchneide eine zweite Semmel würflicht und gib ſie in ſüßen Schmetten, ſchlage darein 2 ganze Eier und 3 Dötter, rühre es wohl ab; gib die geröſtete Semmel mit dem Speck dazu, backe 1 Viertel Pfund mageres Fleiſch klein, gib es dazu, gib ſo viel Mehl als nöthig, daß, wenn man auf den Teig mit der flachen Hand ſchlägt, nichts kleben bleibt, ſalze ſie, und koche ſie dann in die Suppe ein, worin das geſelchte Fleiſch gekocht hat, begieße ſie mit heißer Butter und trage ſie auf. — Man kann auch immer ein Stückel Teig nehmen, es auseinander ziehen wie bei den Zweſpenknödeln, ein Häufel von dem gehackten Fleiſch in die Mitte geben, den Knödel ſchön rund machen und kochen laſſen, ſo bleibt das Fleiſch in der Mitte.

25. Geſchwinder Semmelkoch.

Schlage in einen Topf 6 ganze Eier wohl ab, gib dazu eine ganze geriebene Semmel; auch anderthalb kann man geben, wenn ſie nicht gar groß oder zu hart iſt; ſchlage es recht ab, gieße ein halb Seidel ſüßen Schmetten darauf, quirle es recht durch; Zucker gib ſo viel, als du ſiehſt, daß es nöthig iſt, ein bischen Gewürznelken und Lemonieſchale, quirle es nochmals ab; bereite die Form wie gewöhnlich, gieße die Hälfte in die Form, mache Häuferl aus guten mit Zucker,

Lemonieschale und Gewürznelken bereiteten Powideln, gieße das Übrige darüber, lasse es schön rösch backen, stürze es, bestreue es mit Zucker und trage es auf. Man kann auch eingesottenen Ribis geben.

26. Gebackene Nudeln.

Mache Nudeln von einem ganzen Ei und 2 Döttern, koche sie im süßen Schmetten ein, lasse sie unter beständigem Rühren recht dick einkochen, dann auskühlen, schlage darein 4 Dötter, von einem Eiweiß den Schnee, gib Zucker und ein bischen Lemonieschale, ein wenig Salz dazu und rühre es recht ab. Nimm ordinäre Oblatten, feuchte sie mit Eiweiß an, gib ein Häufel von diesen Nudeln darein, ballire es schön rund ein, tunke es in ein zerschlagenes Ei, bestreue oder ballire es in geriebener Semmel, lasse es im heißen Schmalz backen; eben so kann man auch Reis bereiten.

27. Auflauf von Reismehl.

Mache von 6 Loth Reis feines Mehl, wie es Seite 350 beschrieben ist, streue es unter beständigem Rühren in 1 Seidel kochenden Schmetten, und lasse es so lange kochen, bis ein fester Koch daraus wird, treibe 2 Loth frische Butter ab, gib den Koch hinein, treibe es ab, bis es auskühlt. Schlage darein 6 Eierdötter, jeden gut verrührt, gib dazu 6 Loth gestoßenen Zucker, von einer halben Lemonie die feingeschnittene Schale, und zuletzt von 5 Eiweis festen Schnee, schmiere die Form aus, bestreue mit geriebener Semmel und geschnittenen geschälten Mandeln, gieße die Hälfte des abgerührten darein, belege es mit dünnen Schnittchen von geschälten marschanker Äpfeln und mit Häufeln eingesottenen Ribis, gieße das Übrige darauf, lasse es nach Nro. 36 im Dunst eine Stunde kochen, stürze und bestreue es mit Zucker; trage es auf.

28. Mandelfleckel.

Mache einen Teig an von 2 ganzen Eiern und 2 Döttern, arbeite ihn so ab, wie auf Nudeln, zerwalze ihn und radle große 4eckige Fleckel, laſſe ſie im Salzwaſſer kochen. Schmiere eine Form mit Butter, lege eine Schichte Fleckel, beſtreue ſie mit kleingeſchnittenen ſüßen Mandeln, Zucker und grünen kleingeſchnittenen Peterſil, wieder eine Schichte Fleckel und ſo fort, bis alles gar iſt, belege es mit friſcher Butter, begieße es mit ſüßen Schmetten, beſtreue es mit Zucker, laſſe es in der Röhre ausbünſten.

29. Haſcheeſtrudel.

Nimm 5 ganze Eier und 1 Seidel gute ſüße Milch, gib es in einen Topf, ſalze es wenig, gib ſo viel Mehl als ein ordentlicher Strudelteig erfordert, daß es recht zum Gießen iſt, quirle alles wohl ab, gieße die Strudel. Nimm gebratenes Kalbfleiſch, dünſte es auf Butter, hacke es ganz klein, gib dazu grünen Peterſil, ein bischen geriebene Semmel, Muſkatenblüthe, Kappern, gieße ein Theil Rindſuppe, ein Theil Wein daran, gib Lemonieſchale, laſſe alles wohl ausbünſten, drücke dann den Saft von einer Lemonie daran, ſalze es, wenn es nöthig iſt und laſſe es auskühlen, beſtreiche damit die Strudel, rolle ſie zuſammen, ſchneide in die Hälfte, netze ſie mit einem zerſchlagenen Ei, ballire ſie in Semmel, laſſe ſie im heißen Schmalz backen, trage ſie mit Lemonievierteln auf; jeder drückt ſich den Saft nach Belieben daran.

30. Türkiſche Knödel.

Nimm ein Viertel Pfund geklaubten Reis, waſche ihn im kalten Waſſer, dann brühe ihn 3mal mit kochendem Waſſer, hacke ſo viel Rindfleiſch fein als Reis iſt, nimm die Faſern heraus, gib dazu ein Stückchen feingehackten Speck, ein bischen Pfeffer, ein bischen Ingber, ein bischen Salz, laſſe Zwiebel auf Butter aufdünſten,

gib sie dazu, arbeite alles mit dem Kochlöffel wohl ab,
schmiere Kohlblätter mit Butter, gib in ein jedes Blatt
einen Löffel voll, binde es oben zu, schlichte es in eine
Kastrole, gieße Rindsuppe daran, und lasse sie 2 Stun=
ben zugedeckt dünsten, dann binde es auf, gib die Knö=
deln auf eine Schüssel, bestreue sie mit Semmelrinde,
und gieße die Kraftsuppe, worin sie gedünstet haben, un=
ter, begieße sie mit heißer Butter, und trage sie zur Tafel.

31. Buding mit geselchtem Fleisch.

Nimm 8 ganze Eier und schlage sie in ein Seidel
guten süßen Schmetten und quirle es recht ab, gib in
ein anderes Töpfchen ein halb Seidel feines Mehl, und
gieße unter beständigem Umrühren den abgequirlten
Schmetten darein, daß es ein dünner glatter Teig wer=
be, salze es ein bischen, dann rühre darein ein Viertel
Pfund gekochtes feingeschnittenes geselchtes Fleisch, tun=
ke eine Serviette in kaltes Wasser, bestreue es mit fei=
nem Mehl, gieße den Buding hinein, binde es locker zu,
und lasse es eine Stunde kochen. Dann stürze es auf
eine Schüssel, bestreue es mit geriebener Semmelrinde
und schmalze es mit heißer Butter ab. Man kann die=
sen Buding auch ohne geselchten Fleisch machen, kann
auch gebackene Semmelwürfel statt geselchten Fleisch
darein geben; man kann auch statt in einer Serviette
eine Melonenform mit Butter ausschmieren, mit Sem=
melbröseln ausstreuen, es hineingießen und im Dunst
kochen, stürzen, schmalzen u. s. w.

32. Grieskranzeln mit Krem.

Koche von einem Seidel süßen Schmetten einen dik=
ken Grieskoch, lasse ihn unter beständigem Umrühren
auskühlen, schlage, wenn es kühl ist, 4 Eierdötter
darein, gib von einer halben Lemonie die kleingeschnit=
tene Schale darein, füge noch 2 Loth gestoßenen Zuk=
ker bei, und salze es ein wenig, treibe es gehörig ab,

gib es auf ein mit feinem Mehl beſtaubtes Nudelbrett,
walze es in dieſem Mehl um, formire daraus kleine
Kränzchen, backe ſie im heißen Schmalz, richte ſie auf
eine Schüſſel ſchön hoch auf, begieße ſie mit Krem. Die=
ſen bereite alſo: laſſe 1 Seidel ſüßen Schmetten kochen,
in einem Töpfchen zerrühre 4 Eierdötter mit einem Kaf=
feelöffel voll Mehl und einem Loth Zucker, ein wenig
Salz und ein bischen kalten Schmetten, würze es mit
Muſkatenblüthe und Lemonieſchale, gieße den kochenden
Schmetten darein, laſſe unter beſtändigem Quirlen ein
wenig aufwallen, und gieße es über die Kranzeln; es
verſteht ſich von ſelbſt, daß man ſtatt Lemonie auch an=
dern Geſchmack geben kann, ſowohl den Kranzeln als
auch dem Schmetten, z. B. bittere Mandeln oder Vanilie;
auch kann man dieſelben ſtatt mit Schmettenkrem mit
Chokolade oder Schodoh begießen, auch ſogleich warm
mit Zucker und Zimmet beſtreut zur Tafel tragen.

33. Auflauf von Käſten (Kaſtanien).

Treibe ein Viertel Pfund friſche Butter ab, brühe
6 Loth ſüße Mandeln und reibe ſie auf dem Reibeiſen,
gib ſie ſammt einem halben Pfund gebratenen und eben=
falls geriebenen Kaſtanien hinein, gib 6 Loth geſtoße=
nen Zucker dazu, dann 6 Dötter, von einer halben Le=
monie die Schale, ein bischen geſtoßenen Zimmet, von
3 Eiweiß den Schnee, treibe alles recht ab, ſchmiere
die Form mit Butter aus, beſtreue ſie mit geriebener
Semmelrinde, gib es hinein, laſſe es ſchön goldgelb
backen, ſtürze es, beſtreue mit Zucker und trage es auf.

34. Lemonieſchaum.

Gib auf eine Schüſſel 6 Loth feingeſtoßenen Zuk=
ker, ſchlage darein 6 Dötter und treibe es 3 Viertel
Stunden ab, dann gib darein von einer halben Lemonie
die Schale, von einer ganzen Lemonie den Saft, und
von 6 Eiweiß den Schnee, rühre es nur noch ganz we=

nig um, schmiere eine Schüssel mit Butter aus, gieße es darein, lasse es ganz langsam backen, daß es schön semmelgelb werde, bestreue es mit Zucker und trage es auf. Für mehr als 6 bis 8 Personen nimm 1 Viertel Pfund Zucker und 8 Dötter.

35. Auflauf vom sauern Schmetten.

Treibe für 6 Personen 3 Loth frische Butter ab, stoße oder schneide fein ein Viertel Pfund süße geschälte Mandeln, stoße 8 Loth Zucker, gib beides in die Butter, schlage dazu 8 Dötter und gieße nach und nach 1 Seidel guten sauern Schmetten darein, füge noch von 6 Eiweiß den Schnee und von einer halben Lemonie die kleingeschnittene Schale bei; ehe der Schnee hinein gegeben wird, muß es wenigstens eine Viertel Stunde abgetrieben werden, dann schmiere die Schüssel oder Form mit Butter aus, lasse es schön goldgelb backen, bestreue es mit Zucker und trage es in dieser Schüssel oder Form auf, weil es sich nicht stürzen läßt.

36. Einbrenn-Koch.

Lasse 4 Loth Butter heiß werden, gib darein 2 bis 3 gehäufte Eßlöffel voll Mehl, je nachdem es trocken ist, und mache eine ganz wenig gelblichte Einbrenn; nun gieße heißen süßen Schmetten so viel darein, bis sich im beständigen Umrühren ein fester Kasch bildet, der so lange auf der Gluth abgetrieben werden muß, bis er sich ganz glatt abgetrieben in einem Klumpen vom Gefäße läßt; da gib ihn auf eine Schüssel und lasse ihn unter beständigem Rühren auskühlen. Ist es kühl, so schlage darein 6 bis 8 Eierdötter, je nachdem die Eier größer oder kleiner sind, damit es nicht zu dünn oder zu dick wäre, gib dazu 4 Loth gestoßenen Zucker und den Faum von dem Eiweiß von 5—6 bis 7 Eiern, je nachdem es dick ist; dieses ist die eigentliche Massa, welche man nun wie folgt nach Belieben ändern kann. 1) Gib da-

zu von einer halben Lemonie die Schale, schmiere eine
Melonenform mit Butter aus, gieße es darein, lasse es
eine Stunde im Dunst kochen. 2) Gieße darein 2 Eß=
löffel voll Malaga, weiche Piskoten oder Bitterpatzeln
ebenfalls in Malaga, schmiere die Form aus, belege sie
mit unangefeuchteten Bitterpatzeln oder Piskoten, gieße
die Hälfte der Massa hinein, belege sie mit denen, in
Malaga geweichten Bitterpatzeln oder Piskoten, gieße
die übrige Massa hinein, lasse es eine Stunde im Dunst
kochen. Statt Malaga kann man auch Sliwowitz, Arak,
Vanilie oder Lemonie, Liqueur, Mannheimer=Wasser oder
andere Liqueurs nehmen; nur nicht Kümmel, Annis,
Wachholder oder Kalmus, weil sich diese ihres Geschmacks
wegen nicht dazu eignen. Ist die Form größer, so kann
man auch zweimal mit den angefeuchteten Bitterpatzeln
durchlegen, indem man immer ein bischen von der Massa
aufgießt, wieder belegt und wieder aufgießt; wenn es
gekocht ist, kann man es entweder nur so stürzen und
mit Zucker bestreut auftragen, oder man kann es mit
erwärmten Malaga oder einem Liqueur, welcher schon in
der Massa ist, begießen, mit Zucker bestreuen und auf=
tragen. 3) Oder man gibt in die Massa in einen Theil
Vanilie, in den andern ein Taferl geriebene Chokolade,
schmiere die Form aus, gieße ein bischen Vanilie=Massa
hinein, belege sie mit Oblatten, gieße ein bischen von
der Chokolade=Massa hinein, belege wieder mit Oblat=
ten und so fort, bis beides gar ist; am besten unten und
oben die gelbe Massa, in der Mitte der dunkle Streifen;
dieses kann man, wenn es gekocht und gestürzt ist, eben
mit Zucker bestreut auftragen, oder mit guter Chokola=
de begießen und mit geschnittenen Mandeln oder Pista=
zen bestreuen. 4) Schmiere die Form aus, belege sie
mit nudelförmig geschnittenem Citron, gieße ein bischen
von der Massa hinein, belege mit Eingesottenen, entwe=
der mit Ribis oder Kirschen oder Weichsel, Marillen

ober was man sonst bergleichen will, bestreue es mit Ci-
tronennubeln, gieße wieder auf, belege und bestreue wieder, gieße das übrige oben auf, lasse eine Stunde kochen, stürze, bestreue mit Zucker oder verdünne den Saft,
der inwendig ist, mit Wein und begieße es damit, wozu
sich vorzüglich Rivis-, Himbeer- und Weichselsaft eignet.
5) Man kann in einen Theil der Massa Alkermessaft
mischen oder Himbeer- oder Rivißsaft, dann so wie mit
der Chokolade, von jedem bischen aufgießen und mit
Oblatten belegen. Wollte ich das Buch durch eine An-
zahl von Wiederholungen vertheuern, so könnte ich wohl
diese Speise bis mit 20 und mehr Veränderungen auf-
führen. Ich glaube aber, jede Hausfrau oder Köchin,
welche das Vorliegende gelesen hat, wird wissen, wie
sie Änderungen dieser Art vornehmen soll, wenn sie die
erste Masse fertig hat; man muß sich manchmal mehr
nach dem, was man gerade im Hause hat, als was das
Kochbuch vorschreibt, richten. Am besten eignet sich zu
diesen im Dunst gekochten Mehlspeisen eine Melonenform;
nun ist es am besten, man gibt Wasser in eine längliche Bratenpfanne, und stellt es, wo eine Platte ist, auf
dieselbe, oder auf einen Dreifuß auf die Gluth, bis es
kocht; nun stellt man die Form hinein, und läßt es wenigstens 3 Viertel, auch eine ganze Stunde kochen. Eine
Viertel Stunde vor dem Auftragen stelle es sammt dem
Wasser in eine heiße Röhre, damit es oben fest werde;
wo keine Röhre ist, kann man einen blechernen Deckel
mit Kohlen belegen und so es oben fest werden lassen;
diese Mehlspeise geräth bei einer mittelmäßigen Aufmerksamkeit immer, und ist auf jede Art gut; verdient daher
mit Aufmerksamkeit studirt zu werden.

37. Krem mit feiner Bäckerei.

Schmiere eine Melonenform mit Butter und streue
sie mit Pisquitbröseln aus, lege eine Schichte Bitter-

patzeln, wieder eine Schichte Pisquit, wieder Bitterpatzeln und so fort bis die Form fast voll ist, höchstens
2 Finger Höhe darf fehlen. Nun nimm nach Verhältniß
der Formgröße gekochten überkühlten Schmetten, damit
man sicher ist, daß er nicht zusammen rinnt. Auf ein
Seidel Schmetten nimm 8 Eierdötter und 3 Loth gestoßenen Zucker, quirle es recht ab, begieße das Backwerk damit, daß die Form bis auf fingerhohen Raum
voll werde, lasse es eine Stunde im Dunste, wie es in
Nr. 36 angezeigt ist, kochen, stürze es, bestreue entweder mit weißem oder mit gefärbtem Grobzucker, oder
begieße es mit Krem oder mit einem guten gewärmten
Liqueur oder Mallaga u. s. w. Auch hier können verschiedene Änderungen vorgenommen werden, z. B. Bitterpatzeln, welche viele Feinde haben, nimm Vaniliebus-
serln oder auch lauter Piskoten; man kann auch den
Untertheil einer Piskote entweder mit Alkermessaft oder
Nivifelsaft bestreichen, die zweite Pisquit wieder mit
dem Boden daran drücken, so in die Form schlichten, mit
Krem begießen, so ist dann die Speise rothmellirt —
oder werfe Chokoladestückchen dazwischen, so ist sie schwarz
mellirt. Manchmal bleiben von der Tafel verschiedene
Stückchen Torten und Zuckerwerk übrig, was unbeachtet hin und her vergriffen, verworfen und verschleppt
wird. Die wirthliche Hausfrau hebt es auf und benützt
es gelegenheitlich. Piskotentorte, weiße und schwarze
Brodtorte, Chokolade- und Kaffeetorte eignet sich so wie
jedes andere feine Backwerk dazu, schneide diese Bröckchen auf Blättchen, lege es ordentlich in die Form, begieße mit Krem, lasse kochen; sind auf verschiedenen Torten verschiedene Eise, so wird aus diesen verschiedenen
Bröckchen die schönste mellirte Mehlspeise; was ich aus
eigener Erfahrung weiß und vielmal erprobte.

38. Auflauf von einer gekochten Lemonie.

Gieße auf eine schöne reife Lemonie, welche in einen
Zweiseideltopf gelegt wird, kochendes Wasser, laße die
Lemonie eine Stunde kochen, gieße das Wasser ab und
gieße wieder frisches kochendes Wasser darauf, und nach
einer Stunde wiederhole es noch einmal; wenn auf
diese Art die Lemonie weich gekocht ist, so gieße das
Wasser ab, lege die Lemonie auf einen reinen Teller,
zerschneide sie in Scheiben, nimm alle Körner heraus und
stoße die Lemonie in einem messingenen Mörser ganz fein,
gib es auf eine Schüssel, treibe es noch recht ab, schlage
dazu nach und nach 8 Eierdötter, indem du jedes recht
verrührst, so auch 8 Loth feingestoßenen Zucker, nach
jedem Dotter beiläufig 1 Loth; dieses muß so wenigstens
3 Viertel Stunde abgerieben werden, schlüßlich verrühre
ganz leicht den Schnee von den 8 Eierklar, schmiere eine
große Melonenform mit Butter aus, bestreue selbe mit
Piskotenbröseln, gieße es hinein und laße es im Dunste, wie in Nro. 36 angezeigt ist, kochen, stürze es, bestreue entweder mit weißem oder gefärbtem Grobzucker,
trage es geschwind zur Tafel. Von einer Lemonie langt
dieser Auflauf für 12 Personen; daher muß man eine
angemessene große Form nehmen.

39. Mehlkoch mit Chokolade.

Koche 4 Loth geriebene Chokolade in halbes Seidel
Schmetten ein, quirle noch einen Dotter damit ab, daß
es recht dicklich wird, laße es ein bischen auskühlen.
Indeßen gib in ein Töpfchen 6 Loth feines Mehl, und
rühre es nach und nach mit einem Seidel süßen Schmetten recht glatt ab, gieße es in eine Kastrole, stelle es
auf die heiße Platte oder auf einen Dreifuß über glühende Kohlen, bis unter beständigem Rühren ein fester
Kasch daraus wird, gib diesen auf eine Schüssel, laße
ihn unter beständigem Rühren auskühlen, schlage sechs

Dötter darein, gib 6 Loth feingestoßenen Zucker dazu; kannst auch mit dem Zucker ein Stückchen Vanilie stoßen, und nebstdem Schnee von 6 Eiweiß dazu geben, schmiere die Form mit Butter, streue sie entweder mit Piskotenbröseln oder feingesiebter geriebener Semmelrinde aus, gieße etwas über die Hälfte in die Form, streiche es hübsch herauf, damit sich eine Vertiefung formire, welche noch mit Oblatten ausgelegt wird; nun gieße die überkühlte Chokolade darein, lege wieder mit Oblatten, gieße das übrige darein, stelle es geschwind in kochendes Wasser und lasse es eine Stunde, wie in Nro. 36 angezeigt ist, im Dunste kochen; wenn es oben recht fest geworden, so stürze es behutsam, damit die Chokolade nicht hervorbricht, bestreue es mit Zucker und trage es auf. Es sieht schön aus, und ist für den, der der Erste von dieser Speise nimmt, sehr überraschend, wenn er mit dem Löffel ein Stückchen absticht und aus der schön gelben Speise die braune Chokolade hervorbricht. Zu dieser, so wie überhaupt zu allen im Dunste gekochten Speisen eignet sich eine Melonenform am besten. Auch hier können Änderungen vorgenommen werden, wenn man in die Mitte statt Chokolade in guten Vanilieliqueur geweichte Pisquit legt, dann wenn die Speise gestürzt ist, dieselbe mit verdünnten Himbeersaft begießt oder auch mit Lequeur. Man kann auch diese Speise wie die Nro. 36 verschiedentlich ändern, indem man die Mitte verschiedentlich ausfüllt; die Massa bleibt immer dieselbe und ist immer zierlich und gut.

40. Chokoladekoch für 12 Personen.

Nimm 2 Seidel süßen Schmetten, schlage darein 2 Dötter und 2 ganze Eier, drücke dazu den Saft von einer halben Lemonie; doch gib acht, daß keine Körner darein kommen und gieße es in eine Kastrole, lasse es unter beständigem Umrühren so lange kochen, bis es

zu einem Quark zusammen rinnt, gieße es in ein reines
Tuch, binde es zu, lege es zwischen 2 Brettchen, beschwere es recht, damit alle Feuchtigkeit davon abgesondert
werde. Indessen treibe 12 Loth Butter ab, schlage darein 10 Dötter, gib dazu 8 Loth geschälte geriebene süße
Mandeln, 8 Loth gestoßenen Zucker, 6 Loth geriebene
Chokolade, dann den zuvor gut zerdrückten und zertriebenen Eierquark, füge diesem noch die Schale von einer
halben Lemonie bei, und treibe es wenigstens eine halbe
Stunde ab, dann gib noch den Schnee von 5 Eiweiß
dazu, schmiere und streue die Form entweder mit Piskotenbröseln oder durchgesiebter geriebenen Semmelrinde,
gieße es hinein, lasse es entweder langsam backen, oder
wie in Nro. 36 im Dunste kochen, stürze und trage es
zur Tafel.

41. Chokoladekrem mit Reis.

Nimm 6 Loth Chokolade, lasse sie mit einem Seidel
guten süßen Schmetten kochen, dann auskühlen. Wasche
6 Loth Reis früher im kalten, dann brühe sie 3, 4mal
mit kochendem Wasser, und lasse sie darin eine Viertel
Stunde stehen, nicht aber auf einem warmen Orte, dann
seihe das Wasser ab, gib den Reis auf ein Kastrol, gieße
Schmetten daran und lasse es kochen, rühre es, damit
es nicht anbrenne, aber zerrühre den Reis nicht, damit
die Körner schön ganz bleiben; wenn er schon dick genug
und bald weich ist, so gib ihn auf eine Schüssel, worin
etwa 2 Loth Butter abgerieben sind, rühre wohl damit,
zerdrücke aber den Reis nicht; nun gib in ein Töpfchen 6 Dötter, 2 Loth gestoßenen Zucker, ein bischen
Vanilie, zerrühre alles mit einem Löffel voll kalten
Schmetten, gieße die überkühlte Chokolade darein, quirle
es recht ab, gieße es in den Reis, füge noch 2 Loth
auf Nudeln geschnittenen Citron bei, vermische es recht,
schmiere die Form mit Butter aus, belege sie mit auf
Nuderl geschnittenen Citron, gieße es daran, lasse es

eine Stunde im Dunste nach Anweisung des Nro. 36 kochen, stürze es, bestreue mit Zucker und kleingeschnittenen Citron, Mandeln oder Pistazen und trage es auf.

42. Gestreifter Koch für 12 Personen.

Gib in ein Töpfchen 6 Loth Mehl, rühre nach und nach ein Seidel süßen Schmetten darein, dann noch 3 Dötter und 2 ganze Eier, quirle es recht ab, gieße es in eine Kastrole, stelle es über die Gluth und lasse es unter beständigem Rühren zu einem festen Kasch einkochen, gib es auf eine Schüssel und lasse es unter beständigem Rühren auskühlen, gib es auf eine andere Schüssel, worin 6 bis 8 Loth frische Butter abgetrieben ist, und treibe es wieder recht ab; nun rühre nach und nach 8 Dötter darein, dann 8 Loth auf Lemonie oder Pomeranzen geriebenen Zucker, oder mußt du von einer halben Lemonie oder Pomeranze die feingeschnittene Schale beifügen. Dann gib noch den Schnee von 8 Eierklar dazu; nun theile die Massa in 3 Theile, die eine lasse gelb, in die zweite gib einen gehäuften Kaffeelöffel voll Alkermessaft, in den dritten 2 Loth geriebene Chokolade, schmiere eine Melonenform mit Butter aus, bestreue selbe mit Piskotenbröseln, lege am Boden einen Stern von Piskoten aus, gieße die Hälfte der schwarzen Massa darauf, belege mit Oblatten, gieße die Hälfte der gelben Massa auf, belege mit Oblatten, gieße die Hälfte der rothen Massa auf, besprenge mit Alkermessaft, gieße die zweite Hälfte der rothen Massa auf, belege mit Oblatten, gieße die zweite Hälfte der gelben Massa auf, belege mit Oblatten, und gieße die zweite Hälfte der schwarzen Massa auf, stelle es geschwind in kochendes Wasser, damit es fest werde, damit sich die Farben nicht vermischen können, lasse es über eine Stunde nach Anweisung des Nro. 36 im Dunste kochen, stürze es, bestreue mit Grobzucker und trage es entweder so zur

Tafel, oder gieße, bevor es bestreut ist, Vanilieliqueur
darüber. Wenn dann von der Mehlspeise genommen
wird, so ist die Mitte wie ein Regenbogen und. lockt die
Gäste zum Genuße an. Auch kann man Oblatten auf
einer Seite mit Eiweiß netzen, damit sie nicht brechen,
mache von den verschiedenen Farben Häufchen darauf,
und ballire sie in runde Ballen ein, gieße dann auf den
Grund ein bischen von einer Massa, schlichte die Ballen
darauf, begieße oben wieder mit einer Massa, so ist es,
wenn es zur Tafel kommt, schön marmorirt; auf jeden
Fall aber ist das Erstere zierlicher.

43. Mährischer Chokoladekoch. *)

Lasse für 12 Personen 4 Tafel Chokolade in einem
halben Seidel Schmetten zergehen, gib dazu 3 Loth
sammt der Schale gestoßenen oder geriebenen süßen Mandeln und lasse es hübsch verkochen, gib es dann in ein
Töpfchen oder Schüssel und rühre nach und nach darein
ein Seidel guten süßen kalten Schmetten, 10 Eierbötter,
4 Loth gestoßenen Zucker, 3 Loth nudelförmig geschnittenen Citron, von einer halben Lemonie die kleingeschnittene Schale, dann eben auf Nudeln geschnittene 2
oder 3 Stück in Zucker eingelegte wälsche Nüße, 2 Löffel
voll Rum oder Arak, treibe es eine Viertel Stunde ab,
und gib schlüßlich von 6 Eiweiß den Schnee dazu, schmiere die Form mit Butter, streue sie mit geriebener Semmelrinde aus, gieße es darein, lasse eine Stunde nach
Anweisung des Nro. 36 im Dunste kochen; auf jeden
Fall ist es räthlich, diese Massa in 2 kleineren Formen
als in einer zu kochen, weil es besser durchkochen kann,

---

*) Die Verfasserin aß diese Speise das Erstemal in Mähren,
und lernte sie von der gefälligen Hausfrau; nennt sie daher mährisch.

und da diese Porzion bis für 24 Personen hinreicht, so
ist es auch schicklicher 2 Formen aufzutragen; sind weni=
ger als 12 Pesonen, so langt für diese die halbe Porzion.

44. Mandelpfanzel.

Nimm für 12 Personen 12 Loth Mandeln, schäle
und reibe oder stoße sie, lasse 12 Loth frische Butter
zergehen, gib in ein Töpfchen 2 gehäufte Eßlöffel voll
feines Mehl, gieße noch und nach 1 Seidel süßen Schmet=
ten darein, rühre es glatt ab, gib die geriebenen Man=
deln darein, rühre es recht ab, und gieße es in die zer=
lassene Butter, lasse es unter beständigem Rühren so
lange auf der Gluth kochen, bis ein dicker Kasch dar=
aus wird, diesen gib auf eine Schüssel und lasse ihn un=
ter beständigem Rühren auskühlen. Schlage dazu ·11
Dötter, gib dazu 6 Loth gestoßenen Zucker, dann von
5 Eiweiß den Schnee; doch mußt du, ehe der Schnee
hinein kommt, fast eine halbe Stunde rühren, was bei
allen Mehlspeisen zu merken ist; denn, wenn der Schnee
hinein kommt, darf man nicht lange rühren, nur so lang,
bis sich der Schnee mit dem übrigen vermischt, sonst wird
er wässerig. Schmiere die Form mit Butter, lege sie
mit Mandelhälften aus, gieße es hinein, lasse eine Stun=
de nach Anweisung des Nro. 36 im Dunste kochen, stür=
ze es, bestreue mit Zucker und trage es auf. Dieses
Mandelpfanzel kann auch in der Röhre gebacken wer=
den; doch ist es im Dunst gekocht schöner.

45. Semmelbuding.

Reibe für 12 Personen 4 Semmeln ab, weiche sie
in süßen Schmetten an, treibe 8 Loth Butter ab, schla=
ge 6 Eierdötter darein, dann gib die ausgedruckte Sem=
mel dazu, und treibe es recht glatt ab, gib dazu 4
Loth kleine Rosinen, 4 Loth nudelförmig geschnittenen
Citron, 4 Loth geschälte ebenfalls nudelförmig geschnit=

tene füße Mandeln, 4 Loth geſtoßenen Zucker und ein
bischen Salz; haſt du Arak, ſo gib auch 2 Eßlöffel dazu, und ſchlüßlich den Schnee von 5 Eierklar, ſchmiere
die Form mit Butter, gib es darein, laſſe nach Anwei-
ſung des Nro. 36 eine Stunde im Dunſt kochen, ſtürze
es, beſchütte mit feſten Schoboh und trage es auf.

46. Reis mit Schinken.

Koche 1 halbes Pfund gut ausgewäſſerten Reis im
ſüßen Schmetten, laſſe ihn auskühlen, ſchlage darein 6
Dötter, ſalze es ganz wenig, hacke ein halbes Pfund gekochtes geſelchtes Fleiſch, und wenn gerade friſche Herrnpilze ſind, ſo gib ſie kleingehackt auf Butter gedünſtet
dazu, würze mit ein bischen Muskatenblüthe; wenn
keine friſche Schwämme ſind, ſo koche trockene in der
Rindſuppe und gib ſie kleingehackt dazu; nun ſchmiere
die Form mit friſcher Butter, gib eine Schichte Reis,
eine Schichte geſelchtes mit Schwämmen vermiſchtes
Fleiſch, wieder Reis und ſo fort bis alles gar iſt, laſſe
es langſam eine Stunde in der Röhre backen.

47. Buding mit geſelchtem Fleiſch.

Treibe 4 Loth friſche Butter ab, reibe die Rinde
von 4 Semmeln ab, und weiche ſie in Schmetten ein,
dann drücke ſie aus und gib ſie zu der Butter, und treibe es recht glatt ab, gib dazu 4 Dötter und 3 ganze
Eier, gib noch einen Löffel voll Schmetten dazu, dann
von einer halben Lemonie die Schale länglich geſchnittene, 1 Loth entweder ebenfalls länglich geſchnittene Piſtazen oder ſüße Mandeln, ein bischen geſtoßene Gewürznelken, ein bischen Muskatenblüthe, dann ein halbes Pfund gekochtes, gehacktes, geſelchtes Fleiſch, verrühre alles gut untereinander, ſalze es ein wenig, nicht
viel, weil das geſelchte Fleiſch ohnedieß geſalzen iſt,
ſchmiere eine Serviette entweder mit friſcher Butter,

ober tunke es in frisches Wasser ein, gib die Massa hin=
ein, binde es locker zu, lasse es entweder im Salzwasser
oder in der Suppe, worin das Fleisch gekocht hat, eine
Stunde kochen, stürze es auf eine Schüssel, bestreue mit
der geriebenen Semmelrinde, schmalze es mit heißer
Butter ab. Verzieren kannst du es, indem du ein Kränz=
chen von länglich geschnittenen Pistazen oder Mandeln
hineinstichst.

48. Spanische Wind mit Schodoh.

Mache von 6 Eiweiß festen Schnee, darein vermi=
sche 6 volle gehäufte Eßlöffel gestoßenen gesiebten Zuk=
ker, von einer halben Lemonie die kleingeschnittene Scha=
le, vermische es schnell und mache mit einem Löffel ei=
große Häufel auf ungeschmiertes Papier, bestreue sie
schnell stark mit feingestoßenen Zucker, und gib sie in
eine nicht sehr heiße Röhre und lasse sie schön semmel=
gelb backen; wenn sie gebacken sind, so netze das Papier
unten mit einem naßen Schwamm, so lösen sie sich leich=
ter vom Papier, lege sie am besten in ein Sieb und
lasse sie in einem lauen Orte stehen, damit sie hübsch resch
bleiben; sollten sie einen oder mehrere Tage stehen und
weich geworden seyn, so stelle sie wenigstens eine Stun=
de vor dem Anrichten an einen warmen Ort, so werden
sie wieder resch. Stelle davon einen Berg auf, begieße
mit Schodoh und trage sie auf; sie können auch trocken
zwischen die Bäckereien kommen.

49. Kränzchen von Eiweiß.

Treibe 8 Loth frische Butter ab, gib darein 8 Loth
gestoßenen gesiebten Zucker und 10 Loth feines Mehl,
treibe es recht ab, indem du den festen Schnee von ei=
nem Eierklar dazu gibst, gib auf das Nudelbrett noch
etwa 2 Loth Mehl zum Ausarbeiten und Zerwalzen des
Teiges, zerwalze sie auf 2 bis 3 messerrücken dick,

steche mit dem Ausstecher runde Kränzchen aus, lege sie
auf ein ungeschmiertes Papier, bestreiche sie mit zerklopf=
ten Eiern, bestreue mit geriebenen oder kleingeschnitte=
nen Mandeln und Grobzucker, lasse sie schnell schön sem=
melgelb backen, netze das Papier unten mit einem nassen
Schwamm, löse sie geschwind vom Papier, lasse sie am
warmen Orte stehen, richte sie berghoch auf eine Schüssel
an, begieße mit Schoboh und trage sie auf.

50. Piskoten mit Schoboh.

Nimm 1 Viertel Pfund feine Piskoten, schmiere den
Boden von einer mit eingesottenen Ribis=, Himbeer=
oder Weichselsaft oder sonst einen Eingesottenen, drücke
eine zweite hübsch fest daran, fahre so fort bis alle sind,
schlichte sie schön hoch auf eine Schüssel; wenn du sie
auftragen willst, so begieße sie mit festen Schoboh, oder
richte den Schoboh schön hoch auf die Schüssel an, und
die Piskoten steche rundum hinein; es muß aber schnell
geschehen, damit der Schobohberg nicht zusammen sinkt.

51. Brennende Speise.

Treibe 8 Loth frische Butter ab, schlage 10 Dötter
hinein, gib 8 Loth gestoßenen Zucker, 8 Loth bloß ab=
gewischte, sammt der Schale geriebene Mandeln, 2 Eß=
löffel voll Arak und von einer halben Lemonie die Scha=
le dazu, treibe es eine halbe Stunde ab, und gib dann
von 6 Eiweiß den Schnee dazu, vermische ihn bloß da=
mit, schmiere die Form mit Butter, lege sie aus mit
nudelförmig geschnittener Pomeranzenschale oder Citron,
lasse es nach Anweisung des Nro. 36 eine Stunde im
Dunste kochen. Stürze es, steche mit einem silbernen
Kaffeelöffel Löcher darein, begieße es mit Arak, dann vor
der Thüre noch mit bischen Weingeist, zünde es mit
einem brennenden Papierchen an, und trage es so in
voller Flamme auf die Tafel.

NB. Alle im Dunste gekochten Mehlspeisen kann man so durchstechen, mit Arak oder Weingeist begießen und brennend zur Tafel tragen; ich' habe es geflissentlich unterlassen, bei jeder dieser Speisen anzumerken: damit eine ungeübte Hausfrau oder Köchin nicht irrig dächte, es müsse seyn; ich selbst bin keine Freundin von diesen brennenden Speisen, weil es bloß etwas für das Auge,' keineswegs aber zur Vermehrung des Wohlgeschmacks ist. Daher rathe ich es auch nur dem an, wer etwa davon vorzüglich eingenommen wäre.

52. Krebs = Meridon.

Mache von 15 Krebsen und 12 Loth Butter eine schöne Krebsbutter, treibe sie ab und rühre darein 5 gehäufte Eßlöffel voll feines Mehl, gieße darein unter schnellem Umrühren ein Seidel kochenden Schmetten, und rühre es so lange, bis es auskühlt, dann schlage darein 7 Eierdötter, gib dazu von 4 Eiweiß den Schnee, dann 2 Löffel voll auf Kränzchen geschnittene, in Butter gedünstete frische Morcheln, dann 2 Löffel voll in Suppe und Butter gedünstete Spargelköpfchen, salze es ein wenig, würze mit Muskatenblüthe, verrühre es lind, damit die Spargelköpfchen nicht zerdrückt werden, schmiere die Form, lege sie mit einem Kranz von Spargelköpfchen und mit einem Kranz von Morchelkränzchen aus, gieße die Massa hinein, lasse es nach Anweisung des Nr. 36 1 Stunde auch länger im Dunst kochen. Man kann auch hier verschiedene Änderungen vornehmen; man kann z. B. noch die Krebsschweifel nudelförmig schneiden, dann Hühnerlebern in Rindsuppe und Butter abdünsten, dann, wenn man es in die Form gibt, die Hälfte der Massa aufgießen, eine Lage von Krebsschweifeln und Hühnerlebern machen, dann erst das übrige darüber gießen, kochen und stürzen; man kann es entweder so trocken mit Semmelbröseln bestreuen, mit heißer Butter abschmalzen, oder mit

einer guten Soß von Morcheln und Krebsbutter unter=
gießen, welche bei den Einmachspeisen vorgeschrieben sind.

Auch kann diese Speise süß gemacht werden: koche
von 2 Eiern feine Nudeln in 2 Seidel süßen Schmet=
ten ein, gib dazu ein bischen Vanilie, lasse auskühlen,
gib 3 Eßlöffel voll Krebsbutter darein, 5 Dötter, von
30 Krebsen die geschnittenen Schweifel, von 4 Eiweiß
den Schnee, ein bischen Salz, 5 Loth gestoßenen Zuk=
ke, treibe es ab, schmiere die Form aus, koche, stürze,
bestreue mit Zucker und ziere herum mit Krebsscheer.

53. Koch vom gerösteten Zucker für 6 bis 8 Personen.

Lasse 6 Loth Zucker auf einer Kastrole braun rö=
sten, rühre 2 Löffel voll feines Mehl in einem Seidel
süßen Schmetten ab, gieße es unter beständigem Rüh=
ren in den Zucker, und lasse es zu einem dicken Koch ein=
sieden, treibe 2 Loth frische Butter ab, gib den über=
kühlten Koch darein, schlage darein 6 Dötter, gib noch
1 Loth gestoßenen Zucker und den Schnee von 6 Ei=
weiß dazu, schmiere eine Melonenform mit Butter, streue
sie mit Pisquitbröseln aus, oder auch mit geriebener
Semmelrinde, lege sie mit auf Nuderln geschnittener
Pomeranzenschale aus, gib den Koch darein, lasse es im
Dunste eine Stunde kochen, stürze es, gib es entweder
so trocken mit Zucker bestreut oder mit einem Schoboh=
kranz zur Tafel.

54. Graupenkoch für 10 Personen.

Röste ein halb Seidel sogenannte Perlkräupel, die
man beim Kaufmann pfundweise kauft, schön braun,
dann stoße dieselben im Mörser so fein wie Mehl, gib
sie auf eine Kastrole, gieße ein, und 1 Viertel Seidel
süßen kochenden Schmetten daran, rühre es beständig
bis ein dicker Koch daraus wird, gib es auf eine Schüssel,

11*

in 2 Loth abgetriebene frische Butter und rühre es recht glatt ab, bis es kühl wird, schlage dann nach und nach 8 Dötter darein, gib 5 bis 6 Loth gestoßenen Zucker dazu, treibe es eine Viertel Stunde, würze es mit Vanilie oder Lemonieschalen, gib von 6 Eiweiß den Schnee dazu, schmiere die Form mit Butter, streue sie mit geriebener Semmelrinde aus, gib den Koch hinein, lasse eine Stunde im Dunste kochen, bestreue es mit Vaniliezucker, trage es zur Tafel; diese Masse langt in 2 mittelmäßig große Melonenformen; daher wenn nur 6 Personen sind, ist die Hälfte genug; diese Speise kann auch statt im Dunste gekocht, in der Röhre gebacken werden.

55. Nudelkoch mit Eingesottenen für 8 Personen.

Mache von einem Ei und zwei Döttern feine geschnittene Nudeln, theile sie in 3 Theile, 2 Theile koche im Schmetten zu einem festen Koch, treibe 1 Loth frische Butter ab, gib den Koch hinein, treibe es ab, bis es kühl ist. Dann schlage darein 4 Dötter, salze es ein wenig, gib 2 bis 3 Loth gestoßenen Zucker und den Schnee von den 4 Eiern dazu, den 3. Theil der Nudeln backe schön goldgelb im Schmalz, lasse auskühlen, bestreue mit Zucker, schmiere eine Melonenform mit Butter, streue mit geriebener Semmelrinde aus, gib die Hälfte des abgerührten Koch hinein, dann die gebackenen Nudeln schön gleich gestrichen darüber; diese belege reich mit Eingesottenen, gieße den übrigen Koch darüber, lasse eine Stunde im Dunste kochen, dann eine Viertel Stunde sammt dem Wasser in die Röhre gestellt, damit es oben schön gelblicht würde, endlich stürze es, bestreue mit Zucker, und mache einen Kranz vom dicken Schodoh herum, oder gib denselben extra herum, oder gib einen Löffel voll Eingesottenes in 1 halb Seidel Wein, gib dazu noch ein Loth Zucker, laſſe aufkochen und gieße es um die Melone oder gib es in einer Soſiette herum.

56. Faumkoch von Marillen.

Gib auf eine Schüſſel einen Eßlöffel voll eingeſottener Marillen, dazu 8 Loth feingeſtoßenen Zucker, treibe es mit dem feſten Schnee von 8 Eiweiß ſchnell ab, gib die 8 Dötter darein, ſchmiere eine Melonenform mit Butter, ſtreue ſie mit Piſkotenbröſeln aus, gib es hinein, laſſe im Dunſte eine gute Stunde kochen, dann in der Röhre eine Viertel Stunde oben feſt werden, ſtürze es und gib es mit Zucker beſtreut zur Tafel, iſt ſehr ſchön und gut.

57. Faumkoch von Himbeerſaft.

Gib einen Eßlöffel voll eingeſottenen Himbeerſaft auf eine Schüſſel, dazu 8 Loth geſtoßenen Zucker, dann von 8 Eiweiß den feſten Schnee, verrühre es ſchnell, ſchmiere eine Melonenform mit Butter, ſtreue ſie mit Piſkotenbröſeln aus, gib den Faumkoch hinein, laſſe eine Stunde im Dunſte kochen, dann eine Viertel Stunde ſammt dem Waſſer in einer heißen Röhre oben feſt werden; willſt du die Farbe erhöhen, ſo gib noch 2 Kaffeelöffel voll Alkermesſaft dazu, ſtürze, beſtreue mit Zucker, trage geſchwind zur Tafel.

58. Nudeln mit Quark.

Mache für etwa 9 Perſonen von 2 Eiern 2 meſſerrückenbreite Nudeln, koche ſie im Salzwaſſer, treibe 1 Pfund ſchönen friſchen Quark mit einem Loth friſcher Butter ab, daß keine Bröckeln ſind, ſchlage darein 4 ganze Eier, treibe es gut ab, ſalze es ein wenig und gib darein 4 Loth geſtoßenen Zucker, 2 Loth große Roſinen ohne Körner, 1 Loth kleine Weinbeerl, 2 Loth geſchälte geſchnittene Mandeln und bischen Lemonieſcha=

le, dann die abgeseihten Nudeln, vermische sie gut mit dem Quark, schmiere ein hübsches Kastrol mit frischer Butter, gib die Mischung hinein und richte es schön glatt darein, belege es mit frischer Butter, schlage in ein halb Seidel Schmetten 2 ganze Eier, sprittle es recht ab, salze ein wenig, begieße die Nudeln damit, bestreue mit Zucker, lasse backen; wenn es halb gebacken ist, so bestreue es abermals mit Zucker, mit geriebenen Mandeln vermischt, besprenge es mit zerlassener frischer Butter, lasse gar backen bis es schön goldgelb ist, bestreue nochmals mit Zucker, winde das Kastrol mit einer Serviette um, trage es zur Tafel.

59. Gefüllter Mandelkoch.

Nimm 4 Loth geschälte geriebene Mandeln und 4 Loth gestoßenen Zucker in einen glatten Topf, schlage darein 7 Dötter, und arbeite es 3 Viertel Stunde gut ab, füge noch bischen feingeschnittene Lemonieschale bei, dann den Schnee von 5 bis 6 Eiweiß. Reibe 2 Tage vorher gebackene Semmel ab, schneide sie auf dünne Blätter, steche mit einer kleinen runden Model runde Blatteln, besprenge sie mit süßem Wein, am besten mit Mallaga, bestreue mit Vanilie und Zucker, schmiere eine Melonenform mit Butter, streue sie mit Piskotenbröseln aus, und belege sie ganz mit denen benetzten Semmelblättern, gieße die Hälfte von dem Mandelteig darein, dann schmiere immer ein so benetztes Semmelblatt mit eingesottenen Marillen, Himbeeren oder Nivis, und klebe das andere darüber, belege damit die Mandelfülle, dann gieße die übrige Mandelfülle darüber, lasse eine Stunde im Dunste kochen, dann eine Viertel Stunde sammt dem Wasser in einer heißen Röhre gar werden. Stürze und bestreue es entweder mit Zucker, oder mache einen schönen Kranz vom festen Schodoh herum, trage es zur Tafel; auch kann es mit warmen gezuckerten

Mallaga untergossen zur Tafel gebracht werden, ist auf jede Art sehr gut.

60. Marillenkoch in Flammen für 6 Personen.

Gib auf eine Kastrole 2 Loth frische Butter; wenn sie zergangen, gib darein gehäuften Löffel feines trockenes Mehl, mache eine ganz wenig gelbliche Einbrenn; sollte sie gar dünne seyn, so kann noch ein gehäufter Kaffeelöffel Mehl zugegeben werden, gieße etwas über 1 halbes Seidel heißen süßen Schmetten der nicht gerinnt, darein, rühre es glatt ab, daß es ein dicker Koch wird, gib ihn auf eine Schüssel, rühre beständig bis es auskühlt, dann schlage darein 4 Dötter, 2 Loth gestoßenen Zucker und von 2 Eiweiß den Schnee, salze es nur mit einem Stäubchen Salz. Auf einer andern Schüssel treibe einen Löffel voll eingesottenen Marillen mit 4 Loth gestoßenen Zucker, gib von dem abgetriebenen Einbrennkoch löffelweise in die Marillen, verrühre alles wohl, bis alles beisammen ist, gib noch von 2 Eiweiß den Schnee dazu, schmiere eine Form mit Butter, in welcher es zur Tafel kommt, gib es darein, doch nur den dritten Theil, belege es mit Piskoten, gib wieder das abgetriebene, wieder Piskoten und zuletzt wieder das abgetriebene, lasse es in der Röhre langsam backen, trage es zur Tafel; vor der Thüre begieße es mit Rum oder Arak, zünde es mit einem brennenden Papier an, trage es in Flammen zur Tafel; kann auch in einer Melonenform, welche man mit Butter schmieren und Semmelrinde ausstreuen muß, im Dunste gekocht, gestürzt und angezündet werden, ist auch schön und gut.

61. Apfelkoch.

Schneide 2 abgeriebene Semmel in dünne Blätter, backe sie schön goldgelb aus dem Schmalz, schmiere eine Melonenform mit Butter, streue sie mit geriebener Sem-

melrinde aus, belege sie mit den gebackenen Semmelschnitten, welche mit Eingesottenen beschmiert sind, dann
mit dünngeschnittenen Marschansker = Apfelscheiben, bestreue mit großen Rosinen ohne Körner, geschnittenen
Mandeln und feingeschnittenen Lemonieschalen, wieder
mit gebackenen mit eingesottenen beschmierten Semmeln,
Apfelscheiben, Rosinen, Mandeln und so fort, bis alles
gar ist, dann lasse in einem Seidel süßen Wein kochen,
ein Stück Zimmet, 6 Gewürznelken und 4 Loth Zucker,
begieße damit überall gleich; die Semmel lasse im Dunst
eine Stunde kochen, dann stelle es eine Viertel Stunde
sammt dem Wasser in eine heiße Röhre, daß es oben
fest wird, stürze es und gib es stark mit Zucker bestreut zur Tafel.

Zum häuslichen Gebrauche kann man die Semmeln auch mit guten Powideln schmieren, mit Mandeln
bestreuen und in einem Kastrol backen, gut dann mit
Zucker bestreut auftragen.

62. Amuletspeis mit Äpfeln.

Gib in einen Topf einen gehäuften Löffel voll feines trockenes Mehl, 1 Loth gestoßenen Zucker, schlage
darein 2 Dötter und 1 ganzes Ei, rühre es ab, salze
es ein wenig, dann gieße so viel gute Milch daran, daß
du Amuleteln backen kannst, backe 4 oder 5 Amuleteln;
in den übrigen Teig gieße noch ein Viertel Seidel gute
Milch zu, sprittle es recht ab, gieße es auf eine Kastrole
und rühre es so lange auf der Gluth, bis daraus ein
fester glatter Koch wird, gib ihn auf eine Schüssel, rüh=
re ihn fort, bis er auskühlt, dann treibe 2 Loth frische
Butter ab, den Koch darein, schlage darein 3 Dötter,
treibe es recht ab, gib dazu 1 Loth gestoßenen Zucker,
und von 2 Eiweiß den Schnee, dann reibe auf einem
Reibeisen 4 abgeschälte marschansker Äpfel, mache von 2
Eiweiß einen festen Schnee, gib die Äpfel hinein, dazu

2 Loth gestoßenen Zucker, 2 Loth Rosinen ohne Körner, rühre es leicht um, schmiere eine Melonenform mit Butter, lege von einem Amuletel einen schönen Stern in die Mitte, und einen schönen Kranz herum aus, gieße die Hälfte von dem Köchel hinein, das Apfelgemisch streiche auf die Amuleteln, rolle sie und schneide 2 fingerbreite Spalteln, belege das Köchel damit, gieße dann den übrigen Teig darüber, lasse im Dunste drei Viertel Stunde kochen, dann eine Viertel Stunde in der Röhre gar werden, stürze es und gib es stark mit Zucker bestreut zur Tafel.

63. Reis mit Blutwürsten.

Koche für 8 Personen ein Viertel Pfund gut gewaschenen Reis im Schmetten oder guter Milch, gib aber acht, daß der Reis nicht zerrührt wird, treibe dann 2 Loth frische Butter ab, gib den Reis hinein, und wenn er recht kühl ist, so schlage 5 Eierdötter darein, jeden wohl verrührt, salze es ein wenig, würze es mit Muskatenblüthe, und gib den Schnee von den 5 Eiweiß hinein. Schmiere die Form mit Butter, gib einen Theil Reis, drücke eine gute Semmelblutwurst darüber, dann wieder Reis, wieder Blutwurst und zuletzt wieder Reis, koche im Dunste, lasse in der Röhre gar werden, stürze und trage es zur Tafel.

64. Scheiterhaufen von Piskoten.

Nimm entweder Piskoten oder Mandelbrod, schmiere immer eines mit eingesottenen Himbeeren oder Marillen, und das 2te klebe daran, schlichte auf einen Teller einen Scheiterhaufen davon so hoch, als es sich thun läßt, nimm 1 halb Seidel guten süßen Ausbruch oder Mallaga, drücke darein den Saft von einer Pomeranze, und begieße damit löffelweis den Scheiterhaufen, daß es sich hineinzieht; ist es zu hoch, so ist es besser, gleich jede

Schichte damit zu besprengen; wenn es angesogen ist, so mache Zuckereis von 2 Farben, weiß und mit Alkermessaft roth, mache herum Kränze abwechselnd mit roth und weiß, lasse es abtrocknen; ehe du es aber zur Tafel gibst, so belege es noch mit eingesottenen Marillen, Ribis, Mirabellen u. s. w. Gib es entweder statt einer Mehlspeise oder nach dem Braten, statt einer festen Sulze, wird immer willkommen seyn, weil es sehr schön und auch sehr gut ist.

65. Chokoladebuding mit Chaudeau (Schodoh), Weinschaum.

Treibe anderthalb Loth Rindsmark und dritthalb Loth frische Butter ab, gib dazu 4 Eierdötter und 3 Loth feingestoßenen Zucker, treibe es recht ab, gib dazu einen abgeriebenen würflicht geschnittenen, im Schmetten geweichten Semmel, ein größeres oder 2 kleine geriebene Täfelchen Chokolade, eine geriebene goldgelb geröstete Semmel, lasse sie zuvor auskühlen, gebe sie dazu, füge noch 1 Loth Citron und von einer halben Lemonie die feingeschnittene Schale dazu, würze es mit ein wenig gestoßenen Gewürznelken und Zimmet, gib zuletzt den festen Schnee von 3 Eiweiß dazu, schmiere eine Melonenform mit Butter aus, belege sie mit in die Hälfte getheilten Mandeln oder Citron, unterstreue geriebene Semmelrinde, gib das Abgerührte darein, lasse es eine Stunde im Dunste kochen, dann in der Röhre eine Viertel Stunde fest werden, stürze es auf eine Schüssel, mache herum einen Kranz vom festen Weinschaum und trage es zur Tafel.

66. Quarfkoch für 6 Personen.

Treibe auf eine Schüssel vier Loth frische Butter und 8 Loth guten Quark ab, schlage 5 Eierdötter darein, gib dazu 4 Loth gestoßenen Zucker, 4 Loth geschälte feingeschnittene süße Mandeln, von einer halben Lemonie die Schale, treibe alles wohl ab, und gib noch den festgeschlagenen Schnee von 4 Eiweiß dazu, schmiere die Form mit Butter aus, bestreue sie mit geriebener Semmelrinde, gib das Abgerührte hinein, lasse es etwas über eine halbe Stunde im Dunste kochen, dann in der Röhre schön goldgelb backen, stürze es auf eine Schüssel, und trage es mit Zucker bestreut zur Tafel.

67. Koch mit Pisquit oder Vaniliebußerln für 10 bis 12 Personen.

Schlage in einen Topf 4 Eierdotter, gib dazu 4 gehäufte Eßlöffel feines Mehl, rühre darein nach und nach ein Seidel süßen Schmetten, salze es ganz wenig, rühre diesen dünnen Teig recht ab, gieße ihn in eine Kastrole und koche daraus einen dicken Koch, der durch ein anhaltendes Rühren recht glatt seyn muß, gib ihn, wenn er kühl ist, auf eine Schüssel, worin du früher 4 Loth frische Butter recht säumig abgetrieben hast, schlage darein 6 Eidotter, gib dazu 4 Loth gestoßenen feinen Zucker, 4 Loth geschälte feingeschnittene Mandeln und zuletzt den festen Schnee von 6 Eiweiß, dann 4 Loth gebrochene Pisquit oder Vaniliebußerln, rühre es schnell ein, und gieße es sogleich in zwei mit Butter geschmierte, mit Vaniliebußerln oder Pisquit ausgelegte mit geriebener Semmelrinde ausgestreute Formen, lasse es erst 3 Viertel Stunden im Dunste kochen, dann in der Röhre eine gute Viertel Stunde gelblicht backen, stürze und trage es wohl mit Zucker bestreut auf.

68. Nudelkoch mit Chokolade.

Koche von zwei Eiern feingeschnittene Nudeln im Schmetten ein, und lasse sie einkochen; während des Kochens streue darein 2 Taferln geriebene Chokolade, dann gib es auf eine Schüssel, und wenn es unter beständigem

Rühren ausgekühlt ist, so schlage 6 Eierdötter darein, gib dazu 4 Loth gestoßenen Zucker, von einer halben Lemonie die feingeschnittene Schale, dann von den 6 Eiweiß den festen Schnee, gib es in eine ausgeschmierte mit Semmel ausgestreute Form, lasse es eine halbe Stunde im Dunst kochen, dann in der Röhre gar backen. Stürze es und trage es mit Zucker bestreut auf.

Oder, wenn du die Nudeln kochst, lasse sie weiß, gib sie auf die Schüssel, schlage die Eierdötter darein, den Zucker, die Lemonieschale und den Schnee, theile das Abgerührte in 2 Theile, den einen lasse so, in den zweiten gib entweder ein größeres oder 2 kleinere Taferln Chokolade fein gerieben hinein, dann gib in die bereitete Form zuerst etwas von der gelben Massa, belege es mit ordinären Oblatten, gib die schwarze Massa, wieder Oblatten und wieder gelb, bis so alles gar ist, lasse es wie die vorige im Dunste kochen und backen, trage sie wohl mit Zucker bestreut zur Tafel.

69. Semmelbuding.

Schneide eine abgeriebene Semmel in Würfel, besprenge sie zuvor mit Maraskyno-Liqueur, dann mit süßen Schmetten; doch nur so viel, daß es sich ansaugt, treibe dann 2 Loth frische Butter ab, lege die erweichte Semmel darein, treide es recht glatt ab, schlage dann 5 Eierdötter dazu, gib 3 Loth gestoßenen Zucker, 1 Loth geschälte kleingeschnittene süße Mandeln, und 1 Loth geschälte in dünne Nudeln geschnittene Pistazen; dann etwas kleingeschnittene Lemonieschalen oder Vanilie dazu, schlüßlich den Schnee von den 5 Eiweiß, schütte es in eine ausgeschmierte mit geschnittenen Mandeln und Pistazen reich ausgestreute Form, lasse es eine Stunde im Dunst sieden, stelle es die letzte Viertelstunde sammt dem Wasser in die Röhre, damit es oben fest würde, und unten weiß bleibt, stürze es, gib es entweder nur mit

Maraſkyno=Liqueur begoßen, oder mit einem Kranz vom feſten Weinſchaum umgeben, auf die Tafel.

70. Schneehügel für 6 bis 8 Perſonen.

Gib auf ein Nudelbrett zwei Seidel feines Mehl, ſchneide ein Loth friſche Butter darein, zerarbeite es mit dem Meſſer, mache in der Mitte ein Grübchen, ſchlage 2 ganze Eier darein, gib dazu 2 Löffel voll ſüßen Schmet=ten, 2 Löffel voll Wein, ganz wenig Salz, und 1 halbes Loth feingeſtoßenen Zucker, mache den Teig an, arbeite und walze ihn ſo wie auf gewöhnliche Nudel aus, mache daraus ſo viel runde Blätter, ſo viel Teig iſt, immer ein Blatt kleiner als das andere; das erſte Blatt muß du aber nach dem Teller oder der Schüſſel, womit es auf die Tafel kommt, zuſchneiden. Dieſe Blätter ſteche mit einer Gabel durch, und backe ſie ſchön ſemmelgelb im heißen Schmalz, gib aber acht, daß du dieſelben beim Heraus=nehmen nicht zerbrecheſt, und laſſe ſie auskühlen.

Nehme 2 Seidel ſüßen Schmetten, laſſe darein ein Stückchen Vanilie kochen, laſſe es auskühlen.

Schlage in einen reinen Topf 10 Eierdötter, gib darein einen gehäuften Eßlöffel voll feines Mehl, 4 Loth feingeſtoßenen Zucker, treibe es recht glatt ab, gieße dann den lauen Vanilieſchmetten nach und nach unter beſtän=digem Rühren darein, gieße es in eine Kaſtrole, und laſſe es unter beſtändigem Rühren zu einem glatten Köchel einſieden, laſſe es auskühlen; lege nun auf die Schüſſel, welche auf die Tafel kommt, das größte Blatt, beſtreiche es mit dem Eierköchel, lege das Kleinere darauf, be=ſtreiche es wieder, und fahre ſo fort, bis alles gar und das kleinſte Blatt oben iſt. Nun mache von den 10 Ei=weiß einen feſten Schnee, belege den aufgeſchichteten Hü=gel ſchnell damit, beſtreue es reich mit geſtoßenem Zucker mit geriebenen geſchälten ſüßen Mandeln vermiſcht, laſſe es gleich in eine warme Röhre geſtellt, langſam backen,

bis es schön semmelgelb ist, während des Backens kannst
du es noch zweimal mit feingestoßenen Zucker bestreuen,
was mittelst einer eigends zu derlei Zwecke gefertigten
Streubüchse vom Blech auf das beste geschieht; wenn es
zur Tafel getragen wird, so bestreue es nochmals recht
stark mit Vanilie=Zucker.

Gebratenes.

1. Rindsbraten.

Nimm ein schönes Stück wenigstens 7 bis 8 Pfund
vom Schlägel, klopfe es recht ab, salze es, spicke es mit
Speck, bestreue es mit Ingber, gib es in die Bratpfanne,
gieße Wasser darunter und lasse es gemach wenigstens
3 Stunden braten; es muß schön braun gebraten und
öfters umgewendet werden, beständig mit Butter ge=
spickt werden, und auch immer im Saft bleiben; daher
muß man es wohl öfters untergießen.

2. Eingelegter Kalbsschlägel.

Klopfe einen schönen Kalbsschlägel wohl ab, salze
ihn, gieße daran Essig, worin du einige Scheiben Zwie=
bel, einige Körner Pfeffer und Neugewürz aufgekocht
hast, daran, lasse ihn wenigstens 3 oder 4 Tage liegen;
muß aber jeden Tag umgewendet und immer mit einem
Stein beschwert werden, dann nimm ihn aus dem Essig
heraus, wasche ihn im Wasser, lege ihn in die Brat=
pfanne, gieße Wasser darunter, belege und spicke ihn
mit frischer Butter; während dem Braten gieße sauern
Schmetten daran, und lasse ihn so im Safte braten.

3. Gänfe und Enten.

Diefe werden rein gepußt, gefalzen und inwendig
Kümmel darein gethan, auf die Bratpfanne gelegt, mit
Waffer untergegoffen und langfam gebraten. Ift es eine
Maftgans, fo muß man das Fett immer abgießen, daß
es nicht verbrennt.

4. Kapauner mit Sardellen.

Puße den Kapauner rein, falze und hefte ihn, zer=
treibe 3 oder 4 Sardellen mit frifcher Butter, gib die
Hälfte in den Kapauner, fchmiere ihn damit überall aus,
lege ihn in die Bratpfanne, gieße ein bischen Waffer
unter, belege ihn mit Butter, laffe es langfam braten;
während dem Braten drücke die übrige Sardellenbutter
auf einen Kochlöffel feft, und fpicke den Kapáuner im=
merwährend damit; es ift fehr fchmackhaft. Kann auch
langfam am Spieße gebraten werden.

5. Hafen.

Wenn der Hafe abgezogen wird, fo häutle ihn ab,
falze, fpicke ihn recht zierlich mit Speck, lege ihn in
eine Bratpfanne, laffe Effig mit Zwiebel, Lorbeerblatt,
Thymian, ganzen Pfeffer und ganzen Ingber kochen,
begieße ihn damit, laffe ihn 3 bis 4 Tage in der Beiß
liegen, wende ihn jedoch täglich um, dann läßt man ihn
in der Beiß braten, gießt fauern Schmetten nach, belegt
ihn mit Butter; ift von der Beiße zu viel, fo muß man
die Hälfte abgießen, und nur fo viel daran laffen, als
nöthig ift, daß er im Safte bratet. — Diefes verfteht
fich aber nur von alten Hafen; die jungen werden gerade
gefpickt, in die Bratpfanne gegeben, mit Butter belegt,
ein bischen Waffer darunter gegoffen, und entweder mit
fauern Schmetten oder auch nur bloß mit Butter wäh=
rend dem Braten gefpickt, was vorzüglich bei den März=

hafen zu beobachten ist, welche in drei Viertel Stunden gebraten sind.

6. Rebhühner und Fasanen.

Diese werden gerupft, sauber geputzt; doch müssen
die Federn auf dem Kopfe bleiben, und die Füße dürfen nicht weggeschnitten werden, gesalzen in- und auswendig, geheftet mit Spargel, oder gespreilt, gespickt
recht zierlich mit Speck, auf den Spieß gesteckt, und unter beständigem Begießen mit zerlassener Butter schön
langsam braun gebraten. — Auch kann man sie in eine
Bratpfanne legen, ein bischen Wasser darunter gießen,
mit frischer Butter belegen, und während dem Braten
damit begießen; doch sind sie auf dem Spieß besser,
sowohl Rebhühner, als auch Fasanen. Man kann sie,
wenn sie braun genug sind, vom Spieß abziehen, den
Heftspagat wegnehmen und auftragen.

7. Rehschlägel und Rehrücken.

Man nimmt einen eingelegten Rehschlägel oder Rük-
ken, wasche ihn wohl aus, häutle und spicke ihn zierlich mit Speck, lege die Abschnitzel vom Speck, einige
Blatteln Zwiebel in die Bratpfanne, lege den Schlägel
darauf, gieße halb Wasser, halb Weinessig darunter,
belege ihn mit frischer Butter, kehre ihn öfters um;
wenn es zur Hälfte gebraten ist, so sehe zu, und wenn
zu viel Soß ist, so gieße ein bischen ab, gieße sauern
dicken Schmetten zu, belege abermals mit Butter, lasse
ihn schön braun braten; wenn dann zu wenig Soß wäre, kann man wieder nachgießen, lege den Braten auf
eine Schüssel, die Soß seihe durch und gieße darunter,
trage es zur Tafel.

8. Einen Hirschzemmer.

Behandle den Hirschzemmer, wenn er als Braten
gebraucht wird, ganz so wie den Rehrücken; soll er aber

nach dem Rindfleische kommen, so lege die Abschnitzel
von dem Speck in die Bratpfanne, lege den Zemmer
darauf, belege ihn mit Butter und gieße bloß Wasser
unter, lasse ihn hübsch braun braten, richte ihn auf die
Schüssel, gib ein bischen von dem Saft unten und oben,
belege ihn mit goldgelb gerösteten Semmelbröseln; in
eine Sosiette gib dann eine Sardellensoß, oder eine
Weichsel- oder Hagebuttensoß, wie bei der Rindszunge ist.

9. Gebratene Schnepfen.

Nimm aus einem sauber geputzten Schnepfen das
Innere heraus, hacke es klein, lege es mit einem Stückchen frischer Butter, grünen Petersil und Muskatenblüthe
in ein Reindel, lasse es auf Kohlen aufdünsten, salze
es; den Schnepfen aber salze, spicke mit Speck und brate
ihn am Spieß, gib einen Teller darunter, damit der Saft
nicht in die Asche tropft, backe schön gelblicht Semmelschnitte, schmiere das Gedünste darauf, begieße mit tem
Saft, lege den Schnepfen in die Mitte, die Semmelschnitte herum, trage es zur Tafel.

10. Krammetsvögel.

Rupfe die Krammetsvögel, schneide den untern Theil
des Kopfes ab, ziehe die Därmer heraus, spreile schön
zierlich, salze und brate sie auf dem Spieß, begieße sie
fleißig mit Butter, oder lege sie auf ein Reindel, geschnittene Zwiebel und Butter dazu, lasse sie schön braun
dünsten; doch nicht so, daß die Zwiebel verbrennt, sonst
ist es bitter, reibe eine Semmel, röste sie im Schmalz
schön goldgelb, richte die Vögel in die Schüssel und
die Semmel obenan; so sind sie nicht nur zierlicher,
sondern auch geschmackvoller als auf dem Spieß.

11. Gebratener Auerhahn.

Nimm 1 Seidel Wasser und 2 Seidel Weineffig,
schneide darein 2 oder 3 Zwiebel, gib Thymian, Pfeffer,

Ingber, Neugewürz und 1 Stück Speck darein, laſſe
es kochen, dann überkühlen, lege den gepuhten Auerhahn in ein irdenes Gefäß, gieße die Beihe darüber,
laſſe ihn 4 bis 5 Tage darin liegen; er muß aber täglich gewendet werden; in einem kalten Orte kann er
auch zehn bis zwölf Tage liegen, ohne daß er Schaden leide.—Nimm ihn dann aus der Beihe, ſpicke und
brate ihn auf dem Spieße recht langſam und braun, begieße ihn fleißig mit der Beihe und mit friſcher Butter,
laſſe dann die Beihe ſieden und quirle ſie mit Rindſuppe,
einem Eidotter und ſauern Schmetten ab, lege den Auerhahn auf eine Schüſſel, die durchgeſeihte Soß darunter
und trage es auf.

12. Gebackene Hühnel.

Zerſchneide reingepuhte junge Hühnel auf Viertel;
ſind ſie größer, alſo auf Glieder, ſalze ſie und laſſe ſie
wenn es die Zeit geſtattet, einige Stunden im Salze
liegen, trockne ſie dann mit einem reinen Tuche ab, beſtreue oder wickle ſie recht in Mehl, daß alle Feuchtig-
keiten weggehen, dann tunke ſie in ein zerklopftes Ei,
ballire ſie in geriebene Semmel, und backe ſie im heißen
Schmalz; du kannſt ſie ſo mit Salat als Braten brauchen, oder ſtatt andern Belegen auf Grünſpeiſen geben.
Die gebratenen Hühnel werden geſalzen, inwendig mit
einem Stückchen friſcher Butter ausgeſchmiert, ein Stückchen grüner Peterſil darein gegeben, geheftet, und am
Spieße gebraten.

13. Gebratener Truthahn mit Mandelfülle.

Wenn der Truthahn ſauber gerupft iſt, und ausgenommen werden ſoll, muß man vorzüglich auf den
Kropf Acht geben, damit er nicht läbirt wird; waſche
ihn rein aus, ſalze und hefte ihn, mache die Fülle:
Treibe für einen großen Truthahn 6 Loth Butter ſchön

pfaumig ab, schlage darein 3 Dötter und 2 ganze Eier,
gib dazu 3 Loth geschälte geschnittene süße Mandeln,
Muskatenblüthe, ein wenig Salz, und Zucker so viel,
daß es süß ist, 4 oder 5 Löffel Schmetten, dann gerie=
bene Semmelbröseln so viel, als zu einer jeden Fülle nö=
thig ist; nicht zu dünn darf sie seyn, sonst rinnt sie,.
nicht zu dick, sonst wird sie hart. Während dem Braten
ist der Kropf am meisten zu beobachten, damit er nicht
Brandblasen bekömmt, daher muß man gleich bei Zeiten
ein mit Butter geschmiertes Papier darüber geben. Ein
Truthahn muß sehr langsam braten, sonst ist er inwen=
dig roh und hart. Statt der Fülle kann man auch ober=
flächlich die Kastanien abrösten; die Schale nimmt man
ab, gibt die Kastanien in den Kropf, bindet ihn gut zu,
und trägt ihn zur Tafel. Beim Transchiren schneidet
man zuerst den Kropf aus, legt die Fülle oder die Ka=
stanien auf einen Extrateller, schneidet dann das Übrige.
Bei allen Braten muß man vorzüglich darauf se=
hen, daß sie gut gesalzen, gut gespickt und öfters um=
gewendet werden; je größer der Braten ist, desto lang=
samer muß er gebraten werden, sonst bekömmt er wohl
oben Rinde, wird braun, ist aber inwendig roh, oder
doch hart. — Hühner, Kapauner, Rebhühner, Fasan,
junge Enten, junge Gänse ist alles am besten vom Spieß,
andere aber größere Braten sind wieder besser aus der
Röhre.

14. Schinken.

Nimm einen Schinken, wasche ihn rein ab, gib ihn
in einen großen Topf, gieße Wasser daran, lasse ihn recht
weich kochen; während dem Kochen muß man die Suppe
kosten; ist sie zu wenig gesalzen, so muß man zusalzen;
ist er weich genug, so nimm ihn behutsam aus dem Topfe,
lege ihn auf ein reines Brett, löse die Haut ab, be=
streue ihn mit Majoran und Pfeffer, decke die Haut wie=
der darüber, und lasse ihn ganz kalt werden.

Willst du ihn zur Tafel geben, so rolle die Haut
zurück, schneide ein Papier zierlich aus, lege es auf eine
Schüssel, und den Schinken darauf; du kannst ihn ent=
weder nur, so, den Knochen mit krausgeschnittenem Pa=
pier umgewickelt geben, oder mache einen Rand herum
2 Finger breit von frischer Butter, belege es mit den
aus der Haut zierlich geschnittenen Verzierungen, oder
mit Blättern oder Blüthen, und so bereitet gib es zur
Tafel; Pfeffer, Salz, Essig und Öl dazu.

15. Geselchte Rindszunge.

Diese wird gewaschen und eben so wie der Schin=
ken weich gekocht, dann zieht man gewöhnlich gleich die
Haut ab, ehe sie eintrocknet; richte sie auf eine mit ei=
nem zierlich geschnittenen Papier belegte Schüssel, oder
schneide sie gleich auf Scheiben, gib Essig und Öl,
Pfeffer und Salz dazu. Willst du es sehr schön haben,
so kannst du am Rande der Schüssel eben auf 2 Finger
breite Butterstreifchen machen, belege sie mit Blumen,
lege die Zunge in die Mitte, trage es auf.

16. Schöpfenschlägel wie Rehschlägel.

Häutle einen schönen Schöpfenschlägel schön ab, klo=
pfe ihn recht, reibe ihn mit Salz und Wachholder ein,
lege ihn auf eine Schüssel, gib ein Brettchen darüber,
beschwere es mit einem Stein, lasse ihn so 2 bis 3 Ta=
ge liegen; man kann auch mehrere so bereitete Schlä=
gel wie Wildbret einlegen, gut vermachen, daß keine Luft
dazu kann, und beschweren; fügt es sich, daß man ge=
rade ein Wild einlegt, so kann man einige so gehäutel=
te Schlägel wie auch Rindfleisch dazwischen einlegen, und
dann alles statt Wildbret verbrauchen; wer nicht besonde=
rer Kenner ist, täuscht sich und verspeist es statt Wildbret.

Wenn der Schlägel so eingelegt ist, wasche ihn vor
dem Gebrauche rein ab, salze nur sehr wenig, wenn es

ja nöthig ist, und spicke ihn recht reich. Indessen lasse
kochen ein halb Seidel Wasser, halb Seidel Weinessig
darein, gib eine in Scheiben geschnittene Zwiebel, ein
bischen Thymian, 3 Lorbeerblätter, 20 Körner Neugewürz, 10 Körner Pfeffer, 3 Stückel Ingber, lasse es
aufkochen, dann auskühlen, begieße den Schlägel damit,
lasse ihn in dieser Beitze wieder einige Tage liegen; wenn
du ihn braten willst, so lege ihn auf die Bratpfanne,
seihe ein bischen von der Beitze darunter, gib dazu ein
halbes Seidel österreicher Wein, ein bischen Lemonieschalen, lasse es hübsch braun braten, richte den Schlägel
auf eine Schüssel, seihe den Saft entweder so durch, oder
drücke noch den Saft einer halben Lemonie darunter und
gieße es unter den Braten. Ziere ihn mit halbmondförmigen Lemoniescheiben.

17. Kalbsschlägel mit Speck.

Nimm einen mürben schönen Kalbsschlägel, klopfe
ihn recht, häutle ihn, wasche ihn rein, salze und spicke
ihn recht reich; kannst ihn entweder mit ausgekühlten
Essig, worin Zwiebel und Gewürz gekocht hat, begießen, und so einige Tage mürbe liegen lassen, oder
gleich ohne ihn zu beitzen, braten; ist er gebeitzt, so
wasche ihn wieder im reinen Wasser, lege ihn auf eine
mit Butter geschmierte Bratpfanne, gieße 2 Schöpflöffel Wasser darunter, lasse ihn unter öfterem Umlegen
halb abbraten, dann gieße ein halb Seidel österreicher
Wein unter, und lasse ihn gar ausbraten; wenn er auf
der ungespickten Seite schon braun ist, so wende mit der
gespickten nach oben, lasse in einem Töpfchen 1 Stückchen
frische Butter zerschleichen, rühre ein Kaffeelöffel voll
feines Mehl darein, gieße einen Kaffeebecher voll dicken
sauern Schmetten dazu, rühre es recht ab, begieße mit
einem Löffel den Schlägel, wenn es braun wird, wieder,
und so lange, bis sich eine schöne lichtbraune Rinde for-

mirt, dann richte den Braten an, seihe die Soß durch und gieße sie unter den Braten; wohlgemerkt unter den Braten, nicht wie einige, die Gewohnheit haben, obenauf, wodurch der Braten unansehnlich wird. Bei allen Braten muß man vorzügliche Aufmerksamkeit darauf richten, damit der Braten weder zu wenig gebraten, noch überbraten werde, sondern schön im Safte bleibe. Wünschenswerth wäre es, wenn jede Hausfrau und Köchin sich in dieser Aufmerksamkeit üben möchte, und nicht diesen Artikel der Willkühr unwissender Mägde überlassend, dächte, es sei genug, wenn sie nur den Braten gehörig salze und dann mit Butter spicken lasse, das übrige würde schon das Feuer thun, und da geschieht es leider nur zu oft, daß durch diese Gleichgültigkeit der schönste Braten verdorben, verbrannt oder ausgetrocknet wird, oder doch zäh, halbgebraten zur Tafel kömmt, und schmerzlich ist es, wenn ein Braten, der mehrere Gulden kostet, ehe er auf die Tafel kommt, ohne Lust verspeist wird, und nur die Nachläßigkeit und Unachtsamkeit ist Schuld, wenn sich Viele, den Braten überhaupt, insbesondere aber den Kalbsbraten bis zum Eckel übereffen.

18. Kälberner Schlägel mit Speck auf andere Art.

Nimm einen mürben schönen Kalbsschlägel, klopfe ihn gehörig, wasche und salze ihn, steche Löcher mit einem Messer hinein, und stecke in diese kleinfingerdick geschnittenen Speck, lege den Schlägel in eine mit Butter geschmierte Bratpfanne, belege ihn mit Butter, lasse ihn bei öfterem Umwenden langsam braten; wenn er halb gebraten ist, so gieße ein Viertel Seidel österreicher Wein unter, spicke ihn öfters mit frischer Butter, und lasse ihn schön goldbraun braten, sehe darnach, damit die Soß weder zu braun, noch zu weiß ist, damit sie sich

ſchön goldbraun ohne zu viel Fett zieht; auch kannſt du
einen ſo mit Speck durchgezogenen Schlägel ohne Zu-
gießung des Weines braten, iſt auch gut.

19. Geſpickte Hühnchen.

Wenn die Hühnchen geputzt, geſalzen und geheftet
ſind, ſo ſpicke ſie recht reich auf der Bruſt, ſo wie Reb-
hühnel, ſtecke ſie auf den Spieß und brate ſie unter öfterem Begießen mit friſch zerlaſſener Butter ſchön goldbraun; nur muß du darauf ſehen, daß ein gutes Bu-
chen- oder Birkenholz zum Feuer genommen werde, und
daß es trocken iſt, damit die Hühner weder nach Rauch
riechen, noch von Sprengkohlen verunreinigt werden.

20. Gefüllte Tauben.

Wenn die Tauben rein geputzt, ausgenommen und
rein gewaſchen ſind, ſo ſalze ſie in- und auswendig, lege
in jede Taube ein kleines Stückchen friſche Butter, hefte
die Füßchen, daß ſie die gehörige Form haben, ſpicke
die Brüſtchen wie beim Rebhuhn, dann fülle die Kröpfe,
binde ſie zu, laſſe ſie auf einer mit Butter geſchmierten
Bratpfanne in einer heißen Röhre braten; denn braten
ſie zu langſam, ſo trocknen ſie aus. Die Fülle mache
wie folgt:

Die Fülle.

Treibe für 2 Tauben anderthalb Loth friſche Butter ab, ſchlage darein 2 ganze Eier, gib dazu zwei
Eßlöffelvoll Schmetten oder gute Milch, dann 4 gehäufte
Eßlöffelvoll geriebene Semmel, rühre es recht ab, würze es mit ein wenig Muſkatenblüthe, ſalze es, fülle dann
die Kröpfe der Tauben, binde ſie zu, lege ſie in die
Bratpfanne, und brate ſie wie oben beſchrieben.

Sulzen.

1. Saure Sulzen vom Kalbskopf und Füßeln.

Hacke den geputzten Kalbskopf mitten entzwei, nimm das Hirn heraus, gib ihn in einen Topf, gieße reines Wasser darauf, gib einige von den Knochen abgezogene Füße und die zerhackten Knochen dazu, laße es halb abkochen, bis das Fleisch von den Knochen geht, löse das Fleisch von den großen Knochen, lege es in einen andern reinen Topf, seihe die Suppe daran, gib dazu Zwiebel, Knoblauch, Ingber, Neugewürz, Pfeffer, Gewürznelken, Lemonieschale, Lorbeerblatt und 1 Stückchen Thymian, salze es, gieße Essig dazu, wenigstens daß der 3te Theil guter Weinessig ist, laße es ganz weich kochen, nimm das Fleisch heraus, die Suppe laße noch sieden, schlage darein 2 ganze Eier sammt der Schale, laße es noch ein wenig kochen, laße ein Stück Zucker braun rösten, gib es dazu, laße es noch aufkochen, seihe es durch ein Haarsieb, binde dann eine Serviette auf die 4 Füße eines umgekehrten Stuhles, stelle ein Gefäß unter, gieße die Sulze in die Serviette, und laße es durchfiltriren. — Indessen schneide das Fleisch in kleine Würfel, nimm eine Form, gieße ein bischen von der durchfiltrirten Sulze darein, laße es kalt werden, lege verschiedene Zierathen von Lemonieschale oder gekochten Eiweiß, rothen Rüben u. dgl. aus, gieße gemach wieder ein bischen von der reinen Sulze darüber, laße es wieder auskühlen, lege dann das würflicht geschnittene Fleisch darauf, und gieße mit der reinen Sulze die Form voll; das Fleisch muß schön vom Rande in der Form gehen, so erscheint dann alles so wie hinter dem Glase, laße es kalt werden. Wenn du es zur Tafel geben willst, so tunke die Form in heißes Wasser, stürze es geschwind in eine Schüssel, laße wieder ganz kalt werden, ziere es herum entweder mit Lemonieſcheiben oder mit friſchen Lemonieblättern, gib es zur Tafel; Eſſig und Öl, Pfeffer und Salz gib dazu. Man kann auch Kren oder Senf dazu geben. Bleibt etwas von der reinen Sulze übrig, ſo kann man ſie zu verſchiedenen Soßen, wie ſchon geſagt wurde, brauchen.

2. Lemonie= oder Pomeranzenſulze.

Nimm Tag zuvor 2 Loth Hauſenblaſe, klopfe ſie und zerſchneide ſie auf kleine Stückel, gieße daran 1 Seidel kaltes Waſſer, laſſe ſie über die Nacht weichen; den andern Tag laſſe es kochen, und ſeihe es durch ein reines Tuch, gieße es in ein reines Gefäß, reibe auf einem halben Pfund Zucker die Schale von 4 Lemonien und einer Pomeranze ab, ſtoße ihn und gib ihn dazu; dann gieße auf die Überbleibſel von der Hauſenblaſe 1 Seidel guten öſterreicher Wein, laſſe es aufkochen, ſeihe es auch dazu, brücke den Saft von den 4 Lemonien und der ſüßen Pomeranze, rühre es nochmals wohl, dann ſeihe es durch eine reine Serviette in eine Form, am beſten iſt eine Melonenform. Einige Stunden vor dem Anrichten tunke die Form in heißes Waſſer, ſtürze ſie geſchwind, laſſe recht wieder kalt werden, ſchneide Lemonie auf Scheiben dazu. Zur Zierde der Sulze kannſt du entweder Pomeranzen= oder Lemonieſcheiben nehmen.

3. Kaffeeſulze.

Nimm im Winter 1, im Sommer anderthalb Loth geklopfte kleingeſchnittene Hauſenblaſe, laſſe ſie eben über Nacht in ein bischen Waſſer weichen, nimm 4 bis 5 Seidel guten ſüßen Schmetten, gib die Hauſenblaſe darein, laſſe es kochen, brenne 1 Viertel Pfund Kaffee, wirfe während dem Brennen ein bischen geſtoßenen Zucker daran; wenn er gebrennt iſt, wiſche ihn mit einem reinen Tuch ab, wirfe ihn ungemahlen in den Schmetten, laſſe eine Viertel-Stunde kochen; doch achte, daß es ja nicht änbrennt, ſeihe es durch, gieße es in ein reines Gefäß, wirfe darein 1 Stückchen mit Zucker geſtoßene Vanilie, 1 Viertel Pfund Zucker, laſſe es aufkochen, quirle 3 Eierdötter mit ein bischen kalten Schmetten ab, die kochende Sulze darein, quirle es recht ab, gieße es in eine auf vier Füßen eines umgekehrten Stuhles befeſtigte Serviette, laſſe es in ein untergeſtelltes Gefäß durchlaufen, gieße es in die Form; am beſten iſt zu dieſen Sulzen eine Melonenform, laſſe es entweder beim Eis oder ſonſt wo kalt werden. Einige Stunden vor dem Anrichten weiche die Form im heißen Waſſer, ſtürze die Sulze auf eine Schüſſel, und ziere ſie entweder mit ſchönen Blättern oder mit rother Vaniliefulze, indem du mit einem Kaffeelöffel kleine runde Stückchen herausnimmſt, es in einen Kranz herumlegſt, und dann mit grünen Blättern ziereſt; es formirt einen Kranz von Roſen.

4. Vanilie-Sulze.

Klopfe und ſchneide anderthalb Loth Hauſenblaſe, laſſe ſie über Nacht in ein bischen Waſſer wohl erweichen, koche 4 Seidel guten Schmetten, gib darein ein hübſches Stück mit Zucker geſtoßene Vanilie, dann 1 Stück reinen Tarniſol, 1 Viertel Pfund Zucker, laſſe alles wohl kochen, achte, daß es nicht anbrennt, ſeihe es durch, laſſe es noch einmal aufſieden, ſeihe es durch eine auf vorige Weiſe bereitete Serviette, gieße es in die Form, laſſe es kalt werden; ſtürze und ziere es wie du willſt.

5. Gemiſchte Sulze.

Klopfe und ſchneide 2 Loth Hauſenblaſe, laſſe ſie über die Nacht durchweichen, dann laſſe 6 Seidel guten ſüßen Schmetten kochen, gib die Hauſenblaſe darein und 12 Loth Zucker, laſſe es eine Viertel-Stunde ſie-

ben, seihe sie durch, dann theile die Sulze in mehrere
Theile, stelle sie in kleinen Gefäßen auf die Gluth, in
einen Theil lege Vanilie mit Zucker gestoßen und ein
Stückel reinen rothen Tarnisol, lasse es aufkochen; in den
andern gib ein Taserl geriebene gute Chokolade, in den
britten 3 Loth gebrennten ganzen Kaffee; in dem 4ten
lasse Lemonieschalen kochen; in den fünften gib Spenatsaft, und den sechsten lasse weiß, lasse jedes aufkochen;
die Chokolade, Kaffee, Lemonie und den weißen quirle
jeden einzeln mit einem mit kaltem Schmetten abgerührten Eidotter ab, den grünen und rothen lasse so, seihe
jeden extra durch, dann mische wie du willst; hast eine
Sternform, so gieße in jede Vertiefung eine andere
Farbe; muß aber immer eine Farbe erst kalt werden,
ehe man die andere darein gießt; auch darf es nur lau,
ja nicht heiß seyn, sonst verschmilzt eins ins andere; daher ist diese Sulze bloß für geübte Köchinen, und auch
nur für große Tafeln anwendbar. Vor dem Anrichten
eine Stunde muß man sie stürzen und anrichten.

6. Chokolade-Sulze.

Nimm im Winter anderthalb Loth Hausenblase, klopfe und schneide sie klein, lasse sie über die Nacht durchweichen, nimm 4 Seidel guten süßen Schmetten, gib die
Hausenblase darein, dann 4, 5, und wenn sie klein sind,
bis 8 Taferl gute Chokolade, ein Stückchen Vanilie,
4 Loth Zucker, lasse alles wohl aufkochen, seihe es durch,
lasse es nochmals aufsieden, rühre 3 Eierbötter mit ein
bischen kalten Schmetten ab, seihe es durch die bereitete
Serviette, gieße es in die Form, lasse es kalt werden.
Einige Stunden vor dem Anrichten wird sie gestürzt;
indem man die Form wie sonst in heißes Wasser tunkt.

7. Brunnkreß-Sulze.

Nimm 2 Seidel guten österreicher Wein, reibe die Rinde von 4 Lemonien und einer Pomeranze auf einem halben Pfund Zucker ab, gib es darein, gib dazu anderthalb Loth zerschnittene und Tag zuvor geweichte Hausenblase, lasse es zusammen aufkochen, stoße Brunnkreß in einem messingenen Mörser, drücke den Saft durch ein reines Tüchlein, gib so viel dazu, daß es schön grün wird, dann drücke den Saft von der Pomeranze und den Citronen dazu, seihe alles durch eine bereitete Serviette, gieße es entweder in die Form, oder auf eine dazu bestimmte 3 oder 4eckige Schüssel, lasse es beim Eis kalt werden. Man kann diese Sulze, wenn es die Jahreszeit mit sich bringt, mit spanischen Brunnkreßblüthen zieren, oder sonst wie man will.

8. Faschirter Kapauner in der Sulze.

Rupfe einen schönen Kapauner, sobald er geschlachtet ist, noch warm, flamire ihn, damit er ganz rein wäre, dann schneide ihn auf dem Rücken auf, ziehe die Haut aufmerksam ab, die Füße und Flügel schneide schön im Gliede von dem Übrigen ab, daß es bei der Haut bleibt, die Haut lege in laues Wasser, löse das Fleisch von der Brust ab, und gib noch eine Brust von einem andern Kapauner dazu, oder auch von einer Henne, gib dazu 2 bis 3 Loth Rindsmark, hacke es ganz fein, gib dazu 2 bis 3 gerührte Eier, eine halbe abgeriebene im Wasser geweichte ausgedrückte Semmel, salze und würze es mit Muskatenblüthe und Lemonieschale, treibe alles recht ab, daß es wie Butter glatt ist; man kann es auch im Mörser stoßen, schlage 2 Eier in ein Töpfchen, salze sie, backe auf einer Amuletpfanne Amuleteln daraus, und schneide sie auf Nudeln, dann schneide 2 Stückchen Schinke oder gekochtes geselchtes Fleisch gleichfalls auf Nudeln, so auch frische Cartoffeln; wenn keine frischen sind,

so laſſe ſie in Rindſuppe ein bischen aufkochen. Nun
breite die Haut auf eine reine Serviette aus, und bele=
ge ſie mit der Faſch, dann miſche die Amuletel=Schin=
ken= und Tartoffelnnudeln, belege die Faſch damit, dar=
über gib wieder Faſch, formire den Kapaun ſo wie er
zuvor war, nähe ihn auf dem Rücken wieder zu, ſo auch
wo noch eine Öffnung iſt, belege ihn ſchön mit Speck=
ſcheiben, und wickle ihn mit Zwirnfäden um, damit er
ſchön im Speck und in der Form bleibe, lege dünne
Spänchen auf den Boden einer Kaſtrole kreuzweis; doch
dürfen ſie nicht von einem Holze ſeyn, welches einen har=
zigen Geruch hat, am beſten buchenes, lege den Kapaun
darauf, gieße darauf einen Theil guter Rindſuppe, worin ein Kalbsfuß gekocht hat, einen Theil Wein und einen
Theil guten Weineſſig, ſalze es zu; es muß eine tiefe
Kaſtrole ſeyn, damit der Kapaun mit der Flüßigkeit
ganz bedeckt würde, gib dazu eine große Zwiebel auf
Scheiben geſchnitten, 2 Lorbeerblätter, 10 Körner Neu=
gewürz, 10 Körner Pfeffer, 10 Gewürznelken, 2 Stück
Ingber, 2 Stück ganze Muskatenblüthe, laſſe es ganze
2 Stunden ganz gemach wohl zugedeckt kochen; nebſt=
dem koche noch in der Rindſuppe, Wein und Eſſig zu
gleichen Theilen, 4 Kälberfüße recht weich. Die Bein=
chen von dem Kapaun, wenn das Ingeweide herausgenommen iſt, zerhacke auf Stückchen, waſche ſie rein, gib
ſie auf eine Kaſtrole und laſſe ſie mit einem halben Pfund
auf Stückchen zerſchnittenen Kalbfleiſch, Zwiebel, Ge=
würz, Zeller und Peterſilie ſchön braun dünſten, doch ja
nicht anbrennen; wenn es ſchön braun iſt, ſo gieße die
Suppe von den weichgekochten Kälberfüſſen daran, ſo
auch dieſe, worin der Kapaun gekocht hat, laſſe es eine
Viertel Stunde im vollen Sude kochen, dann ſeihe es
durch ein Sieb auf eine andere Kaſtrole, ſchöpfe nach
Möglichkeit alles Fett ab, und wenn es nun wieder im
vollen Sude iſt, ſo gib den feſten Schnee von 3 Eiweiß

hinein, rühre es recht um, lasse noch ein Weilchen kochen, koste, ob es genug gesalzen ist, binde eine Serviette auf die 4 Füße eines umgekehrten Stuhles, gieße, nachdem du eine tiefe Schüssel untergestellt hast, die Sulze darein, lasse sie schön rein durchlaufen; willst du die Sulze etwas gelblicht haben, so füge dem Sude noch einige Fäden Safran bei, ja aber nicht viel, sonst verliert es am Wohlgeschmack. Nun kannst du den Kapaun entweder in dem Speck einballirt kalt werden lassen, den Aspick (Sulze) auf eine seichte Schüssel fingerhoch gießen und kalt werden lassen; dann, wenn du den Kapaun anrichten willst, binde den Speck los, lege den Kapaun auf eine Schüssel, steche aus der Sulze schöne Sternen oder Kränzchen oder Herzeln mit blechernen Ausstechern aus, ziere sowohl die Schüssel als auch den Kapaun damit, wozu du noch Lemonieschale und auch Lemonie- oder Pomeranzenblätter, wenn du frische haben kannst, beifügen. Die Blätter zieren jede Sulze sehr schön, und man kann davon immer einen Vorrath haben, wenn man die frischen Lemonie- und Pomeranzenkerner in die Blumentöpfe setzt, und Sommer und Winter vor denen Fenstern pflegt.

Man kann auch den Kapauner gleich aus den Speckblättern herausnehmen, ihn in eine tiefe Glasform legen und die reine Sulze darüber gießen, und so ihn dann mit der Glasform auftragen, oder kannst du ihn auch in einer andern Form kalt werden lassen, dann nach Belieben und Einsicht zieren.

Diesen Aspick kann man zum verschiedenen Gebrauche verwenden.

Gieße davon auf den Boden einer Form fingerdick auf, lasse es kalt werden, mache herum einen Kranz von zierlich geschnittener Lemonieschale und Lemonieblättern, in der Mitte eine Rosette oder einen Stern, gieße darüber, aber sehr achtsam kalten, aber nicht gesetzten

Aspick, wieder fingerhoch, laſſe abermals feſt werden; nun schlichte in die Mitte entweder zierlich geschnittene, in Suppe, Wein und Essig gekochte junge Hühnchen oder Kalbs= oder Schweinzungen und Ohren, oder ein Span= ferkel u. ſ. w., muß es so auflegen, daß herum zwischen dem Fleisch und der Form ein Zwischenraum von einem Finger bleibe; nun gieße die Form mit kaltem Aspick voll, und laſſe es feſt werden. Dann, wenn es gebraucht wird, stürzen und zieren. Daß auch hier verschiedene Änderungen vorgenommen werden können, versteht sich von selbst.

9. Kalte Schnitzel von Kapaunen oder Hühneln.

Wenn nach einer Gasterei noch verschiedene Braten, als Hühner und Kapaunen übrig geblieben sind, und auch noch einige Gäste, die man eben gut bewirthen wollte, zurückbleiben, so kann man unter die kalten Speisen die übriggebliebenen Hühner folgendermaßen zubereitet mit Ehren aufstellen. Schneide von den Hüh= nern kleine Schnitzel so, daß man aus der halben Hüh= nerbruſt etwa 10 bis 12 Stückchen machen kann; richte diese Schnitzel nach der Menge entweder auf einen Tel= ler oder Schüſſel, koche einige Eier hart, schneide die Dötter klein, dann weiche den vierten Theil einer ab= geriebenen Semmel in Rindsuppe ein, treibe sie mit denen Eierdöttern recht ab, gieße Essig und Öl daran, zerrühre es recht, begieße die Schnitzel damit, bestreue sie mit Pfeffer, und wenn es nöthig, mit ein bischen Salz, und vermische es mit den Schnitzeln; rundum mache einen Kranz von Feldsalat, oder bestreue es mit Kapperln, geschnittenen frischen Sardellen und geschnit= tenen Aspick. Oder vermische es auch mit Erdäpfeln; wer Freund von Knoblauch oder Zwiebel ist, kann eines oder das andere beifügen, die Zwiebel kleingeschnitten, den Knoblauch mit Salz zerrieben und mit den Döttern gleichzeitig abgerieben. Auch vom kalten Fasan und Rebhühnern, und zur Zeit der Noth auch vom kalten Kalbsbraten kann man diese Speise bereiten; für indeß genug, vielleicht belehre ich künftig meine lieben Mit= schwestern noch von mehr derlei Speisen.

———

Torten.

———

1. Schwarze Brodtorte.

Reibe ein halbes Pfund süße Mandeln sammt der Schale auf einem Reibeisen, stoße ein Pfund feinen Zucker, reibe 2 Taferl gute Chokolade, stoße 4 Loth braun geröstetes Brod, siebe es durch ein Haarsieb; schneide die Schale von einer Lemonie klein, reibe einen Muskatennuß, stoße ein halbes Loth Gewürznelken, 1 halbes Loth Zimmet, siebe es ebenfalls durch, gib alles in einen großen glasirten Topf, schlage darein 12 Döt= ter; von dem Eiweiß mache Schnee, gib ihn dazu, und rühre es eine ganze Stunde wohl ab, schmiere die Form mit zerlassenem Schmalz, streue sie mit gerieb= ner Semmelrinde aus, gieße die Form halb voll, lasse es eine Stunde in der Röhre gemach backen, stürze sie, lasse sie kalt werden, ziere es nach Belieben mit färbi= gen Zucker, lasse es abtrocknen, lege es auf ein zierliches Papier; so wird es aufgetragen. Wenn etwas übrig bleibt, so backe daraus kleine Wandeln; du kannst die Torte dann damit zieren.

2. Weiße Mandeltorte.

Nimm ein halb Pfund geschälte süße und 4 Loth bittere Mandeln, reibe sie auf einem Reibeisen, gib sie in einen Topf, stoße ein halbes Pfund Zucker, lasse ein

bischen davon zum Eis machen, den übrigen gib zu den
Mandeln; schlage dazu 5 ganze Eier, 5 Dötter, von
vierthalb Eiweiß den Schnee, von einer halben Lemo‐
nie die Schale, und einen Löffel voll geriebene durch‐
gesiebte Semmelbrösel; rühre es eine Stunde wohl ab,
schmiere die Form mit zerlassener Butter, streue sie mit
geriebener Semmelrinde aus, gieße die Form halb voll,
lasse sie eine ganze Stunde gemach backen; was übrig
bleibt, laß in kleinen Wandeln backen; wenn die Torte
gebacken ist, so stürze sie, laß sie auskühlen, belege sie
mit einem guten färbigen Eis, laß sie abermals in der
nun gewiß ganz kühlen Röhre abtrocknen; ziere es dann
wie du willst, lege es auf ein zierlich geschnittenes Pa‐
pier und trage es zur Tafel.

3. Mandeln‐Kranztorte.

Nimm anderthalb Pfund süße Mandeln, schäle sie,
ein Pfund schneide länglich ganz dünn, ein halbes Pfund
reibe auf einem Riebeisen, gib die geriebenen Mandeln
auf eine Schüssel, gib dazu 3 Viertel Pfund gestosse‐
nen durchgesiebten Zucker, schlage dazu 6 ganze Eier,
jedes wohl verrührt, gib dazu von einer ganzen Lemo‐
nie die Schale kleingeschnitten; treibe es eine halbe
Stunde wohl ab, gib dazu die länglicht geschnittenen
Mandeln, und einen Löffel voll geriebene durchgesiebte
Semmelbrösel, rühre noch ein bischen; schmiere ein
Blech mit Butter, belege es mit Oblatten, mache von
dem Teig Kränze darauf, immer einen kleiner als den
andern, bis es gar ist, und laß es schön semmelgelb ba‐
cken. Wenn sie gebacken sind, so breche die übrigen Ob‐
latten wohl reinlich ab; schlichte immer einen kleinern
als den andern auf einander; mußt aber immer den ei‐
nen weiß, den andern so wie er ist, aufschlichten, bis
es gar ist, ziere dann diese Kränze, und in die Mitte gib
entweder einen Blumenstrauß oder aber brennenden

Weingeist in einer silbernen Schale, und trage ihn brennend zur Tafel.

4. Gute zusammengelegte Torte.

Koche 18 Eier hart, nimm die Dötter heraus, lasse
sie auskühlen, treibe sie recht ab; treibe 3 Viertel Pf.
frische Butter schön ab, gib die Dötter dazu, gib 12 Loth
gestoßenen Zucker, 1 Viertel Loth gestoßene Mußtaten-
blüthe, von einer Lemonie die Schale kleingeschnitten
dazu, treibe alles wohl ab; rühre darein nach und nach
3 Seidel durchgesiebtes feines Mehl, nimm es aufs Nudelbrett, arbeite es mit den Händen recht ab, mache 6
Stücke daraus, walze es auf 2 Messerrücken dick aus,
schneide nach einem runden Teller 6 gleiche Blätter,
lege jedes auf ein Papier und Blech, lasse schön semmelgelb backen; von den Abschnitzeln, die man zusammen nimmt, wieder ein bischen abarbeitet, und auf 2
Messerrücken dick auseinander walgt, mache kleine Kranzeln, welche mit einem blechernen Stecher ausgestochen
werden, in die Mitte mache entweder mit einem ganz
kleinen Stecher oder mit einem Fingerhut ein Löchel,
lege sie aufs Papier, schmiere sie mit einem zerschlagenen Ei, bestreue sie mit gröblich gestoßenen Zucker,
laß sie eben schön semmelgelb backen; wenn die 6 Blätter gebacken sind, so lege das erste auf ein ausgeschnit-
tenes Papier auf eine Schüssel, belege sie mit eingesottenen Rivis 2 Messerrücken dick, lege wieder ein Blatt
darüber, wieder eingesottenen Rivis, und so fort bis das
letzte Blatt oben kommt. Nun belege es mit weißen Le-
monie-Eis, welches recht dick seyn muß; dann mache
von den kleinen Kranzeln einen Kranz herum, und gib
eins von den Kranzeln in die Mitte, und wenn es der
Raum gestattet, also noch wieder 5. bis 6 herum; gib
in ein jedes von diesen Kränzchen entweder eine eingesottene Weichsel, oder ein Häuferl eingesottenen Rivis,

laß es ein bischen abtrocknen, bestreue es mit Zucker und gib es zur Tafel. Aus diesem Teig können auch verschiedene Kleinigkeiten gemacht werden; mit zerklopften Eiern geschmiert, mit groben Zucker bestreut, semmelgelb gebacken, dann wieder mit Zucker bestreut kann man es statt kleinen Zuckerwerk auf die Confekt-Teller zur Tafel geben.

5. Geröste Torte.

Schneide ein halbes Pfund geschälte süße Mandeln klein; lege in ein Reindel ein Stückchen Butter, und gib darein ein halbes Pfund gestoßenen Zucker, laße es unterm beständigen Rühren schön lichtbraun rösten, schütte die Mandeln darein, dib dazu von einer Lemonie die Schale, laß es noch ein bischen aufschäumen; schmiere eine Melonenform mit Mandelöl, streue sie mit kleingeschnittenen Pistazen, oder wenn sie nicht zu haben sind, mit geschnittenen Lemonieschälern aus, gieße diesen aufgeschäumten Mandelzucker darein, zerdrücke es schön gleich mit einer Lemonie in der ganzen Form, laß es überkühlen, nehme es behutsam heraus, gib es zur Tafel entweder so, oder in kleiner Bärenpratzeform gedrückt.

6. Eine Linzertorte.

Nimm 2 Seidel feines durchgesiebtes Mehl, ein halbes Pfund gute frische Butter, 1 halbes Pfund geschälte geriebene Mandeln, 1 halbes Pfund gestoßenen Zucker, 1 halbes Pfund hartgekochte gestoßene Eierbötter, von einer halben Lemonie die Schale kleingeschnitten, ein bischen gestoßenen Zimmet und Neugewürz; dieses mische alles wohl untereinander, arbeite es recht ab, und mache so große auf einen Finger dicke Scheiben als die Schüssel ist; dann mache ein Gitter von dem nämlichen Teig, bestreiche es mit zerklopften Eiern, laß es langsam backen, oder mache aus dem Teig statt einem Gitter, kleine Kranzeln, und lege sie herum in einen Kranz; wenn die Torte gebacken ist, gib dann eingesottenes Obst darauf; oder mache Powideln von großen Rosinen, nämlich: Nimm 1 halbes Pfund große Rosinen, wasche sie, nimm die Kerne heraus, hacke sie ganz klein, gib dazu kleingeschnittene Lemonieschale, ein bischen Neugewürz, gieße einige Löffel voll Wein darauf und laß es ausdünsten. Dieses kannst du zur Linzertorte, wie auch zu der zusammengelegten Torte N. 4 statt eingesottenen Ribis brauchen. — Man kann das Eingesottene gleich auf die rohe Torte schmieren und damit backen, es wird aber gerne knöblicht; daher ist es besser, erst die gebackene Torte zu belegen.

Kolatschen
und verschiedene Kleinigkeiten.

1. Deutsche Kolatschen.

Nimm ein halbes Pfund frische Butter, treibe sie ab; wenn sie schön abgetrieben ist, so gib nach und nach darein 8 Dötter, immer einen Dotter und einen Löffel voll Mehl; dann nimm 2 Seidel Schmetten, gieße ihn eben nach und nach hinein, gib beständig Mehl zu, und 4 oder 5 Löffel voll gute Hefen, 2 Loth gestoßenen Zucker, von einer Lemonie die Schale kleingeschnitten, und so viel Mehl, als nöthig ist, daß der Teig gerade wie ein leichter Buchtelteig wäre; arbeite ihn ab, laß ihn gehen; dann salze ihn, gib ein bischen Muskatenblüthe, schlage ihn wieder ab, schneide runde Papiere, so groß als du die Kuchen willst; kannst entweder alle gleich machen oder mache immer einen kleiner als den andern, daß der letzte ganz klein ist, schmiere die Papiere mit zerlaſſener Butter, lege ein Stückel von dem Teig darauf, zerwalge ihn in ganz dünne, ſo, wenn das Papier beſchrieben iſt, daß man die Schrift durchſieht, mache herum mit dem Meſſer von dem Teig ein Randel, ſchmiere dann die Kuchen, einen mit Powideln, einen mit Mohn, einen mit Quark, verſteht ſich, daß alles gut zubereitet ſeyn muß; belege es zierlich mit Roſinen und Mandeln, laß ſie auf einem Blech ſchön gemach backen, verſteht ſich, daß ſie noch oben und die Ränbeln mit einem zerklopften Ei beſtrichen werden müſſen; (zu den Quarkkolatſchen kann man in ein Töpfchen ein bischen lauen Schmetten, ein bischen zerlaſſene Butter, ein bischen Safran nehmen, es wohl abquirlen, dann die Kuchen oben damit beſtreichen;) dieſes muß aber nicht ſeyn, ein zerklopftes Ei macht eben den Dienſt, und iſt geſchmackhafter.

2. Kolatſchen von Eiweiß.

Nimm 8 Seidel feines durchgeſiebtes Mehl, ſchneibe darein 2 Pfund friſche Butter, gib 5 Löffel voll gute Hefen, 2 Seidel guten ſüßen Schmetten, 3 Löffel geſtoſſenen Zucker, und von 12 Eiweiß den Schnee, arbeite den Teig recht ab, bis er ſich zieht, erſt mit einem Kochlöffel, dann mit den Händen, dann laſſe ihn gehen; ſalze ihn, nimm ihn aufs Nudelbrett, und mache gewöhnliche zuſammengelegte Kolatſchen; fülle ſie mit Mohn, Powideln und Quark; oben belege ſie mit feſten Schnee, beſtreue mit Zucker und geriebenen Mandeln recht dick, gib ſie auf geſchmierte Papiere und Blech, laſſe ſie noch ganz wenig gehen, und backe ſie im Backofen ſchön golbgelb, beſtreue ſie mit Zucker und gib ſie zur Tafel.

3. Kolatſchen von Döttern.

Gib auf eine Schüſſel 3 Seidel feines geſiebtes Mehl, ſchneide darein 4 Loth friſche Butter; gib in ein

Töpfchen 8 Eierbötter, 3 Löffel gute Hefen, 3 Löffel
gestoßenen Zucker, und ein kleines Seidel guten süßen
Schmetten, mache damit den Teig ein, arbeite es recht
ab, bis er sich zieht, salze es ein bischen, gib ein wenig
Muskatenblüthe dazu, und laß es gehen; dann nimm
28 Loth frische Butter, wasche sie recht im Wasser durch,
nimm sie aufs Nudelbrett und bestreue sie mit Mehl,
zerwalge, bestreue sie wieder mit Mehl, überlege sie so
wie zum Butterteig, mache daraus endlich ein rundes
Blattel, gib es zwischen 2 zinnerne Teller, dann im
Keller beim Eis laß es recht kalt werden. Wenn der
Teig gegangen ist, so zerwalge ihn auf einen Finger dick,
die Butter eben so, lege die Butter auf den Teig, überlege ihn so wie Butterteig, zerwalge, überlege, zerwalge; hüte dich aber es mehr als breimal zu überlegen;
steche mit blechernen Formen verschiedene Kleinigkeiten
daraus, lege sie aufs Papier, schmiere sie mit zerklopften Eiern, bestreue sie mit geschnittenen Mandeln, laß
sie schön backen; wenn sie kalt sind, bestreue sie mit Zucker, und gib sie zur Tafel. Aus diesem Teig kann auch
ein Kranz um eine Wildprätschüssel gemacht werden,
oder auch Bögen.

4. Gefüllte Karlsbader Kolatschen.

Nimm 8 Loth Schmalz und 7 Loth frische Butter, treibe es pfäumig ab, schlage darein 9 Eierbötter,
8 Löffel Schmetten, 3 Löffel Hefen, 1 Loth gestoßenen
Zucker und 26 Loth fein gesiebtes Mehl, ein bischen
Salz, treibe alles wohl ab, lasse es eine Viertel Stunde
stehen, schmiere dann ein Papier mit frischer Butter,
nimm immer einen Löffel voll Teig, mache auf das
Papier runde Häuferl, mache sie in der Mitte mit dem
Messer auseinander, gib darein eingesottnen Riris oder
Weichsel, mache es wieder zusammen, belege es mit festen Schnee, bestreue es mit Zucker und geriebenen

Mandeln, laſſe ſie ganz wenig gehen, backe ſie dann
ſchnell ſchön ſemmelfarb, laß ſie auskühlen, beſtreue ſie
mit Zucker und trage ſie auf.

5. Geſchwinde Kipfel.

Treibe 1 Viertel Pfund friſche Butter ſchön pfäumig ab, gieße ein Kaffeebecherl laues Waſſer während
des Umrührens hinein; nur ſchnell muß man rühren,
dann rühre ſo viel Mehl darein, als zu einem dicken
Nockenteig nöthig iſt, ſalze ein wenig, ſtelle es in einen
kühlen Ort, laſſe es eine Viertel Stunde ſtehen, damit
es feſt werde; dann mache fingerdicke halbmondförmige
Kipfel, belege ſie mit Schnee, beſtreue ſie mit Zucker,
geriebenen Mandeln und Vanilie, laß ſie geſchwind ſchön
gelb backen, auskühlen, beſtreue ſie abermals mit Vanilie und Zucker, und trage ſie auf.

6. Schwediſches Brod.

Nimm auf ein Nudelbrett anderthalb Seidel feines Mehl, ſchneide darein 4 Loth friſche Butter, gib dazu 4 Loth geſtoſſenen Zucker, 6 Dötter, 6 Löffel ſüßen
Schmetter, ein bischen Salz, arbeite den Teig recht
ab, daß er ſich nicht mehr aus Nudelbrett klebt, walze
es Meſſerrücken dick aus, belege es dick mit feſten Schnee,
beſtreue es mit Zucker, geſchnittenen Mandeln, Fenchel
und geſchnittenen Piſtazen, radle 2 Finger breite, einen
Finger lange Streife, ſchmiere die blechernen Bogen-
formen mit Schmalz, lege den Teig darauf, laß ihn
ſchön gelblicht backen, beſtreue ihn mit Zucker, ſchlichte
einen großen Berg davon auf eine Schüſſel, und trage
es auf.

7. Mandelolippen.

Nimm 1 Viertel Pfund geſtoßenen Zucker auf eine Schüſſel, gib ein Viertel Pfund feines geſiebtes Mehl,
1 Viertel Pfund geſchälte geriebene Mandeln, ein bis-

chen gestoßenen Zimmet, ein bischen kleingeschnittene Lemonieschale, mische alles wohl untereinander, treibe ein Viertel Pfund frische Butter recht ab, gib dieses hinein, schlage 8 ganze Eier dazu, treibe es wohl ab, und backe es; die Form darf aber nicht geschmiert werden. Sobald man es von der Form nimmt, muß es gleich über ein hübsch dickes Hölzel gerollt werden; schlichte sie auf eine Schüssel, bestreue sie mit Zucker, und gib sie zur Tafel. Sind sie Tags zuvor gemacht, und werden weich, so muß man sie eine Stunde vor dem Anrichten in eine warme Röhre oder sonst an einen warmen Ort stellen.

8. Oblatten mit Chokolade.

Nimm auf 2 Seidel Mehl 3|4 Seidel süßen Schmetten, 2 ganze Eier, kleingeschnittene oder auch auf Zucker abgeriebene Lemonieschale, und ein wenig Salz, gib alles in 1 Topf, rühre es recht ab, schmiere die Form mit Schmalz aus und backe es; wenn sie gebacken sind, so schmiere ein Blattel mit zerlassenem Schmalz, streue darüber geriebene Chokolade vermischt mit Zucker und Vanilie, decke ein 2tes mit Schmalz geschmiertes Blattel darüber, gib abermals in die Form, laß ein wenig darein, nimm sie heraus; wenn du willst, kannst du sie noch dicker machen, d. h. 3 Blätter auf einander, und 2mal Chokolade. Man kann auch statt Chokolade Zucker und Zimmet nehmen.

9. Zimmet Hocholippen.

Nimm 1 Seidel Mehl, 3 Viertel Seidel gute süße Milch, ein bischen Zucker und Zimmet, und Lemonieschale, gib ein oder 2 Eier dazu; sollte es zu dick seyn, kann man Milch zugießen, wie auch bei den Oblatten, backe es eben so wie bei den Oblatten, rolle sie wie die Mandelolippen, bestreue sie mit Zucker und Zimmet, und trage sie zur Tafel.

10. Kleine Zwieback.

Gib auf eine Schüssel 1 Viertel Pfund feingestoßenen Zucker, schlage darein 4 ganze Eier, rühre es eine
halbe Stunde wohl ab, gib dann Zimmet, Gewürznelken, von jedem etwa ein Viertel Loth, von einer Lemo-
nie·die Schale, ein bischen überstoßenen Fenchel, dann
so viel Mehl, als zu einem leichten Buchtelteig erforderlich ist, dazu; mache aus diesem Teig fingerdicke
Stritzeln, schmiere das Papier mit Butter, lege die Stritzeln darauf, gib es auf ein Blech, laß es in einer gut
geheitzten Röhre schön semmelfarb backen, schneide sie
gleich warm; lasse sie auf Papier und Blech in einer
kühlen Röhre trocknen, gib sie auf Dessertteller unter
das Zuckerwerk. Sie können im trockenen Orte aufbewahrt werden.

11. Eine gute Buchtel.

Treibe ein Viertel Pfund frische Butter ab, nimm
1 Seidel guten sauren Schmetten, gib darein 6 Eierdötter, 3 Löffel gute Hefen, 2 Loth Zucker, ein bischen
Salz, quirle alles wohl ab; gib immer eine Handvoll
Mehl, und gieße immer von dem abgequirlten Schmetten dazu, bis daraus ein gehöriger Buchtelteig ist, arbeite es recht ab, bis es Blasen wirft und vom Kochlöffel geht. Bestreue eine Serviette mit Mehl, zerwalge
den Teig 2 Messerrücken dick darauf, schmiere ihn mit
zerlassener Butter, streue ihn mit gestoßenen Zucker,
Zimmet und länglich geschnittenen Mandeln aus; die
Buchtel rolle zusammen, lege sie in die Form, lasse sie
3 Viertel Stunde gähren, und dann gemach backen; sie
kann wenigstens 3 Viertel Stunde in der Röhre seyn.
Stürze sie, bestreue sie mit Zimmet und Zucker, und
trage sie auf.

12. Kugelhupf.

Nimm 6 Loth frische Butter, 6 Loth Schmalz, treibe beides schön pfäumig ab, schlage darein 10 Eierdötter, verrühre jedes gehörig; dann gib 4 Loth auf Lemonie abgeriebenen Zucker, 3 Löffel gute Hefen, ein bischen Salz, 8 Löffel voll guten süßen Schmetten, ein bischen Muskatenblüthe oder besser Vanilie, dann ein halbes Pfund feingesiebtes Mehl, rühre es jetzt nicht lange mehr ab, schmiere die Form; ist es eine Sternform, so streue einen Strahl mit länglich geschnittenen, einen mit halben Mandeln auf, gieße den Teig hinein, lasse es wenigstens 3 Viertel Stunde backen, gähren, dann 1 Stunde backen, stürze es, bestreue es mit Zucker und Vanilie, lasse es kalt werden, trage es auf die Tafel.

13. Butterteig.

Nimm 3 Seidel feines gesiebtes Mehl auf ein Nudelbrett, schneide darein 4 Loth frische Butter, 2 Dötter und ein ganzes Ei, einige Löffel voll süßen Schmetten, ein wenig Salz, arbeite es recht ab, zerwalge und überlege es einigemal, lasse es im Kühlen rasten, nimm 28 Loth Butter, wasche sie recht im Wasser durch, arbeite sie recht ab, daß sie geschmeidig wird, nimm sie aufs Nudelbrett, bestaube sie mit Mehl, zerwalge und formire einen runden Kolatschen, lasse ihn eben im kalten Orte rasten, zerwalge die Butter so groß als der Teig, lege es aufeinander, überlege es 3mal, zerwalge es und mache daraus was du willst, entweder Hascheewandeln oder sonst andere Sachen. Die Hascheewandeln werden also gemacht: man sticht immer 2 gleiche Blatteln mit einem runden Stecher aus, eins läßt man so, in das andere sticht man mit noch einem kleinern Stecher ein kleines rundes Löchel, legt es auf das andere, gibt es aufs Papier, bestreicht mit einem zerklopften Ei, lasse schön heiß backen; wenn sie gebacken sind,

fülle sie entweder mit einem Fleischhaschee oder eingesottenen Rivis; die mit Fleischhaschee müssen lau bleiben, daher lasse sie an einem warmen Orte stehen. Diese pflegt man gewöhnlich nach dem Rindfleisch zu geben.
Aus diesem Teig kann man verschiedenes machen. Bögen oder Ränbe um Schüsseln u. s. w.

14. Bitterpatzeln.

Stoße ein Viertel Pfund süße geschälte und ein
Viertel Pfund bittere Mandeln im Mörser, oder reibe
sie auf einem Reibeisen; während des Stoßens aber muß
sie mit Schnee anfeuchten, daß sie nicht ölig werden,
gib sie auf die Schüssel, gib dazu ein halbes Pfund gestoßenen Zucker, von 6 bis 7 Eiweiß den Schnee, wie
du siehst, daß es nicht zu dünn wird; mache davon
kleine Häufel aufs Papier und Blech, lasse es geschwind
schön semmelfarb backen, nimm sie gleich heiß mit einem
Messer ab, gib sie eben auf Confektteller zwischen das
Zuckerwerk.

15. Ingber.

Nimm 1 halbes Pfund feines durchgesiebtes Mehl
auf ein Nudelbrett, gib dazu ein halbes Pfund feingestoßenen Zucker, von einer Lemonie die kleingeschnittene
Schale und 2 Löffel voll gestoßenen durchgesiebten Ingber, mische alles recht unter einander, schlage darein
3 ganze Eier, arbeite es recht ab, zerwalge es 2 messerrückendick, steche es mit der Ingberform aus, schmiere
ein Papier, lege es darauf, lasse es schnell backen; wenn
es gebacken ist, so ziere es mit weißem Zuckereis, und
lasse es trocknen. Wird ebenfalls unter das Zuckerwerk
gemischt. Wenn man die Form nicht hat, so kann man
fingerlange Stritzeln machen, und sie so ingberartig auf
den Seiten ausstechen.

16. Faſchingskrapfen mit weißen Ränderln.

Nimm ein Seidel ſüßen lauen Schmetten, 4 Eierdötter, 3 Löffel gute Hefen, ein Löffel voll geſtoßenen
durchgeſiebten Zucker, ein Stück Butter wie ein Ei
größ; dieß miſche alles wohl untereinander. Nimm feines Mehl, welches Tag zuvor in die Stube genommen
und durchgewärmet werden muß; mache einen Teig wie
auf leichte Buchtel ein, arbeite ihn recht ab, bis er ſich
vom Kochlöffel löſt, ſalze ihn ein wenig, nimm ihn aufs
Nudelbrett, zerwalge ihn einen kleinen Finger dick, mache Krapfen, fülle ſie mit eingeſottenen Riwis oder guten Powideln, lege ſie auf eine mit Mehl beſtreute Serviette, laſſe ſie ein bischen gähren; dann backe ſie. Die
Pfanne muß auf Kohlen ſtehen, und Schmalz muß ſo
viel darein ſeyn, daß die Krapfen ſchwimmen können,
und nicht auf den Boden fallen, lege ſie in das Schmalz
mit der Seite, die oben war, decke ſie wohl zu, ſo bekommen ſie ſchöne weiße Ränderln; beſtreut mit Zukker trage ſie auf.

17. Lange große Faſchingskrapfen.

Treibe 3 Viertel Pfund friſche Butter ſchön pfäumig ab; wenn ſie gut abgetrieben iſt, ſo gib darein 6
Seidel durchgewärmtes geſiebtes Mehl; mache den Teig
mit lauen ſüßen Schmetten ein, gib einige Löffel gute
Hefen darein, kleingeſchnittene Lemonieſchale, einen Löffel voll geſtoßenen Zucker, ein bischen Muſkatenblüthe,
arbeite den Teig recht aus, laſſe ihn gähren; wenn er ein
bischen gegangen iſt, ſo gieße darein etwa 1 Viertel
Seidel guten öſterreicher Wein, arbeite ihn wieder ab,
ſalze ihn, laſſe ihn wieder gähren; dann rühre in den
Teig 1 Viertel Pfund kleingeſchnittene Mandeln, arbeite
es wieder ab, gib es auf das Nudelbrett, mache eine
Viertel Elle lange, hübſch dicke Krapfen, lege ſie auf
ein mit Mehl beſtreutes Brett, laſſe ſie gähren; dann

backe sie schön gemach; muß eben recht viel Schmalz seyn, damit sie schwimmen; sobald sie aus dem Schmalz kommen, baßire sie ganz im gestoßenen Zucker, laße kalt werden. Diese werden dann auf der Tafel auf Blatteln geschnitten.

18. Rosenkrapfen.

Nimm ein Seidel Mehl aufs Nudelbrett, zertreibe darein 4 Loth Butter, mache ein Grüberl darein, schlage darein ein ganzes Ei, 2 Dötter, gib dazu 3 Löffel gute Milch, 3 Löffel österreicher Wein, ein bischen Zucker, ein bischen Salz, arbeite es recht ab, zerwalge es so wie auf Nudeln, steche mit der Form die Röserln aus, feuchte sie immer in der Mitte ein bischen mit Eiweiß an, lege 4 Blätter auf einander, drücke sie in der Mitte mit einem Finger fest zusammen, werfe sie in heißes-Schmalz, laße sie schön goldgelb backen, gib in die Mitte einer jeden solchen Rose entweder eingesottenen Rivis oder Rosinenpowideln, bestreue sie mit Zucker und richte sie schön auf eine Schüssel an. Aus diesem Teige kannst du auch die sogenannten Gottesgnaden machen, nämlich: rable längliche 3 Finger breite Streifeln aus dem zerwalgten Teige, rable sie in der Mitte 2, 3mal ein bischen durch, werfe sie in heißes Schmalz, laße sie goldgelb backen. Richte davon einen Berg auf eine Schüssel, bestreue ihn mit Zucker, und trage es zur Tafel.

19. Butterbrod.

Gib in einen Topf 1 Viertel Pfund gestoßenen Zucker, dazu 6 Dötter, rühre es eine Viertel Stunde wohl ab, wie auf eine Piskotentorte, gib darein gestoßene Gewürznelken, Zimmet, von jedem ein Viertel Loth, dann kleingeschnittene Zitronat, nimm dann Mehl auf ein Nudelbrett, gieße es darein, mache einen Teig, arbeite ihn recht ab, mache daraus ein Laibel, bestreiche es mit einem zerklopften Ei, bestreue es recht mit Chokolade, gib es aufs Papier und Blech, lasse es backen; wenn es kalt ist, so schneide es wie Brod, mache ein Citroneneis, bestreiche es damit, lasse es trocknen, und gib es unter die Belarien.

20. Mandelkranzeln.

Stoße ein Pfund Zucker, siebe ihn durch ein Haarsieb, mache von 3 Eiweiß Schnee, rühre den Zucker eine halbe Stunde damit ab, gib dann von einer Lemonie den Saft darein, dann schneide ein halbes Pfund geschälte Mandeln auf Nudeln, lasse sie auf einem warmen Orte wohl abtrocknen, gib sie darein und von einer Lemonie die kleingeschnittene Schale dazu, mache dann auf Oblatten davon Kranzeln, Häufel und Halbmonde, und lasse es semmelgelb backen. Es wird auf Confekttellern unter Zuckerwerk aufgetragen.

21. Verzuckerte Kastanien, Datteln und Pomeranzen.

Schäle die Pomeranzen, schabe alles Weiße ab, nimm die Spalten auseinander, doch so, daß der Saft nicht heraus kann; die Kastanien röste und schäle sie; aus den Datteln nimm den Kern heraus. Lasse Zucker mit einigen Löffeln voll Wasser so lange sieden, bis er sich spinnt; dann schmiere eine Marmorplatte mit Mandelöl, steche die Pomeranzenspalten, Kastanien und Datteln auf spitziges Hölzel, tunke sie in den Zucker, lege sie auf die Marmorplatte, und lasse sie kalt werden; mache sie in Papier ein, und mische sie unter anderes Zukkerwerk.

22. Schinken von Zucker.

Schäle und reibe ein Viertel Pfund süße und 4 Loth bittere Mandeln, gib sie auf eine Schüssel, gib dazu 1 Viertel Pfund gestoßenen Zucker und ein bischen Schnee, treibe es recht ab, lege den vierten Theil davon

auf die Seite, in die 3 Theile gib ein Quintel gestoßene Gewürznelken, ein Quintel Zimmet, 1 Quintel
Muskatennuß, 1 Löffel voll rothen pulverisirten Sandel,
arbeite es recht ab, mache daraus ein längliches Laiberl,
das Weiße gib oben auf, drücke es zu, schneide Schnitteln, formire sie auf dem Papier, und lasse sie abtrocknen,
es sieht sehr täuschend aus; um es noch täuschender zu
machen, man kann statt Pfeffer und Salz geriebene Chokolade und gestoßenen Zucker geben. Gehört auch unter
das Zuckerwerk.

23. Mandelbögen.

Schäle und reibe 1 halb Pfund süße Mandeln, gib
dazu 1 Viertel Pfund gestoßenen Zucker, von einer Lemonie die kleingeschnittene Schale, 2 Dötter und 4 ganze Eier, und einen Kochlöffel voll feines Mehl, oder
feingesiebte Semmel, schneide Oblatten so lang und so
breit, als du sie haben willst, schmiere den Teig darauf, lege es auf die gebogene Form, lasse sie schön semmelfarb backen; wenn sie gebacken und ausgekühlt sind,
kannst du sie zieren wie du willst; mit Lemonie oder
Zuckereis, mit Pistazen bestreuen, trocknen lassen, auf
Torten geben, oder so auftragen.

24. Mandelbögen auf andere Art.

Schäle 1 Pfund süße Mandeln, 3 Viertel Pfund
schneide auf Nuderln, 1 Viertel Pfund reibe auf einem
Reibeisen, gib die geriebenen auf eine Schüssel, und
dazu 1 halb Pfund gestoßenen Zucker, mache aus 6 oder
8 Eierweiß den Schnee, gib ihn dazu, von einer Lemonie die Schale auf Nuderln geschnitten, und die geschnittenen Mandeln auch darein, treibe es recht ab,
schmiere ein reines Blech mit Wachs, streiche die Bögen so dick als du willst darauf, lasse es backen, nimm
sie ab, biege sie über einen Nudelwalger, oder kannst
sie auch wie die vorigen auf Oblatten geben, und auf

Bögenformen backen, ziere sie mit Lemonieeis, und lasse sie trocknen.

25. Osterlaibel.

Nimm 3 Viertel Pfund frische Butter, 2 und 1 halb Seidel Schmetten, 6 Dötter, die Butter zerlasse, gib sie in den lauen Schmetten, die Dötter und 4 Löffel gute Hefen dazu, nimm durchgewärmtes Mehl, mache den Teig an, gib darein 2 Loth gestoßenen Zucker, 1 Viertel Loth Muskatenblüthe, von einer halben Lemonie die Schale, arbeite den Teig recht ab, bis er Blasen wirft, und vom Kochlöffel sich ablößt, lasse ihn gähren; wenn er gegangen ist, salze ihn, gib darein 4 Loth geschnittene Mandeln, 4 Loth große Rosinen, arbeite den Teig gehörig ab, mache ein Osterlaib, schmiere ein Papier mit Butter, gib es darauf, dann auf ein Blech und lasse es entweder im Backofen oder in einer guten Röhre backen.

26. Kaffeepretzeln.

Nimm 4 Seidel feines Mehl, ein Viertel Pfund Butter, ein großes Seidel guten süßen lauen Schmetten, 4 Löffel gute Hefen, mache den Teig wie ein Buchtelteig an, gib dazu 1 Loth gestoßenen Zucker, ein bischen Muskatenblüthe, ein bischen kleingeschnittene Lemonieschalen, arbeite den Teig recht ab, salze ihn ein bischen, nimm ihn auf ein Nudelbrett, arbeite ihn etwas fester als auf Buchtel, mache Pretzeln daraus, lege sie auf ein mit Butter geschmiertes Papier und Blech, bestreiche sie mit zerklopften Eiern, lasse sie gehen, und backe sie schön semmelgelb. Sie sind statt Herl zum Kaffee anzuempfehlen.

27. Geschwinde Buchtel.

Nimm 3 Seidel Mehl, 1 Seidel Schmetten, 1 Eidotter, 6 Loth Schmalz, 3 Löffel gute Hefen, mache einen Teig an, gib dazu ein Loth Zucker, ein bischen Muskatenblüthe, ein bischen geschnittene Lemonieschale, ein bischen Salz, arbeite den Teig recht ab, nimm ihn auf ein Nudelbrett, schneide daraus so viel Stückeln, als du Buchtel machen willst, zerwalge sie klein finger= dick, bestreiche sie entweder mit Mohn, Powideln oder Quark, oder schmiere sie mit Butter, und bestreue sie mit geriebenen Pfefferkuchen, rolle sie ein, lege sie in die Bratpfanne in zerlassenes Schmalz, lasse sie gähren, dann backen, stürze sie und lasse sie auskühlen.

Man kann sie auch in eine runde Buchtelform ma= chen: man legt nämlich in dieselbe immer eine mit Mohn, eine mit Quark, eine mit Powideln, läßt es so backen, und dann stürzt man es; jeder kann dann nach eigenem Geschmack wählen. Diese werden mit Zucker bestreut, sobald man sie stürzt.

28. Gesalzene Kümmelstritzeln.

Schneide in 4 Seidel feines Mehl 4 Loth frische Butter, nimm ein und ein halb Seidel süßen Schmetten, 3 oder 4 Löffel gute dicke Hefen, 1 halb Loth Zucker, ein bischen Salz, ein bischen Ingber, mache den Teig, gib noch ein bischen Lemonieschale darein, arbeite den Teig recht ab, nimm ihn auf das Nudelbrett, arbeite noch so viel Mehl darein als zu einem festen Stritzelteig nöthig ist, mache dann kleine Stritzel, schmiere sie mit zerklopf= ten Eiern, bestreue sie mit Kümmel und Salz, gib sie auf ein mit Butter geschmiertes Papier und Blech, lasse sie schön resch backen. Diese Stritzeln sind zu Bier gut.

29. Martiniherln gefüllte.

Nimm drei Seidel feines Mehl, drei Loth schönes Schmalz, 1 Seidel süßen Schmetten, 2 Löffel gute He= fen, 1 Loth gestoßenen Zucker, mache einen Teig an, gib noch Lemonieschale und Muskatenblüthe darein, ar=

beite den Teig ab, bis er Blasen wirft, bestreue ihn mit
Mehl, lassen ihn gähren, dann salze ihn, nimm ihn aufs
Nudelbrett, mache so viel Stückel, als du Herln brauchst,
zerwalge sie länglich 2 messerrücken dick, beschmiere sie
mit Mohn oder Powideln, oder bestreue sie mit Mandeln
und Zucker, rolle sie, formire ein Martiniherl, lege es
auf ein mit Butter geschmiertes Papier und Blech, be=
streiche es mit zerklopften Eiern, bestreue es mit Zucker
und geschnittenen Mandeln, lasse es schön resch backen, kalt
werden, und gib sie mit Zucker bestreut zur Tafel.

30. Mundsemmeln.

Nimm 3 Seidel Mehl, 1 Seidel gute laue Milch,
2 Löffel voll Hefen, ein bischen Salz, mache einen Teig
an, arbeite ihn wohl ab, nimm ihn aufs Nudelbrett, ar=
beite noch so viel Mehl darein, als zu einem festen Striz=
zelteig nöthig ist, bestreiche ein Papier ein bischen mit
Butter, gib sie auf ein Blech, lasse sie gähren; du kannst
sie in einer Röhre backen, oder kann man sie auch, wenn
man Brod backt, im Backofen backen; da bedarf man
aber kein Papier und Blech, nur muß man das Brett,
woran man sie gähren läßt, mit Mehl bestreuen.

31. Kunětiker Prezeln.*)

Treibe 4 Loth frische Butter ab, schlage darein 3
Dötter, gib dazu 6 Löffel voll süßen Schmetten, einen
vollen Eßlöffel gute dicke Hefen, einen Löffel voll ge=
stoßenen Zucker, mache einen festen Teig von feinem
Mehl ein, gib noch von einer halben Lemonie die Scha=
le und ein bischen Muskatenblüthe dazu, salze es ein we=
nig, arbeite den Teig bis er Blasen wirft, ab, mache

---

*) Bei einem Besuche des kunětiker Berges nahm die Ver=
fasserin solche Prezeln mit, und gab ihnen dort den Namen.

kleine Pretzeln, lege sie auf mit Butter geschmiertes Papier, schmiere sie mit zerklopften Eiern, lasse sie schön aufgehen und backe sie schön goldgelb. Sie sind zum Kaffee sehr gut.

32. Mandelkrapfeln mit Rivis.

Gib 14 Loth feines Mehl auf ein Nudelbrett, schneide darein 8 Loth frische Butter, gib dazu 8 Loth gestoßenen Zucker, 3 Loth abgezogene geriebene Mandeln, von einer Lemonie die feingeschnittene Schale, und mische alles recht durch, schlage darein 2 Dötter, und drücke den Saft von einer Lemonie dazu, mache den Teig damit an, arbeite ihn aus, zerwalge ihn auf einen kleinen Finger dick, steche mit einem runden Ausstecher runde Scheiben aus, lege sie auf ein ungeschmiertes Papier, bestreiche sie mit zerklopftem Eiweiß, bestreue sie mit Zuckergries nach N. 65, lasse sie schön goldgelb backen, dann auskühlen; wenn sie kühl sind, so schmiere ein Blättchen unten mit eingesottenen Rivis, und drücke das 2te Blättchen auch mit dem Boden daran, und so fort, bis alle gar sind, lege sie schön zierlich auf den Confectteller, bestreue sie mit Zucker und trage sie zur Tafel.

33. Mürbe Aneispretzeln.

Gib auf ein Nudelbrett ein halbes Pfund feines trockenes Mehl, 8 Loth gestoßenen Zucker und 2 Kaffeelöffel voll überstoßenen Aneis. Mische alles wohl unter einander, schneide darein 4 Loth frische Butter, mache in der Mitte ein Grübchen, mache den Teig mit 2 ganzen Eiern an, salze es nur ein wenig, arbeite den Teig aus, mache kleine Pretzeln, schmiere ein reines Blech mit Wachs, lege die Pretzel darauf, bestreiche sie mit Eiern, bestreue sie mit Zucker und backe schön semmelgelb, lasse kalt werden; beim Anrichten bestreue sie mit Zucker.

34. Gewürzkücherln.

Wische mit einem reinen Tuche 8 Loth schöne Mandeln ab, reibe sie auf einem Reibeisen, gib dazu 6 Loth gestoßenen Zucker, eine geriebene Muskatnuß, ein Quintchen gestoßenen Zimmet, ein Quintchen Gewürznelken, von einer halben Lemonie die kleingeschnittene Schale, 8 Loth gestoßenen Zucker, 8 Loth feines Mehl, mische alles wohl untereinander, mache es mit 3 Eierdöttern an, arbeite es recht ab, und lasse es dann irgend im kühlen Orte eine Stunde rasten, zerwalge es auf zwei Strohhalme dick, steche verschiedene Formen aus, lasse es auf unbeschmiertem Papier backen, dann auskühlen, bestreiche sie oben mit verschiedenem Zuckereis, lasse abtrocknen, und trage es mit andern Bäckereien auf.

35. Piskoten und Mandelbrod.

Gib in einen neuen glatten Topf 3|4 Pfund gestoßenen feingesiebten Zucker, und 3|4 Pfund feines durchgesiebtes Mehl, schlage dazu 6 Eierdötter und 7 ganze Eier, gib dazu von einer halben Lemonie auf dem Reibeisen abgeriebene Schale, und rühre es 3|4 Stunde recht ab, dann gieße die Piskoten aufs Papier, bestreue sie mit feingestoßenem gesiebten Zucker, welches durch ein Haarsieb geschieht, wirfe den Zucker vom Papier herunter, lege sie auf ein Blech, lasse sie in einer stark geheizten Röhre schnell backen, dann nimm sie, wenn sie schön semmelfarb gebacken sind, herab, entweder mit dem Messer, oder feuchte das Papier unten mit einem im kalten Wasser naß gemachten Schwamm an, so lösen sie sich besser ab.

Aus der andern Hälfte des Teiges mache Mandelbrod. Mache Papierkapseln, gieße sie mit dem Teige voll, belege mit den Hälften von schönen geschälten Mandeln, bestreue mit Grobzucker, lege die Kapseln aufs Blech, lasse eben so wie die Piskoten schnell backen, daß sie schön semmelgelb aussehen, ziehe die Kapseln auseinander, nimm das Mandelbrod herab, lege es abermals aufs Blech, und lasse es abtrocknen, lasse kalt werden, und hebe sowohl die Piskoten, als auch das Mandelbrod wohl in einem trockenen Orte auf; es ist sowohl so zum Wein, als auch zu verschiedenen Mehlspeisen zu gebrauchen, und besonders in Orten, wo dergleichen Sachen nicht zu haben sind, immer gut es im Vorrathe zu haben.

36. Bitterpatzeln.

Gib auf eine Schüssel 1 Viertel Pfund gestoßenen durchgesiebten Zucker, 4 Loth feines durchgesiebtes Mehl, dazu 6 Loth geschälte, im messingenen Mörser feingestoßene bittere Mandeln, welche jedoch mit einem Stückchen Eiweiß gestoßen werden müssen, damit sie nicht ölig werden, gib dann dazu von 2 Eiweiß den Schnee, treibe es ab, mache kleine Häufeln aufs Papier, bestreue mit Zuckergries, lasse schön semmelgelb backen.

37. Ingber.

Gib aufs Nudelbrett 12 Loth gestoßenen gesiebten Zucker, 12 Loth feines gesiebtes Mehl, 6 Loth gestoßenen durchgesiebten Ingber, gib darein 9 Eierdötter, mache damit den Teig an, walge ihn 2 Messerrücken dick, steche mit der Ingberform aus, gib es aufs Papiers, bestreue mit Zucker, lasse schön semmelgelb backen. Nimm es vom Papier, lasse kalt werden; kannst es entweder so lassen oder mit Lemonieeis zieren, abtrocknen lassen, dann aufheben.

38. Spanische Wind mit Eingesottenem.

Mache von 6 Eiweiß festen Schnee, vermische ihn mit 3 Viertel Pfund feinen gestoßenen gesiebten Zucker, und mit von einer halben Lemonie auf dem Reibeisen abgeriebener Schale, gib es in ein Papiertrichter, drücke

ein Stückchen aufs Papier, lege in die Mitte ein Stückchen Eingesottenes, von Himbeeren oder Marillen, und
drücke wieder ein Stückchen darüber, bestreue recht durch
ein feines Sieb mit Zucker, schüttle den Zucker, der aufs
Papier gefallen, wieder ab, lasse sie schön semmelgelb backen, netze das Papier unten mit einem im kalten Wasser
eingeweichten Schwamm, nimm sie vom Papier, kannst
auch solche Häufel ohne Eingesottenes machen, dann 2
und 2 mit Eingesottenen zusammenkleben. Dieses Ge-
bäck kann man entweder so gemischt zwischen anderes
Zuckerwerk geben, oder mit Schoboß begossen statt einer
Mehlspeise' auftragen, oder aber auch bergartig gehäuften Schmettenfaum damit besetzen, ist immer schön und
immer gut.

39. Vanilie-Bußerln.

Gib auf ein Schüsselchen 12 Loth gestoßenen gesiebten Zucker, bei welchem' ein Stückchen Vanilie gestos-
sen werden muß, gib darein 3 Eiweiß und treibe es so
lange ab, bis es weiß wird, gib dazu einen Löffel voll
Lemoniesaft, so wird es schön weiß, schmiere ein warmes
Blech mit Wachs, mache kleine haselnußförmige Häufel, bestreue mit Zucker, der daneben fällt, schütte herab,
lasse sie so auf einem lauen Orte eine halbe Stunde stehen, dann wende das Blech mit den Bußerln herunter
über eine heiße Platte, so werden sie schön glatt, und
gib sie nun erst in eine heiße Röhre, lasse sie schön semmelgelb backen, so gehen sie schön auf, und zerspringen
nicht. Nimm sie vom Blech, lasse kalt werden, hebe sie
dann in einem trockenen Orte auf.

40. Chokolade-Kränzchen.

Gib auf eine Schüssel 8 Loth gestoßenen gesiebten
Zucker, gib darein 2 Eiweiß und treibe es ab, bis weiß
wird, gib dazu einen Löffel voll Lemoniesaft und 4 Loth
geriebenen Chokolade, rühre es ab, dann walze es im

gestoßenen Zucker auf dem Nudelbrett ab, zerwalge auf einen kleinen Finger dick, steche schöne Kränzchen aus. Was aus der Mitte ausgestochen wird, lasse ebenfalls, schmiere ein Blech mit Wachs, lege sowohl die Kränzchen als auch die ausgestochenen Bußerln darauf, lasse eine Stunde auf einem Orte stehen, so trocknen sie schön ein, und heben sich, dann lasse in einer heißen Röhre schnell backen, nimm sie vom Blech, lasse kalt werden, und ziere sie mittelst einer kleinen Spritze mit weißem Eis, hebe sie auf.

41. Marillenpretzeln.

Gib auf ein Nudelbrett 4 Loth gestoßenen gesiebten Zucker, gib darein einen Löffel eingesottene Marillen, und einen Löffel voll Lemoniesaft, mache einen Teig an; wäre es zu dünn, so muß du noch so viel gestoßenen gesiebten Zucker dazu thun, daß es sich nicht an die Hände anklebt, mache daraus ganz kleine Pretzeln, lege sie aufs Papier und lasse sie im Sommer auf der Luft trocknen, im Winter lasse sie aber auf einem warmen Orte eintrocknen, bis sie sich selbst vom Papier lösen. Lasse in einem trockenen Orte aufbewahrt. Aus selbem Teige kann man, wenn man es messerrückendick zerwalgt, auf kleine viereckige Zelteln schneiden, trocknen lassen, dann in vielfärbiges Papier zierlich eingewickelt, zwischen anderes Zuckerwerk mengen.

42. Zuckerzelteln.

Mache von 3 Eiweiß festen Schnee, mische darein 1 Viertel Pfund gestoßenen Zucker, treibe es recht ab, daß ein schönes weißes Eis daraus wird, rühre dann darein ein Loth feines Mehl, von einer halben Lemonie die kleingeschnittene Schale, 4 Loth geschälte, auf Nudeln geschnittene Mandeln, 1 Loth Citronat, ein Loth Pistazen, beides auf Nudeln geschnitten, schneide Oblaten so groß wie ein Zweigroschenstück, streiche einen fingerdick daran, laſſe es in einer kühlen Röhre langſam backen; am beſten iſt es, wenn es hübſch weiß bleibt.

43. Mandelmaultaſchen.

Nehme ein halbes Pfund feines Mundmehl auf ein Nudelbrett, theile es in 2 Theile, in den einen Theil mache ein Grübchen, ſchlage in ein Töpfchen ein ganzes Ei, und gib einen Dötter dazu, anderthalben Eßlöffel guten, ſüßen, ungekochten Schmetten, ſprittle es recht ab, gieße es in das Grübchen, ſalze es ein wenig, rühre den Teig zuvor mit dem Kochlöffel ab, dann arbeite ihn mit den Händen ſchön glatt aus, mache ein Laibchen davon, und laſſe ihn raſten.

Nehme die zweite Hälfte Mehl, ſchneide darein ein halbes Pfund friſche gut ausgewaſchene Butter, und arbeite es mit dem Nudelwalger recht ab. Nun zerwalge zuvor den abgeraſteten Teig 3 Strohhalm dick, dann eben ſo groß die mit Mehl ausgearbeitete Butter, lege ſie auf den Teig, lege den Teig in 3 Theile zuſammen, zerwalge ihn, lege ihn wieder ſo zuſammen, und zerwalge ihn wieder; ſo wiederhole es bis zum fünftenmale, das fünftemal zerwalge ihn etwas weniger als kleinfingerdick, und ſchneide daraus mit einem ſcharfen Meſſer 3 Finger breite und 3 Finger lange Blätter, damit ſie ſchön viereckig ſind, laſſe es ſo einige Stunden im Kalten liegen, dann zerwalge jedes Blättchen ſo fein, wie auf feine Nudeln, ſchmiere jedes Blättchen etwa Daumenbreite vom Rande mit zerklopftem Eiweiß, lege auf jedes einen Eßlöffelvoll Mandelfülle, lege ſie ebenfalls in drei Theile zuſammen, lege ſie auf ein reines ungeſchmiertes Papier, auf ein Blech, und backe ſie in hübſch heißer Röhre ſchön ſemmelgelb.

Die Fülle bereite alſo:

Gib in einen reinen glatten Topf 1 Viertel Pfund feingeſtoßenen geſiebten Zucker, ſchlage darein 3 Eierdötter und 3 ganze Eier, rühre es ab, bis es schäumt, gib dazu ein Viertel Pfund geschälte, auf dem kleinen Reibeisen geriebene süße Mandeln, rühre es eine halbe Stunde ab, gib dazu von einer Lemonie die feingeschnittene Schale, und 1 Stückchen mit Zucker gestoßene Vanilie, rühre damit noch eine halbe Stunde, dann fülle die Maultaschen, wie oben angezeigt ist; wenn sie gebakken sind, so bestreue sie mit Vanilie=Zucker. Am besten ist es im Winter zu machen, denn im Sommer wird der Teig zu weich, außer man macht es im Keller.

44. Gefüllter Piskotenteig.

Gib auf eine Schüssel 8 Loth feingestoßenen gesiebten Zucker, schlage darein 8 Eierdötter, rühre es eine halbe Stunde ab, dann mache von den 8 Eiweiß einen festen Schnee, gib immer 1 Löffel Schnee, und streue wieder einen Löffel voll feines trockenes Mehl darein, bis darin der ganze Schnee und 8 Loth Mehl verrührt sind; nun rühre nicht mehr damit, lege auf ein Blech ein viereckig fingerhoch eingeschlagenes Papier, schmiere es mit zerlassener Butter, gieße von dem Teige so viel darauf, daß, wenn es auseinander gestrichen wird, es so halbkleinfingerdick ist. Es muß überall gleich gestrichen werden, stelle es in eine heiße Röhre, und lasse es schnell schön semmelgelb backen. Richte indessen zerlassenen Himbeer oder Rivissaft zu, bestreiche damit den gebackenen Piskotenteig nur ganz dünn; nun rolle es wie einen Strudel zusammen, lasse es noch in einer warmen, nicht aber heißen Röhre ein wenig abtrocknen, dann kalt werden; den zweiten Tag zerschneide es in 2 Strohhalme breite runde Schnittchen, und gib es entweder so auf Confektteller zum Wein, oder besprenge es, ehe du es aufträgest, mit süßem Wein, mit dem Saft von einer Pomeranze vermischt, lege es schön hügelartig auf eine

Schüssel, mache einen Kranz vom festen Weinschaum (Schodoh) herum, und trage es auf.

45. Schwarze Piskoten oder Tag und Nacht.

Gib auf 1 Schüssel 8 Loth feinen gestoßenen, gesiebten Zucker, schlage darein 4 Eidötter, rühre damit eine Viertel Stunde, gib darein 4 Loth geriebene Chokolade und von den 4 Eiweiß einen festen Schnee, dann streue darein 4 Loth feines Mehl, gieße es in eine ausgeschmierte Zwiebackform, lasse es backen, stürze es, lasse es kalt werden; den zweiten Tag schneide es wie Mandelbrod, lege es auf Papier und Blech, bestreiche es mit weißem Lemonieeis, lasse es abtrocknen, und gib es zum Wein.

46. Ein Hase vom abgetriebenen Tortenteig.

Gib 1 Pfund gestoßenen feinen durchgesiebten Zucker auf eine Schüssel, schlage darein 32 Eidötter, rühre damit etwas über eine Viertel Stunde, dann gib dazu 3|4 Pfund feingeschnittene geschälte süße Mandeln, 4 Loth feingeschnittene Citronat und 4 Loth Pomeranzenschalen, beides feingeschnitten, würze es mit halb Loth Gewürznelken, und einen halben Loth Zimmet, beides feingestoßen, dann gib noch einen Löffel voll braungeröstetes, gestoßenes, durchgesiebtes Kornbrod und' den Schnee von 14 Eiweiß dazu; es muß über eine halbe Stunde abgetrieben werden, ehe du den Schnee hineingibst, diesem nur noch verrühren, dann schmiere eine Hasenform mit zerlassenem Schmalz, streue die Form mit Semmelbröseln aus, gieße das Abgerührte hinein, lasse es langsam backen, stürze es, lasse es kalt werden, dann beschmiere den Hasen mit schönem weißen Lemonieeis, ziere es reich mit nudelteig geschnittener Pomeranzenschale, daß es wie ein reichgespickter Hase aussehe, lasse es in einer warmen Röhre abtrocknen, und gib, wenn es ganz kalt ist, den Hasen zwischen andere Torten auf die Tafel; dieser Hase gehört schon auf größere Tafeln, zu einer kleinern Form kannst du von allem nur die Hälfte nehmen.

47. Kleine Lebzelten.

Treibe 3 Loth frische Butter ab, gib darein 1 Viertel Pfund feingestoßenen Zucker, 1 halbes Loth gestoßenen Zimmet, ein Viertel Loth gestoßene Gewürznelken, von einer halben Lemonie die feingeschnittene Schale, ein Loth süße und einige bittere Mandeln, alles auf einem kleinen Reibeisen sammt der Schale gerieben, schlage ein ganzes Ei darein, treibe es recht ab, gib dazu ein Viertel Pfund feines Mehl, nehme es auf ein mit Mehl bestreutes Nudelbrett, zerwalke es zwei messerrückendick, schneide daraus etwas über zwei Finger breite längliche Vierecke, lege sie auf ein reines mit weißem Wachs bestrichenes Blech, schmiere sie mit zerklopften Eiern, belege sie mit geschälten Mandelhälften und lasse sie langsam backen.

48. Zwieback zum Wein.

Gib auf 1 Schüssel 1 Viertel Pfund feinen gestoßenen gesiebten Zucker, schlage 10 frische Eidötter darein, treibe es etwas über eine halbe Stunde ab, gib dann ein wenig reingeklaubten Fenchel und den festen Schnee von den 10 Eiweiß dazu, streue zuletzt 10 Loth feines Mehl darein, gieße es in die mit Schmalz geschmierten ausgestreuten Zwiebackformen, lasse es langsam backen, bis es zu fallen anfängt, stürze es, und lasse es kalt werden, dann schneide es auf 2 Strohhalme dicke Schnitzeln, und lasse es in einer warmen Röhre auf Papier und Blech gelegt, trocknen.

49. Braune Kücheln.

Wische 1 Viertel Pfund Mandeln mit einem reinen Tuche ab, reibe sie sammt der Schale auf einem

Reibeisen, treibe 1 Viertel Pfund frische Butter ab, gib dazu ein Viertel Pfund gestoßenen, gesiebten feinen Zucker, schlage zwei frische Eidötter darein, und treibe es eine Viertel Stunde ab, dann gib die Mandeln, von einer halben Lemonie die feingeschnitten Schale, dazu ein halbes Loth Gewürznelken, halb Loth Zimmet, beides feingestoßen und gesiebt, und zuletzt ein Viertel Pfund feines Mehl dazu, rühre es recht ab, bestreue 1 Nudelbrett mit Mehl, zerwalge es 2 Messerrücken dick, steche thalergroße Küchcln heraus, lege sie auf ein mit weißem Wachs geschmiertes Blech, schmiere sie mit frischem kalten Wasser, und bestreue sie recht dicht mit Zuckergries *) und lasse sie langsam backen; sie sind gut und sehen gut aus.

50. Gute Pretzeln.

Gib auf eine Schüssel drei Seidel feines Mehl, mache 1 Grübchen darein, gib hinein 3 Eßlöffel voll gute dicke Hefen, 1 Seidel guten süßen Schmetten, und ein wenig Salz, arbeite den Teig recht ab, bis er Blasen wirft, lasse ihn gähren, dann schneide ein halbes Pfund frische Butter darein, gib dazu 4 Eidötter, arbeite den Teig nochmals recht aus, mache kleine zierliche Pretzeln daraus, lege sie auf ein mit Butter geschmiertes Blech; und lasse sie backen, dann schmiere sie mit zerklopftem Eiweiß und bestreue sie reich mit gestoßenen, mit geschnittenen Mandeln vermischten Vaniliezucker, lasse sie noch wieder in einer warmen Röhre abtrocknen; und wenn sie dann kalt werden, so trage sie mit Vaniliezucker bestreut zur Tafel.

Den Vaniliezucker bereite wie folgt:

Stoße feinen Zucker mit einem Stückchen Vanilie, seihe ihn durch ein Haarsieb; was darin bleibt, stoße

---

*) Siehe die Bereitung des Grobzuckers.

wieder, bis alles durch ist; bewahre diesen Zucker in der dazu bestimmten Zuckerstreubüchse zum Gebrauche, damit er nicht auslüftet; eben so bereite den Zimmet = Zucker, der Lemoniezucker muß zuvor an der Schale einer Lemonie gerieben, dann gestoßen werden.

Zuckereis
von verschiedenen Farben.

1. Weißes Zuckereis.

Stoße ein Viertel Pfund feinen Zucker, siebe ihn durch ein Haarsieb, gib ihn in eine Schale, nimm ein hölzernes Spachtel, gib in den Zucker 1 Stückchen Schnee, und gib beständig Schnee zu, bis der Zucker ganz angefeuchtet ist, treibe es beständig ab; statt den Spachtel kann auch ein neuer kleiner Kochlöffel seyn, gib ein bischen Lemoniesaft dazu, und rühre so lange, bis es schön weiß ist, dann ziere damit was du willst; nur muß man sich hüten, viel Schnee zu geben, sonst wird es zu dünn und rinnt.

2. Gelbes Eis.

Dieses macht man ganz so wie das vorige; nur daß man den Zucker zuvor auf der Lemonie oder Pomeranzschale abreibt; will man es gelber haben, so kann man allenfalls einige Tropfen aufgelösten Safran darein thun, aber nicht zu viel, sonst bekommt es einen üblen Geschmack.

3. Chokolade = Eis.

Wird eben so gemacht; nur kann man etwas weniger Zucker und mehr Schnee geben, weil die Chokolade es dicklicht macht; man kann daher 6 Loth Zucker nehmen,

6 Loth geriebene, ebenfalls durchgesiebte Chokolade und Eiweiß so viel als nöthig ist, daß es sich schmieren läßt, ohne zu rinnen.

4. Zimmet-Eis.

Nimm 4 Loth Zucker, stoße und siebe ihn, 1 Loth gestoßenen, eben durchgesiebten Zimmet, gib es auf eine Schale, dann so viel Schnee als nöthig ist, und rühre es eine halbe Stunde; ziere damit was du willst.

5. Erdbeeren-Eis.

Nimm 1 Viertel Pfund gestoßenen durchgesiebten Zucker, ein bischen Schnee, und dann Erdbeeren- oder Weichselsaft, rühre es eine halbe Stunde, und ziere damit was du willst.

6. Rosenfarbes Eis.

Stoße und siebe ein Viertel Pfund Zucker, mische es mit Schnee, bis es feucht ist, weiche ein bischen Saflor in Alkermessaft, gib es darein, so ist es rosenfarb, auch kann man einige Tropfen von angefeuchten Tarnisol darein thun, wenn kein Alkermessaft zu haben ist.

Krapfen-, Kolatschen- u. Buchtelfülle.

---

1. Zwespen-Powideln.

Nimm entweder gute Powidel oder gehackte abgekochte dürre Zwespen, gib sie auf ein Reindel, gib dazu ein Stückchen frische Butter, ein bischen kleingeschnittene Lemonieschale, ein bischen Gewürznelken und so viel Zucker, daß sie genug süß sind, lasse sie ein wenig aufdünsten, dann wieder auskühlen, und fülle damit entweder Kolatschen, Krapfen oder was du willst. Zu jedem Gebrauche müssen sie so zubereitet werden, wenn sie gut seyn sollen.

2. Mohn.

Mohn kann man entweder stoßen oder abtreiben; will man ihn stoßen, so wasche man ihn erst im kalten Wasser, stoße ihn in einem messingenen Mörser, gib ihn auf ein Reindel, gieße süßen Schmetten darein, gib ein Stückchen frische Butter, entweder Zucker oder guten böhmischen Honig darein, bis er recht süß ist, dann entweder geschnittene Lemonieschalen oder verzuckerte Pomeranzenschalen; wer will, kann entweder ein bischen Gewürznelken oder Zimmet dazu geben, dann läßt man es auf gemacher Hitze ausdünsten und auskühlen, und füllt damit was man will. Oder man wäscht und brüht den Mohn, dann gibt man ihn auf ein Reindel oder Kastrole, gießt süßen Schmetten daran, läßt ihn weich kochen, nimmt ihn dann und gibt in die Mohnpfanne, und treibt ihn mit dem dazu bestimmten Reiber recht ab, gibt ihn auf ein Reindel, dazu ein Stückchen Butter, böhmischen Honig oder Zucker, daß er recht süß ist, Pomeranzenschale oder Citronat kleingeschnitten, oder wenigstens Lemonieschale, Gewürznelken und Zimmet, läßt ihn noch ein wenig ausdünsten, auskühlen, und füllt damit was man will.

3. Quark.

Man nimmt einen schönen süßen Quark, der nicht spröde ist, zertreibe ihn mit einem Reiber oder Kochlöffel, daß keine Knollen darein sind, dann gibt man darein Eierbötter und ganze Eier bis er sich gehörig schmieren läßt; auf ein Pfund Quark kann man allenfalls 3 Dötter und 3 ganze Eier rechnen; gib Zucker darein so viel, daß er gehörig süß ist, ein bischen Salz, ein bischen Muskatenblüthe; ist er zu zusammengelegten Kolatschen oder Buchteln, so kann man, wenn man will, kleine Rosinen darein geben; auf deutsche Kolatschen aber darf dieses nicht seyn. Manche pflegen wegen gelberer Farbe auch Safran darein zu geben; dieß ist aber nicht geschmackhaft, daher widerrathe ich es. Diesen so zubereiteten Quark kann man zu allem brauchen.

4. Rosinen=Powideln.

Nimm 1 halb Pfund schöne große Rosinen, wasche sie, nimm alle Kernen heraus, hacke sie ganz klein, gib sie auf ein Reindel, gib dazu kleingeschnittene Lemonieschale, Gewürznelken, Zimmet und so viel Zucker, daß es die gehörige Süße hat; giese daran einige Löffel voll guten österreicher Wein, lasse sie ein wenig ausbünsten, dann auskühlen. Diese Rosinen - Powidel sind statt eingesottenem Rivis zu gebrauchen.

5. Zucker=Einbrenn.

Stoße 4 Loth Zucker, und gib 4 Loth Mehl dazu, gib es auf ein Reindel, 1 Stückchen frische Butter dazu, lasse es auf gemacher Gluth rösten. Diese Einbrenn braucht man zu deutschen Kolatschen; man belegt die Kolatschen damit, streut länglicht geschnittene Mandeln darüber, begießt sie mit Butter, und läßt sie backen; auch kleine runde flache böhmische Kolatschen kann man damit zieren; doch wird dieses nur selten angewendet.

6. Schnee.

Man nimmt Eiweiß von den Döttern, doch muß man acht geben, daß 1tens die Eier frisch sind, 2tens daß kein Stückel Dotter dazu kommt; diese Klar, wovon man auch noch die Äugeln sondert, gibt man auf eine zinnene oder sonst eine flache Schüssel; ist wenig, also auf einen flachen Teller, und klopft es entweder mit einem dazu bereiteten dünnen Span, oder mit einem Messer, Gabel, was bei der Hand ist; in großen Haushaltungen pflegt man zu diesem Gebrauche ein messingenes Gefäß und eine Ruthe von Drath zu haben; bei kleinen Haushaltungen aber behilft man sich schon so;

man peitscht die Klar so lange, bis sie sich zu einem festen weißen Schaume schäumt; die Probe ist, wenn man den Teller umkehren kann, ohne daß der Schaum sich vom Teller löst, so ist er fest genug; doch muß man wohl Acht geben, daß man ihn nicht auf die Erde wirft. Diesen Schnee bedarf man zu Mehlspeisen, Torten, zu verschiedenen Verzierungen und Bäckereien; daher muß jedes die Kochkunst liebende Frauenzimmer sich bestreben, darin sich zu üben, einen schönen festen Schnee zu machen.

Salate.

Ich glaube, es sey nicht nöthig, hier anzuführen, wie man einen Gurken- oder Häupelsalat machen soll; so werde ich nur solchen, die minder bekannt sind, den Raum hier gönnen.

1. Andibie-Salat.

Vom Andibiesalat nimmt man nur eigentlich das Gelbe, die unzarten grünen Blätter wirft man weg; man wäscht ihn gut im kalten Wasser, salze ihn wenig, aber desto mehr muß man Zucker daran streuen, daß er gehörig süß ist, gießt daran Essig und Provenzeröl, mischt ihn gehörig und macht so den Salat an.

2. Hopfen-Salat.

Man reinigt den jungen Hopfensalat erst mit kaltem Wasser, dann putzt man ihn, kocht ihn so wie Spargel im Salzwasser, läßt ihn kalt werden, dann wird er mit Essig und Öl angemacht, und mit gestoßenem Pfeffer bestreut.

3. Süßer Salat.

Reibe Semmel, schneide dünne Blattein, backe sie
schön goldgelb im heißen Schmalz, lege sie zierlich auf
eine Schüssel, reibe die Schale von einer Lemonie und
einer Pomeranze auf Zucker ab, bestreue mit diesem Zuk=
ker die Semmel, drücke dann den Saft von der Lemonie
und Pomeranze daran, lasse es stehen, bis es nöthig
ist, aufzutragen.

4. Gemischter Salat.

Koche dürre Zwespen in Bier, lasse dabei einige
Gewürznelken und ein bischen Lemonieschale kochen, auch
1 Stückchen ganzen Zimmet, koche trockene Hagebutten
in Wein mit Zucker und Lemonieschale; wenn beides
weich gekocht ist, so gib die Zwespen in die Mitte, richte
sie schön hoch an, herum mache einen Rand von Hage=
butten, und ganz am Rande der Schüssel mache einen
Kranz von geschnittenen süßen Pomeranzen; bringt es
die Jahrszeit mit sich, so kann man herum zwischen die
Pomeranzen noch Lemonie= oder Pomeranzenblätter zur
Zierde geben; doch dieses muß nicht seyn. Man bestreut
es mit Zucker und gibt es zur Tafel.

5. Gebackener Salat.

Schäle schöne borsdorfer Äpfel, schneide sie in
Spalten, koche Zwespen, nimm die Kernen heraus,
nimm 1 Ei, ein bischen Zucker, einige Kochlöffel voll
Mehl, dann einige Löffel voll Bier oder österreicher
Wein, mache ein dünnes Teigel, wie einen ganz dünnen
Tropfteig, salze es auch ein wenig, tunke die Apfelspal=
tel und die Zwespen darein, wirfe es in heißes Schmalz,
lasse es schön gelb backen, bestreue es mit Zucker und
Zimmet, trage es auf; es muß warm gegessen werden.

6. Gemischter saurer Salat.

Koche 4 Rosen schönen Karfiol, 4 schöne Zeller entweder im Salzwasser oder in Rindsuppe; letzteres ist geschmackhafter, nimm 3 Häupel gelben, 3 Häupel ge= sprengelten rothen Häupelsalat, salze ihn, richte in eine Schüssel Weinessig und Provenzeröl, gib den Häupel= salat hinein, rüttle ihn darin wohl um, nimm eine Schüssel, gib einen tiefen Teller umgekehrt darauf, und richte den Salat; erst mache einen Kranz von frischen Zellerblättern, dann einen Kranz von den gekochten, in Essig und Öl eingeweichten Karfiol, jetzt einen Kranz gelben Häupelsalat, dann von Zellerblattlen, dann von gesprengelten Salat, und in die Mitte einen schönen fri= schen Zellerdeckel; den Zeller bestreue mit Pfeffer, das übrige mit hartgekochten kleingeschnittenen Eierböttern. Zu diesem Salat muß man Essig und Öl extra auf den Tisch geben, weil auf dem gestürzten Teller sich nichts erhält; daher sich jeder nach Belieben Essig und Öl nachgießen kann.

7. Salat von gelben Rüben.

Schabe 2 gelbe Rüben von hochgelber Farbe, und 2 von blaßgelber Farbe ab, schneide selbe in ganz feine Nudeln, lege jede Farbe für sich ins kalte Wasser, lege in 2 Kastrolen in jede 2 Leth gestoßenen Zucker, in eines die hochgelbe, in das zweite die blaßgelbe Rübe, schneide dann von einer Lemonie und von einer Pome= ranze die Schale, ebenfalls in feine Nudeln, und in jede Kastrole von beiden die Hälfte; achte aber darauf, daß bei der Schale nichts weißes bleibe, sonst wird es bitter, gieße, wenn es ein wenig gedünstet hat, auf jede Kast= role ein halbes Seidel österreicher, oder auch süßen ungarischen Wein, und einige löffelvoll Wasser, lasse die Rübe darin weich kochen, dann drücke in jede Kastrole den reinen Saft von einer halben Lemonie; ist es nicht süß genug, so gib noch Zucker zu, lasse es einsieden, daß sich der Saft daran zieht; doch nicht ganz trocken ist. Lasse es auskühlen, dann lege die blaßgelbe Rübe in die Mitte, die dunkelgelbe als Kranz herum; hast du entweder im Zucker oder im Essig eingelegte Weichsel, so mache um die blaßgelbe Rübe davon einen Kranz, schneide die Pomeranze in dünne halbmondförmige Scheiben, lege einen Rand um die Schüssel, und ebenfalls dazwischen eingesottene Weichseln oder Häufel von andern Eingesottenen, und trage es auf.

8. Salat von Pfirsching oder Marillen.

Schäle reife Pfirsiche oder Marillen, nehme den Kern heraus, zerschlage und schäle die Mandeln, schneide sie fein, nehme eingesottenen Ribis oder Weichseln, vermische die geschnittenen Marillenkerner damit, die Marillen oder Pfirsichhälften, lege auf einen Salatteller oder Schüssel, lege in jede Hälfte ein Häuferl des Eingesottenen, bestreue es reich mit Zucker, gieße darunter einen süßen Wein, und wenn du es auftragen willst, so bestreue es nochmals mit Zucker.

9. Schneckensalat.

Koche die Schnecken nur so viel im Wasser, daß du sie aus dem Häuschen ziehen kannst, theile die Schwärzchen davon, die Schnecken putze sauber, wasche sie mit Salz im reinen lauwarmen Wasser, und lasse sie in der Rindsuppe weich sieden. Lege dann die Schwänzchen in die Mitte der Salatschüssel, die Schnecken herum, die Schwänzchen kannst du mit ein wenig Provenzeröl und feingeschnittenem Zwiebel zuvor abschwitzen lassen, dann belege es mit reingeputzten Sardellenhälften, und Oliven oder Bricken oder Aalen, zertreibe einige hartgesottene Eibötter mit Essig und guten Provenzeröl, gieße etwas von der Suppe, worin die Schnecken gekocht haben zu. Ist es nöthig, so salze es ein wenig zu, begieße das Gemisch damit, mache um die Schüssel einen Kranz von gehackten klaren Aspick, belege ihn mit schönen Kappern, so ist es eine zierliche und delikate Schüssel für eine Männertafel.

Die saueren Salate werden zu Enten, Kalbsbraten, Hühner, Kapaunen und dergleichen gegeben; die süßen meistens zum Wildbrett.

Fastenspeisen.

Suppen.

1. Schleihesuppe auf Art der Rindsuppe.

Brühe 2 oder 3 Schleihe, wie viel du gerade Suppe haben willst, ab; (auf einen größeren Schleihen nimm ein Maß Wasser) wenn sie gebrüht, abgeschuppt und geöffnet sind, wasche sie im kalten Wasser rein ab, schneide sie in Stücke, gib auf ein Reindel in Scheiben geschnittene Zwiebel, geschnittenen Zeller, 1 Stück frische Butter, salze ein wenig die Schleihen, lege sie darauf, lasse sie schön gelblicht dünsten. So viel du Schleihen hast, so viel Maß Wasser lasse kochen, gib darein einen ganzen Zeller, 2 Petersilwurzel, eine halbe Zwiebel, eine Handvoll Erbsen, salze ganz wenig, weil schon die Schleihen gesalzen sind; wenn die Schleihen gedünstet und dieses wenigstens 1 Stunde gekocht hat, so lege die Schleihen in einen Topf, seihe diese Suppe daran, lasse

es eine Viertel Stunde kochen. Diese Suppe kannst
durch ein Haarsieb seihen, und entweder Magrony oder
sonst was einkochen, den Zeller geschnitten darein thun,
mit Muskatenblüthe würzen, so ist es wie eine Rind=
suppe, oder du kannst die Schleihen herausnehmen, in
die Suppenschüssel legen, eine weiße Einbrenn machen,
die Suppe einbrennen, mit Muskatenblüthe würzen, zu
den Schleihen gib Semmel, würflicht geschnitten, im
heißen Schmalz gebacken, dann seihe die Suppe darauf.
Man kann noch nebst Muskatenblüthe in diese Suppe
entweder ein bischen gestoßenen Ingber geben, oder gan=
zen Ingber dabei kochen lassen.

2. Wurstsuppe von Karpfen.

Nimm einen halben oder ganzen kleinen Karpfen,
schuppe und öffne ihn, von dem Bäuschel nimm die Galle
weg; ist es ein Milchner, so nimm die Milch extra, zer=
schneide den Karpfen auf Stückel, löse die Gräten her=
aus, schneide das Fleisch von der Haut, hacke es klein.
Die Häute, den Kopf, einen ganzen Zeller, 2 Wurzel
Petersil, eine halbe Zwiebel, eine Handvoll Erbsen, das
Bäuschel und ein bischen Salz gib in einen Topf, gieße
so viel Wasser darauf, als du Suppe machen willst,
lasse eine Stunde wenigstens kochen. Indessen gib zu
dem gehackten Karpfenfleisch etwa 3 bis 4 Zeherl mit
Salz geriebenen Knoblauch, ein bischen Majoran, ein
bischen Lemonieschale, ein bischen gestoßenes Neugewürz,
ein bischen Ingber und ein wenig Pfeffer; wenn alles
wohl gehackt und vermischt ist, so gib es in einen neuen
Topf, seihe die Suppe, worin die Häute gekocht haben,
darüber, lasse es eine gute Viertel Stunde kochen,
brenne es mit brauner Einbrenn ein, koste, ob es genug
gesalzen ist, lasse es noch ein wenig aufkochen; richte
diese Suppe entweder über gebackene Semmel= oder
Brodwürfel an, und trage sie zur Tafel. Wenn es ein

Milchner war, so salze die Milch, ballire sie in Mehl, tunke sie in Eiern und Semmelbröseln, lasse sie goldgelb backen, und gib es unter die Suppe.

3. Gewöhnliche Fischsuppe.

Nimm 1 oder 2 Karpfenbäuschel, löse behutsam die Galle ab, daß sie nicht zerreißt, dann auch den dik=ken bittern Darm, gib es in einen Topf, gib dazu ei=nen auf kleine Nudeln geschnittenen Zeller, 2 ganze Pe=tersilwurzel, kleingehackte Zeller= und Petersilblätter, ei=ne halbe Zwiebel, lasse alles eine halbe, oder wenn das Bäuschel groß ist, 3 Viertel Stunde kochen, nimm dann die Zwiebel und die ganze Petersilwurzel heraus, ma=che eine weiße Einbrenn, brenne die Suppe ein, würze sie mit Muskatenblüthe und ein bischen Ingber, richte sie über würflicht geschnittene, im Schmalz gebackene Semmel an; auch kann die Semmel nur ungebacken würflicht geschnitten darin gegeben werden.

4. Weiße Fischsuppe.

Gib einige Stücke von verschiedenen Fischen auf 1 Reindel, gib dazu Zeller, Petersil, Pohr oder weiße Zwiebel, salze es ein wenig und lasse es ausbünsten.

Lasse in einem Topf eine Handvoll Erbsen, einen Zeller, 2 Petersilwurzel kochen, salze es eben ein wenig, backe einige Semmelschnitte, und stoße sie mit 3 hart=gekochten Döttern im messingenen Mörser, gib es in das bereitete Petersilwasser, gib die gedünsteten Fische dazu, lasse es ein wenig aufkochen, seihe es durch ein Haarsieb.

Indessen nimm ein halb Seidel kühle Fischsuppe, schlage darein 6 ganze Eier, gib ein bischen Muska=tenblüthe dazu, quirle es wohl ab, gieße es in ein Sei=beltöpfchen, binde es mit Papier fest zu, hänge es in kochendes Wasser, lasse es eine Stunde kochen, nimm kleine nockengroße Stückel mit einem Kaffeelöffel heraus, lege sie in die Suppenschüssel, zerrühre einige Dötter entweder mit kühler Suppe oder ein wenig kalten Waſſer, gib ein bischen Muſkatenblüthe dazu, gieße die kochende Suppe daran, quirle es recht ab, gieße es über die Nocken in die Schüssel, trage sie auf.

5. Braune Fiſchſuppe mit Knöderln.

Laſſe auf einem Reindel ein Stück Butter heißwerden, gib darein gelbe Rüben, Peterſilwurzeln, Zeller, Braunkohl, einige Stücke Fiſch, ein bischen ganzes Neugewürz, Ingber, Muſkatenblüthe, Gewürznelken, Zwiebel, laſſe alles schön braun dünſten; nur daß es nicht anbrennt.

In einem Topfe bereite indeſſen Peterſilwaſſer, gieße es darein, laſſe es eine halbe Stunde kochen, seihe es durch, laſſe ein Stückchen Zucker braun röſten, gib ihn dazu; sollte es herb seyn, also auch ein Stückel weißen Zucker, würze es mit Muſkatenblüthe, gieße es über die Knöderln.

6. Knöderln.

Hacke ein Stückchen Karpfenfleiſch klein, gib dazu 1 Stück abgeriebene im Waſſer oder Milch getauchte ausgedrückte Semmel, mache von 3 Eiern ein Gerührtes, laſſe es auskühlen, hacke alles recht klein, treibe 1 Stückchen friſche Butter ab, gib das Gehäcke darein, salze es, würze es mit Muſkatenblüthe, Gewürznelken, Lemonieschale, gib auch noch ein oder 2 Zeherl gut mit Salz zerriebenen Knoblauch dazu, und ein bischen Majoran, arbeite alles wohl ab, oder stoße es in einem meſſingenen Mörſer, mache kleine Knöbeln, schmiere eine Schüſſel mit Butter aus, lege die Knöderl darauf, decke die Schüſſel mit Papier zu, laſſe sie im Dunſte kochen, gib sie in die Schüſſel, gieße die braune Suppe darüber, trage sie zur Tafel. — Man kann diese Knö-

derl auch statt im Dunste zu kochen, im heißen Schmalz
backen, dann in der Suppe ein wenig aufkochen lassen,
so sind sie noch besser.

6. Krebs = Suppe.

Koche 1 halb Schock Krebse, nimm die Schnee und
Schweifel, dann die Galle sauber heraus, die übrigen
Schalen stoße, lasse sie im Butter dünsten, rühre beständig, daß sie nicht anbrennen, drücke die Butter durch ein
leinenes Tüchel aus, auf die Schalen gieße Petersilwasser,
lasse es aufkochen; backe einige Semmelschnitte schön
goldgelb, stoße sie mit einigen hartgesottenen Eierdöttern
im Mörser, gib es dazu; wenn es etwa eine Viertel
Stunde gekocht hat, so seihe es durch ein Haarsieb, mache
eine semmelfarbe Einbrenn, brenne es ein, gib 1 Stückchen Krebsbutter darein, ein bischen kleingeschnittene
grüne Petersil, ein bischen Muskatenblüthe, gieße es in
die Suppenschüssel über das Krebsfanzel.

Dieses wird auf folgende Art bereitet:

Treibe ein Stückchen Krebsbutter ab, schlage darein
2 ganze Eier, 2 Dötter, gib dazu eine abgeriebene, im
Schmetten geweichte Semmel, ein bischen Muskatenblüthe, ein bischen Salz, ein bischen kleingeschnittene
grüne Petersil, dann die Krebsschweifel und Scheeren
auf Nudeln geschnitten, treibe alles wohl ab, schmiere
ein reines leinenes Tüchel mit frischer Butter, lege ein
Kränzchen von grüner Petersil daraus aus, gieße das
Fanzel darein, binde es locker zu, lasse es in der Krebssuppe eine Stunde kochen, nimm es heraus, lege es in
die Schüssel, und dann bereite die Suppe, wie oben angezeigt, gieße sie darüber. Das Fanzel kann entweder
früher oder erst auf der Tafel geschnitten werden.

7. Frosch = Suppe.

Lasse einige Frösche auf Butter dünsten; wenn sie
gedünstet sind, so staube ein wenig Mehl daran, gib

ein bischen grüne Petersil dazu, und ein bischen Muskatenblüthe, lasse es noch etwa 1 Viertel Stunde dünsten,
gieße ein gut bereitetes Petersilwasser daran, lasse es
noch aufkochen, seihe es gut durch, und richte diese Suppe entweder über gebackene Frösche oder über gebackene
Semmelwürfel an.

8. Spargel-Suppe.

Nimm Spargel, putze ihn, schneide die Köpfel oben
schön zierlich ab, lege sie ins Kalte; das übrige schneide
klein, lege es mit einem Stückel frischer Butter auf ein
Reindel, gib dazu einige sauber geputzte Frösche, salze
es ein wenig, lasse es dünsten; wenn es gehörig ausgedünstet ist, so gieße nun gut bereites Petersilwasser
daran, lasse es aufkochen, brenne es mit gelblichter Einbrenn ein, gib ein bischen Krebsbutter und Muskatenblüthe darein, dann seihe es durch, gib kleingeschnittene
Petersil dazu, und richte es an über ein Hechten-Fanzel.

Hechten-Fanzel.

Schneide von einigen Stück Hechten die Haut heraus, löse die Gräten aus, und hacke es sehr klein, gib
dazu eine abgeriebene, im Schmetten geweichte Semmel,
gib auf eine Schüssel ein Stückchen frische Butter, treibe sie ab, gib das Gehackte darein, schlage dazu 1 ganzes Ei und 2 Dötter, ein bischen Muskatenblüthe, ein
bischen Salz, treibe es wohl ab; schmiere eine reine
Serviette oder leinenes Tüchel mit frischer Butter, lege
es mit den Spargelköpfen schön aus, gieße es darein,
binde es locker zu, lasse es in der Suppe eine Stunde
kochen; du kannst es dann entweder ganz oder zerschnitten in die Suppenschüssel geben, und die bereitete
Suppe darüber gießen.

9. Linsensuppe.

Koche Linsen recht weich, zerrühre sie, gieße Petersilwasser darüber, rühre es recht ab, seihe es durch einen Durchschlag, brenne es mit brauner Einbrenn ein, gib dazu einige Zeherl gut mit Salz zerriebenen Knoblauch, dann Majoran, Neugewürz, lasse es aufkochen; richte sie über gebackene Brodschnitteln an.

10. Erbsensuppe.

Koche die Erbsen weich, zerrühre sie, gieße Petersilwasser daran, rühre es ab, seihe es durch einen Durchschlag, gib ein Stück Butter auf ein Reidel, gib dazu ganz klein gehackte Zwiebel, rühre beständig; wenn die Zwiebel anfängt gelblicht zu werden, so gib Mehl darein, und mache eine gelbe Einbrenn, brenne die Erbsensuppe damit ein; wenn du willst, kannst du eben ein bischen mit Salz zerriebenen Knoblauch dazu geben, auch Majoran kannst du geben, würze es mit Muskatenblüthe, und gieße es über gebackene Semmelwürfel an.

11. Griessuppe.

Lasse im Salzwasser ein bischen Kümmel, Petersilwurzel, Grünes und Zeller aufkochen, salze es, seihe es dann rein durch; wenn es kocht, so koche schönen Gries ein, doch nicht zu dick, schlage in einen Topf 2 oder 3 ganze Eier, rühre sie mit kaltem Schmetten wohl ab, gib dazu 1 Stück frische Butter, ein wenig Muskatenblüthe, ein bischen Ingber, gieße die kochende Griessuppe darein, quirle sie recht ab, lasse noch einen Sud darüber gehen, gieße sie in die Suppenschüssel und trage sie auf.

12. Biersuppe.

Lasse 3 oder 4 Seidel Bier kochen, schäume es während des Kochens einigemal ab, nimm in einen Topf 6 Eierdötter, ein Stück frische Butter, einen Kochlöffel

Mehl, 2 Loth gestoßenen Zucker, ein bischen Muskatenblüthe, ein bischen Lemonieschale, ein bischen Schmetten, rühre alles wohl ab, salze es, gieße das kochende
Bier darein, quirle es recht ab, lasse es noch ganz wenig
aufkochen, gieße es entweder über Semmelwürfel in die
Suppenschüssel, oder trage es in Kaffeeschalen auf.

13. Weinsuppe.

Lasse einen guten österreicher Wein mit ganzen Zimmet und ganzer Lemonieschale kochen; so viel Seidel
Wein, so vielmal 3 Dötter gib in einen Topf, gib dazu so viel Zucker, daß es recht süß ist; auf ein Seidel
wenigstens ein Loth, ein bischen Muskatenblüthe, ein
wenig Mehl, rühre es mit ein wenig kalten Wein wohl
ab, salze es ein wenig, gieße den kochenden Wein darüber, quirle es wohl ab, lasse noch einen einzigen Sud
unter beständigem Quirlen darüber gehen, richte sie
eben so wie die Biersuppe entweder über Semmelwürfel an, oder trage sie in Kaffeeschalen auf.

14. Biersuppe mit Brod.

Schneide oder reibe Brod, gib es in einen Topf,
gib dazu ein wenig Kümmel, ein wenig Salz, gieße
Bier daran, lasse es kochen, bis das Brod ganz zerkocht
ist, schlage in einen Topf einige ganze Eier, etwa auf
4 Seidel Suppe 3 ganze Eier, 2 Loth gestoßenen Zukker, 1 halb Seidel guten, entweder süßen oder saueren
Schmetten, ein Stück Butter, rühre es wohl ab, gieße
die kochende Suppe darüber, quirle es recht ab, lasse es
noch ein bischen aufkochen, gieße es in die Suppenschüssel, trage es auf. Wenn man diese Suppe besser
haben will, kann man ein Seidel Wein dazu gießen;
will man sie säuerlich haben, so gibt man einige Löffel
guten Weinessig dazu.

15. Semmelgerstel.

Lasse im Wasser grüne Petersil, Petersilwurzel, Zel=
lerwurzel und ein bischen Kümmel kochen, salze es,
seihe es wohl durch, weiche eine abgeriebene Semmel im
kalten Wasser, zertreibe sie mit einem Stückel frischer
Butter und Muskatenblüthe, gib dazu einige Löffel voll
Schmetten, gieße die bereitete Suppe darüber, quirle
es wohl ab, lasse es ein wenig aufkochen, rühre einige
Dötter mit kaltem Wasser oder ein wenig Schmetten ab,
gieße es darein, quirle es ab, und trage es in Kaffee=
schalen auf.

16. Petersilwasser.

Gib in einen Topf von 4 Seideln einen in Schei=
ben geschnittenen Zeller, 2 Petersilwurzel, eine Hand=
voll Erbsen, salze es, gib grüne Petersil, Zeller, Mohr,
wenn er zu haben ist, wo nicht, also nur die Wurzel;
hast du Fische, und kannst entweder ein Stückel Fisch
oder ein Bäuschel entbehren, so gib es dazu, oder einige
Krebse können auch dabei kochen, lasse es eine Stunde
kochen. Dieses Petersilwasser kannst du fast zu allen
Fastenspeisen gebrauchen, und auch zu Soßen; daher,
wenn am Fasttage mehrere Speisen gemacht werden, ist
es höchst nöthig, ein derlei Petersilwasser zu bereiten;
es kann so wie in Fleischtagen die Rindsuppe verwen=
det werden.

17. Fastensuppe von Wurzeln.

Schneide 2 große Zwiebel auf Scheiben, eben so 3
Petersilwurzel, 3 gelbe Rüben, 1 großen oder 2 kleine
Zeller, gib dieses alles mit 3 Loth frischer Butter in ei=
ne Kastrole, gib noch ein halb Seidel geklaubte gewa=
schene Erbsen, 2 Stückel Ingber, 4 Gewürznelken, ein
wenig Salz und 2 Schöpflöffel voll Petersilwasser Nro.
16 dazu, lasse es hübsch braun dünsten, doch ja nicht an=
brennen. Wenn es schön braun ist und die Butter zu

schäumen beginnt, da gib dazu 2 Löffel voll feines Mehl und gib noch ein Loth Butter zu; lasse das Mehl am Boden eine bräunliche Kruste bilden, dann gieße so viel Petersilwasser daran, als Suppe nöthig ist, lasse sie aufkochen, seihe sie durch und richte sie über gebackene Semmelwürfel an. Hast du Fisch, so lasse ein Stückchen dabei dünsten, und füge in die Suppe gebackene Fischfilets bei. Diese Suppe kann Abends in Tassen klar ohne Semmel aufgetragen werden.

18. Gedünstete Fastensuppe mit Gemisch.

Gib in eine Kastrole einen in Scheiben geschnittenen Zeller, ein Zwiebel, 2 Petersilwurzeln und ist es in einer Jahrszeit, wo Spargel, Karfiol oder Kapusten zu haben sind, so füge auch davon bei, dann Stückchen Fische, wozu sich am besten die Köpfe von Speisfischen, als: Schleihen, Berschken und kleine Karpfen eignen, gib dazu so etwa 2 bis 3 Loth Butter und einen Schöpflöffel voll Petersilwasser Nro. 16, und lasse es schön lichtbraun dünsten; wenn es bräunlich ist, so füge noch 1 bis 2 Loth Butter bei, streue darüber 2 Löffel voll feines Mehl, rühre öfters um, damit sich am Boden des Gefäßes eine schöne lichtbraune Kruste formire, dann gieße so viel Petersilwasser daran, als nöthig ist; hast du Bäuschelsuppe, ist noch besser, lasse unter öfterem Umrühren noch ein Weilchen kochen, dann seihe es durch, würze es mit Muskatenblüthe und richte es über gebackene Semmelwürfel an.

Diese Suppe kann statt über Semmelschnitten, über gebackene Karpfenmilch oder über die Spritzkrapfen Nr. 17 bei den Fleischsuppen, oder auch über ein anderes Gemisch, deren ich einige beifügen werde, gegossen werden. Bei denen Gemischen ist es schöner, wenn die Suppe klar, entweder in der Terrinne oder in einer Kanne aufgetragen wird, und das Gemisch extra

zierlich auf einer Schüffel oder tiefen Teller angerichtet
wird. Auch kann diefe Suppe Abends in Taffen gegeben
werden.

Erftes Gemifch.

Wenn man frifche Herrnpilze bekommt, fo laffe fie
mit grüner Peterfil dünften, und wie gewöhnlich mit
Pfeffer gewürzt, richte es auf einen tiefen Teller in die
Mitte, belege fie oben mit Spritzkrapfen, oder beftreue
fie wenigftens mit gebackenen Semmelwürfeln, herum
ziere mit gefetzten, mit einem runden Ausftecher ausge-
ftochenen Eiern, befprenge es mit Krebsbutter, oder beftreue es mit grüner Peterfil, gib die Suppe Nro. 18
dazu.

Zweites Gemifch.

Laffe Karfiolbröckchen und Spargelköpfchen mit
Butter und ein bischen Fifchfuppe dünften, laffe 30
Krebfen im Salzwaffer kochen, dann fchneide 1 Stück
Karpfen, woraus alle Gräthen ausgelöft worden, in
Würfel, laffe fie ebenfalls mit ein bischen Peterfilwaffer,
Butter und grüner Peterfil dünften; fiehe darauf, daß
alles ein wenig, nicht aber ftark gefalzen ift, richte es
in einen tiefen Teller oder Schüffel an, gib den gedün-
fteten Fifch am Boden des Tellers, belege es mit Karfiolbröckchen und Spargelköpfchen, ziere es mit Krebsfchweifeln; um den Rand gib gebackene Schnitzela von
Schleihen, Hechten, Perfchken, Karpfen oder fonft einen
Fifch den du haft, oder auch gebackene Karpfenmilch,
trage es zur Tafel, und gib die Suppe Nr. 18 entweder in einer Kanne, oder in der Suppenfchüffel klar dazu.

Drittes Gemifch.

Koche die Bäufchel von einem Milchner und einem
Rogner, die Milch aber löfe ungekocht ab; wenn alles
gekocht ift, fo fchneide es in Würfeln, den Rogen extra,
lege die Würfel unten auf den Boden des Tellers, den

Rogen lege zierlich obenauf, herum mache einen Kranz von gebackenen Semmelwürfeln, welche du mit schön rund ausgestochenen Zellerscheiben belegst, den Rand ziere mit gebackener Karpfenmilch, trage es auf, dazu ebenfalls die Suppe Nr. 18. Nach Beispiel dieser 3 Gemische wird sich wohl eine geübtere aufmerksame Hausfrau oder Köchin zu richten wissen, und mit Veränderungen diese Gemische vermehren; jedes von diesen Gemischen wird durch Besprengen mit Krebsbutter sowohl an Ansehen als auch an Wohlgeschmack gewinnen.

19. Gelbe Fastensuppe mit Sulze.

Lasse einige kleine Schleihen, hast du mehrere, also nur die Köpfe, mit Zeller, Petersil und gelben Rüben, alles auf Scheiben zerschnitten, mit einem Stück Buttter und einer halben Zwiebel, ebenfalls auf Scheiben zer= schnitten, schön goldgelb dünsten, ja nicht braun, gieße Petersilwasser nach Nr. 16 daran, oder auch nur reine Schleihensuppe nach Nr. 1, lasse es aufkochen, dann seihe sie durch. Gib in ein glattes Vierseibeltöpfchen 5 Eier= dötter, ein Stückchen frische= oder Krebsbutter, ein bis= chen Muskatenblüthe, zerrühre es mit 3 Löffel voll kal= ter Suppe, gieße dann die klare Suppe darüber und quirle es recht ab; es darf nicht mehr kochen, sondern gieße es über die

Sulze.

Diese bereite also: gib in 1 glattes Seibeltöpfchen 6 ganze Eier, gieße darein ein halbes Seidel gekochten überkühlten Schmetten, würze es ein wenig mit Muska= tenblüthe, zerquirle es recht, binde das Töpfchen recht mit Papier um, und hänge es ins kochende Wasser, lasse es eine Stunde kochen, doch gib Acht, daß kein Wasser darein kommt, dann binde das Papier ab, und nimm mit einem Löffel nockengroße Bröckchen heraus, lege sie in die Schüssel, gieße die abgequirlte Suppe darüber, trage sie zur Tafel; ist die Suppe mit frischer Butter abgequirlt, so ist sie schön gelb, und kann oben mit einem Stückchen Krebsbutter, wenn selbe vorhanden ist, geziert werden; ist sie mit Krebsbutter abgequirlt, so ist sie ohnedieß schon röthlich; auch kannst du, wenn Krebsschweifel vorhanden sind, dieselben der Suppe beifügen.

20. Suppe mit gemischten Knöderln.

Mache Fischknöderln nach Nro. 5, die Halbscheid koche in der Fischsuppe, die andere Hälfte backe im Schmalz. Lasse ein Stück Fisch, entweder Karpfen oder Schleihen mit grüner Petersil dünsten, dann nimm die Gräthen heraus, hacke es klein, gib es auf eine Kastrole, gib dazu kleingeschnittene Petersil, ein bischen Muskatenblüthe, ein bischen Gewürznelken, Majoran und Lemonieschale, gib dazu noch 1 Stückchen Butter und etwa 2 Löffel voll Fischsuppe, daß es saftreicher wäre.

Nun gib dieses Haschee auf den Boden eines gewärmten tiefen Tellers, hacke von 4 Eiern Amulets, steche halbmondförmige Blätter heraus; das Übrige zerschneide auf Nudeln, bestreue mit diesen Nudeln das Haschee, belege rundherum mit den Knöderln immer einen gebackenen, einen gekochten, 2 auch 3mal herum, wie viel gerade Knöderln sind; den Tellerrand belege mit den halbmondförmigen Amuleteln; hast du Krebsschweifel, so vermehre damit die Zierlichkeit, besprenge es noch mit Krebsbutter, trage es so verziert zur Tafel; in die Schüssel gib entweder die gedünstete Suppe Nr. 18, oder die Schleihensuppe Nr. 1.

21. Faschirter Fisch statt dem Rindfleisch.

Für eine große Tafel muß man etwa 2 Pfund Karpfenfleisch nehmen, wovon bereits die Haut abgeschnitten, und die Gräthen abgelöst sind. Dieses hacke

16

ganz klein, nimm 2 abgeriebene, in Milch geweichte ausgedrückte Semmeln, gib sie dazu, dann 4 oder 5 gerührte Eier, einige Zeherl Knoblauch mit Salz zerrieben, ein bischen Gewürznelken, Pfeffer, hacke alles recht
klein zusammen, treibe 4 Loth frische Butter wohl ab,
gib das Gehackte darein, salze es gehörig, schlage dazu
noch 2 rohe Eier, treibe es recht ab, schmiere eine längliche Bratpfanne mit Butter, lege sie mit Butter geschmiertem Papier aus, gib die Fasch darein, decke es
mit Butter geschmiertem Papier zu, und lasse es eine
oder anderthalb Stunden im Dunste kochen, lege es dann
auf eine Schüssel, bestreue es mit gerösteten Semmelbröseln, belege es mit grüner Petersil; die Soß gib in
Soßschalen dazu. Die Soß mache also: treibe 4 Loth
Sardellen, nachdem du sie gewaschen hast, mit frischer
Butter recht ab, gib sie in ein Töpfchen, gieße daran
ein Theil österreicher Wein, ein Theil guten Weinessig,
2 Theile Petersilwasser nach Nr. 16, oder auch sonst
eine Fischsuppe, lasse es aufkochen, mache eine braune
Einbrenn, brenne es ein, röste ein Stückchen weißen
Zucker, Lemonieschale, Gewürznelken, lasse es noch ein
wenig aufkochen, gib es in die Soßschale zu diesem faschirten Schweinfleisch. Man kann auch eine Weichsel-
oder Hagebutten-Soß dazu machen.

Eier.

---

1. Französische Eier.

Koche 12 Eier hart, schneide sie in die Hälften,
löse die Dötter aus, treibe sie mit ein bischen frischer
Butter ab, gib dazu 1 Stück kleingehacktes Hechtenfleisch, eine abgeriebene, in Milch geweichte, wohl aus-

gebrückte Semmel, ein bischen grüne Peterfil, 2 rohe Dötter, salze es, rühre alles recht auseinander, fülle die Eier, tunfe fie in einem zerklopften Ei, und in geriebener Semmel ein, binde einen Bindfaden darüber, dann wirfe es in heißen Schmalz, und backe es schön gelblicht. Mache eine Soß von Championen oder Morcheln, dünste nämlich die frischen Championen oder Morcheln, gieße Peterfilwaffer daran, laffe es auffochen, brenne es mit weißer Einbrenn ein, würze es mit Muffatenblüthe, gieße einige Löffel voll füßen Schmetten daran, laffe es ein wenig auffochen, lege die gebackenen Eier, von denen man die Bindfäden ablöst, in die Soß, laffe einen Sud darüber gehen und richte fie an.

2. Gefüllte Eier.

Koche 9 Eier hart, zerschneide fie in der Hälfte, nimm die Dötter heraus, treibe 3 Loth Butter ab, gib die Dötter darein, treibe es recht ab, gib dazu eine abgeriebene, im Schmetten geweichte ausgedrückte Semmel, ein bischen grür•n Peterfil, ein bischen Lemonieschale, ein bischen Muffatenblüthe, salze es und fülle die Eier, schmiere eine Schuffel mit Butter aus, lege die Eier schön zierlich hinein; was von der Fülle übrig bleibt, lege auch stückelweis dazu, begieße es mit dem Schmetten, worin die Semmel geweicht hat; wenn du haft, so gib auf jedes Ei ein Stückel Krebsbutter oder frische Butter, laffe es in der Röhre ausdünsten.

3. Gerührte Eier mit Sardellen.

Schlage 10 Eier in den Topf, quirle fie mit Salz ab, gib darein mit frischer Butter zerriebene Sardellen, laffe auf einem Reindel Butter heiß werden, gieße die Eier darein, löse mit dem Kochlöffel immer das, was fich unten ansetzt, ab, bis alles dicklicht wird, laffe fie ja nicht zu fest werden, sonst find fie nicht gut.

4. Gesetzte Eier mit Sardellen.

Lasse in einem Reindel Butter heiß werden, schlage so viel Eier darein als du willst, doch so, daß sie ganz bleiben, gib dazwischen stückelweis mit frischer Butter abgetriebene Sardellen, salze ein wenig, aber nicht zu viel, weil schon die Sardellen gesalzen sind, gib sie in die Röhre, oder oben und unten Gluth, lasse sie fest werden, aber nicht zu viel; sie müssen nur so fest, wie ein gut gekochtes weiches Ei seyn, trage sie auf.

5. Eier mit Schwämmen.

Quirle einige Eier mit ein wenig Salz ab, nimm eine Amuletpfanne, zerlasse ein Stückel Butter darauf, gieße die Hälfte der Eier daran, backe ein Amulet auf einer Seite, schmiere eine Schüssel mit Butter, lege das Amulet mit der gebackenen Seite darauf, mache ein Gehäckel von Hechten- oder Karpfenfleisch und Herrnpilzen oder Championen, lasse es mit grüner Petersil, Salz und Muskatenblüthe auf Butter dünsten, schmiere das Amulet damit auf einen oder zwei Finger dick, backe das 2te Amulet wieder auf einer Seite, lege es mit der ungebackenen Seite darauf, mit der gebackenen nach oben, beschmiere es mit Butter, lasse es noch ein wenig in der Röhre ausdünsten und trage es auf.

6. Gefüllte Eier auf andere Art.

Backe etwa von 10 oder 12 Eiern Amuleteln. Lasse gehackte Herrnpilze mit grüner Petersil, Salz und Pfeffer auf Butter dünsten, schmiere sie dann auf die ungebackene Seite der Amulete, rolle jede wie Strudeln zusammen, lege sie in ein mit Butter geschmiertes Reindel oder Schüssel, quirle einige Eier mit grüner Petersil und Schnittling ab, salze sie, gieße sie über die gerollten Amuleteln, lasse es in der Röhre ausdünsten, bis die Eier fest werden, und trage es auf. — Wenn keine heiße Röhre ist, kann man auch unten und oben Gluth geben, so ist es gleich fertig.

7. Gerührte Eier mit Schwämmen.

Schneide schöne kleine Herrnpilze klein, lasse sie mit Butter, grüner Petersil und Pfeffer ausdünsten, dann quirle Eier mit grüner Petersil ab, salze sie, gieße sie auf ein Reindel in heißer Butter, mache ein Gerührtes; jedoch nicht zu fest, gib die Eier in die Mitte der Schüssel; ist weniger, also auf einen Teller; von den Schwämmen formire einen Kranz, oder gib Schwämme in die Mitte, und formire aus den Eiern einen Kranz, trage es auf.

8. Gefüllte Eier mit Krebsen.

Koche die Eier hart, schneide sie in der Hälfte auseinander, nimm die Dötter heraus, mache auf 12 Eier ein Gerührtes von 4 Eiern, hacke sie dann klein, gib dazu die harten Dötter, treibe ein Stückchen Krebsbutter ab, gib die Eier darein, gib dazu eine abgeriebene, im Schmetten geweichte ausgedrückte Semmel, dann kleingehackte Krebsschweifel und Krebsscheeren, ein wenig Salz, ein bischen Muskatenblüthe, mische und treibe alles wohl ab, fülle die Eier, lege sie in eine Schüssel; was von der Fülle übrig bleibt, gib stückelweis dazu, begieße es oben mit Schmetten, gib es in die Röhre, lasse ein wenig ausdünsten; wenn sie bald gar sind, gib auf jedes Ei ein Stückchen Krebsbutter, lasse es noch ein wenig in der Röhre, dann trage sie zur Tafel.

9. Eierfanzel mit Fischen.

Koche 6 Eier hart, schneide sie dünnblätterig, reib eine Semmel ab, schneide sie auch auf dünne Scheiben, zerklopfe in einem Töpfchen 3 Dötter und 1 ganzes Ei, gieße ein halb Seidel Schmetten daran, quirle

es recht ab, und begieße die Semmel damit, daß sie es
einsauge. Lasse indessen ein Stück Karpfen oder Schlei=
hen mit Butter, Salz, grüner Petersilie und ein bis=
chen kleingeschnittener Zwiebel dünsten; es versteht sich
von selbst, daß zuvor die Gräthen herausgenommen und
das Fleisch in Würfel geschnitten werden muß, würze
es mit Muskatenblüthe; nun schmiere die Form oder
eine Kastrole von Bunzelgeschirr, oder auch eine Steingutschüssel mit Butter, und bestreue es mit Semmelbröseln, gib eine Lage von den geweichten Semmeln, dar=
auf eine Lage Eierblätter, und wieder eine Lage von
dem Fischragou, wieder Semmel, wieder Eier, wieder
Fisch und so fort, bis alles gar ist. Eine jede Lage
besprenge entweder mit Krebs= oder frischer zerlassener
Butter, und begieße es oben mit dem übriggebliebenen
Schmetten, worin die Semmel geweicht worden ist; ha=
ben aber die Semmeln alles eingesaugt, so zerquirle
noch ein Ei mit ein wenig Schmetten, salze es ein we=
nig, begieße die Eier damit, bestreue es mit geriebener Semmel, besprenge es noch mit Krebs= oder frischer
Butter, lasse es in der Röhre schön gelb backen; es darf
aber nicht so viel Schmetten seyn, bis es über das Fanzel schwimmt, sondern nur gerade so viel, daß es zur
Hälfte langt, sonst würde es sich kaschartig auflösen.
Man trägt es in dem Gefäße, worin es bäckt, zur Tafel,
daher es immer ein sauberes Gefäß seyn muß, entweder
eine Form, oder eine Steingutschüssel, oder doch wenigstens ein Bunzelkastrol; denn die Zierlichkeit trägt viel
bei, die Eßlust zu reizen. Wenn gerade Krebse sind, so
kann man auch die Schweifel dazu geben, und die Fisch=
lage damit belegen, so gewinnt es an Wohlgeschmack und
Zierlichkeit.

10. Eier mit süßem Schmetten.

Koche acht Eier hart, drei schneide auf, nimm die
Dötter heraus, die Eiweiß und die 5 Eier schneide zu

Nudeln. Auf eine Kastrole oder Reindel gib 2 Loth Butter; wenn die Butter heiß geworden ist, so gib 2 Löffel voll feines Mehl darein, lasse es zu einer ganz wenig gelblichen Einbrenn aufschäumen, gieße so viel warmen Schmetten darin, daß ein dicker Koch daraus wird, rühre es auf der Gluth recht glatt ab, gib es auf eine Schüssel, rühre beständig bis es auskühlt, schlage zwei Dötter darin; wenn es zu dick wäre, so kannst du von einer, oder auch beiden Eiweiß den Schnee beifügen, salze es und rühre die Eiernudeln aufmerksam, daß sie nicht zerrührt werden, darein, schmiere die Schüssel, in welcher sie zur Tafel kommen, mit Butter aus, gib es darein, die 3 Dötter hacke erst ganz klein, dann passire sie durch einen Durchschlag auf das Fanzel schön zierlich, lasse es in der Röhre schön langsam backen; nach einer halben Stunde kann es gar seyn. Damit die Schüssel nicht zerspringt, kann man in die Röhre ein reines Blech mit 2 fingerhoch Salz oder Asche belegt geben, und die Schüssel darauf stellen. Sind frische kleine Morcheln, so wasche sie zuerst rein, dann dünste sie mit einem Stückchen frischer Butter und grüner Petersil, bestreue sie mit Pfeffer; aber nur für Freunde desselben, und nur ganz wenig; von diesen Morcheln mache nun einen Rand um die Schüssel und lasse es dann erst backen.

Auch hier können die Krebsschweifel zum Verzieren gebraucht werden.

11. Eier mit sauerem Schmetten.

Koche für 6 Personen 8 Eier hart; behalte auch hier 2 bis 3 Eierdötter zurück, das übrige schneide würflicht. Treibe etwa 3 Loth frische Butter mit 4 Eierdöttern recht säumig ab, gib ein Kaffeelöffel feines Mehl dazu, treibe es recht ab, und gieße nach und nach ein kleines Seidel saueren Schmetten dazu, wozu noch

2 Eßlöffel voll guten Weinessig beigefügt werden, treibe alles recht ab, und gib die Eierwürfel darein, salze es, schmiere die Schüssel mit Butter, gib es hinein, die Eierdötter hacke sein, und treibe sie durch einen Durchschlag über die Schüssel schön zierlich, besprenge sie mit Butter, lasse schön gelblicht ausbacken; wer den Pfeffer liebt, kann es mit Pfeffer bestreuen, oder den Pfeffer auf den Tisch geben, damit sich ein jeder nach Belieben damit bediene.

12. Schwämmenfanzel.

Schneide die kleinen frischen Herrnpilze feinblätterig, wasche sie im kalten Wasser über, und dünste sie mit Butter, Salz und grüner Petersil, würze sie mit Muskatenblüthe und Pfeffer, lasse in einer Kastrole ein halbes Seidel Schmetten sieden; in ein Töpfchen schlage 3 Dötter, gib dazu 2 Eßlöffel voll feines Mehl, zerrühre es recht mit einem halben Seidel kalten Schmetten, salze es wenig, quirle es recht ab, gieße es unter schnellem Umrühren in den kochenden Schmetten, daß daraus ein dickes Köchel werde, treibe es auf der Gluth recht glatt ab, gib es auf eine Schüssel, und treibe es so lange ab, bis es auskühlt, gib dazu 2 Loth entweder frische- oder Krebsbutter, und würze es ganz wenig mit Muskatenblüthe. Die Schwämme, wenn sie ausgedünstet sind, lasse ebenfalls auskühlen, in das Köchel schlage 3 Dötter, und gib von 2 Eiweiß den Schnee dazu, rühre nur so viel damit, bis sich der Schnee damit vermischt, schmiere die Form mit Butter und gib die Hälfte des Köchels hinein, dann gib die Schwämme darüber, streiche es recht gerade und gieße die 2te Hälfte des Köchels darüber, lasse es in der Röhre backen. Wenn du Fische hast oder Krebse, so kannst du gedünsteten Fisch auf Stückchen zerzupft oder Krebsschweifel den Schwämmen beifügen.

13. Schwämmenfanzel mit Erdäpfeln.

Schneide kleine Herrnpilze feinblätterig, wasche sie im kalten Wasser, dünste sie mit Butter, Salz, grüner Petersilie und Pfeffer, koche kleine Erdäpfel etwas über die Hälfte, damit sie sich schälen lassen, schmiere die Schüssel oder Form mit Butter, gib unten eine Lage Erdäpfel, dann eine Lage Schwämme, wieder Erdäpfel, wieder Schwämme, bis alles gar ist. Es versteht sich von selbst, daß ordentlich gelegte Erdäpfel obenauf kommen müssen; hast du Krebse oder Karpfenmilch, so kannst du die Schwämme damit belegen, so ist es geschmackhafter, belege es oben mit Butter. Nun quirle 2 oder 3 ganze Eier mit einem halben Seidel abgekochten überkühlten Schmetten ab, salze es ein wenig und begieße das Fanzel damit. Der Schmetten darf nicht darüber schwimmen, sonst würde es sich kaschartig auflösen, und sowohl an Wohlgeschmack als Ansehen verlieren; daher muß man sich mit dem Schmetten nach der Menge der Schwämme und Erdäpfel richten, damit nur der Schmetten bis zur Hälfte des Fanzels geht. Lasse es in der Röhre schön gelblicht ausbacken, trage es in dem Gefäße, worin es ist, zur Tafel. In Fleischtagen kann man entweder reingeputzte Kalbshirn oder Hühnerlebern zwischen die Schwämme legen, so ist es noch geschmackhafter.

14. Gerührte Eier mit Gurken.

Mache von etwa 8 Sardellen Sardellenbutter; siehe aber zu, daß die Butter frisch sey, koche 3 Eier hart, hacke die Dötter extra und die Eiweiß auch extra, dann schlage etwa 10 Eier in ein Töpfchen, salze sie und mache gewöhnliche gerührte Eier nach Nro. 3 nur nicht zu fest; wenn sie gar sind, richte sie auf einen warmen Teller an, bestreue sie mit der gehackten Eierklar, von der Sardellenbutter mache runbum Häufchen wie einen Kranz, bestreue sie mit den gehackten Döttern, geschnittene sauere Gurken richte rundum den Teller, und trage sie auf.

15. Eier-Amulet mit Sardellen.

Schlage für 6 Personen 12 Eier in einen Topf, salze sie, rühre sie gehörig ab, gib dazu kleingeschnittenen Schnittlauch oder junge grüne Zwiebel und 6 reingewaschene kleingeschnittene Sardellen, rühre alles wohl ab, und backe daraus Amuleteln, kannst 6 machen, backe sie aber nur auf einer Seite, damit sie auf der andern schön weich bleiben, rolle sie, schneide sie in Hälften, schlichte sie zierlich auf eine Schüssel, und trage sie auf. Oder, wenn sie gebacken sind, so lege das 1te mit der gebackenen Seite auf einen warmen Teller, belege es mit Fischragou, lege das 2te mit der ungebackenen weichen Seite darüber, das 3te wieder mit der gebackenen Seite darauf, wieder mit Ragou belegen, das 4te wieder mit der weichen Seite darauf legen, bis alle 6 auf einander sind. Das Ragou wird wie folgt bereitet: lasse ein Stück Karpfenfleisch oder ein Schleinbel ein wenig mit Butter und Salz dünsten, nimm die Gräthen alle heraus, zerzupfe es, lege in die Butter bischen geschnittenen Schnittlauch oder grüne Zwieberl, die zerzupften Fische dazu, gib darin von 2 Sardellen Sardellenbutter, dann schlage dazu 2 ganze Eier, lasse es unter beständigem Rühren nur so lange auf der Gluth, bis es wie weiche gerührte Eier ist, streiche es, wie oben gesagt wurde, auf die Amulete, lasse es so lange auf einem warmen Orte stehen, bis man es zur Tafel gibt. Es versteht sich von selbst, daß die Eier und das Ragou weniger als gewöhnlich gesalzen werden, weil Sardellen darin kommen, indem es sonst zu viel gesalzen wäre.

16. Gerührte Eier mit Spargel und Krebfen.

Koche 30 Krebfen im Salzwaffer, fo auch 30 Spargel, die Schweifel reinige, die fchwarze Aber ziehe heraus
aus den Schalen, mache Krebsbutter; wenn der Spargel halb gekocht ift, fo lege ihn in zerlaffene Butter,
damit er gar dünfte; es verfteht fich, daß der Spargel
gleich roh, fo weit er weich ift, auf erbfengroße Stückchen gefchnitten wird. Schlage in ein Töpfchen für 6
Perfonen 10 Eier, falze fie, rühre fie ein wenig, doch
nicht zu viel ab, gib dazu 15 kleingefchnittene Krebs-
fchweifel und den gefchnittenen Spargel; die Spargelköpfchen laffe extra, gieße es in zerlaffene Butter, mache
wie gewöhnlich gerührte Eier nicht zu feft; wenn fie
fertig find, fo lege fie in einen gewärmten tiefen Teller,
ziere mit den 15 Krebsfchweifeln und 30 Spargelköpfchen, indem du daraus einen Kranz formirft, beftreue
mit geftoßenem Pfeffer, belege mit Krebsbutter und
trage es zur Tafel, fieht fehr zierlich aus und ift gut.
Statt gewöhnlicher Butter kann man die Eier auch in
Krebsbutter bereiten; fo ift es noch beffer.

Stockfifch.

1. Stockfifch, abgefchmalzen mit Kren.

Wenn der Stockfifch fchön weich und weiß geweicht
ift, fo zerfchneide ihn auf größere Stücke, lege ihn in
einen Topf, beftreue ihn mit Salz, und gieße reines
Waffer darauf, decke ihn mit einem Deckel zu, laffe ihn
gehörig weich kochen, feihe dann das Waffer ab, löfe
die Häutel ab, beftreue ihn mit geriebener Semmelrin-
be und fchmalze ihn mit fchön goldgelb geröfteter Zwie-

bel recht ab, gib entweder einen guten Schmettenkren oder Senf dazu in der Soßschale.

2. Stockfisch mit Sardellen oder Häring.

Koche den Stockfisch weich im Salzwasser, schäle die Häutel von ihm ab, mache eine weiße Einbrenn, gieße von der Suppe, worin der Stockfisch gekocht hat, daran, lasse es aufkochen, seihe es über den Stockfisch, gib dazu entweder einige mit Butter abgeriebene Sardellen, oder einen gut gewaschenen, abgezogenen, auf kleine Stücke geschnittenen Häring, dann ein bischen Muskatenblüthe, lasse es aufkochen und trage es auf.

2. Gebackener Stockfisch.

Nimm schönen geweichten Stockfisch, ziehe die Haut herab, salze ihn, lasse ihn wenigstens eine Stunde so liegen, dann trockne ihn ein wenig mit einer reinen Serviette ab, tunke ihn in Mehl, zerklopfte Eie. und geriebene Semmel, und backe ihn schön gelb. Kann statt einem Backfisch dienen; man kann auch in Soßschalen guten Schmettenkren oder Senf dazu geben. Man kann den Stockfisch auch früher mit kochendem Salzwasser begießen, dann abtrocknen.

4. Stockfisch mit Sardellen.

Koche Stockfisch im Salzwasser weich, zerlege ihn auf Blatteln, schmiere die Form mit frischer Butter, streue sie mit in Butter goldgelb gerösteten Semmelbröseln aus, lege eine Schichte Stockfischblatteln, bestreue sie mit gerösteten Semmelbröseln, kleingehackten Sardellen, Lemonieschale, Muskatenblüthe, dann wieder eine Schichte Stockfischblatteln, und so fort, bis alles gar, und die Form weniger 2 Finger voll ist, gieße dann ein wenig Schmetten daran, lasse es ausbünsten, gib es sammt der Form auf den Tisch. — Willst

du es aber ausstürzen, so mußt du die Form früher
mit Butter schmieren, dann mit Butter geschmierten
Papier ausfüttern; eben so schichten, mit Schmetten be=
gießen, dann schön ausbünsten lassen, behutsam stürzen
und das Papier vorsichtig, daß es nicht zerfällt, abneh=
men

5. Stockfisch zu weichen

Nimm einen Stockfisch, der schön weiß, nicht aber
röthlich oder grau aussieht, wasche ihn recht im kalten
Wasser ab, laß ihn einige Stunden im Wasser liegen,
damit sich aller Staub abweicht, wasche ihn nochmal
recht ab, lege ihn in ein reines hölzernes Gefäß, wo
er gehörig Raum hat; mache eine Lauge, das heißt,
siebe reine Asche durch, gieße kochendes Wasser daran,
wirf einige reine Eierschalen darein, lasse es ein bischen
aufkochen; dann lasse die Lauge kalt und klar werden,
seihe sie auf den Stockfisch durch ein reines Tuch, lasse
den Stockfisch 5 bis 6 Tage in der Lauge; es muß
aber alle Tage, längstens aber den 2ten Tag wieder
frische Lauge daran gegossen werden, dann gieße die
Lauge gänzlich ab, gieße reines Wasser täglich frisch
durch 5 bis 6 Tage darauf, so ist er genug geweicht.
Mancher ist auch in 10 Tagen gar, mancher bedarf bis
14 Tage; man muß daher täglich untersuchen, ob er
schon zum Gebrauche ist; zu wenig geweicht ist er un=
verdaulich und auch unschmackhaft; zu viel geweicht zer=
fließt er im kochenden Wasser, hat einen üblen Geruch,
weil er bereits in Fäulniß übergeht; es muß also ge=
hörig abgewartet werden.

Verschiedene Fische zu bereiten.

1. Schwarze Karpfen.

Schuppe und öffne den Karpfen, nimm das Bäuschel behutsam heraus, damit die Galle nicht lebirt wird, gieße in den Karpfen Weinessig, wasch ihn recht aus, und hebe das mit Essig ausgewaschene Blut auf; nach der Größe des Karpfen muß man sich richten; ist es ein 2pfündiger, so ist ein halb Seibel Weinessig genug; ist er 4 bis 5 Pfund, kann etwas mehr seyn. Aus dem Bäuschel löse die Galle, und bereite es zur Suppe; den Fisch aber zerschneide in Stücke, lege die Köpfe zuunterst in einen kupfernen Kessel, oder ein wohl glasirtes Reindel, die übrigen Stücke darauf, gib dazu einen in Scheiben geschnittenen Zeller, 2 Zwiebel, länglich geschnittene Petersilwurzel und gelbe Rüben, dann Gewürznelken, Neugewürz, Ingber, Pfeffer, alles ungestoßen, einige Zeherl Knoblauch, salze es, gib noch einige welsche Nußkerner und Lemonieschalen dazu, lege ein Stück frische Butter darauf, und gieße dann kaltes Bier so viel daran, als nöthig ist, daß es untertaucht, decke es zu; wenn es auf der Gluth kocht, so muß man Feuer nur um den Kessel, in die Mitte nichts geben, damit der Fisch nicht anbrennt; wenn er so etwa halb gekocht ist, so reibe Pfefferkuchen, streue ihn über den Fisch. Nimm ein Stück Zucker auf ein Reindel, lasse ihn schön braun rösten, gieße den Essig mit Blut daran, lasse es ein wenig aufkochen, gieße es über den Fisch, lasse es noch aufkochen, daß es sich alles wohl vermischt, und die Soß die gehörige Dicke bekommt, gib ihn von der Gluth, lasse ihn ein wenig überkühlen, nimm die Stücke heraus auf eine Schüssel, seihe die Soß durch, gieße ein

wenig daran, doch nicht so viel, daß über die Schüssel
rinnt; die übrige lasse so wie den Fisch auf einem lauen
Orte bis zur Eßzeit stehen; die Zeller= und Zwiebel=
blattel kann man auf den Fisch zum Zieren legen, so
auch die Nußkerner, Petersil= und gelbe Rübenschnit=
teln; trage es aus. Will man den Fisch noch besser
haben, so gieße man während des Kochens ein Seidel
melniker Wein dazu.

2. Blauer Karpfen.

Öffne den Karpfen ohne ihn zu schuppen, nimm
das Bäuschel heraus, schneide den Karpfen in Stücke,
lege ihn mit den Schuppen nach oben auf eine flache
Schüssel, lasse guten Weinessig mit Salz kochen; wenn
er kocht, so begieße jedes einzelne Stück mit einem Löf=
fel damit, so wird der Fisch gleich schön blau, lege ihn
in einen Kessel oder Kastrol, gib dazu Zwiebel, Knob=
lauch, Ingber, Pfeffer, Neugewürz, Gewürznelken, Le=
monieschale, Lorbeerblat, gieße den Essig daran, dann
reines Wasser; wenn wenig Essig ist, so gieße noch zu,
daß Halbscheid Essig, Halbscheid Wasser ist; koste; ist
es nicht genug gesalzen, so salze zu, bedecke das Ge=
fäß, worin er kocht, mit Löschpapier und einem Deckel,
lasse etwa eine halbe Stunde in einem Sud kochen,
nimm es von der Gluth, lasse im Kalten stehen, damit
er sich sulzt. Man kann zum blauen Fisch entweder blos
Essig und Öl, oder auch noch geriebenen Kren geben;
wenn man ihn zur Tafel trägt, wird unter den kalten
Speisen aufgetragen. So kann man auch Hechte und
andere Weißfische sieden.

3. Karpfen gebraten mit sauern Schmetten.

Schuppe und öffne den Karpfen, nimm das Bäu=
schel heraus, wasche den Karpfen im kalten Wasser,
salze ihn in= und auswendig, lege auf eine Bratpfanne

kreuzweis 2 Spähne oder Kochlöffel lege darauf frische
Butter, Zwiebelblattein, ganzen Pfeffer, Neugewürz,
Ingber und ein bischen Thymian, lege den Karpfen
darauf, gieße ein bischen Wasser, ein bischen Weinessig
daran, belege den Karpfen mit Butter, gib ihn in die
Röhre, lasse ihn braten, begieße ihn mit gutem saueren
Schmetten. Der Karpfe darf nicht gewendet werden, aber
fleißig muß man ihn mit Soß begießen, zuletzt wieder
mit Butter belegen, schön rößlet braten lassen, dann
vorsichtig auf die Schüssel legen, die Soß durchseihen
und unter den Karpfen gießen; dann auftragen.

4. Marinirter Karpfe.

Schuppe und öffne den Karpfen, nimm das Bäuschel heraus, wasche ihn im kalten Wasser, theile ihn
auf Stücke, salze ihn, lasse ihn wenigstens eine halbe
Stunde im Salze liegen, tunke es dann in zerlassene
Butter ein, lasse es auf dem Roste oder auch auf der
Braipfanne braten; wenn die Fische gebraten sind, so
schichte sie in einen Topf, oder sonst ein tiefes Gefäß,
gib eine Schichte Fisch, bestreue sie mit geschnittenen Lemonieschalen und Kapperln, wieder eine Schichte Fisch,
und so fort bis alles gar ist; lasse Weinessig kochen, lege darein blattelt geschnittene Zwiebel, Knoblauch, ganzen Pfeffer, Ingber, Neugewürz, Lemonieschale, Lorbeerblätter; lasse es aufkochen, gieße es über den Fisch,
stelle es in den Keller, oder sonst einen kalten Ort, so
kannst du es mehrere Wochen aufbewahren. — Auf die
Tafel wird dazu Essig, Öl, Pfeffer und Kren gegeben.
Der Fisch wird höchstens mit Lemonieblatteln geziert.

5. Gebackener Karpfe.

Schuppe und öffne den Karpfen, zertheile ihn in
Stücke; den Kopf kann man blau sieden, die übrigen
Stücke aber wasche im kalten Wasser, salze sie wohl ein,

laſſe ſie ſo wenigſtens eine Stunde liegen, dann trockne ſie mit einem reinen leinenen Tuch ab, ballire ſie früher in Mehl, dann in zerklopften Eiern, und zuletzt in geriebener Semmel ein, backe ſie im heißen Schmalz ſchön gelb. Zu dieſen wird am beſten grüner Salat im Sommer, im Winter wenigſtens ein ſaueres Kraut gegeben.

6. Geſulzter Karpfe.

Schuppe und öffne den Karpfen, nimm das Bäuſchel heraus, die Schuppen aber werfe nicht weg, theile den Fiſch in Stücke, lege die Schuppen in den Keſſel, den Fiſch dazu, gib Zwiebel, Knoblauch, Lorbeerblatt, Rosmarin, Neugewürz, Ingber, Gewürznelken, Pfeffer, Lemonieſchale, Salz, gieße daran ein Theil Weineſſig, ein Theil Wein, ein Theil Erbſenwaſſer, d. i., laſſe eine Handvoll Erbſen in 4 Seidel Waſſer etwa eine Stunde kochen, gieße es daran, laſſe es etwa über eine Viertel Stunde kochen, nimm den Fiſch heraus, die Sulz aber laſſe noch kochen, ſchlage darein 1 oder 2 ganze Eier ſammt der Schale, rühre es recht ab, gib dazu 1 Stückchen bräunlich geröſteten Zucker, laſſe es noch ein wenig aufkochen, dann binde eine Serviette auf die 4 Füße eines umgekehrten Stuhles, gieße es darein, daß es durchfließt in ein untergeſtelltes Gefäß, gieße ein wenig von der Sulze in die Form; wenn es kalt iſt, belege es mit zierlich geſchnittener Lemonieſchale oder hartgekochten Eiweiß, dann lege den Fiſch darauf, ſchön in die Mitte, die Sulze, wenn ſie ſchon kühl iſt, darüber, ſtelle es entweder zum Eis oder ſonſt ins Kalte, laſſe es ſulzen. Einige Stunden zuvor, ehe man es zur Tafel geben will, tunke die Form in heißes Waſſer, ziehe ſie ſchnell heraus, ſtürze die Sulze, ſtelle ſie wieder ins Kalte, ziere es entweder mit friſchen Lemonie- oder ſonſt ſchönen Blättern, oder mit Lemonieblatteln um die Schüſſel herum, und gib ſie zur Tafel.

7. Heiß abgesottener Hecht.

Schuppe und öffne den Hecht, wasche ihn von al=
lem Schleime rein, biege ihn schön rund, lege ihn in
kochendes Salzwasser, decke ihn zu; kannst auch ein bis=
chen grüne Petersil dabei kochen lassen; wenn er gekocht
ist, so seihe das Wasser ab, lege den Hecht behutsam
ein eine Schüssel, bestreue ihn mit geriebener Semmel=
rinde und entweder mit grüner Petersil, und schmalze
es mit heißer Butter ab, oder wenn keine grüne Peter=
sil vorhanden ist, so lasse Zwiebel schön bräunlicht in But=
ter rösten, und begieße damit den Hecht, trage ihn auf.
Man kann wohl andere Weißfische eben so bereiten; doch
ist der Hecht am besten dazu. — Ist der Hecht sehr groß,
so kann man ihn, ohne ihn in der Mitte zu theilen, in
die Hälfte schneiden, den obern Theil mit dem Kopf kann
man heiß abgesotten machen; das untere kann man
dann theilen und entweder zum Backen oder zum Ein=
machen gebrauchen; wollte man es jedoch blau haben,
so dürfte der untere Theil nicht geschuppt werden.

8. Hecht mit Lemoniesoß.

Schuppe und öffne den Hecht, theile ihn, schneide
ihn in Stücke, lasse ihn im Salzwasser abkochen, lasse
ein Stückchen frische Butter zergehen, lege den Hecht
darein, mache ein wenig weiße Einbrenn, gieße von
der Suppe, worin der Hecht gekocht hat, daran, lasse es
aufkochen, seihe es durch ein Haarsieb auf den Hecht,
gib dazu auf Nuderln geschnittene Lemonieschale, dann
würze es mit Muskatenblüthe, und wenn du es auftra=
gen willst, so drücke den Saft von einer Lemonie daran
und trage es auf.

9. Hecht mit Sardellensoß.

Schuppe und öffne den Hecht, theile ihn, zer=
schneide ihn auf Stückel, lege ihn in ein Reindel, gieße

Waſſer daran, ein wenig Salz, ein bischen grüne Pe=
terſil, laſſe es kochen, lege ihn in zerlaſſene Butter auf
ein Reindel, waſche einige Sardellen rein, nimm die
Gräthen heraus, ſtoße ſie mit einigen hart gekochten
Döttern, einigen gebackenen Semmelſchnitten und der
Hälfte eines gekochten Zellers, der bei dem Hechte ko=
chen kann, in einem meſſingenen Mörſer, gieße von der
Suppe, worin der Hecht gekocht hat, daran, laſſe es
aufkochen, ſeihe es auf den Hecht durch, würze es mit
Muſkatenblüthe, und trage es auf.

10. Hecht mit ſauerer Sardellenſoß.

Schuppe, öffne und theile den Hecht, ſchneide ihn
in Stücke, lege ihn in eine Kaſtrole oder Reindel, gib
dazu einige Zeherl Knoblauch, eine in Scheiben geſchnit=
tene Zwiebel, ganzen Ingber, einige Körner Pfeffer
und Neugewürz, Lorbeerblätter, etwas wenig Thymian,
gieße daran 3 Theile Brunnwaſſer, einen Theil Wein=
eſſig, ſalze es, gieße noch ein wenig öſterreicher Wein
zu, laſſe ihn kochen; wenn er genug gekocht iſt, ſo nimm
ihn heraus, lege ihn in ein bischen zerlaſſene Butter,
zertreibe einige gewaſchene Sardellen mit Butter, gib
ſie in ein Töpfchen, gib dazu 2 oder 3 Dötter, einen
Kochlöffel voll feines Mehl, ein bischen Muſkatenblüthe,
ein bischen geſchnittene Lemonieſchale, gieße daran ein
wenig kalten Wein, zerrühre es wohl, ſeihe daran die
kochende Suppe, worin der Hecht gekocht hat, quirle es
wohl ab, gieße es über den Hecht, laſſe noch einen Sud
darüber gehen, und wenn du es auftragen willſt, ſo
drücke den Saft einer Lemonie daran, trage es auf. —
Mit dieſer Soß kann man alle Weißfiſche bereiten.

11. Hecht mit Knöderln.

Hacke einige Stückel Hechten ganz klein, gib dazu
2 bis 3 gerührte Eier, eine halbe abgeriebene, im Waſ=

ſer geweichte ausgebrückte Semmel, hacke alles zuſammen recht klein; treibe ein Stückchen friſche Butter ab,
gib das Gehäckel darein, gib dazu Lemonieſchale, Muſkatenblüthe, ſalze es, formire daraus kleine Knöberl;
den Hecht laſſe im Salzwaſſer kochen, nimm ihn heraus,
lege ihn auf ein bischen zerlaſſene Butter in ein Reindel, in der Suppe koche die Knöberl, gib ſie dazu; mache ein bischen weiße Einbrenn, gieße dieſe Suppe daran,
laſſe es aufkochen, ſeihe es auf den Hecht durch, würze
es mit Muſkatenblüthe. Wenn friſche Morcheln oder
Spargeln ſind, kann man ſie dabei kochen laſſen, und
dann unter die Knöberl miſchen, oder kann man ein
Stückchen Krebsbutter dazu thun.

12. Hecht mit Krebſen.

Schuppe, öffne und zerſchneide den Hecht, und laſſe
ihn im Salzwaſſer kochen; koche Krebſen eben im Salzwaſſer, löſe die Schweifel und Scheeren aus, von den
Schalen mache Krebsbutter; wenn der Hecht gekocht
iſt, ſo lege ihn auf ein Reindel in zerlaſſene Butter,
mache ein bischen weiße Einbrenn, gieße die Suppe
daran, laſſe es auskochen, ſeihe es auf den Hecht durch,
gib dazu Muſkatenblüthe und Krebsbutter, dann die
Krebsſchweifel und Scheer; wenn noch ganze ſchöne gekochte Krebſen ſind, ſo kannſt du ſie eben dazu geben,
laſſe es noch ein bischen aufkochen; richte dann die Krebſen um die Schüſſel herum in einen Kranz, den Hecht
in die Mitte, und gieße die Soß darüber.

13. Lachſen und Forellen blau geſotten.

Der Lachs und die Forelle wird eben ſo wie der
blaugeſottene Karpfe behandelt, man öffnet ihn, ohne
ihn zu ſchuppen, den Lachs ſchneidet man in Stücke, die
Forelle bleibt ganz, begieße ſie mit kochendem geſalzenen
Eſſig, daß ſie ſchön blau werden, lege ſie dann in einen

Keſſel, gib dazu ganzen Inzber, Pfeffer, Neugewürz, Muſkatenblüthe, Lemonieſchale, Lorbeerblatt; gieße dann daran einen Theil öſterreicher Wein, einen Theil Brunnwaſſer, einen Theil Weineſſig, ſalze noch zu, wenn es nöthig iſt, weil der Eſſig ſchon früher geſalzen iſt, laße es kochen bis es gar iſt; während des Kochens decke den Keſſel früher mit Löſchpapier, dann mit einem Deckel zu; lege es dann in eine reine tiefe Schüſſel, ſeihe die Sulze darüber, laſſe es kalt werden; willſt du, ſo kannſt du daraus eine Sulze machen, wie beim geſulzten Karpfen. Eben ſo kann man Wels und Aalruppen, auch ſogar Aalen zubereiten; wenn man es dann aufträgt, ſo ziert man die Schüſſel entweder mit friſchen Lemonieblättern, oder bei Abgang dieſer mit Lemonieblatteln; ſo geziert trage es zum Tiſch.

14. Gebratene Aalruppen.

Öffne die Aalruppe ohne ſie zu ſchuppen, weil ſie glatt iſt, ſalze ſie, lege ſie mit friſcher Butter auf ein Reindel, laſſe ſie dünſten, oder eigentlich braten, beſtreue ſie mit klein gehagten Salbei; wenn die Aalruppe ſchon rößlet gebraten iſt, ſo lege ſie auf die Schüſſel, gieße die Soß, wenn du ſie angerichtet haſt, darunter, beſtreue die Aalruppe mit geröſteten Semmelbröſeln, trage ſie auf. Du kannſt Lemonieſchnitte dazu präſentiren; wer will, kann ſich auch beim Tiſche Lemonieſaft daran drücken.

15. Gebratener Aal.

Schlage dem Aal den Kopf einigemal um den Tiſch, daß er ein bischen matt werde, dann ſchneide die Haut um den Kopf an, und ziehe ſie herab, öffne den Aal, ſchneide ihn auf ſchöne Spalteln, ſalze ihn; nimm einen dünnen Bratſpieß, ſpieße erſt ein Stückchen Semmel, dann ein Salbeiblatt, dann ein Stückchen Aal, wieder ein Blattel Salbei, Semmel und Aal u. ſ. f. bis alles gar iſt, brate ihn langſam beim gemachen Feuer; im Abgang eines ſonſt geſchickten kleinen Spießes kann man es ſo auf ein hölzernes Spießel geben, binde es entweder auf einen Spieß, oder lege es in eine Brat- pfanne, laſſe es ſchön langſam braten, und begieße es fleißig mit zerlaſſener Butter; wenn er ſchön röslet ge- braten iſt, gibt man ihn auf den Tiſch, Lemonieſpal- ten dazu, daß ſich jeder nach Belieben Saft daran drük- ken kann; auch kann man einen Rand von gelb gerö- ſteter Semmel machen. Wer will, kann ihn auch ſammt ter Haut braten; er iſt aber zu fett.

16. Marinirter Aal.

Man öffnet den Aal, ohne die Haut abzuziehen, ſchneidet ihn in Stücke und wäſcht ihn, bratet ihn auf dem Spieß oder in friſcher Butter auf der Bratpfanne, oder auf dem Roſt; ſowohl auf dem Roſt als auch auf dem Spieß muß er fleißig mit friſcher Butter begoſſen wer- den, ſchlichte ihn in ein tiefes Gefäß, koche Weineſſig, lege darein Zwiebelſpalten, Ingber, Neugewürz, Pfef- fer, Lorbeerblatt, Lemonieſchale, laſſe es aufkochen, gieße es über den Aal, ſtelle es ins Kalte. — So zubereitet läßt ſich der Aal mehrere Wochen erhalten; eben ſo kann man Aalruppen und Wels zubereiten, auch kann man Aalen, Aalruppen und Wels backen, wozu ſie ſo, wie der Karpfe zubereitet werden; auch Karpfen kann man mariniren.

17. Schlampete Schnecken mit Kren.

Waſche die Schnecken zuerſt rein ab, koche ſie dann im Salzwaſſer, gib ſie trocken in einer Serviette auf den Tiſch, gib dazu ſaueren Kren. Man reibt den Kren, gibt ihn in eine Soßſchale, gießt darein Weineſſig, und wenn man will, kann man ein bischen Zucker darein geben, oder man gibt bloß ein wenig Salz.

18. Gefüllte Schnecken.

Koche 1 Schock Schnecken im Salzwasser, ziehe sie aus den Häuseln, schneide die Schweifel weg, ziehe die Haut ab, und das Fasrige gib heraus, putze sie, indem du sie mit Salz durchwäschest, gieße daran ein wenig Fischsuppe oder Petersilwasser, und lasse sie ganz weich kochen. Die Häusel lasse noch ein wenig auskochen, dann putze sie mit Salz und reinem Wasser, lege sie auf ein Brett mit der Öffnung herunter, daß alles Wasser ausfließt, mache die Fülle: auf ein Schock Schnecken nimm 1 halbes Pfund Butter, treibe sie ab, gib darein ein halbes Pfund mit Butter zertriebene Sardellen, welche man früher abwaschen muß, und die Gräthen daraus nimmt, gib dazu Lemonieschale, Muskatenblüthe, ein bischen Majoran, 3 bis 4 Zeherl mit Salz geriebenen Knoblauch und eine geriebene Semmel; ist die Semmel zu groß, so darf man nicht alles geben; ist es nöthig, so salzt man ein wenig zu, dann fülle die Schnecken, gib immer in ein Häusel erst ein Stückchen Fülle, dann eine Schnecke, das übrige fülle so, daß das ganze Häusel voll ist, als wenn der Schnecken noch darin lebte, schlichte diese Schnecken auf eine Schüssel; was von der Fülle übrig bleibt, gib dazu, und gieße dann etwas von der Suppe daran, worin die Schnecken gekocht haben; (ist es ein Fleischtag, so werden die Schnecken das zweitemal statt in Petersil- oder Fischsuppe in der Rindsuppe gekocht.) Man stellt sie mit der Schüssel auf einen Dreifuß in die Röhre, läßt sie ein wenig ausbünsten und trägt sie zur Tafel. Diese Speise kann in Fleisch- und Fasttagen gegeben werden, sie wird immer willkommen seyn.

19. Schneckenschweifel.

Hacke Zwiebel klein, lasse sie in Butter dünsten, bis sie schön goldgelb wird, gib die Schneckenschweifel

darein, laſſe ſie ein wenig aufdünſten, iſt es nöthig,
ſo ſalze es ein bischen zu, gib es dann auf einen Teller, mache einen Rand von ſchön goldgelb geröſteten
Semmelbröſeln, und trage es auf.

20. Eingemachte Fröſche.

Nimm ſauber gepußte Fröſche, waſche ſie, lege
ſie auf ein Reindel in zerlaſſene Butter, ſalze ſie, decke
ſie zu, laß ſie weich dünſten; gib grüne Peterſil dazu,
laß es noch ein bischen aufdünſten. Einige Fröſche laſſe
im Peterſilwaſſer kochen, mache eine weiße Einbrenn,
gieße das Peterſilwaſſer daran, laſſe es aufkochen, ſeihe
es durch auf die Fröſche, würze es mit Muſkatenblüthe,
laſſe es noch ein bischen aufſieden, trage es dann auf
der Schüſſel mit grüner Peterſil und Semmelbröſeln
ſchön geziert, zur Tafel.

So kann man Hechten- und allerlei Weißfiſche zubereiten.

21. Gebackene Fröſche.

Waſche die ſauber gepußten Fröſche, ſalze ſie ein,
laſſe ſie eine Stunde im Salz liegen, trockne ſie dann ein
bischen mit einem reinen leinenen Tuch ab, ballire ſie
erſt in Mehl, dann in zerklopften Eiern, und ſchlüßlich
in geriebener Semmel; backe ſie ſchön gelb aus dem
Schmalz, trage ſie auf. Feld- oder Häupelſalat gibt
man gewöhnlich dazu. — Auch kann man zur Zeit der
Noth Sauerkraut dazu geben.

NB. Wer ein Freund von Fröſchen iſt, kann dieſelben mit allen Soßen ſo wie die jungen Hühner oder
Weißfiſche einmachen, welche des Raumes wegen hier
zu wiederholen überflüßig wäre.

22. Krebſe mit der Schmettenſoß.

Waſche die Krebſe rein in mehreren Wäſſern, damit aller Schmuß und Schleim abgeht, ziehe aus dem

Schweifel das schwarze Aderl, lege sie entweder in eine kupferne Pfanne, großes Reindel, oder auch in einen Topf, gieße daran kochendes Bier, salze es, gib ein bischen Kümmel, ein bischen grüne Petersil, ein Stückchen frische Butter, lasse sie kochen, bis sie schön roth sind; kannst sie nur so auf eine Schüssel aufgeschlichtet mit grüner Petersil geziert auf den Tisch geben; bischen von der Suppe gieße unter. — Willst du sie aber besser haben, so schlage in ein Töpfchen 2 bis 3 Eierdötter, ein Kochlöffel voll feines Mehl, ein Stückchen Butter, rühre es mit ein halb Seidel guten süßen Schmetten ab, gib ein Stückchen gestoßenen Zucker darein, gieße die Suppe, worin die Krebse gekocht haben, daran, quirle es ab, laß es aufkochen, gieße es über die Krebse, gib sie schnell zur Tafel, daß es nicht auskühlt.

23. Faschirte Krebsen mit Karfiol oder Spargel.

Hacke ein Stückchen Hechten, oder auch Karpfenfleisch, gib darein eine halbe abgeriebene, im Wasser geweichte, ausgedrückte Semmel, 3 gerührte Eier, ein bischen Muskatenblüthe, hacke alles recht klein. Koche ein oder ein halbes Schock Krebsen, löse die Schweifel und die Scheere aus, die Schilde aber wasche rein aus, lege sie extra, die übrigen Schalen stoße, und mache Krebsbutter daraus; die Butter drücke aus, die gestoßenen Schalen lasse kochen, gib dazu grüne Petersil, Zeller und Petersilwurzel, die Abschnitzel von dem gehackten Fisch, dann einige Stücke Karfiol, oder Spargel, und lasse es kochen, salze es. Mache die Fasch: Treibe ein Stückchen Krebsbutter ab, gib das Gehäckel hinein, treibe es noch recht ab, gib darein die kleingehackten Krebsscheere; nimm die Krebsschilde zur Hand, und fülle sie damit, drücke recht an; lege sie auf ein Reindel oder Kastrole, eins neben den andern, seihe die Supp edaran, lasse es kochen; mache ein bischen weiße Einbrenn, brenne die

Soß ein, würze sie mit Muskatenblüthe. Indessen lasse in der übrigen Suppe oder im Salzwasser Spargel oder Karfiol kochen, gib ihn dazu, dann auch die Krebsschweifel, richte es schön zierlich an. Man kann diese Speise auch an einem Fleischtage machen, wo man statt Hechtenfleisch eine Hühnerbrust oder Kalbfleisch nehmen kann, dann das übrige in der Rindsuppe kocht; ist noch besser.

24. Haberfischel mit Soß.

Lasse auf einem Reindel einen Theil Wein, einen Theil Wasser und einen Theil Weinessig kochen, lege darein eine Zwiebel, 3 Zeherl Knoblauch, ganzen Pfeffer, ganzen Ingber, Salz, lasse es wenigstens eine Viertel Stunde kochen, dann lege die Haberfischeln in ein Reindel, seihe dieses daran, lasse es wieder etwa eine Viertel Stunde kochen, gib in ein Töpfchen 3 Eidotter, 3 mit frischer Butter zertriebene Sardellen, ein Kochlöffel voll feines Mehl, 3 Löffel kalten Wein, rühre alles wohl ab, gieße von der kochenden Soß, worin die Fischeln gekocht haben, daran, quirle es ab, lasse es aufkochen, seihe die übrige Soß von den Fischeln, gieße diese daran, gib Lemonieschale und Muskatenblüthe darein, und wenn es wenig sauer seyn soll, so drücke den Saft einer Lemonie daran, und trage sie auf. — Haberfischeln, Grundeln kann man auch backen; siehe Frösche Nro. 21. Blau sieden kann man eben beide, so wie Forellen und Lachsen Nro. 13.

25. Muscheln.

Die Muschen muß man eher mit einem reinen Tuch recht rein von allem Schleime abwischen, dann wäscht man sie noch in Wein rein ab, legt sie auf ein Reindel, gibt ein Stückchen frische Butter darunter, und einige Löffel voll Wein, ein bischen Muskatenblüthe, läßt sie wohl zugedeckt dünsten, bis sie sich zu öffnen anfangen;

man kann sie dann bloß in diesem Saft zur Tafel geben,
und Lemoniespalteln dazu, oder man gießt mehr Wein
daran, gibt ein bischen goldgelb in Butter geröstete
Semmelbröseln dazu, ein bischen Lemonieschale, Muskatenblüthe und ein wenig Lemoniesaft.

26. Austern.

Werden eben so bereitet, oder man kann sie auch,
rein abgewischt, mi. Lemoniesaft roh verzehren, was
auch. meistens geschieht.

27. Muscheln mit gebackenem Hecht.

Wische die Muscheln erst recht ab, wasche sie im
Wein, lege sie auf ein Stückel Butter mit einigen Löffeln voll Wein in ein Reindel, lasse sie dünsten, bis sie
sich öffnen; den Hecht backe so wie den Karpfen Nr. 5,
lege ihn dazu, zertreibe einige gewaschene Sardellen mit
frischer Butter, gib sie in ein Töpfchen, gib 3 Eierbötter, ein bischen geschnittene Lemonieschale, ein bischen
Muskatenblüthe, einen Kochlöffel voll Mehl dazu, zertreibe es mit kaltem Wein, lasse in einem Töpfchen halb
Petersilwasser, halb österreicher Wein kochen, gieße ihn
über die abgerührten Sardellen, quirle es recht ab,
gieße es über den Hecht und Muscheln, lasse noch einen
Sud darüber gehen, drücke den Saft von einer Lemonie daran, trage es schön angerichtet zur Tafel. Der
gebockene Hecht kann auch ohne Muscheln, mit solcher
Soß bereitet werden. Man kann in die Soß auch einige Muscheln zerrühren.

28. Hecht mit Sardellen gespickt.

Nimm kleine Hechten, schuppe sie, schneide sie in
Stückel, jedoch ungetheilt, wasche sie, salze sie, spicke sie
mit Sardellen wohl durch, nimm einen dünnen Spieß,
stecke immer einen Semmelschnitt, wieder ein Stück

Hecht an, so wie beim Aal, brate es bei gelinder Gluth, begieße ihn fleißig mit zerlassener Butter, worin einige mit Butter wohl zertriebene Sardellen sind; wenn es schön gebraten ist, so lege es zierlich auf eine Schüssel, gib goldgelb in Butter geröstete Semmelbrösel daran, ziere es herum mit Lemoniespalteln, trage es so auf. Willst du eine Soß darüber, so zertreibe einige Sardellen mit Butter, gib dazu Lemonieschäler, Muskatenblüthe, Wein, gieße es über den Hecht, lasse es ausdünsten, drücke den Saft von einer Lemonie daran; es versteht sich, daß die Semmelbrösel kommen müssen.

19. Hausen gebraten.

Der Hausen wird getheilt und eingesalzen. Lasse ihn eine halbe Stunde im Salze liegen, trockne ihn ab, bestreiche ihn und den Rost mit Butter, lasse ihn gemach braten, bestreue ihn mit gelbgelb gerösteten Semmelbröseln, gib Lemoniespalten dazu. Man kann ihn auch in der Bratpfanne in der Röhre braten, doch darf die Röhre nicht zugemacht werden, weil er einen üblen Geschmack bekäme.

30. Schaden gebraten.

Zertheile den Schaden in Stücke, salze ihn ein, ohne ihn zu waschen, lasse ihn eine halbe Stunde im Salze liegen, trockne ihn ab, schmiere den Schaden und den Rost mit Butter, lasse ihn auf Kohlen schön röslet braten; während des Bratens muß er beständig mit Butter geschmiert werden, lege ihn dann auf eine Schüssel, gib geröstete Semmelbröseln daran. Man kann ihn auch in der Bratpfanne braten; er ist aber nicht so gut; man kann ihn so zur Tafel geben und ihn mit Lemoniespalteln zieren. — Will man ihn mit Soß, so lege man ihn, wenn er gebraten ist, in ein Reindel, gib geröstete Semmelbröseln, Lemonieschale und Kapperln daran, gieße halb Wein, halb Petersilwasser dazu, lasse es aufkochen, würze es mit Muskatenblüthe, Neugewürz; wenn du es auftragen willst, so drücke den Saft einer Lemonie daran.

31. Gedünstete Frösche.

Die sauber geputzten Frösche wasche in einigen kalten Wässern, salze sie und lasse sie eine halbe Stunde im Salze liegen. Schneide Zwiebel ganz fein, lasse Butter heiß werden, werfe die Zwiebel hinein; wenn die Zwiebel ein wenig aufschäumen, so lege die gesalzenen Frösche darein, lasse sie dünsten so lange, bis sie den Saft, den sie von sich geben, wieder einsaugen; sie dürfen daher nicht zugedeckt werden, damit sich der Saft schneller eindünste; ist des Saftes zu viel, so kann man etwas davon abgießen, und in einem andern Gefäße einbünsten lassen, wenn sie schon ziemlich eingedünstet sind, gib noch ein Stückchen Butter und kleingeschnittene grüne Petersilie dazu, würze es mit Muskatenblüthe und lasse sie so schön im Safte, richte sie auf eine warme Schüssel an, bestreue sie dick mit geriebenen, goldgelb in Butter gerösteten Semmeln, den Rand belege mit Lemonievierteln und trage es zur Tafel. Wer ein Freund der Frösche ist, wird sie auch ohne Lemonie mit Lust genießen.

32. Schwarzen Karpfen auf andere Art.

Schuppe einen 6pfündigen Karpfen ab, öffne und wasche ihn mit Weinessig aus, gieße das Blut mit dem Essig in ein reines Gefäß, den Karpfen zertheile wie gewöhnlich, wasche ihn und lege ihn in das Blut. Gieße in den Fleischkessel zwei Maß Bier und ein Seidel Weinessig, gib darein drei mittelmäßige Zwiebeln auf Scheiben geschnitten, etwa zehn Zeherl Knoblauch, von einer halben Lemonie die Schale, zwei Lorbeerblätter, ein Stückchen Thymian, ein Stückchen Rosmarin, 6 wälsche Nüße, 6 gedörrte Zwespen, 30 gedörrte Weich= sel, 2 Stückel Ingber, 20 Körner Pfeffer, 20 Körner Neugewürz, 20 Gewürznelken, ein Stück Rinde von Hausbrod, Zeller, Petersil und gelbe Rüben, laße es aufkochen, nimm bischen dünne braune Einbrenn, und brenne es ein; wenn es ein wenig gekocht hat, lege den Karpfen darein, und laße ihn gar kochen; wenn er bald gar ist und die Soß dicklicht zu werden beginnt, so gieße ein Seidel rothen, am besten melniker Wein dazu, laße auf einem Reindel oder Kastrole 3 Loth Zucker braun rösten, gieße das Blut darein, laße es aufkochen, und gieße es auch zu dem Fisch; laße es noch ein we= nig aufkochen, richte ihn zierlich auf eine Schüssel an, bestreiche jedes Stückchen mit heißem Schmalz, drücke den Saft von einer Lemonie daran, gieße die durchge= seihte Soß darunter mit den Nüßen, Zeller und Zwie= bel, belege den Fisch und trage ihn zur Tafel.

33. Hecht mit Austern.

Koche den Hecht blau, nach Nro. 2, lege ihn auf eine reine warme Kastrole oder die Schüssel, worin er aufgetragen wird, und mache die Soß: gib von 4 Sar= dellen und 2 Loth Butter die Sardellenbutter in ein Töpfchen, gib dazu die mit dem Hecht gekochte, feinge= hackte Hechtenleber und einige Austern, ein bischen in Wein geweichte Semmel, Muskatenblüthe und Lemonie= schale, zertreibe alles wohl mit kaltem Wein in diesem Töpfchen, gieße die kochende Suppe vom Hechte, rein durchgeseiht darein, quirle es recht ab, laße es aufkochen, gieße es über den Hecht, drücke entweder Saft von einer Lemonie darüber, oder ziere den Schüsselrand mit Le= monievierteln. So kann man auch Perschlinge, Schleihe und andere Weißfische bereiten. Wer kein Freund von Hechtenleber ist, kann dieselbe auslassen, und in Filets geschnitten, abwechselnd mit den Lemonievierteln, die. Schüssel damit zieren; will man die Soß gelblicht haben, so kannst du sie mit einigen Döttern einquirlen; ist auf beide Art gut. Hat man Aalen blangesotten oder marinirt, kann man auch um den Schüsselrand davon Filets legen.

34. Hecht mit sauerem Schmetten.

Siede den Hecht nach Nr. 2 blau ab, gib in ein Töpfchen einen Löffel voll feines Mehl, ein Stückchen frische Butter und rühre es mit einem halben Seidel dicken saueren Schmetten schön glatt ab, würze es mit Muskatenblüthe und Ingber, gieße ein halbes Seidel von der Suppe, worin der Hecht gekocht hat, darein, quirle es recht ab, lasse aufkochen, seihe es auf den Hecht durch, gib von 3 Sardellen Sardellenbutter dazu, richte es auf die Schüssel an, bestreue es mit Kapperln und geschnittener Lemonieschale, und trage es zur Tafel.

35. Schnecken mit Wein.

Koche 15 Schnecken im Salzwasser, nimm sie aus den Häuschen heraus, schneide die Schweifel ab, putze sie rein, reibe sie im Salze durch, wasche sie im warmen Wasser, gib sie in ein Töpfchen, gieße Petersilwasser daran, und lasse sie weich kochen; die Häuschen reibe recht im Salz ab, wasche sie und stürze sie, damit das Wasser ausrinnt, mache die Fülle: treibe ein Viertel Pfund Butter ab, gib dazu 3 Loth abgeriebene Sardellen, von einer halben Lemonie die Schale, 3 Zeherl mit Salz abgeriebenen Knoblauch, ein bischen Majoran, Muskatenblüthe und eine geriebene Semmel dazu; ist es wenig gesalzen, so salze es ein wenig zu, treibe es recht ab, und fülle die Schnecken: gib immer unten ein Stückchen Fülle, dann eine Schnecke, und oben wieder Fülle, richte sie auf eine Schüssel mit der Fülle nach oben,

laſſe ein bischen Semmel goldgelb röſten, gieße darauf
halb von der Suppe, worin die Schnecken gekocht, halb
öſterreicher Wein, gib dazu 2 Loth mit Butter abgetriebene Sardellen, laſſe es ein wenig aufkochen, gieße
es über die Schnecken, laſſe es etwa eine Viertel Stunde in der Röhre dünſten. Dieſe Fülle iſt hinlänglich, 20
bis 25 Schnecken zu füllen; Wein und Suppe gibt man
nach Verhältniß der Schnecken, damit ein wenig Soß
den Boden decke.

36. Kalter Hecht in der Sulze (Faſtenaſpick.)

Koche den Hecht blau nach Nro. 2, laſſe ihn ein
wenig auskühlen, ziehe die Haut ab, löſe die Gräthen
aus, zerlege das weiße Fleiſch ſchön auf Blättchen und
richte ſie auf eine Schüſſel an; nimm entweder friſchen
oder trockenen Thymian, waſche ihn vom Staube rein,
einige Lorbeerblätter, und ſtoße es mit einigen hartgekochten Eierböttern im Mörſer, laſſe ein Stück abgeriebene Semmel in der Suppe, worin der Hecht gekocht
hat, erſt zerweichen, dann in ein dünnes Köchel verkochen, treibe es recht glatt ab, gieße in das Geſtoßene
ein wenig Eſſig, und paſſire es in das Köchel, gib noch
ein wenig Suppe und ein wenig Öl, treibe es recht
ab, und paſſire es, wenn es wie eine Soß iſt, über den
Hecht, würze es mit Pfeffer, und wenn es nicht genug
geſalzen iſt, ſo muß es auch früher, ehe es durchpaſſirt
wird, zugeſalzen werden. Herum mache einen Kranz
von gehackten Aſpick, welcher wie folgt bereitet wird.
Nimm den Kopf von dem Hechte, und ein Stück Karpfen auf eine Kaſtrole, gib dazu einen Zeller, 3 Peterſilwurzeln, 3 gelbe Rüben, 2 Zwiebel, 4 Zeherl Knoblauch, ein Sträußchen Thymian, 2 Lorbeerblätter, alles klein geſchnitten, dann füge noch bei zwei Stückel
Ingber, 15 Körner Neugewürz, 10 Körner Pfeffer, 10
Gewürznelken und ein Stückchen friſche Butter, laſſe es

ein halbes Stündchen dünsten, dann gib dazu von einem
oder 2 Karpfen die reingewaschenen Schuppen, und die
abgezogene Haut vom Hechte, lasse es noch ein wenig
dünsten; doch muß du Acht geben, damit es sich nicht
am Boden anlege oder braun werde, gieße daran ein
Seidel österreicher Wein, und die Suppe, worin der
Hecht gekocht hat; ist es zu wenig sauer, so gieße noch
ein halb Seidel oder so viel nöthig ist, guten Weinessig
dazu; ist es nicht genug gesalzen, so salze es wenig zu,
gib dazu einige Fäden Safran, lasse es aufkochen, seihe
es durch ein Sieb in eine andere Kastrole, lasse es abermals sieden.

Wenn es ein Weilchen siedet, so gib von 3 Eiweiß den Schnee dazu, rühre es recht um, lasse einige
Minuten damit sieden, binde eine Serviette auf die 4
Füße eines umgekehrten Stuhles, stelle eine tiefe Schüssel unter, und seihe die Sulze durch ein Sieb in die
Serviette, damit es durchlaufe; stelle nun diese so wie
ein Wein reine Sulze in kaltes Wasser oder zum Eis,
damit es sich recht hart setze. Steche nun entweder mit
dem Löffel oder einer Form runde Patzeln aus, lege sie
um den Hecht schön kranzförmig; hast du frische Lor-
beer- oder Lemonieblätter, so steche in jedes 1 oder 2, in
die Mitte der Schüssel lege auch eins und steche einen
Kranz von Blättern herum. Mit diesem Aspick kannst
du alle Fische, welche kalt aufgetragen werden, garniren;
es können zur Verzierung noch Kapperln, Lemonieschalen, Sardellen und Oliven genommen werden; müssen
aber nicht seyn. Diesen Aspick kannst du auch 2 Messerrücken dick auf eine Schüssel gegossen kalt werden lassen,
dann in kleine Vierecke schneiden, davon einen 2 Finger breiten, 2 Finger hohen Rand um die Schüssel machen, schön mit Kapperln belegen, ziert die Schüssel sehr
schön. Diesen Aspick kann man zu allen saueren Fasten-
sulzen verwenden. Z. B. gieße davon in eine Form,

18

welche früher durch ein kaltes Wasser gezogen wird, auf
einen Finger hoch Sulze, lasse es recht kalt werden; nun
mache von einer Lemonie, welche früher auf dünne Blät-
tel zerschnitten werden muß, kleine Dreiecke aus diesen, und aus kleinen von Lemonieblättern geschnittenen
Blatteln mache einen Kranz herum, darauf lege einen
blaugesotteten Hecht, Karpfen, Aalen, Aalsuppe, Lachs,
oder was du gerade für Fische hast, auf kleine Stücke
zerlegt; muß aber, versteht sich, kalt seyn; daß du recht
viele blaugesottene Karpfenköpfe, so nimm die Zungen
heraus, theile sie in kleinere Stücke, belege zu unterst
den Kranz, das Übrige darüber, gieße die Form voll
Aspick. um den Rand muß die Form wenigstens finger-
breit frei bleiben, ehe man den Aspick eingießt, so ist
es, wenn die Sulze gestürzt wird, recht hübsch; nur
muß man selbe schnell stürzen, wenn man sie in heißes
Wasser mit der Form eingedunkt hat, sonst zerfließt sie
und wird unansehrlich, stelle sie wieder zum Eis so lange,
bis sie aufgetragen wird. Auch diesen Aspick kann man
mit verschiedenen Farben anrichten, theils mit geröste-
tem Zucker oder einem Saft von Preiselbeeren u. s. w.
Auch Salate kann man in Fasttagen mit diesem Aspick
verschiedentlich zieren; versteht sich sauere, als: Feld-
und Häupelsalat, Hopfensalat, Bohnen, Karfiol u. a. m.

37. Karpfen mit Wein und Sardellen.

Reiße, schuppe und wasche einen Karpfen, salze ihn
ein wenig, und schmiere ihn inwendig und auswendig
mit Sardellenbutte, schmiere eine Bratpfanne, welche
etwas länger als der Karpfen ist, mit Butter, lege einige reine mit Butter geschmierte Späne darauf, bestreue
sie mit geschnittenen Zwiebeln, lege den Karpfen darauf,
gib dazu 16 Körner Pfeffer, 20 Körner Neugewürz
und 2 Stückel Ingber, alles ungestoßen, stelle es in eine heiße Röhre, lasse backen; wenn der Karpfen bald gar

gebacken ist, so gib in ein Töpfchen ein Kaffeelöffel voll feines Mehl, gieße darein ein Viertel Seidel Wein, zer= rühre es recht, gieße dazu ein halb Seidel guten saue= ren Schmetten, sprittle es recht ab, begieße den Karpfen damit, belege noch mit Sardellenbutter, lasse noch so lange in der Röhre, bis es oben schön gelblicht ist, dann lege den Karpfen behutsam auf eine lange Schüssel, gieße die durchgeseihte Soß darunter, trage es auf; man kann auch nur einige Stücke so bereiten, z. B. wenn man das übrige vom Karpfen bäckt, kann man die Köpfe so bereiten; auch Schleindel oder Aalruppen können so be= reitet werden.

38. Einen Igel vom Hechte.

Ziehe die Haut von einem kleinen Hechte ab, nimm die Gräthen heraus, das Fleisch hacke fein, treibe auf einer Schüssel einen Löffel voll Krebsbutter ab, lege das Fleisch hinein, schlage dazu 4 ganze Eier, gib dazu die kleingeschnittenen Schweifel und Scheere von 30 Krebsen, dann eine halbe abgeriebene, in guter Milch geweichte ausgedrückte Semmel dazu, treibe es recht un= tereinander, salze es, würze es mit Muskatenblüthe. Schmiere eine Serviette mit Butter, gib es hinein, bin= de es locker zu, hänge es in kochendes gesalzenes Peter= silwasser, worin du noch den Kopf und die übrigen Ab= fälle von dem Hechte, als auch die ausgedrückten Scha= len von der Krebsbutter geben kannst. Mache eine weiße Einbrenn, gieße von der Suppe, worin dieß alles gekocht hat, daran, lasse aufkochen, würze bischen mit Muskaten= blüthe, die Fasch binde los, lege sie auf eine Schüssel, begieße sie mit zerlassener Krebsbutter, bestecke sie dicht mit geschälten nudelartig geschnittenen Mandeln, die Soß gieße darunter, wenn noch Krebsschweifel vorhanden sind, ziere die Schüssel dann herum, oder lege schön im Salz= wasser gekochte Krebse herum.

Mehlspeisen und Auflaufe,
zweite Abtheilung.

1. Littizer Knödel. *)

Treibe ein Stück frische Butter ab, schlage darein
6 ganze Eier nach und nach; nach jedem Ei gib eine
Handvoll Mehl, und einen Löffel voll süßen Schmetten,
salze es, treibe es recht ab, gib darein eine würflicht
geschnittene, im Schmalz schön goldgelb geröstete aus=
gekühlte Semmel, arbeite es recht ab, gib so viel Mehl
darein, daß die Knödel gehörig fest sind, so, daß wenn
man mit der flachen Hand daran schlägt, sich die Hand
nicht beschmiert, koche große Knödel in kochendes Salz=
wasser ein, lasse sie recht kochen, damit sie in der Mitte
nicht roh bleiben, nimm sie heraus, schneide jeden in 4
Theile, bestreue mit geriebener Semmelrinde, begieße sie
mit heißer Butter, und trage sie auf. Diese Knödel sind
zum schwarzgesottenen Karpfen vortrefflich.

2. Nockerl mit Schmetten.

Treibe 4 Loth frische Butter und 2 Loth Schmalz
schön schäumig ab, schlage darein nach und nach 6 ganze
Eier und 3 Dötter, nach jedem Ei ein Löffel voll Mehl,
salze es ein wenig, treibe den Teig recht glatt ab, ma=
che ihn nicht zu dick, koche ihn mit einem Löffel im ko=
chenden Schmetten ein; ist es nöthig, so salze es noch
ein wenig, lasse es ein wenig aufkochen, bestreue es dann
mit gröblich gestoßenem Zucker, gib es in die Röhre,

---

*) Als die Verfasserin mit einer Gesellschaft in Littiz die Rui=
nen bestieg und in das Thal kehrte, wurden diese Knödel
gekocht und schmeckten sehr gut; daher selbe diesen Na=
men erhielten.

laſſe es ſchön ausdünſten, und oben ſchön gelblicht an=
laufen, trage es ſammt dem Gefäße zur Tafel. Haſt du
ein bischen Krebsbutter, ſo gib ſelbe obenauf dazu, iſt
ſchön und verbeſſert den Geſchmack.

3. Semmelbaba.

Schmiere eine Form mit Butter aus, lege Sem=
melſchnitte darein, beſtreue ſie mit kleinen Roſinen und
geſchnittenem Citronat, lege wieder eine Schichte Sem=
mel, ſtreue wieder ſo, ſchlage in einen Topf 2 ganze
Eier, gieße daran ſüßen Schmetten ſo viel als nöthig
iſt, daß das Gefäß voll wäre, wenn man es über die
Semmel gießt. Gewöhnlich nimmt man auf eine Sem=
mel ein halb Seidel Schmetten; doch es kommt darauf
an, wie groß die Semmeln ſind, quirle es recht ab, gib
darein ein wenig Salz, ein bischen Lemonieſchale, ein
oder zwei Eier, Zucker, daß es recht ſüß iſt, gieße es
über die Semmel, belege oben mit friſcher Butter, be=
ſtreue es mit gröblich geſtoßenem Zucker, belege es mit
Butter, laſſe es in der Röhre ſchön backen, daß es oben
und unten ſchöne Rinden bekommt, beſtreue es noch mit
Zucker, und trage es ſammt der Form oder Reindel
zur Tafel.

NB. Zwiſchen die Roſinen kann man kleingeſchnit=
tenen Citronat ſtreuen.

4. Nudeln mit Krebſen.

Mache feine Nudeln von 2 ganzen Eiern, koche ſie
im Schmetten, gib während des Kochens darein ein Stück
friſche Butter und ein Stück auf Lemonie abgeriebenen
Zucker, laſſe ſie hübſch ausdünſten, dann auskühlen, gib
noch einige Eierdötter darein. Nimm in ein Töpfchen
5 Löffel voll Mehl, 6 Eierdötter und ein Seidel gu=
ten ſüßen Schmetten, quirle es recht ab, ſalze es ein we=
nig, gieße es auf ein Reindel und laſſe es auf Kohlen

kochen; doch muß man beständig rühren, daß es sich am
Boden nicht anlegt, koche es so lange, bis es genug dick=
lich ist und vom Reindel geht, gib es auf eine Schüs=
sel, treibe es mit einem Stückel frischer Butter ab, gib
Zucker darein, schmiere es auf das Papier, lege es auf
das Blech, lasse es schön gelblicht backen, bestreiche es mit
den bereiteten Nudeln, bestreue es mit kleingeschnittenen
Mandeln, und besprenge es mit Krebsbutter, rolle es
schön, wie einen gezogenen Strudel, schneide daraus ei=
nen Finger breite Stückel, stürze einen tiefen Teller auf
einen seichten um, lege die Stückel schön darauf, bis der
ganze Teller belegt ist, besprenge es ein wenig mit süs=
sem Schmetten, belege es mit den Krebsschweifeln, be=
streue es mit Zucker und geschnittenen Mandeln, be=
sprenge es mit Krebsbutter, stelle es etwa auf eine
Viertel Stunde in die Röhre, daß es ein wenig oben
röslet wird, und trage es auf.

5. Nudeln im Schmetten.

Mache von 3 Eiern Nudeln, von 2 Eiern koche
im Schmetten ein, vom dritten lasse noch liegen; wäh=
rend des Kochens gib ein Stückchen frische Butter dar=
ein, lasse sie schön ausdünsten, dann auskühlen, schlage
darein 5 Eierdötter, von 3 Eiweiß den Schnee, Zucker,
von einer Lemonie die kleingeschnittene Schale, ein we=
nig Salz, treibe es wohl ab, gib es auf eine mit But=
ter geschmierte Schüssel, stelle es auf ein Dreifüßel in
die Röhre, lasse es oben gelblicht anlaufen. Indessen bak=
ke die übrigen Nudeln schön goldgelb, bestreue und ver=
mische sie recht mit Zucker und Zimmet; wenn die Nu=
deln gar gebacken, so nimm sie aus der Röhre, mache
von den gebackenen Nudeln herum einen Kranz, und
trage sie zur Tafel. Ist es in einer Zeit, wo Krebse
zu haben sind, so rühre statt frischer Butter, Krebsbut=
ter in die Nudeln, so ist es noch besser; hast du einen

Butterteig bei der Hand, so mache um die Schüssel einen Rand von Butterteig; die gebackenen Nudeln richte in die Mitte an, so sieht es noch zierlicher an.

6. Gebackene Nudeln.

Mache von zwei Eiern feine Nudeln, lasse sie im Schmetten schön ausdünsten; muß aber öfters umrühren. Wenn sie ausgedünstet sind, lasse sie anskühlen, gib darein 4 Dötter, von 2 Eiweiß den Schnee, Zucker, Lemonieschale, ein wenig Salz, treibe es recht ab, neze Oblatten mit Eiweiß, lege Häufeln von den Nudeln daran, ballire sie wie Krapfen schön rund darein, tunke sie in zerklopfte Eier, dann geriebene Semmel, backe sie im heißen Schmalz schön goldgelb, bestreue sie mit Zucker, und trage sie zur Tafel. Statt Lemonie kann man auch Vaniliegeschmack in die Nudeln geben.

7. Mehlschmarn.

Schlage 6 Eier in einen Topf, mache mit Mehl einen dicken Tropfteig, gieße dann ein halb Seidel süßen Schmetten daran, rühre es recht ab, gib darein ein bischen Zucker, ein wenig Salz; ist es zu dünn, so gib ein wenig Mehl zu. Lasse in einer Pfanne oder Reindel Butter heiß werden, gieße es darein, lasse es in der Röhre schön hoch auflaufen und gelb backen, dann zerschneide es auf kleine Stückchen, gib ein Stückchen Butter darunter, bestreue es mit Zucker, lasse es noch ein wenig auf gelindem Kohlen rösten; es muß aber öfters gerührt werden, daß es überall schön röslet werde; wenn du es auf den Teller oder Schüssel angerichtet hast, so bestrene es abermals mit Zucker, trage es auf.

8. Semmelschmarn.

Schneide 5 Semmel würflicht, schlage in einen Topf 6 ganze Eier, gieße ein halbes Seidel süßen Schmetten daran, quirle es recht ab, gib die Semmelwürfel darein, salze es ganz wenig, gib ein bischen gestoßenen Zucker darein, rühre es recht ab, gieße es in heiße Butter, laffe es oben und unten in der Röhre schön gelblicht backen, zerschneide es, gib noch ein Stückchen Butter, laffe es noch auf gelindem Kohlen ein wenig rösten, gib es auf eine Schüffel, beftreue es recht mit Zucker, und trage es auf.

9. Aufgeloffenes mit frischen Kirschen.

Schmiere eine Form mit Butter, ftreue sie mit geriebener Semmelrinde aus, lege etwas über die Hälfte schöne, von den Stengeln abgelöste, im kalten Waffer gewaschene Kirschen darein, schlage in einen Topf 3 oder 4 ganze Eier, gib eine geriebene Semmel darein, treibe es recht ab, gieße ein halb Seidel süßen Schmetten daran, gib Lemonieschalen, Zucker und ein wenig Salz darein, quirle alles recht ab, gieße es über die Kirschen, belege es mit frischer Butter, laffe es schön gelb backen, beftreue es mit Zucker, und trage es zur Tafel.

10. Aufgeloffenes von Zwetfpen.

Schmiere die Form mit Butter, ftreue sie mit geriebener Semmelrinde aus, schlage 6 ganze Eier in einen Topf, gib 1 geriebene Semmel darein, 1 halbes Seidel süßen Schmetten, Lemonieschale, Zucker, ein wenig Salz, quirle alles recht ab; in die Form schlichte schöne reife Zwetfpen, gieße das Abgerührte darüber, belege es mit frischer Butter, laffe es in der Röhre schön backen, beftreue es ein wenig mit Zucker, gib gestoßenen Zimmet und Zucker auf die Tafel dazu, damit sich ein jeder nach Belieben nehmen könne.

11. Krauttalken.

Nimm ein Krauthäupel, hacke es ganz klein, gib auf ein Reindel 1 Stück frische Butter, lege das Kraut

darein, salze es, lasse es weich dünsten, würze es mit
Pfeffer; wenn es weich ist, lasse es auskühlen. Den Teig
mache ein. Nimm feines Mehl 3 bis 4 Seidel, nimm
1 Seidel süßen Schmetten, gib darein 2 oder 3 Döt=
ter, quirle es ab, gib dazu 4 Loth zerlassene Butter,
gieße es in das Mehl, gib dazu 2 Löffel dicke Hefen,
ein wenig gestoßenen Zucker, arbeite den Teig recht ab,
lasse ihn gähren, dann salze ihn, gib ein bischen Mu=
skatenblüthe dazu, nimm es auf das Nudelbrett, mache
dünne Blattel so groß, als du die Talken haben willst,
streiche auf ein Blattel einen Finger dick Kraut, lege
das 2. Blattel darüber, rundum drücke es recht fest zu=
sammen, und so fort, bis aller Teig und alles Kraut
gar ist, lasse sie ein wenig gehen, nimm ein Talken=
blech, schmiere es mit Butter, lege die Krauttalken dar=
auf, schmiere sie wieder mit zerlassener Butter, kehre sie
beständig um, schmiere sie wieder mit Butter, bis sie
schön gelblicht gebacken sind, dann nimm sie vom Blech,
schmiere sie nochmals mit Butter, und trage sie lau=
warm auf. Können auch trocken, ohne Butter gebacken,
dann in zerlassener Butter eingetunkt, auf eine Schüssel
gelegt und aufgetragen werden.

12. Krautpfanzel.

Nimm 3 ganze Eier, 1 Seidel süßen Schmetten,
einen oder 2 Löffel Hefen, ein bischen Zucker, und so
viel Mehl, als nöthig wäre, einen Teig auf gegossene
Talken zu machen, lasse es gehen; hacke indessen ein
Krauthäupel, dünste es mit frischer Butter, salze es, gib
auch ein bischen Zucker darein und ein bischen Pfeffer,
lasse es auskühlen; wenn der Teig gegangen, so rühre
das ausgekühlte Kraut darein, nimm die Strudelpfanne,
gib ein wenig zerlassene Butter darauf, gieße ein we=
nig von dem Teige darauf, behandle es so wie Stru=
deln; wenn es auf einer Seite gebacken ist, so kannst

du es umkehren, und auf der andern Seite schön gelblicht backen, lege entweder eins auf das andere, jedes mit
heißer Butter bestrichen, oder bestreiche sie mit heißer
Butter, und rolle sie wie Strudel. Kannst auch diese
Fanzeln, so wie gegossene Talken behandeln, nämlich:
nimm ein Talkenblech mit Grübeln, gieße in jedes ein
wenig Schmalz, gieße einen Löffel voll von dem Teige
darein, besprenge ihn mit Butter; wenn er auf einer
Seite gebacken ist, so kehre ihn auf die andere, bis er
auf beiden Seiten schön gelblicht gebacken ist, dann wird
er in zerlassener Butter nochmals getunkt und schön aufgeschlichtet aufgetragen. Wiewohl diese Speise mehrere
Zeit braucht, so ist sie dafür auch genußvoll.

13. Krautwürstel.

Hacke ein Krauthäupel klein, lasse es auf Butter
weich dünsten, gib darein ein wenig Salz, Pfeffer, lasse
es auskühlen, schlage darein 1 oder 2 Eier, gib dazu
einen Löffel voll gute Hefen, dann Mehl, rühre es ab,
gib es auf das Nudelbrett, arbeite es ab, mache daraus
Würste fingerlang und fingerdick, lasse auf einer Bratpfanne Butter zergehen, schlichte die Würste schön knapp
an einander, bestreiche sie oben mit Butter, lasse sie ein
wenig gehen, lasse sie in einer Röhre schön gelblicht
oben und unten backen, stürze sie, und trage sie heiß zur
Tafel.

14. Türkischer Bund.

Nimm ein Seidel guten süßen Schmetten, 6 Eierdötter, 4 Löffel voll Mehl, rühre es recht ab, gieße es
auf ein Reindel, lasse es auf glühender Gluth unter
beständigem Umrühren dicklicht einkochen, lasse es dann
auskühlen, gib darein ein Stück frische Butter, ein bischen Zucker, ein wenig Salz, treibe es recht ab, streiche es 2 Messerrücken dick auf das Papier, gib es auf
das Blech, lasse es schön gelblicht backen. Mache von ei-

nigen Eierböttern feine Nudeln, koche sie im Schmetten
ein, lasse sie schön ausdünsten, dann auskühlen, schlage
darein 5 Dötter, von 3 Eiweiß den Schnee, gib 2 Loth
abgetriebene Butter darein, salze es ein wenig, und Zu=
cker gib so viel, daß es gehörig süß ist, und theile die
Nudeln in 3 oder 2 Theile, einen Theil lasse so gelb
und gib darein Vanilie oder Lemoniegeschmack, in einen
Theil ein Taferl geriebene Chokolade, in den 3. Theil
gib Krebsbutter; so viel Farben als sind, so viele Blät=
ter muß du backen, streiche auf jedes Blatt eine Far=
be auf, rolle es wie einen gezogenen Strubel, schneide
fingerbreite Strubeln. — Stürze einen tiefen Teller
oder eine Schüssel auf einen seichten, lege von einer
Farbe den Rand, von der zweiten den 2ten Rand, und
von der britten die Kappen, so sieht es wie ein Türken=
bund aus. Nimm süßen Schmetten, gib darein Vanilie
und Zucker, lasse es aufkochen, treibe einige Eierdötter
mit einem Löffel Schmetten ab, gieße den kochenden Va=
nilieschmetten daran, quirle es recht ab, besprenge den
Türkenbund damit, bestreue ihn mit Zucker, lasse ihn
dann in der Röhre schön röslet backen, und mit dem
Vanilieschmetten öfters besprengen.

15. Krebswandeln.

Nimm 6 bis 8 Loth Krebsbutter, treibe sie ab,
gib darein 8 Dötter, 2 Löffel voll Hefen, 6 Löffel süs=
sen Schmetten, ein bischen gestoßenen Zucker, treibe es
recht ab, gib dazu 3 Loth feines Mehl, ein wenig Salz,
rühre es eine halbe Stunde, schmiere die Wandeln mit
Krebsbutter, streue sie mit feingeriebener Semmelrinde
aus, gieße die Wandeln halb voll, lasse sie schnell backen;
in einer heißen Röhre sind sie in 10 Minuten fertig;
willst du, so kannst du eine Melonenform schmieren und
die Hälfte darein gießen, dann nimm kleingeschnittene
Krebsschweifel, einige gerührte Eier, ein bischen Mu=

ſkatenblüthe, miſche es untereinander, gib es in die Form auf den Teig, gieße den übrigen Teig darüber, laſſe es oben und unten ſchön gelb backen; es kann ſo trocken zur Tafel gegeben werden ſo wie Wandeln, oder man macht eine gute Schwammenſoß darüber. Man nimmt gedörrte Herrnpilze, kocht ſie im Peterſilwaſſer oder Fiſchſuppe, ſeiht ſie ab, hackt ſie mit grüner Peterſil ganz klein, macht ein wenig weiße Einbrenn, gießt die Suppe, worin die Schwämme gekocht haben und ſüßen Schmetten daran, läßt es ein wenig aufkochen, ſeiht ſie durch, gibt die gehackten Schwämme darein, würzt es mit Muſkatenblüthe, begießt die Wandeln oder Melone und trägt es zur Tafel.

16. Gebratene Äpfel.

Nimm borsdorfer Äpfel, ſchäle und ſchneide ſie auf dünne Blattel, beſtreue ſie mit Zucker und kleingeſchnittener Lemonieſchale, laſſe 1|4 Seidel Wein, 1|4 Seidel Waſſer mit einigen Gewürznelken aufkochen, begieße die Äpfel damit, gib ſie auf eine tiefe Schüſſel oder Teller, richte ſie hoch auf, wie einen Berg, ſchmiere den Rand des Tellers mit Eiern, nimm ein Blatt von Butterteig, 2 Meſſerrücken dick ausgewalzt, lege es über die Äpfel, am Rande drücke es recht feſt, laſſe es in der Röhre ſchön langſam backen, bis die Äpfel weich und der Butterteig gelb wird; der Butterteig muß früher, ehe man es in die Röhre gibt, mit zerklopften Eiern geſchmiert werden; wenn es gebacken iſt, ſo beſtreue es mit Zucker, und trage es zur Tafel.

17. Schoboly=Körbel.

Schlage in ein Töpfchen 3 Dötter und ein ganzes Ei, gib ſo viel Mehl, als zu einem dicken Tropfteig nöthig iſt, rühre es ſchön glatt ab, gib dann dazu drei Löffel guten öſterreicher Wein, drei bis vier Löffel

schlechte abgeschöpfte süße Milch, ein bischen gestoßenen
Zucker, ein bischen Salz, treibe es ab; der Teig darf
höchstens so dick seyn, als auf gegossene Strudel; laß
Schmalz heiß werden, stecke die Körbelform hinein, wenn
sie heiß ist, so stecke sie in den Teig, der sich darauf
fängt, geschwind wieder in die Butter, halte die Form,
damit das Körbchen nicht zu Boden sinkt, bis es schön
gelb gebacken ist; backe so fort, bis genug Körbchen
sind; dann backe die Deckel, stelle die Körbchen auf eine
Schüßel, fülle sie mit Schodoh, decke den Deckel dar=
über, und trage sie auf. Man kann diese Körbchen
auch mit Chokoladefaum füllen.

18. Äpfel im Schlafrocke.

Nimm schöne Borsdorfer Äpfel, schäle sie, nimm
das Kerngehäus vorsichtig heraus, damit der Stengel
bleibt; mache von Butterteig runde Blatteln, 2 Mes=
serrücken dick, schmiere sie mit Eiern, lege den Apfel
darauf. ballire ihn schön darein, befestige es um den
Stengel herum, schmiere es wieder oben mit Eiern, le=
ge es aufs Papier und Blech, laß es in der Röhre lang=
sam, schön gelblicht backen, bestreue es mit Zucker, und
trage es zur Tafel.

19. Krebsstrudel.

Nimm aufs Nudelbrett 2 Seidel feines Mehl,
schneide darein 2 Loth frische Butter, zerbrösle es mit
dem Mehl, nimm 2 ganze Eier, 2 Dötter, mache den
Teig an, so wie auf Nudeln, salze es ein wenig, zerwal=
ge es wie auf Nudeln, schneide ein halb Viertel lange,
und breite viereckige Stückel daraus. Früher mache die
Fülle, hacke Krebsschweifel klein, schäle und reibe 6 Loth
süße Mandeln, gib dazu gestoßenen Zucker, mische es
recht durch, bestreue die Fleckel damit, besprenge sie mit
Krebsbutter, rolle sie, schmiere den einen Rand mit

Eiweiß, so bleiben sie besser beisammen: schlichte sie schön in einen Kranz herum um die Schüssel, und so beständig in kleineren Zirkeln, bis sie gar sind, stecke in jedes Röllchen in die Öffnung ein Stückchen Krebs= butter. Quirle Schmetten mit Zucker ab, begieße die Strudeln, lasse sie in der Röhre ausdünsten; ehe du es aus der Röhre herausnehmen willst, so bestreue es noch recht mit gestoßenem Zucker, lasse ihn in der Röhre, bis er sich schäumt, bestreue es nochmals mit Zucker, und trage ihn zur Tafel.

20. Chokoladekoch.

Schneide 2 abgeriebene Semmel würflicht, weiche sie im süßen Schmetten, gib sie auf ein Reindel auf Gluth, streue darein 3 Tafeln geriebene Chokolade, lasse es unter beständigem Rühren schön dick einkochen, lasse es auskühlen, treibe 2 Loth frische Butter ab, gib den ausgekühlten Koch darein, treibe es ab, schlage dar= ein 5 bis 6 Dötter, von 4 Klar den Schnee, gib Zucker, ein bischen Vanilie, auf Nuderl geschnittene verzuckerte Pomeranzenschalen, schmiere die Form mit Butter, streue sie mit geriebener Semmelrinde aus, lasse es backen, stürze, bestreue es mit Zucker, und trage es geschwind zur Tafel.

21. Krem mit bitteren Mandeln.

Nimm auf anderthalb Seidel süßen Schmetten 1 Loth geschälte geriebene bittere Mandeln, gib sie in den Schmetten, lasse es kochen, gib in ein Töpfchen 9 Eier= dötter und ein ganzes Ei, quirle es mit kaltem Schmet= ten ab, gib darein 4 Loth gestoßenen Zucker, gieße den kochenden Mandelschmetten daran, quirle es recht ab, gieße es in eine Schüssel, stelle es in kochendes Wasser in die Röhre, lasse es im Dunste kochen, bestreue es oben mit Zucker, lasse es noch aufschäumen, bestreue es aber=

mals mit Zucker und trage es zur Tafel. Man kann auch, wenn man will, 1 Loth länglich geschnittene süße Mandeln darein geben.

22. Vaniliekrem.

Koche in anderthalb Seidel süßen Schmetten ein Stück gestoßene Vanilie, gib 4 Loth Zucker darein, in ein Töpfchen quirle 9 Dötter und 1 ganzes Ei mit ein wenig kalten Schmetten ab, gieße den kochenden Vanilieschmetten darein, quirle es ab, gieße es in eine Schüssel, lasse es im Dunste kochen, streue es nochmals mit Zucker, trage es zur Tafel, oder schmiere die Form mit Butter aus, lege eine Schichte Bitterpatzeln, gieße den Krem darüber, und koche sie im Dunste.

23. Chokoladekrem.

Lasse 4 Tafeln geriebene Chokolade in anderthalb Seidel Schmetten kochen, gib dazu ein Stückchen Vanilie, 2 Loth Zucker, quirle in ein Töpfchen 9 Dötter, 1 ganzes Ei mit ein wenig kalten Schmetten ab, schneide dazwischen verzuckerte Pomeranzenschale klein, gieße die kochende Chokolade daran, quirle es recht ab, gieße es in eine Schüssel, lasse im Dunste kochen, bestreue es mit Zucker, und trage es zur Tafel.

24. Kaffeekrem.

Koche in anderthalb Seidel süßen Schmetten 3 Loth gebrannte abgewischte Kaffeekörner: quirle in ein Töpfchen 9 Dötter und 1 ganzes Ei mit ein wenig kalten Schmetten ab, gib darein 4 Loth gestoßenen Zucker, 1 Stückchen gestoßene Vanilie, gieße den kochenden Kaffee, der früher durchgeseiht werden muß, daran, quirle es recht ab, gieße es in eine tiefe Schüssel, lasse es im Dunste kochen, bestreue es mit Zucker, und trage es zur Tafel. Alle diese Kremes können in Becher gegossen, im Dunste gekocht, dann kalt aufgetragen werden.

25. Quarfknödel.

Treibe 4 Loth frische Butter ab, gib darein ein Viertel Pfund guten Quark, treibe es recht ab, damit keine Knollen sind, schlage 3 bis 4 Dötter und 3 ganze Eier darein, dann gib geriebene Semmelbrösel so viel als nöthig ist, daß sie gehörig fest sind, salze sie, mache schöne runde Knödel daraus, koche sie im Salzwasser, nimm sie heraus, lege sie auf die Schüssel, bestreue sie mit geriebener Semmelrinde, schmalze sie mit heißer Butter ab, und trage sie zur Tafel. Man kann auch würflicht geschnittene, im Schmalz gebackene Semmel darein geben, da gibt man nur 3 Loth Butter, und weniger geriebene Semmel.

26. Gebackene Quark=Würstel.

Treibe etwa 2 Loth frische Butter mit ein Viertel Pfund guten Quark ab, gib darein 2 Löffel voll gute Hefen, ein wenig gestoßenen Zucker, sauber gewaschene kleine Rosinen, 3 Dötter, 2 ganze Eier, treibe alles zusammen wohl ab, salze es ein wenig, gib auf ein Nudelbrett Mehl, arbeite es in~Mehl ab, bis es sich nicht klebt, und formire daraus ein halb Viertel lange fingerdicke Würstel, lasse sie ein wenig gähren, backe sie schön gelblich im heißen Schmalz, bestreue sie mit Zucker und trage sie zur Tafel.

27. Kleine Buchteln mit Krem.

Nimm auf eine Schüssel 3 Seidel feines Mehl, gib in ein Töpfchen 2 Loth zerlassene frische Butter, 2 Loth Schmalz, ein Dotter und süßen Schmetten so viel als nöthig, gib in das Mehl zwei Löffel voll gute dicke Hefen, quirle den Schmetten mit der Butter wohl ab, mache den Teig damit, wie gewöhnlichen Buchtenteig an, salze ihn, gib 2 Loth gestoßenen Zucker darein, Lemonieschale, Muskatenblüthe, arbeite den Teig recht ab,

bis er Blasen wirft, nimm ihn auf das Nudelbrett, mache
daraus kleine runde Buchteln nicht größer als ein bors=
dorferapfel, lasse in einer runden Bratpfanne Schmalz
lau werden, lege die Buchterl schön zierlich, aber recht
fest darein, lasse sie gehen, gib sie in die Röhre, lasse
sie schön gelb unten und oben backen, stürze sie auf eine
runde Schüssel, streue sie mit Zucker, und trage sie zur
Tafel. Lasse in einem Töpfchen ein Seidel Schmetten
kochen, lege darein geschnittene Lemonieschale, oder reibe
sie am Zucker, und lasse diesen Zucker darin aufkochen,
rühre in einem andern Töpfchen 4 bis 5 Eierdötter
mit ein wenig kalten gekochten Schmetten ab, würze
es ein wenig mit Muskatenblüthe, salze es ein wenig,
gieße den kochenden Lemonieschmetten daran, quirle es
auf der Gluth recht ab, und gib es in Soßschalen zu den
Buchteln auf die Tafel.

28. Gerollte Buchteln.

Nimm 4 Loth Butter, treibe sie schön pfläumig ab,
dann gib 2 Dötter, 6 Löffel Schmetten, 2 Löffel Hefen,
ein wenig Salz, treibe es recht ab, gib Mehl dazu so
viel, als zu einem linden Buchtelteig nöthig ist, schlage
den Teig recht aus, bis er Blasen wirft, gib ihn aufs
Nudelbrett, arbeite ihn noch ein wenig ab, zerwalge
ihn zwei Messerrücken dick, bestreiche ihn mit zerlassener
Butter, bestreue ihn mit Lemonieschalen und gestoßenen
Zucker, radle 2 fingerbreite Streifen, rolle sie, schmiere
eine Form oder runde Bratpfanne mit Butter aus, lege
die Röllchen 2 Finger von einander darein, bestreiche
sie recht überall mit zerlassener Butter, lasse sie gähren,
dann backe sie schön gelb in einer heißen Röhre. Mache
einen Krem wie zu den vorigen, welcher aber in Soß=
schalen aufgetragen wird. Man kann diese Buchteln mit
Zucker und Zimmet, oder auch mit kleinen Rosinen in=
wendig bestreuen.

29. Kleine Pasteten mit Rivis.

Mache von 3 Döttern und einem ganzen Ei feinen geriebenen Teig, siebe ihn durch, lasse Schmetten kochen, gib den geriebenen Teig darein, mache einen festen Koch; während des Kochens rühre darein 4 Eierdötter, lege auch früher in den Schmetten ein Stückchen an Lemonie geriebenen Zucker, salze es ein wenig; wenn es recht dick eingekocht ist, so lasse es unter beständigem Umrühren auskühlen, bestreue ein Nudelbrett mit Mehl, lege den Teig darauf, zerwalge ihn fingerdick, steche mit dem runden Model Scheiben daraus, die Hälfte lasse so, aus der andern Hälfte steche noch in der Mitte mit dem ganz kleinen Model ein Löchel, tunke sie in zerschlagene Eier, ballire sie in Semmelbrösel, backe sie schnell schön goldgelb im heißen Schmalz; wenn sie gebacken sind, so bestreiche das ganze Blattel mit eingesottenem Rivis, decke das Blattel mit dem Löchel darüber, fülle das Löchel schön hoch mit eingesottenem Rivis, bestreue sie mit Zucker, und trage sie schnell zur Tafel. Wenn man es wohlfeiler haben will, so kann man es auch mit gut bereiteten Powideln füllen.

30. Grießnudeln.

Mache einen dicken Grießkoch in 2 Seidel Schmetten; wenn er gehörig ausgedünstet ist, so lasse ihn überkühlen. Treibe 4 Loth Butter schön pfläumig ab, rühre darein 3 Eierdötter, gib den Grießkoch darein, treibe es recht ab, salze es ein wenig, rühre rohen Grieß darein so viel, daß es beisammen hält, und sich nicht an die Finger klebt, mache daraus auf einem mit Mehl bestreuten Nudelbrett fingerlange und fingerdicke Nudeln, lasse im süßen Schmetten ein Stückel frische oder Krebsbutter aufkochen, gib Zucker darein, welcher früher an einer Lemonie abgerieben wurde, lege die Nudeln auf eine mit Butter wohl geschmierte Schüssel nebeneinander, gieße den Schmetten darüber, lasse sie in der Röhre ausdünsten, besprenge sie öfters mit Krebs=butter, wenn welche vorhanden ist, wo nicht, mit frischer Butter, lasse sie schön ausdünsten, (doch darf es nicht zu lange bleiben, sonst würde es zu hart,) bestreue es mit Zucker und trage es zur Tafel.

31. Äpfelfleckel.

Mache von 2 Eier Fleckel, etwas kleiner als zu Schinckenfleckeln; können auch Makrondeln seyn; koche sie im Salzwasser, seihe sie ab. Treibe 2 Loth frische Butter ab, gib die Fleckel darein, lasse etwa 6 abgeschälte, von Putzen gereinigte Äpfel; versteht sich marschanskel dünsten, bis sie wie ein Köchel sind, gib darein 2 Loth kleine Rosinen, 2 Loth geschälte kleingeschnittene süße Mandeln, ein bischen Zimmet, 3 Loth Zucker; dieses alles vermische mit den Fleckeln, schmiere eine Form oder eine Kastrole mit Butter, streue es mit geriebener Sem=melrinde aus, gib die Fleckel darein, bestreue sie mit Zuk=ker und Zimmet, besprenge sie mit zerlassener Butter, lasse sie in der Röhre schön gelblicht ausbacken; wäh=rend des Backens bestreue sie öfters mit Zucker und Zimmet, und besprenge sie mit Butter; willst du die Speise noch schöner haben, so vermische den Zucker und Zimmet noch mit geschälten, auf einem Reibeisen gerie=benen Mandeln, und wiederhole das Bestreuen öfters; zuletzt, wenn du es zur Tafel tragen willst, so bestreue es aber bloß mit Zucker und Zimmet und trage es auf; sind Gäste, so richte es gerade schon vor dem Backen auf eine Schüssel, in der es zur Tafel kommt.

32. Strudeln von Nudelteig.

Mache von 2 bis 3 Eiern Nudelteig, bearbeite und zerwalge ihn so wie auf feine Nudeln, bestreiche ihn mit zerlassener Butter, zerschneide ihn in 3 Finger

breite und 4 Finger lange Stücke mit einem Krapfen-
radtl, bestreue selbe mit kleinen Rosinen, kleingeschnittenen geschälten süßen Mandeln, kleingeschnittenen Jo-
hannisbrod, Zucker und Zimmet, rolle die Stückchen
schön zusammen, wie andere Strudel, schlichte sie in eine
mit Butter geschmierte Schüssel oder Kastrole, begieße
sie mit gekochtem überkühlten Schmetten, der ein wenig gesalzen und gezuckert werden muß, belege die Strudeln oben mit Butterbröckchen, bestreue sie mit Zucker,
lasse schön goldgelb ausbacken in einer nicht zu sehr ge-
heizten Röhre, weil es zu gäh braun werden könnte,
bestreue es schlüßlich mit Zucker und Zimmet, und trage
es zur Tafel.

33. Nudeln mit Äpfeln.

Mache von 3 Eiern Nudeln, so wie man sie zum
Abschmalzen macht, koche sie im Salzwasser, seihe sie
ab, lasse sie ein wenig überkühlen, treibe 3 Loth frische
Butter ab, gib die Nudeln hinein, schlage darein 6
Eierdötter, gib 3 Loth gestoßenen Zucker und ein wenig gestoßenen Zimmet darein, treibe es recht ab; kannst
auch noch 3 Löffel guten süßen abgekochten und wieder
überkühlten Schmetten beifügen, schmiere eine tiefe
Schüssel mit Butter aus, gib die Nudeln darein, schäle
9 bis 12 marschanker Äpfel, schneide den Deckel ab,
nimm den Putzen behutsam heraus und höhle die Äpfel
aus, fülle sie mit Hetschepetschsulze oder mit eingesottenem Ribis, oder mit Rosinenpowideln Nr. 4, drücke den
Deckel wieder darüber und stecke die Äpfel schön rund
um die Schüssel halb in die Nudeln, so formirt es einen
Kranz; in die Mitte gibt man einen oder 3 Äpfeln,
wie man gerade auskommt, belege mit Butter, bestreue
recht mit Zucker, am besten mit Grobzucker, lasse es in
der Röhre langsam schön gelb abbacken; während des
Backens besprenge es noch einmal mit zerlassener Butter

und bestreue es 2 bis 3mal mit Zucker, so bekommt es eine schöne glänzende Rinde; wenn du keine eingesottene Hetschepetsche hast, so kannst du getrocknete kochen, halb Wasser, halb Wein, dann sie klein hacken, mit Lemonieschale und Zucker, Neugewürz und Zimmet bereitet darein geben. Diese so bereiteten Äpfel kannst du in ein jedes fein zubereitetes Köchel geben, besonders in Reis, Gries, geriebenen Teig u. d. gl., ist immer schön und gut.

34. Grieskoch mit Mandeln.

Mache von anderthalb Seidel Schmetten einen festen Grieskoch, treibe 2 Loth frische Butter ab, gib den überkühlten Grieskoch darein, schlage darein 5 Dötter, dann gib dazu 2 bis 3 Loth geschälte kleingeschnittene Mandeln, von einer halben Lemonie die Schale, oder ein Loth kleingeschnittenen Citronat, 3 Loth gestossenen Zucker, salze es ein wenig, und gib schlüßlich von 4 Eierklar den Schnee dazu, schmiere die Form, Kastrole oder Schüssel mit Butter, streue sie mit geriebener Semmelrinde aus, gieße es darein, lasse es schön gelb in der Röhre backen, bestreue es mit gestoßenem Zucker, trage es sammt der Form zur Tafel, aber schnell; es geht schön hoch auf. Du kannst den Geschmack noch verändern, statt Lemonieschale oder Citronat kannst du Vanilie geben, und dann mit Vanilie, Zucker bestreuen; sind viele Personen, kann man alles vermehren.

35. Fanzel von gelben Rüben.

Schabe 3 oder 4 schöne gelbe Rüben ab, wasche sie rein, und reibe sie auf einem Reibeisen, gib 2 Loth frische Butter auf ein Reindel, lasse sie zerschleichen, gib die geriebenen gelben Rüben hinein, lasse sie eine halbe Stunde dünsten, treibe abermals 2 Loth frische Butter ab, schlage darein 2 ganze Eier und 2 bis 4

Dötter, und von 2 Eiweiß den Schnee, gib entweder von einer halbrn Lemonie die Schale, oder 2 Loth Citronat dazu, dann 2 Loth gestoßenen Zucker, und ein wenig Salz, dann die gedünsteten überkühlten gelben Rüben dazu, treibe es recht ab, lasse auf einem Bunzelkastrol ein Stückchen Schmalz heiß werden, gieße das Fanzel hinein, lasse es schön goldgelb backen, gieße dann wenigstens ein halbes Seidel abgekochten überkühlten Schmetten darauf, lasse ihn schön einziehen und in der Röhre abermals gelb ausbacken; zieht sich der Schmetten sehr schnell ein, so gießt man noch ein wenig nach; dieses zu beobachten, läßt man der Einsicht der Köchin über, die schon das rechte Maß beobachten wird, damit es nicht zu sehr zerweicht, aber auch nicht zu trocken zur Tafel kommt, bestreue es mit Zucker, und trage es sammt dem Gefäße zur Tafel, ist eine gute und gesunde Speise.

36. Oblatten-Speise.

Schmiere die Form mit Butter, nimm gute Oblatten, tunke jeden schnell im guten süßen Schmetten, lege ihn in die Form, bestreue mit geschälten, auf einem Reibeisen geriebenen süßen Mandeln, worunter man wohl einige bittere mischen kann, bestreue dann mit Zucker und Vanilie; so viel Loth Mandeln sind, so viel Loth Zucker vermische damit, Vanilie nach Belieben, lege wieder eine mit Schmetten genetzte Oblatte darüber, bestreue wieder, und so fort, bis alles gar, und die Form bis auf 2 Finger breit voll ist. Quirle auf 10 bis 12 Oblatten 4 Eierdötter in einem halben Seidel süßen gekochten ausgekühlten Schmetten ab, gib etwa 1 Loth gestoßenen Zucker und ein wenig Salz darein, quirle es recht ab, begieße die Oblatten damit, lasse sie in der Röhre schön semmelgelb backen; nun mache von 2 Eiweiß einen festen Schnee, rühre einen gehäuften Eßlöffel voll gestoßenen Zucker darein, belege die Oblattenspeise damit entweder ganz, oder mache einen Kranz herum, und in die Mitte ein Häufchen, bestreue noch recht mit gestoßenem Zucker, gib es schnell in die nicht stark heiße Röhre, lasse es wieder bis es schön semmelgelb wie spanische Winde gebacken ist, trage es mit Zucker bestaubt zur Tafel. Ist eine gute Speise, und sieht sehr schön aus.

37. Krebsfleckel.

Koche im Salzwasser von zwei Eiern mittelmäßig große Fleckeln, seihe sie wohl ab, lasse 2 Eßlöffel voll Krebsbutter auf einer Kastrole zerschleichen, gib die Fleckel hinein und lasse sie ein Weilchen dünsten; nun gib dazu 30 Krebsschweifel und ein Stück zerzupften, auf Butter gedünsteten Hecht, mische alles wohl durch, schmiere eine Schüssel mit Butter aus, gib es darein, gieße ein halbes Seidel Schmetten darüber, gib einen Reif von Butterteig darüber oder ein Gitter, und lasse es in der Röhre schön gelb backen; wenn du willst, kannst du ein oder anderthalb Loth gestoßenen Zucker in den Schmetten geben, dann mußt du aber bloß die Krebsschweifel darein geben, und den Hecht auslassen, weil sich derselbe nicht mit dem Zucker verträgt; es versteht sich von selbst, daß der Butterteig oben mit zerklopften Eiern bestrichen werden muß. Ist die Speise süß, so wird sie mit Zucker bestreut; ist sie nicht süß, nur ohne Zucker zur Tafel gegeben.

38. Äpfelstrudel.

Gib auf ein Nudelbrett anderthalb Seidel Mehl, ein halbes Seidel lasse zum Ausarbeiten, schneide in die anderthalb Seidel 2 Loth frische Butter, mische es untereinander, mache in der Mitte ein Grübchen, schlage darein 2 ganze Eier und 2 Dötter, salze es ein wenig, arbeite es erst mit dem Messer, dann mit der Hand so wie auf Nudeln, und walze es auch so wie auf Nudeln

auseinander, laſſe es ein wenig abtrocknen, dann be=
ſtreiche es mit zerlaſſener Butter, beſtreue mit würflicht
geſchnittenen Marſchanskeräpfeln, kleinen Roſinen, Zim=
met und Zucker, beſprenge es wieder mit zerlaſſener
Butter, rolle es wie einen gezogenen Strudel, ſchmiere
die Schüſſel oder Kaſtrole mit Butter, gib den Strudel
hinein, gieße Schmetten darunter ſo, daß er beiläufig
zur Hälfte im Schmetten liege, beſtreiche oben mit Butter, beſtreue mit Zucker und laſſe es in der Röhre ſchön
dunkelgelb ausbacken, ſtreue wieder mit Zucker und
trage es auf.

39. Krebs=Koch.

Gib 3 Eßlöffel voll Krebsbutter auf eine Schüſſel,
ſchlage darein 6 Dötter, und gib dazu anderthalb ab=
geriebene, im Schmetten geweichte ausgedrückte Sem=
mel, treibe es ab, gib dazu 4 Loth geſtoßenen Zucker,
ein bischen Vanilie oder Lemonieſchale, ein bischen Mu=
ſkatenblüthe, und 30 kleingeſchnittene Krebsſchweifel,
dann zuletzt den Schnee von 5 Eiweiß, ſchmiere die
Form mit Butter, ſtreue ſie mit geriebener Semmelrinde aus, gieße es darein und laſſe es entweder in der
Röhre backen, oder im Dunſte ſieden; beſtreue, wenn es
geſtürzt iſt, mit Zucker und geriebenen Mandeln und
trage es auf; man kann es auch ein wenig ſalzen, nur
nicht ſo, daß man das Salz vor dem Zucker merkt,
ſonſt iſt es nicht gut.

40. Polenta.

Treibe ein Viertel Pfund Butter ab, ſchlage vier
Dötter darein und rühre nach und nach ein halbes Seidel ſüßen Schmetten, und ein Seidel feines Mehl darein, ſalze es ein wenig, gib dazu von einer halben Lemonie die Schale, ein bischen Muſkatenblüthe, und ſchlüßlich von 4 Eiweiß den feſten Schnee, verrühre ihn darein, ſchmiere eine Serviette mit friſcher Butter, gieße

es darein, binde es locker zu, laſſe es im Salzwaſſer
etwas über eine Stunde kochen, binde es auf, zerſchneide es mit einem Zwirnfaden auf dünne Blätter, beſtreue
es recht dick mit geſtoßenem Mohn mit Zucker vermiſcht,
und ſchmalze. es mit heißer Butter ab, und trage es
zur Tafel. Es iſt eine gute Speiſe; in Italien fertigt
man ſie aus Kukuruzmehl.

41. Mandelnudeln.

Koche von 2 Eiern geſchnittene Nudeln im Salzwaſſer, ſeihe ſie ab, ſchneide 2 Loth geſchälte ſüße Mandeln klein, treibe ein Loth friſche Butter ab, gib die
Nudeln und die Mandeln darein, gib 2 Loth geſtoßenen
Zucker, und entweder ein Stückchen Vanilie, oder von
einer Lemonie die Schale, oder 1 Loth kleingeſchnittenen
Citronat dazu, gieße etwa 2 Viertel Seidel ſüßen Schmetten darein, ſchmiere die Form oder eine Schüſſel mit
Butter aus, gib die Nudeln darein, belege ſie mit But-
terbröckeln, beſtreue ſie mit Zucker, welchen du mit geriebenen Mandeln vermiſchen kannſt, laſſe es ſchön gelb
in der Röhre ausbacken, beſtreue es mit Zucker und
trage es auf.

42. Erdäpfel-Koch.

Treibe 8 Loth Butter ab, ſchlage 10 Dötter darein, gib 8 Loth gekochte, am Reibeiſen geriebene Erdäpfel darein, gib 5 Loth geſtoßenen Zucker, von einer
halben Lemonie die Schale, ein bischen Muſkatenblüthe,
treibe es eine Viertel Stunde, dann gib von 4 Eiweiß
den Schnee dazu, verrühre ihn nur ganz wenig, ſchmiere
die Form mit Butter, ſtreue ſie mit geriebener Semmelrinde aus, gieße es darein, laſſe es ſchön goldgelb
backen, ſtürze es, beſtreue es mit Zucker, und trage es
zur Tafel.

NB. Man kann auch bis 12 Loth Erdäpfel geben.

43. Amuletel-Koch.

Schlage in ein Töpfchen 3 ganze Eier und einen Dotter, gib 2 Löffel voll feines Mehl dazu, rühre es recht glatt wie einen Tropfteig ab, dann gieße ein halbes Seidel süßen Schmetten darein, salze es und gib dazu ein halbes Loth Zucker, backe davon Amuleteln, oder gegossene Strudel; wenn alle gebacken sind, so schneide daraus 2 Strohhalm breite Nudeln, und backe sie schön gelb im Schmalz, stoße 3 Loth Zucker, schneide 3 Loth geschälte süße Mandeln, und 3 Loth Citronet recht klein, vermische es mit dem Zucker, mit welcher du ein Stückchen Vanilie stoßen kannst; nun vermische alles mit den gebackenen Amuletnudeln, schmiere die Form mit Butter aus, und fülle sie damit, schlage in ein Seidel gekochten überkühlten Schmetten 6 Dötter, quirle es recht ab, gieße es in die Form über die Amuleteln, lasse es schön goldgelb ausbacken, oder eine Stunde im Dunste kochen, stürze es, bestreue es entweder mit Zukker und trage es so auf, oder begieße es mit Schodoh, oder mit Schmettenkrem, wie zu den Buchterin angezeigt ist.

44. Pisketenkoch mit Mandeln.

Schlage in einen Topf 2 Dötter, gib dazu 5 Loth feines Mehl und drei Viertel Seidel süßen Schmetten, treibe es recht glatt ab, gib es in eine Kastrole, und rühre über den Gluth so lange, bis sich ein festes Köchel davon macht, lasse es auskühlen. Nun treibe 4 Loth Butter ab, gib das ausgekühlte Köchel dazu, treibe es recht glatt ab, dann gib dazu 4 Loth geschälte kleingeschnittene süße Mandeln, 3 Loth gestoßenen Zucker, 5 Dötter, von einer halben Lemonie die Schale, ein bischen Muskatenblüthe, und zuletzt von 5 Eiweiß den Schnee, salze es ein wenig, und rühre, wenn der Schnee schon darin ist, nur so viel, bis er sich mit

dem andern vermischt, schmiere die Form mit Butter,
streue sie mit Pistotenbröseln aus, oder auch mit feiner
geriebener Semmelrinde, lasse entweder backen, oder was
noch besser ist, im Dunste eine Stunde kochen, stürze
und trage ihn entweder nur mit Grobzucker, bestreue
oder begieße ihn mit Vanilie- oder einem guten Liqueur
mit Schodoh, mit Schmettenkrem oder mit Punscheffenz,
im letzten Falle kann man beim Auftrage noch ein wenig Weingeist beifügen, vor der Stubenthür mit einem
brennenden Papier anzünden, und so brennend zur Tafel tragen.

45. Brod-Koch.

Reibe 4 Loth gutes Hausbrod von reinem Korn,
gib es auf eine Schüssel, besprenge es mit Wein, daß
es aufweicht, treibe 4 Loth frische Butter ab, gib das
Brod hinein, und treibe es recht glatt ab, gib dazu 4
Loth ungeschälte, sauber abgewischte, auf einem Reibeisen geriebene süße Mandeln, 4 Loth gestoßenen Zucker,
ein bischen gestoßenen Zimmet und Gewürznelken, von
einer halben Lemonie die Schale, ein bischen Muskatenblüthe, 2 Dötter, und schlüßlich von 2 Eiweiß den Schnee;
nun rühre noch so lange, bis der Schnee mit den übrigen
sich vermischt, schmiere die Form mit Butter, streue sie
entweder mit Pistotenbröseln oder mit geriebener Semmelrinde aus, gieße es hinein, lasse es schön backen, stürze und bestreue es mit Zucker, und trage es zur Tafel.

46. Mandel-Koch mit harten Döttern.

Treibe 8 Loth frische Butter ab, rühre darein nach
und nach 8 harte Dötter, welche erst zertrieben, oder im
Mörser gestoßen werden müssen, gib dazu 8 Loth geschälte kleingeschnittene süße Mandeln, 6 Loth gestoßenen
Zucker, und entweder von einer halben Lemonie die Schale, oder ein Stückchen mit Zucker gestoßene Vanilie
dazu, dann 4 Dötter und von 2 Eiweiß den Schnee,

schmiere die Form mit Butter, streue sie mit geriebener Semmelrinde aus, gib es darein, laſſe es backen,
stürze und bestreue es mit Zucker, und trage es zur
Tafel.

47. Gebackene Semmel.

Reibe kleine extra dazu bereitete Semmel ab, schneide oben ein rundes Deckerl aus, nimm die Brosen heraus; doch muß du Acht geben, damit du beim Aushöhlen keine Öffnung machst. Laſſe ſowohl die Semmel
als auch die Deckel im heißen Schmalz schön goldgelb
backen. Die Brosen trockne und stoße sie im Mörser,
dann röſte sie ebenfalls schön goldgelb auf 8 Semmel,
welche wenigstens für 6 Personen angerichtet werden
müssen, nimm 4 hartgesottene Eierdötter und treibe sie
ab, gib dazu die gerösteten Semmelbrösel, dann einen
Eßlöffel voll eingesottenen Ribis, Weichsel oder Hetsche-
petsch, einen Eßlöffel voll gebratene geschälte und kleingeschnittene Kastanien, einen Eßlöffel voll geschälte kleingeschnittene ſüße Mandeln, ein bischen kleingeschnittene
Lemonieschale, treibe alles wohl ab, und mische noch
den Saft von Ribis oder Weichseln bei; wenn dieser
abgeht, so verdünne es mit einem Löffel voll guten Wein,
fülle die Semmel damit, decke sie mit dem Deckel zu,
und richte sie auf eine Schüſſel an, laſſe in einem halben Seidel rothen Wein ein Stück Zimmet, einige Gewürznelken, ein Stück Lemonieschale kochen, gib 4 Loth
Zucker und einen Löffel voll Eingesottenes darein, zerrühre es recht, seihe es durch, und gieße es unter die
Semmel, stelle es in die Röhre und laſſe es etwa eine
halbe Stunde ausbacken; damit die Schüſſel nicht sprin-
ge, stelle sie auf ein Blech, welches entweder mit Salz
oder Asche belegt seyn muß, damit die Schüſſel nicht be-
schädigt wird; wenn es schon ausgebacken ist, so gib auf
jedes Deckerl, eine eingesottene Weichsel oder ein Häuf-

chen eingesottenen Ribis, bestreue recht mit Zucker und Zimmet und trage es zur Tafel.

48. Wein-Koch.

Röste anderthalb geriebene Semmel schön goldgelb, gieße daran so viel kochenden Wein, daß daraus ein dikkes Köchel wird, und treibe es schön glatt ab, lasse es unter beständigem Rühren auskühlen. Treibe 2 Loth frische Butter ab, gib das Köchel hinein, schlage darein 6 Dötter, gib dazu 6 Loth gestoßenen Zucker, von einer halben Lemonie die Schale, 2 Loth auf Nuderln geschnittenen Citronat, 2 Loth große Rosinen ohne Kerner, die sogenannten türkischen, und den Schnee von 4 Eiweiß, würze es ein wenig mit Zimmet und Gewürznelken, schmiere die Form und streue sie mit geriebener Semmelrinde aus, gieße es darein, lasse es schön goldbraun backen, stürze es, bestreue es mir Zucker und Zimmet, und trage. es auf.

49. Brennender Krem.

Gib in ein Töpfchen ein Viertel Seidel feines Mehl, schlage darein 12 Dötter, treibe es schön glatt ab, gib dazu ein halbes Pfund zerlassene Butter, 3 Löffel Rum, ein halbes Pfund gestoßenen Zucker und 2 Seidel süßen Schmetten, quirle es recht ab, gieße es in ein reines Kastrol, und rühre es so lange über der Gluth, bis daraus ein dickes Köchel wird, treibe es dann so lange ab, bis es auskühlt, gib dann dazu von 10 Eiweiß den Schnee, und 1|4 Seidel Rum, schmiere die Form mit Butter und streue sie mit geriebener Semmelrinde aus, gib ein wenig von dem Köchel hinein, belege es mit eingesottenem Ribis, Weichseln oder Himbeersaft, gieße wieder ein wenig Köchel, belege es wieder und gieße den Rest darüber; es ist für 2 Formen genug, und langt für 20 und mehrere Personen. Lasse es lang-

sam backen oder im Dunste kochen, stürze es, begieße es
vor der Thüre mit Rum, zünde es an, und trage es
brennend zur Tafel.

50. Erdäpfel mit Eiern.

Koche schöne runde kleine Erdäpfel etwas über die
Hälfte, schäle und schneide sie auf Scheiben, koche für
6 Personen 6 bis 8 Eier hart, schäle und schneide sie
ebenfalls in Scheiben, schmiere eine Form oder ein Bun=
zelkastrol mit Butter, belege den Boden mit Erdäpfel=
scheiben, dann mit Eiern, wieder Erdäpfel und wieder
Eier, bis alles gar ist, bestreue jede Lage Eier mit ge=
stoßenem Pfeffer, und besprenge sie mit zerlassener But=
ter, salze einen süßen gekochten überkühlten Schmetten,
schlage 2 Dötter darein, quirle es recht ab, gieße es
über die Erdäpfel, besprenge es mit zerlassener Butter;
es darf aber nur der Schmetten so hoch als die Erd=
äpfel gehen, ja nicht darüber, sonst würde es sich brei=
artig zerkochen, und sowohl unansehnlich als geschmack=
los seyn, lasse es in der Röhre schön goldgelb backen,
und trage es auf; es ist eine Speise, die einer Män=
nergesellschaft lieber, als süße Mehlspeisen ist. Mit
dieser zweiten Abtheilung beschließe ich die Abhandlung
über die Mehlspeisen, und wenn eine junge Hausfrau
sich die Mühe nimmt, dieses Hundert in diesem Buche
vorhandener Mehlspeisen gründlich zu studieren, und
pünktlich nachzuarbeiten, so kann sie sehr leicht ein 2tes
Hundert mit verschiedenen Veränderungen hervorbringen.

Es versteht sich von selbst, daß sie nicht die ganze
Portion für 2, 3 Personen machen muß, bei mancher
langt der 2te, 3te und bei mancher der 4te Theil hin,
eine Mehlspeise für 2, 3 Personen zu fertigen, weßhalb
esräthlich ist, sich in die Küche kleine Kastrolen, dann
eine kleine runde, und eine Melonenform beizuschaffen;
denn eine Melonenform ist zu deren, im Dunste gekoch-

ten Mehlspeisen höchst nöthig, indem in einer runden sehr leicht beim starken Kochen das Wasser hineinbringt, und die beste Speise dadurch verunglücken kann.

51. Gegossene Krauttalken.

Schneide ein halbes Krauthäupel klein, lasse es mit 2 Loth Butter weich dünsten,. salze und würze es mit ein bischen feingestoßenem Pfeffer, treibe indessen 3 Loth Butter ab, gib das überkühlte Kraut hinein, schlage darein 2 ganze Eier, 2 Dötter, gieße dazu halb Seidel Schmetten, 1 Loth gestoßenen Zucker, 2 Löffel voll Hefen und 1 Seidel feines Mehl, treibe alles wohl ab, und lasse es an einem warmen Orte stehen, daß es ein wenig gährt, salze es ein wenig, backe dann in einem Grüberlblech so wie gewöhnliche gegossene Talken; sie brauchen nicht mehr geschmalzen zu werden, weil sie, wenn man sie mit Schmalz bäckt, ohnedieß fett genug sind.

52. Auflauf von Karpfenmilch.

Lasse eine schöne Karpfenmilch, nachdem sie von dem übrigen abgelöst und reingewaschen ist, mit einem Loth Butter weich dünsten, treibe dann 4 Loth Butter ab, gib die gedünstete überkühlte Karpfenmilch hinein, treibe es recht ab, gib dazu anderthalb abgeriebene, in Milch geweichte ausgedrückte Semmel, schlage dazu 6 Dötter, gib 2 Loth· geschälte kleingeschnittene Mandeln dazu, dann Lemonieschäler, bischen Muskatenblüthe, salze es ein wenig, gib 2 Loth gestoßenen Zucker und von 5 Eiweiß den Schnee dazu, schmiere die Form, streue mit Semmelrinde, gib es hinein, koche im Dunste oder backe es, bestreue mit Zucker, gib es zur Tafel.

53. Reis mit Apfeln.

Koche gut gewässerten Reis etwa 4 Loth im Schmetten zu einem dicken Koch, gib Acht, daß der Reis nicht zerrührt wird, treibe auf einer Schüssel 4 Loth frische Butter ab, gib den überkühlten Reis hinein, schlage darein 4 Dötter, gib dazu 4 Loth gestoßenen Zucker, 4 auf dünne Scheibchen geschnittene marschanzker Äpfel, 2 Loth Rosinen ohne Kern, salze es ein wenig und gib zuletzt von drei Eiweiß den Schnee dazu, schmiere die Form mit Butter, streue mit geriebener Semmelrinde aus, belege den Boden schön zierlich mit Rosinen ohne Kern, gib den Reis hinein, lasse eine Stunde im Dunste kochen, dann eine Viertelstunde in der Röhre sammt dem Wasser gar werden, stürze es, bestreue mit Zucker und trage es auf; kann auch ein Kranz von Schoboß herum kommen, oder Schoboß extra servirt werden.

54. Äpfelkoch mit Piskoten.

Schäle und reibe auf einem Reibeisen 8 schöne marschanzker Äpfel, lasse sie mit einem Loth Butter dünsten, dann auskühlen, treibe etwas über ein Loth frische Butter, gib die Äpfel hinein, schlage darein 4 Dötter, jeden wohl verrührt, gib dazu anderthalb Loth gestoßenen Zucker, von einer halben Lemonie die klein-geschnittene Schale, 3 Loth gestoßene Piskoten, und zuletzt von den 4 Eiern den festen Schnee, verrühre es leicht, schmiere eine Melonenform mit Butter, streue mit Piskotenbröseln, gieße es hinein, koche im Dunste, stürze, streue mit Zucker, gib es zur Tafel.

55. Gerollte Kremspeise

Lasse in einem Töpfchen 2 Loth Butter zerschleichen, gib darein 2 Löffel voll Mehl, schlage darein 2 ganze Eier, und treibe es recht ab, dann gieße ein Seidel Schmetten unter beständigem Rühren hinein, damit es wie ein glatter Strudelteig wäre, gieße es auf eine Kastrole, und lasse es unter beständigem Rühren zu einem dicken Koch einsieden. Treibe 2 Loth But-

ter auf einer Schüssel ab, gib den unter beständigem
Rühren überkühlten Koch hinein, salze es ein wenig, gib
dazu 3 Loth gestoßenen Zucker, schlage darein 3 Döt=
ter, rühre es gut ab, und verrühre schlüßlich noch den
Schnee von den Eiweiß hinein, schmiere ein reines Blech
mit Butter, streiche den Koch kleinfingerdick darauf, be=
streue mit kleingeschnittenen, mit gestoßenem Zucker ge=
mischten geschälten Mandeln, dann mit kleinen Rosinen
und geschnittenen Lemonieschalen, lasse es schön semmel=
gelb backen, dann rolle es gleich auf den Blech wie einen
Strudel, und schneide daraus daumendicke Schnitteln,
stürze einen tiefen Teller auf eine runde seichte Schüs=
sel, beschmiere ihn mit zerlassener Butter, lege die
Scheibchen schön zierlich nebeneinander darauf, begieße
es entweder mit Lemonie= oder Chokolade = Eis und
lasse es in einer warmen Röhre abtrocknen, belege es
mit Eingesottenen schön zierlich, mache einen Kranz von
Schodoh= oder Chokoladeschaum und trage es zur Tafel.

Noch einige Fastenspeisen.

1. Hechtenbuding mit Soß.

Schneide das Fleisch von einem anderthalbpfündi=
gen Hechte, lege es auf ein reines Brettchen, den Kopf,
die Haut und Gräthen lege mit einem, in Butter ge=
schnittenen Zwiebel, Zeller und Petersilwurzel mit einem
Stückchen Butter auf eine Kastrole, und lasse es dünsten,
doch muß es zugedeckt seyn, damit es nicht braun wird.
Das Fleisch hacke ganz fein, gib dazu eine abgeriebe=
ne, in Milch geweichte ausgedrückte, mit 2 gerühr=
ten Eiern gehackte Semmel, hacke nochmals alles zu=
sammen, bis es wie ein Kasch ist; treibe auf einer

Schüssel entweder 3 Loth frische Butter, oder wenn Krebse sind, drei Eßlöffel voll Krebsbutter ab, gib das Gehackte darein, salze es ein wenig, würze es mit Muskatenblüthe und ein wenig feingeschnittener Lemonieschäler, schlage 3 Eidötter darein, gib dann noch den Schnee von 3 Eiweiß dazu, schmiere eine Serviette mit frischer Butter, mache einen Kranz in der Mitte entweder von Krebsschweifeln und grüner Petersil, oder von Spargelköpfchen, oder von in Kränzchen geschnittener, in der Fischsuppe überkochten Maurachen, oder auch Karfiolbröckerl, und ist nichts anderes bei Hause, also bloß von den Petersilblättern, und gib das abgetriebene Gehäck darein, binde es locker zu, lasse es im gesalzenen Wasser eine Stunde kochen, gieße dann etwas von diesem Wasser auf das Gedünstete, lasse es ein wenig aufkochen, seihe es durch, gib dazu ein wenig weiße Einbrenn, würze es mit gestoßener Muskatenblüthe, seihe es nochmals durch, gib dazu zwei Löffelvoll schöne Krebsbutter wenn sie ist, wo nicht, so lasse es nur so, binde den Buding heraus, stürze ihn auf die Schüssel, die Soß gießer unter, um die Schüssel lege entweder schöne Krebse, oder in dem Wasser, wo der Buding gekocht hat, überkochten Karfiol, oder mache einen Kranz von erbsengroß geschnittenen Spargel, welcher ebenfalls in dieser Suppe überkocht seyn muß, oder wenn nichts dergleichen die Jahrszeit bietet, lasse es so. Hier muß wieder, so wie überall, eine umsichtige Hausfrau oder geübte Köchin sich darnach richten, was gerade zu haben ist, und was sie im Hause hat; sind mehrere Gäste, so kann sie auch, um die Speise zu vermehren, kleine goldgelb gebackene Hechtenschnitzel beifügen, und sie zierlich um die Schüssel legen.

2. Krebsfanzel gebacken.

Wasche zuerst 15 bis 30 Krebse, wie viel du machen willst, gieße kochendes Wasser darauf, salze sie so viel als nöthig, und laſſe ſie kochen; dann putze ſie, die Schweifeln und Scheeren löſe aus, hebe ſie auf, die Galle und das Schwammige gib weg, die Schalen aber ſtoße im Mörſer eben ſo fein, wie auf Krebsbutter, gib es in einen Topf, gieße 2 Seidel ſüßen Schmetten dar= auf, ſprittle es recht ab, und ſeihe es durch ein feines Haarſieb in einen andern Topf, ſchlage 4 ganze Eier und 2 Dötter darein, ſprittle es wieder recht ab, gieße es in eine Kaſtrole, und laſſe es auf einer Platte oder auf Kohlen kochen, daß es gerinnt; muß aber damit rühren, daß es ſich an den Boden nicht anſetzt und an= brennt, und wenn es wie ein Topfen (Quark) geron= nen iſt, ſo ſalze es ein wenig und gieße es in eine Ser= viette, binde es zu, lege es zwiſchen zwei Brettchen, be= ſchwere es mit einem Stein, laſſe es austropfen, ſchnei= de es in kleinfigerdicke Schnittchen, ballire ſie zuerſt im Mehl ein, dann in zerklopfte Eier und zuletzt in geriebenen Semmel, und backe ſie ſchön goldgelb im hei= ßen Schmalz. Willſt du ſie ein wenig ſüß haben, ſo gib in den Schmetten, wenn du die Eier darein gibſt, etwas Zucker; auch kannſt du die Krebsſchweifel und Scheeren fein geſchnitten dazu geben. Mit den gebackenen Krebs= ſchnittchen kannſt du am Faſttage eine Schüſſel mit gel= ben Rüben oder grünen Erbſen belegen, ſind 30 Krebſe, ſo muß auch nach Verhältniß mehr Schmetten und Eier dazu kommen.

3. Gebackene Krebſe.

Koche Krebſen im geſalzenen Waſſer, nehme die Krebsſchweifchen ab, die Galle heraus, und die Scha= len verwende zur Krebsbutter, ſchneide dann eine Kar= pfenmilch in eben ſo große Schnittchen, wie die Krebs= ſchweifel ſind, beſtreue ſie mit Salz und entweder mit geſtoßenem Pfeffer oder mit Muſkatenblüthe, gebe oder ſteche immer ein Krebsſchweifel und ein Milchſchnitt=

chen auf kleine Spießeln, und willst du es noch vermehren, so gib immer ein mit Schmetten benetztes Sem-
melschnittchen dazwischen. Wenn alles gar und aufge-
stochen ist, so wende es erst in der Krebsbutter, dann
in Mehl, endlich in zerklopften Eiern, und zuletzt in geriebener Semmel; nun lege es sogleich in heißen Schmalz,
lasse es schön goldgelb backen; diese Spießeln gib am
Fasttage gleich nach der Suppe, statt oder mit den
Hascheewandeln.

4. Krebswandeln.

Koche 30 Krebsen im gesalzenen Wasser, löse die
Schweifel und die Scheeren ab, und schneide sie fein;
aus den Schalen mache nach einem Viertel Pfund Krebsbutter; wenn sie fertig ist, so gib sie auf eine Schüssel,
schlage 3 Eierdötter und 3 ganze Eier darein, gib die
geschnittenen Krebsschweifel, eine halbe abgeriebene, im
Schmetten geweichte ausgedrückte Semmel, ein wenig
Salz, und 2 Loth gestoßenen Zucker dazu, würze es mit
ein wenig gestoßener Muskatenblüthe, treibe es recht
ab, schmiere die Wandeln, streue sie mit geriebener
Semmel aus, fülle sie mit dem Abgerührten etwas über
die Hälfte, stelle die Wandeln auf ein Blech, lasse sie
backen, stürze sie, und trage sie mit Zucker bestreut auf
die Tafel.

5. Gebratene Lachsenschnitzeln.

Schneide den Lachs in 2 Finger breite Schnitzeln,
salze und bestreue sie mit gestoßenem Pfeffer, lasse sie
so etwa eine Stunde liegen, dann wende sie zuvor in zerlassener Butter, dann in geriebener Semmel um, lege
sie auf eine mit Butter geschmierte blecherne Bratpfanne,
lasse sie in heißer Röhre braten, lege sie auf eine Schüssel, gieße die Butter sammt den abgefallenen Semmelbröseln darüber, drücke entweder gleich den Saft von
einer Lemonie darauf, oder lege um die Schüssel Le-

monieviertel, daß sich jeder nach Belieben Saft darauf geben könnte.

6. Einen Hasen von Fischen zu machen.

Nehme einen 2pfündigen Karpfen und anderthalbpfündigen Hecht, öffne beide, wasche sie rein, und schneide alles Fleisch aus, hacke es sammt der Karpfenmilch ganz fein, gib dazu einen abgeriebenen, im Wasser geweichten ausgedrückten Semmel, welchen du zuvor mit 3 gerührten Eiern wohl vermischen und fein hacken muß, treibe 6 Loth frische Butter ab, gib das Gehackte darein, salze es, gib dazu von einer halben Lemonie die feingeschnittene Schale, 3 Loth feingeschnittene Kapperln, ein wenig gestoßene Gewürznelken, treibe es wohl ab, formire daraus einen Hasen, und die Füßchen mache von abgeschabten Petersilwurzeln. Schmiere eine Bratpfanne mit Butter, bestreue sie mit feingeschnittenem Zwiebel, lege den Hasen darauf, gib dazu Petersil und Zellerwurzeln, dann gelbe Rüben, alles blätterig geschnitten, den Hasen spicke mit stiftlet geschnittenen geschälten süßen Mandeln, besprenge den Hasen mit zerlassener Butter, stelle ihn in die Röhre und lasse ihn braten. Die Köpfe, Gräthen und Häute von Karpfen und vom Hecht lasse mit Zwiebel, Petersilie, gelber Rüben und Zellerie, alles in Blätter geschnitten, schön goldbraun dünsten, gieße daran Petersilwasser, lasse es ein wenig aufkochen, seihe es durch, und gieße davon löffelweise unter den Hasen, damit er nicht anbrennt; auch kannst du einige Löffelvoll guten Weinessig untergießen, dann lasse in einem Töpfchen ein nußgroßes Stückchen Butter zerschleichen, rühre darein einen Kaffeelöffel voll feines Mehl, und ein kleines halbes Seidel dicken sauern Schmetten ab, sprittle es recht ab, begieße den schon bald gar gebratenen Hasen damit, besprenge ihn noch einigemal mit zerlassener Butter,

laffe ihn schön goldbraun braten, gib ihn behutsam auf
eine längliche Schüffel und gieße ihn mit der zuvor durchgeseihten Soß unter. Sollte die Soß zu dick seyn, so
gieße von der zuvor durchgeseihten gedünsteten Suppe
so viel, als nöthig ist, unter, daß es die gehörige Dicke
hätte. Eine geübte Hausfrau oder Köchin weiß wohl
in derlei Sachen ohnedieß Bescheid, ohne daß man alles
ganz genau angeben muß, und eine ganz Ungeübte wird
ohnedieß Speisen von dieser Art vermeiden.

7. Paulaner Würste.

Nimm einen Karpfen, schuppe und öffne ihn, schneide den Kopf ab, löse das Fleisch von der Haut ab,
nimm die Gräthen heraus, hacke das Fleisch ganz klein,
gib dazu einige Zeherl Knoblauch, Majoran, Lemonieschale, grüne Petersil, Muskatenblüthe, 4 oder 5 gerührte Eier, hacke alles zusammen recht, salze es, treibe
ein Stückchen Butter ab, gib dazu eine abgeriebene, im
Wasser geweichte gut ausgedrückte Semmel, dann das
Gehackte, treibe es recht ab, mache daraus entweder
Würstel oder Karbonatel; in die Karbonatel gib statt
dem Beinchen Petersilschnitteln, tunke diese Würstel oder
Karbonatel zuerst in zerschlagene Eier, dann in geriebene Semmel, backe sie schön goldgelb im heißen Schmalz.
Diese Speise kann man entweder so trocken auf den Tisch
geben, und Lemonieviertel dazu, oder kann man sie zur
Belegung verschiedener Grünspeisen brauchen, oder aber
lege die Häutelabschnitzel und die Köpfe von den Karpfen auf ein Reindel oder Kastrole, gib dazu Zwiebel,
Thymian, Lemonieschale, einige Körner Pfeffer und
Neugewürz, ein Stückel Ingber, ein Stück Butter, einige Löffel Wasser, laffe es auf gelinder Gluth schön
bräunlich dünsten, gieße dann Petersilwaffer und ein
wenig österreicher Wein, ein wenig Weinessig darauf,
laffe es aufkochen, mache ein wenig braune Einbrenn,

brenne es ein, seihe es durch, röste ein Stück Zucker schön bräunlich, gib ihn dazu, gib kleingeschnittene Lemonieschale, lasse sie ein wenig aufkochen, lege die gebackene Würstel oder Karbonatel darein, lasse sie aufkochen; wenn es wenig sauer ist, schütte ein wenig Weinessig dazu, gib auch ein Stückchen weißen Zucker dazu, so wird es lieblicher, gib noch Kapperln dazu, und trage es zur Tafel. Um die Schüssel kann ein Rand von Butterteig gemacht werden oder Lemonieblatteln.

8. Fische-Ragou.

Lege einige Stücke Karpfen und einige Stücke Hechten auf frische Butter in ein Reindel, gib dazu grüne Petersil und Zeller, wie auch die Wurzel, eine halbe Zwiebel, salze es ein wenig, lasse es auf gelinder Gluth dünsten. Nimm Petersilwasser, lasse darin einige Rosen, Karfiol und frische Morcheln oder Herrnpilze kochen; koche ein Mandel Krebsen, löse die Scheeren und Schweifeln aus; von den Schalen mache Butter, zerlege den Karfiol in Stückel, zerschneide die Morcheln, lege beides in ein reines Reindel, die Krebsschweifel gib dazu; von der Suppe, worin alles gekocht hat, gieße ein wenig auf die gedünsteten Fische, lasse es ein wenig aufkochen, zerrupfe die Fische auf Stückel, lege sie zu dem Karfiol, mache ein wenig weiße Einbrenn, brenne die Soß, worin der Fisch gedünstet hat, ein, gieße, wenn es zu dick ist, von der vorigen Suppe zu, seihe es auf das Ragou, gib ein bischen Krebsbutter und Muskatenblüthe dazu, lasse es ein wenig aufkochen, lege es in eine tiefe Süffel, mache einen Kranz von Butterteig herum, und trage es zur Tafel. Man kann auch statt Karfiol Spargel, und statt Morcheln Herrnpilze geben; man kann mit diesem Ragou auch gebackene Semmel füllen, selbe in die Soß stellen, und zur Tafel tragen. (Siehe Nro. 25 unter den Fleischspeisen.)

9. Schwammenfanzel.

Koche ein Seidel schön getrocknete Herrnpilze im Salzwasser, seihe sie ab, hacke sie ganz klein, treibe 4 Loth frische Butter ab, gib die gehackten Schwämme darein, gib dazu eine abgeriebene, im Wasser geweichte, wohl ausgedrückte Semmel, eine halbe, ganz klein geschnittene Zwiebel, ein bischen Lemonieschale, 3 ganze Eier und 3 Dötter, treibe alles wohl ab, salze es ein wenig, würze es mit Muskatenblüthe, schmiere die Form, streue sie mit geriebener Semmelrinde aus, gieße dieses Fanzel darein, lasse es schön röslet oben und unten backen, und trage es zur Tafel. — Es kann als Nebenspeise oder Grünspeise zu belegen gebraucht werden.

10. Krebs-Krapfen.

Koche ein halbes oder ganzes Schock Krebsen, wie viele du gerade brauchst, löse die Scheeren und Schweifel aus, aus den Schalen mache Krebsbutter. Treibe 3 oder 4 Löffel voll Krebsbutter ab, gib die kleingehackten Krebsschweifel und Scheeren darein, gib dazu 3 Loth abgebrühte geriebene Mandelkörner, 3 Loth gestossenen Zucker, eine abgeriebene, im Schmetten geweichte ausgedrückte Semmel und 3 ganze Eier, 3 Dötter, salze es ein wenig, würze es mit Muskatenblüthe, treibe alles wohl ab. Nimm aufs Nudelbrett 2 Seidel Mehl, schneide darein 2 Loth Butter, brösle es ab, schlage darein 2 ganze Eier, 2 Dötter, mache es ein, gib ein wenig Salz, ein bischen feingestoßenen Zucker, arbeite den Teig recht ab, zerwalge ihn wie einen Nudelteig, mache aber 2 Blätter; auf das eine Blatt mache mit dem runden Model Zeichen, bestreiche den Rand mit Eiweiß, lege die Häufel von der bereiteten Fülle, decke das 2te Blatt darüber, steche die Krapfen aus, lasse sie im heißen Schmalz schön goldgelb backen, bestreue sie mit Zucker, und trage sie zur Tafel. Oder schmiere

eine Schüssel mit frischer Butter, lege die Krapfen darein, gieße süßen Schmetten darüber, lasse sie in der Röhre
ausdünsten; eine Viertelstunde früher, ehe man es zur
Tafel geben will, bestreue es mit Zucker, besprenge mit
Krebsbutter, lasse es noch aufschäumen, und trage es auf.

11. Krebs = Wandeln.

Koche ein halbes Schock Krebsen, löse die Scheeren
und die Schweifel heraus, aus den Schalen mache Butter, treibe ein Stückchen Krebsbutter ab, gib die gehackten Krebsschweifel und 2 im Schmetten geweichte abgeriebene, wohl ausgedrückte Semmel, 6 ganze Eier, 3
Dötter, 2 Loth geschälte geriebene Mandeln und 4 Loth
Zucker darein, schmiere die Modeln mit Butter, streue
sie mit geriebener Semmelrinde aus, und fülle sie etwas über die Hälfte voll, lasse sie schön gelb backen,
stürze, bestreue sie mit Zucker, und trage sie zur Tafel.
Man kann auch eine Melonenform schmieren, und es
darin backen; nur daß es in den kleineren Modeln zierlicher aussieht.

12. Krebs = Wandeln von Gries.

Koche aus einem Seidel Schmetten einen dicken
Grieskoch, koche ein halb Schock Krebsen, die Scheeren
und Schweifel löse aus, aus den Schalen mache Butter,
treibe 2 Löffel voll von der Butter ab, gib den ausgekühlten Grieskoch darein, treibe ihn recht ab, schlage
darein 6 ganze Eier, gib dazu 4 Loth gestoßenen Zucker,
2 Loth geschälte kleingeschnittene Mandeln, ein bischen
Muskatenblüthe, salze es ein wenig, treibe alles recht
ab, nimm ein Stück Butterteig, walge ihn ganz dünn
aus, schmiere die Form, lege ein Blatt Butterteig
darein, gieße ein wenig von dem Abgerührten darein, bestreue es mit den mit Mandeln vermischten
Krebsschweifeln und Zucker, gieße das übrige darüber,

mache ein Gitter von Butterteig, laſſe es ſchön bak=
ken, ſtürze es, beſtreue es mit Zucker, und trage es
zur Tafel.

13. Hechten=Euterl.

Nimm einige Stücke Hechten, löſe die Gräthen aus,
ſchneide die Haut herunter, das Fleiſch hacke klein, nimm
entweder Krebs= oder friſche Butter 2 Loth, treibe ſie
ab, gib das gehackte Hechtenfleiſch darein, ſchlage darein
2 ganze Eier und 2 Dötter, gib eine abgeriebene, im
Schmetten geweichte wohl ausgedrückte Semmel und ein
bischen Muskatenblüthe darein, ſalze es, ſchmiere ein rei=
nes leinenes Tuch mit friſcher Butter aus, mache einen
Kranz von grüner Peterſil darauf, lege Krebsſchweifel in
die Mitte des Kranzes ſchön zierlich, gieße das Abge=
rührte darein, binde es locker zu, laſſe Peterſil, Zeller
und die Abſchnitzel von dem Hecht im Salzwaſſer kochen,
hänge das Tuch darein, laſſe es eine Stunde kochen,
mache eine weiße Einbrenn, gieße von der Suppe daran,
laſſe es aufkochen, nimm das Euterl aus dem Tuche her=
aus, lege es in die Schüſſel zu oberſt, beſtreue es mit
Muskatenblüthe, beſprenge es mit Krebsbutter, ſeihe die
Soß darüber, und trage es zur Tafel.

14. Erdäpfel=Krapfen.

Koche ſchöne Erdäpfel, reibe ſie am Reibeiſen oder
zerdrücke ſie auf einer Schüſſel, treibe ſie mit friſcher
Butter ab, ſchlage darein 3 ganze Eier, 3 Dötter, und
gib ſo viel Mehl, daß der Teig ſchön glatt wird und
nicht klebt, ſalze ihn ein wenig, nimm ihn aufs Nudel=
brett, arbeite ihn recht ab, theile ihn in 2 Theile, zer=
walge beide, mache runde Zeichen mit dem Model, lege
gut bereitete Powidelhäufel darein, decke das 2te Blatt
darüber, ſteche die Krapfel heraus, backe ſie im heißen
Schmalz ſchön gelb, beſtreue ſie mit Zucker, trage ſie

zur Tafel. Man kann auch statt Powibel eine Fülle darein machen: hacke frische Herrnpilze, dünste sie mit frischer Butter und grüner Petersil, gib dazu einige gerührte Eier, kleingeschnittene Krebsschweifel, ein bischen Muskatenblüthe, auf Stückchen gezupfte gedünstete Hechten, Stückchen Krebsbutter, Salz, mische es wohl untereinander, mache Häufel so wie zuvor, decke es zu, steche die Krapfel heraus, lasse sie im heißen Schmalz backen, trage sie zur Tafel; in Fleischtagen kann man ein gutes Fleischhaschee darin geben.

15. Erdäpfeln mit Herrnpilzen.

Schneide oder hacke frische Herrnpilze fein, lasse sie mit grüner Petersil dünsten, gib ein wenig Pfeffer darein, salze sie, koche kleine Erdäpfel halb ab, schäle und schneide sie auf Blattel, schmiere die Form mit Butter aus, lege eine Schichte Erdäpfel, dann Schwämme, und wenn Krebsschweifel sind, so bestreue es mit geschnittenen Krebsschweifeln, besprenge es mit Krebsbutter, lege wieder eine Schichte Erdäpfel u. s. f., bis alles gar und die Form auf 2 Finger voll ist. Nimm 1 Seidel süßen Schmetten, schlage darein 1 oder 2 ganze Eier, quirle alles wohl ab, gieße es über die Erdäpfel und lasse es ausdünsten; wenn sie bald gar sind, belege sie entweder mit frischer Butter, oder besprenge sie mit Krebsbutter, lasse sie noch eine Viertel Stunde dünsten, dann trage sie zur Tafel. Am Fleischtage kann man zwischen die Krebsschweifel Hahnenkämme oder Hühnerleber geben, übrigens so wie am Fasttage verfahren.

16. Spenat-Buding.

Nimm sauber geputzten rein gewaschenen Spenat, hacke ihn ganz klein, treibe ein Stückel frische Butter ab, gib den gehackten Spenat darein, schlage dazu 4 Eier, salze und würze es mit Muskatenblüthe, streue so viel geriebene Semmel darein, als zu jedem andern Puding vonnöthen ist, daß er gehörig fest wird; tunke ein reines leinenes Tüchel in kaltes Wasser, schütte das wohl Abgerührte darein, binde es locker zu, lasse es im Salzwasser eine Stunde kochen, lege es auf eine Schüssel, bestreue es mit geriebener Semmelrinde, begieße es mit heißer Butter, und trage es zur Tafel.

17. Schmorn in Vaniliesud.

Nimm ein halb Seidel süßen Schmetten, schlage darein 6 ganze Eier, quirle es wohl ab, gib dazu so viel feines Mehl, als zu einem dünnen Tropfteig nöthig ist, salze es und gib darein ein Loth gestoßenen Zucker, lasse auf einem Reindel Butter heiß werden, gieße es darein, lasse es in der Röhre schön bräunlich backen; richte indessen im Schmetten Vanilie und Zucker, lasse es aufsieden; wenn der Schmorn gebacken ist, so stürze ihn, lasse ihn ein wenig auskühlen, lege ihn in den Vanilieschmetten, lasse ihn aufkochen, und trage ihn zur Tafel.

18. Im Dunste gekochter Puding.

Reibe von 2 Semmeln die Rinde ab, schneide sie würflicht, lasse sie im Schmetten weichen, treibe 2 Loth Butter ab, gib die Semmel darein, treibe sie recht auseinander, daß keine Knollen sind, schlage darein 6 Eierdötter, gib Lemonieschale, Muskatenblüthe, 3 bis 4 Loth Zucker, 2 Loth kleine Rosinen, salze es ein wenig, schmiere die Form, streue sie mit geriebener Semmelrinde aus, gieße es darein, lasse es im Dunste kochen; wenn es gar ist, stürze, begieße es mit Schodoh, bestreue es mit geschnittener Lemonie- oder eingelegter Pomeranzenschale, und trage es zur Tafel.

19. Schlick-Krapfen von Karpfen-Milch.

Nimm die Milch von einem Karpfen, das Übrige gib weg, die Milch schneide klein, lasse sie in Butter mit Semmelbröseln bünsten, gib dazu grüne Petersil, Muskatenblüthe, gieße, wenn es gehörig ausbünstet, einige Löffelvoll süßen Schmetten daran, lasse es noch ein wenig aufdünsten, dann auskühlen; mache den Teig von Eiern, auf 2 Eier kann man einen Löffel voll Wasser geben, arbeite den Teig wie auf Nudeln, zerwalge ihn auch so, mache von der Milch Häufel; mache die Krapfeln, koche sie im Petersilwasser, oder auch im bloßen Salzwasser, bestreue sie mit geriebener Semmelrinde, schmalze sie mit heißer Butter ab, und trage sie zur Tafel.

20. Spenat-Krapfeln.

Putze und wasche den Spenat rein, lasse ihn ein wenig überkochen, hacke ihn ganz klein, mache ein wenig weiße Einbrenn, gib den Spenat darein, salze ihn, gieße ein wenig Fischsuppe, mit Dötter abgequirlt daran, würze ihn mit Muskatenblüthe, gib auch kleine Rosinen darein, und wenn du willst, ein wenig Zucker; mache den Teig, wie den vorigen, mache von dem überkühlten Spenat Häufeln; mache die Krapfeln, koche sie im Salzwasser, bestreue sie mit geriebener Semmelrinde, und schmalze sie mit heißer Butter ab.

21. Erdäpfel-Nudel.

Koche schöne Erdäpfel, reibe sie auf dem Reibeisen, lege sie auf ein reines Nudelbrett, zertreibe sie noch recht mit dem Nudelwalger, schlage darein 2 ganze Eier, salze sie, und arbeite dann so viel Mehl darein, daß es ein schöner glatter fester Teig wird, mache fingerdicke Rollen daraus schneide davon fingerbreite Nudel, schmiere ein reines Blech mit Butter, lasse sie in der Röhre schön rösch backen, während des Backens beſtreiche ſie öfters mit Butter, gib ſie gleich auf die Schüſſel, ſchmalze ſie ab; wenn du willſt, kannſt du ſie auch entweder mit geriebenem friſchen Käſe oder Pfefferkuchen beſtreuen. Aus dieſem Teige kann man auch Talken machen; man zerwalgt ſie ganz dünn, läßt ſie ſchön gelb backen, indem man ſie während des Bakkens auch mit Butter beſtreicht, dann mit friſchen Käſe oder Pfefferkuchen beſtreut; es iſt eine ganz ordinäre Speiſe, aber beſonders für Kinder leicht zu verdauen.

22. Erdäpfel-Knödeln.

Koche die Erdäpfel weich, reibe ſie auf einem Reibeiſen, treibe ſie dann mit einem Stück friſcher Butter ab, ſchlage darein 2 ganze Eier, 3 Dötter, 2 Löffel ſüßen Schmetten, ſalze ſie, und rühre ſo viel ſchönen Gries darein, als nöthig, daß man daraus ſchöne runde Knödeln formiren kann, koche ſie im Salzwaſſer, beſtreue ſie mit geriebener Semmelrinde, ſchmalze ſie, und trage ſie zur Tafel. Man kann auch ſtatt Gries Mehl nehmen.

23. Gegoſſene Strudel im Schmetten.

Schlage in ein Töpfchen 4 ganze Eier, 2 Dötter, mache aus feinem Mehl einen dicken Tropfteig, ſalze es, gieße dann ein Seidel gute ſüße Milch daran, damit es ein dünner Strudelteig wäre, und gieße Strudel. Nun die Fülle: treibe 2 Loth Krebsbutter ab, mache von 4 oder 5 Eiern Gerührtes, hacke es klein, gib es in die Butter, hacke ein Stück gedünſteten Karpfen- oder Hechtenfleiſch darunter, gib eine abgetriebene im Schmetten geweichte Semmel, ein bischen Muskatenblüthe, ein wenig Salz, gehackte Krebsſchweifel dazu, beſtreiche die Strudeln damit, rolle und ſchlichte ſie ſchön in eine Kaſtrole oder tiefe Schüſſel, begieße ſie mit Schmetten, belege ſie mit Krebsbutter, laſſe ſie ausdünſten und trage ſie zur Tafel.

24. Nocken mit Krebsschweifeln.

Treibe 4 Loth Butter ab, schlage 3 ganze Eier darein, 3 Dötter, rühre so viel Mehl darein, als zu einem Nockenteig nöthig ist, salze es ein wenig, lege sie in kochenden Schmetten, lasse sie ein wenig aufsieden, bis sie sich heben, schmiere dann eine tiefe Schüssel oder Kastrole mit Butter, lege eine Schichte Nocken, bestreue sie mit geschnittenen Krebsschweifeln, geschnittenen Mandeln und gestoßenem Zucker, besprenge sie mit Krebsbutter, wieder eine Lage Nocken, wieder bestreuen und so fort, bis alles gar ist. Es wird oben mit Mandeln und Zucker bestreut, mit Krebsbutter besprengt, der Schmetten mit einem Eidotter abgequirlt, darüber gegossen, in der Röhre schön ausgedünstet, mit Zucker bestreut und zur Tafel gegeben.

25. Äpfel-Knödeln.

Nimm 12 marschanker Äpfel, schäle sie, schneide das Kerngehäus heraus, hacke oder reibe sie auf einem Reibeisen, lasse sie auf Butter aufdünsten, reibe eine ganze Semmel, röste sie schön goldgelb im Schmalz, lasse sowohl die Äpfel als auch die Semmel auskühlen, mische beides dann zusammen, schlage darein 2 Eierdötter und 1 ganzes Ei, gib ein bischen Zimmet, ein bischen Gewürznelken und 3 Loth gestoßenen Zucker darein, treibe es recht ab; sollte es zu locker seyn, so streue noch ein wenig geriebene Semmel darein, formire runde Knödel daraus, ballire sie in geriebene Semmelrinde, backe sie im heißen Schmalz, streue sie mit Zucker und Zimmet, und trage sie zur Tafel.

26. Reiswandeln.

Nimm Messerrücken dicken Butterteig, und lege die mit Butter geschmierten Wandeln damit aus, stoße ein Viertel Pfund gut gewaschenen und abgewischten Reis im meſſingenen Mörſer, gib es in heißen Schmetten, laſſe einen dicken Koch daraus einſieden, dann auskühlen; treibe 6 Loth friſche Butter ab, gib den ausgekühlten Reiskoch darein, ſchlage dazu 2 ganze Eier, 3 Dötter, 4 Loth geſchälte, geriebene Mandel, 3 Loth geſtoßenen Zucker, von einer halben Lemonie die kleingeſchnittene Schale, auf feine Nuderln geſchnittene eingelegte Pomeranzenſchale, treibe alles wohl ab, gieße es in die bereitete Form, laſſe es eine Stunde langſam backen, ſtürze und ſtreue mit Zucker, und trage es zur Tafel. Sollte es zu dicklich ſeyn, ſo kann man allenfalls noch einen Dotter oder auch ein ganzes Ei dazu thun.

27. Schodoh=Koch.

Gib in ein 2 Seidel Töpfchen 7 Dötter, dazu 2 Löffel voll feines Mehl, treibe es zuerſt recht glatt ab, dann rühre nach und nach ein Seidel guten öſterreicher Wein darein, gib dazu von einer halben Lemonie die kleingeſchnittene Schale, 4 Loth Zucker, und ein wenig geſtoßenen Zimmet, quirle es recht ab, gieße es in eine Kaſtrole, und rühre es ſo lange über der Gluth, bis es ſich zu einem dicken Köchel bildet. Rühre 2 Loth friſche Butter wohl ab, gib das Köchel darein, und treibe es ſo lange ab, bis es auskühlt, nun ſchlage noch 2 rohe Dötter darein, und verrühre von 7 Eiweiß den Schnee langſam darein, ſchmiere die Form mit Butter, ſtreue ſie mit Piſkotenbröſeln aus, gieße es darein, laſſe es ſchön goldgelb backen, wenn es oben ſchon ein wenig feſt geworden, ſo ſtreue es einigemahl mit geſtoßenen Zucker, damit ſich oben eine ſchöne Kruſte bildet, ſtreue noch mit Zucker und trage es zur Tafel.

28. Buding mit Häring.

Gib 2 Seidel feines Mehl auf eine Schüſſel, zerlaſſe 2 Loth friſche Butter, gieße darein 1 halbes Seidel

lauen Schmetten, schlage darein 3 ganze Eier, quirle
es recht ab, gib dazu einen Löffel voll gute Hefen, salze
es ein wenig, gieße es in das Mehl, und arbeite den
Teig recht ab, mache daraus 2 längliche Buchterln,
lasse sie gehen, schiebe sie endlich in kochendes Salzwasser, decke sie zu; wenn sie ein Weilchen kochen, so
fahre um den Topf mit einem Messer herum, weil sie
sich gern an das Gefäß anlegen, nicht aber damit rühren, oder sie untertauchen, oder umkehren; wenn sie eine
halbe Stunde in einem Sude fortgekocht haben, so seihe
das Wasser behutsam ab; die Buchteln stürze auf eine
Schüssel, und zerreiße sie mit 2 Gabeln, werfe einen
kleingeschnittenen Häring in heiße Butter, lasse ihn aufschäumen und begieße es damit; es muß aber ein hübsches Stück Butter genommen werden, damit es hübsch
geschmalzen ist, weil der Buding viel Butter einsaugt.

29. Quark-Krapfen.

Treibe ein halb Pfund guten Quark ab, gib darein 4 Dötter, 3 Löffel Hefen, 4 Löffel lauen süßen
Schmetten, salze es ein wenig, und arbeite ohngefähr
britthalb Seidel feines Mehl darein, zerwalge es auf
Daumendicke, steche mit einem Krapfenmodel Krapfen
aus, lasse sie ein wenig gähren, backe sie im heißen
Schmalz, trage sie auf, gib eine Schüssel grünen Salat
dazu, so ersetzen sie zur Noth am Fasttage den Backfisch.

30. Reis-Buding.

Wasche ein Viertel Pfund geklaubten Reis erst
in 2 kalten, dann in 2 kochenden Wässern recht durch,
seihe auch das 2te heiße Wasser ab, und gieße wieder
kochendes Wasse daran, lasse es eine Viertel Stunde so
stehen; nicht aber am warmen Orte, so wird der Reis
schön weiß, dann seihe ihn ab, gib ihn auf ein Kastrol,
gieße 2 kleine Seidel warmen Schmetten daran, lasse

ihn weich, aber nicht zerkochen; er muß daher auch behutsam gerührt werden, damit er sich nicht breiartig
zerrühre. Treibe indessen 5 Loth frische Butter ab, gib
den Reis darein, schlage, wenn er kühl geworden, 5 Dötter dazu, salze es, gib dazu 2 Loth kleine sauber gewaschene und geputzte Rosinen, 2 Loth zerbrochene Piskо-
ten, 2 Loth auf Nudel geschnittenen Citronat, von einer
halben Lemonie kleingeschnittene Schale, 4 Loth gestoßenen Zucker, und von 3 Eiweis den Schnee. Treibe alles wohl ab, schmiere eine Serviette mit frischer Butter,
gieße es hinein, binde es locker zu, gib es in einen
großen Topf in das Salzwasser, und lasse es anderthalb
Stunden kochen, stürze es auf eine Schüssel, bestreue
es recht dick mit Zucker und kleingeschnittenen Citronat
oder Vanilie, und trage es auf. Diesen Buding kannst
du auch in eine mit Butter geschmierte Form geben,
und im Dunste kochen, oder auch backen; in allen Fäl-
len muß er aber recht mit Zucker und Citronat, oder
auch in Abgang derselben mit Zimmet bestreut werden.

Torten, Sulzen und verschiedene Kleinigkeiten.

---

1. Piskoten-Torte.

Mache einen Schnee von 15 Eiweiß, rühre dann
nach und nach die 15 Dötter darein, gib dazu 3 Viertel Pfund Zucker, fein gestoßen und durchgesiebt, worauf früher die Schale von einer Lemonie abgerieben wurde, rühre es eine halbe Stunde wohl ab, gib dazu 3
Viertel Pfund feines durchgesiebtes Mehl, rühre es noch
eine Viertel Stunde, schmiere die Form mit zerlassenen
Schmalz, streue sie mit geriebener, fein durchgesiebter

Semmelrinde aus, gieße die Form weniger 2 Finger voll, laſſe es ſchön gemach backen; wenn die Torte gar gebacken iſt, ſo laſſe ſie ein wenig ſtehen, es ſtürzt ſich beſſer; ſtürze es, laſſe auskühlen und dann ziere, wie du willſt.

2. Chokolade-Torte.

Schäle und reibe 3 Viertel Pfund ſüße Mandeln, ſtoße und ſiebe 1 Pfund feinen Zucker, ſchlage in einen Topf 15 Eierdötter, gib den Zucker und die Mandeln dazu, treibe es eine Viertel Stunde ab, gib dann 12 Loth geriebene Chokolade dazu, von 9 Döttern den Schnee, ein wenig Vanilie, von einer Lemonie die Schale und einen Löffel voll geriebene durchgeſiebte Semmel, rühre es noch eine halbe Stunde, ſchmiere die Form mit Schmalz, ſtreue ſie mit geriebener Semmelrinde aus, gieße die Form etwas über die Hälfte voll, laſſe es ba- cken, ſtürze es, laſſe es kalt werden, dann ziere es wie du willſt.

3. Marmorirte Torte.

Mache eine Piſkoten-Torte nach Nro. 1, mache 5 Theile daraus, in einen Theil gib 1 Viertel Pfund geriebene Chokolade, in den 2ten 1 Viertel Pfund ge- ſchnittene Piſtazen, in den 3ten ein wenig Karmin, 2 Theile laſſe gelb; ſchmiere die Form, lege ſie mit Papier aus, welches ebenfalls geſchmiert werden muß, gib im- mer einen Löffel gelb, einen Löffel ſchwarz, wieder gelb, dann roth, ſo rundherum in die Form, doch vorſichtig, daß ſich die Farben nicht vermiſchen, ſtelle es ſchnell in die Röhre, laſſe es backen, ſtürze es, nimm das Papier ab, ziere wie du willſt.

4. Butter-Torte.

Mache Butterteig, zerwalge ihn 2 Meſſerrücken dick, mache ein rundes Blattel ſo groß als die Torte ſeyn ſoll, lege es auf Papier und Blech, ſchmiere es

auf dem Rande, lege einen 2 Finger breiten Rand herum, belege ihn auf einen Finger dick mit eingesottenem
Rivis, mache mit einem Nadel fingerbreite Streifeln,
mache ein Gitter, dann rable einen 2 fingerbreiten
Streifen, mache einen Rand, schmiere ihn mit zerklopften Eiern, backe es im Backofen oder einer heißen Röhre, lasse es auskühlen, streue es mit Zucker, und trage
es zur Tafel.

5. Butter=Torte auf andere Art.

Nimm auf ein Nudelbrett 1 Pf. feines durchgesiebtes Mehl, schneide ein halb Pf. gut ausgewaschene
Butter darein, gib dazu 6 Loth gestoßenen durchgesiebten Zucker, von einer halben Lemonie die Schale, 2 ganze Eier, 1 Dötter, 2 Löffel sauern Schmetten, von einer
Lemonie den Saft, arbeite den Teig recht ab, zerwalge
ihn 2 Messerrücken dick, mache tellergroße runde Blatteln so viel als der Teig gibt, lege sie auf Papier und
Blech, lasse sie backen; wenn sie gebacken sind, so belege
sie mit etwas Eingesottenem einen Finger dick, lege das
zweite Blatt darüber, belege es wieder, und so fort,
bis alles gar ist, das letzte Blatt drücke recht an; doch
so, daß es nicht zerbricht, lasse es noch in einer lauen
Röhre ein wenig anziehen, dann ziere es mit Eis, Mandelbögen oder sonst verschiedenen Kleinigkeiten, lasse es
abtrocknen, und trage es auf.

6. Rivisel=Torte.

Mache von dem nämlichen Teig ein rundes Blatt,
nimm ein halb Pf. süße, ein Viertel Pf. bittere Mandeln, schäle und reibe sie, gib sie auf eine Schüssel, schlage darein 8 Dötter, ein Viertel Pf. gestoßenen Zucker,
ein Viertel Pf. eingesottenen Rivis, treibe alles wohl
ab, schmiere den Rand des Blattes, lege einen 2 Finger breiten Rand darauf, in die Mitte gib die Fülle;

gib ein 2tes Blatt darauf, schmiere es mit zerklopften Eiern, lasse es auf Papier und Blech schön gelb backen; man kann es entweder so mit Zucker bestreut zur Tafel geben, oder aber mit Eis und Mandelbögen zieren; auch kann man daraus statt Torte Maultaschen machen.

7. Gesulzte Torte.

Stoße anderthalb Pfund Zucker, siebe ihn durch, gib ihn auf ein Gefäß, das nicht fett ist, auf Kohlen, drücke darein den Saft von 2 Pomeranzen und 2 Lemonie, lasse ihn aufschäumen, bis er gelblich wird; bereite ein halbes Pf. marschanker Äpfel in Scheiben geschnitten, gib sie darein, rühre beständig, bis ein dicker Koch daraus wird, gib wieder von 2 Pomeranzen und 2 Lemonie den Saft dazu, dann die Schale von 3 Pomeranzen würflicht, von 3 Lemonien auf Nuderl geschnitten dazu, dann 4 Loth Pistazen, ein Viertel Pf. Mandeln, ein Viertel Pf. Citronat, alles auf Nuderl geschnitten gib alles darein, rühre es um; gib es von der Gluth, belege ein rundes Tortenblattel mit Oblatten, den Reifen belege gleichfalls mit Oblatten, gib es um das Blattel, gieße die Sulze darein, etwa auf 3 Finger hoch, glätte es recht ab, schmiere es mit kaltem Wasser, bestreue es recht dick mit fein gestoßenem gesiebten Zucker, gib es in eine laue Röhre, oder in den ausgekühlten Backofen nach dem Brodbacken, lasse es dort 2 bis 3 Stunden austrocknen, nimm den Reifen weg, ziere und bestreue es mit Zucker, und trage es zur Tafel. Diese Torte läßt sich in einem kühlen trockenen Orte längere Zeit halten.

8. Mandel-Torte.

Schäle anderthalb Pfund süße Mandeln, theile sie in 3 Theile, einen Theil reibe an einem Reibeisen, einen Theil schneide mit dem Schneidemesser klein, einen

Theil auf Nudel; die geriebenen und kleingeschnittenen gib auf eine Schüffel, gib dazu 1 Pfund gestoßenen durchgesiebten Zucker, 4 ganze Eier, 8 Dötter; treibe es eine halbe Stunde wohl ab; die auf Nudel geschnittene röste schön gelblicht auf einem reinen Gefäß auf gelinden Kohlen, gib sie auf eine andere Schüffel, laffe sie auskühlen; gib dazu 4 Loth gestoßene Pistazen, 4 Loth geschnittenen Citronat, von einer Lemonie die Schale würflicht, von einer länglich geschnitten ein bischen Gewürznelken und Neugewürz, mische alles wohl untereinander, laffe ein Viertel Pf. gestoßenen Zucker schön gelblicht rösten, gieße ihn darein, vermische es wohl, dann rühre es in das Vorige, schmiere die Form aus, gieße es darein, oder noch beffer ein Tortenblattel und Reif, laffe es gemach backen; wenn es gebacken ist, so nimm den Reifen ab, laffe es auskühlen, schmiere es mit Lemonieeis, und laffe es in einer lauen Röhre abtrocknen.

9. Nudel=Torte.

Schäle 3 Viertel Pfund süße Mandeln, die Hälfte schneide auf Nuderln, die andere Hälfte reibe auf einem Reibeisen, die geriebenen gib auf eine Schüffel, gib dazu 1 halb Pf. gestoßenen Zucker, 4 ganze Eier, 3 Dötter, treibe es eine halbe Stunde wohl ab, mache von einem Dotter, und einem ganzen Ei feine Nudeln, backe sie schön gelb im Schmalz, laffe sie auskühlen, gib sie darein, rühre es wohl ab, belege das Tortenblattel wie auch den Reif mit Oblatten, gieße es darein laffe es backen, dann ziere es mit Zimmeteis.

10. Gewürz=Torte.

Schäle ein halb Pfund süße Mandeln, die Hälfte schneide mit einem Schneidemeffer klein, die Hälfte länglich, die geschnittenen gib auf eine Schüffel, gib dazu 1 Pf. gestoßenen durchgesiebten Zucker, eine geriebene

Muskatnuß, 1 Viertel Loth Gewürznelken, ein Viertel
Loth Zimmet, 2 Loth länglich geschnittene eingelegte
Pomeranzenschale, 1 Loth geschnittene Pistazen, gib die
länglich geschnittenen Mandeln nun auch dazu, mische
alles wohl untereinander, mache von 6 Eierklar einen
festen Schnee, mische ihn dazu, rühre es eine halbe Stun=
de wohl ab, belege ein Tortenblattel mit Oblatten, so
auch den Reifen, gib es darein, glätte es oben zu, lasse
es gemach backen, dann auskühlen, mache ein Eis dar=
über, belege es mit Eingesottenem und trage es zur Ta=
fel. Man kann auch daraus kleine Häufel auf Oblatten
machen, und selbe unter das Zuckerwerk mischen.

11. Anis=Prezeln.

Nimm auf das Nudelbrett 1 Viertel Pfund feines
gesiebtes Mehl, schneide darein 4 Loth frische Butter,
brösle es recht ab, gib noch dazu ein Viertel Pfund
gestoßenen Zucker, von einer halben Lemonie die klein=
geschnittene Schale und ein bischen Anis, mische alles
wohl untereinander, schlage darein 2 ganze Eier, arbei=
te den Teig recht ab, mache kleine Prezeln oder Krän=
zeln daraus, schmiere sie mit zerklopften Eiern, bestreue
sie mit gröblich gestoßenem Zucker, lege sie auf ein mit
Butter geschmiertes Papier und Blech, backe es schön
goldgelb, bestreue es mit Zucker und gib es zur Tafel.

12. Gemischte Krapfeln.

Schäle und schneide 12 Loth Mandeln länglich,
dann 2 Loth Citronat, von einer halben Lemonie die
Schale kleingeschnitten, ein Loth Pistazen, mische alles
wohl untereinander. Mache von 3 Eierklar einen festen
Schnee, mische darein ein halb Pf. feingestoßenen durch=
gesiebten Zucker, dann 2 Loth feines durchgesiebtes Mehl,
gib das Übrige darein, rühre und arbeite es wohl ab,
belege ein Blech mit Oblatten, mache kleine Häufel, lasse

sie schön langsam backen, dann kalt werden; mische sie
unter das Zuckerwerk und trage es zur Tafel.

13. Lemonie-Häufel.

Stoße 4 Loth Zucker, mache von 2 Eierklar Schnee,
gib ihn nach und nach in den Zucke, drücke dann von
einer Lemonie den Saft darein, rühre es eine halbe
Stunde ab, gib dann von einer Lemonie die geschnittene Schale darein, 4 Loth geschälte länglich geschnittene Mandeln, rühre es noch ein wenig, belege ein
Blech mit Oblatten, mache kleine Häufel, bestreue es
mit gestoßenem Zucker, lasse es geschwind backen; wenn
es zu dünn wäre, so kann man noch 1 Loth geriebene
Mandeln dazu geben.

14. Lemonie-Spalteln.

Stoße ein halb Pfund Zucker ganz fein, siebe ihn,
drücke darein den Saft von einer Lemonie, gib dazu ein
Stückchen Schnee, daß es so wie ein dünner Kindskoch
ist, theile es in 3 Theile; in den einen Theil gib an Lemonie geriebenen Zucker, in den 2ten Alkermessaft oder
ausgedrückten Tarnisol, in den 3ten Spenatsaft, schneide
baumbreite und fingerlange Oblatten, bestreiche sie damit, lege es auf ein Blech, lasse in einer nicht zu sehr
heißen Röhre langsam abtrocknen, und mische sie unter
das Zuckerwerk.

15. Mandel-Spalteln.

Stoße 1 Pfund Zucker, siebe ihn durch, gib nach
und nach darein von 5 Eierklar den Schnee, rühre es
eine halbe Stunde, schäle und reibe ein Pfund süße
Mandeln, gib sie dazu, dann von 2 Lemonie die kleingeschnittene Schale und den Saft, rühre es wohl ab,
belege ein Blech mit Oblatten, mache darauf baumbreite

und fingerlange Streifel, laſſe ſie ſchön ſemmelgelb bakken, und miſche es unter das Zuckerwerk.

16. Piſtazen-Prezeln.

Nimm auf ein Nudelbrett 8 Loth feines Mehl, 5
Loth friſche Butter, 3 Loth feingeſtoßenen Zucker, 4
Loth geriebene ſüße Mandeln oder Piſtazen, arbeite
alles recht mit den Händen ab, mache es dann mit 2
Döttern ein, arbeite den Teig wohl ab, mache kleine
Prezeln, ſchmiere ſie mit zerklopfter Eierklar, ſtreue ſie
mit groben Zucker, laſſe ſie ſchön ſemmelgelb backen, kalt
werden, und miſche ſie unter das Zuckerwerk.

17. Braune Mandelbögen.

Schneide ein halb Pfund geſchälte Mandeln klein,
ſtoße ein halb Pf. Zucker, ein bischen Zimmet und Gewürznelken, ſiebe alles wohl durch, gib es zu den Mandeln auf eine Schüſſel, gib dazu von einer Lemonie die
kleingeſchnittene Schale, von 5 Eierklar den Schnee,
treibe alles wohl ab, ſchneide Oblatten 2 Finger breit,
ein Finger lang, ſchmiere das Abgetriebene darauf,
ſchmiere die Bogenform mit zerlaſſener Butter, lege ſie
darauf, laſſe ſie in kühler Röhre gemach backen; wenn ſie
gebacken ſind, ſchmiere ſie mit weißen Eis, beſtreue ſie
mit geſchnittenen Piſtazen, laſſe ſie abtrocknen.

18. Gebackene Mandeln.

Nimm 10 Loth ſchönes Mehl auf ein Nudelbrett,
gib darein 5 Loth geriebene ſüße Mandeln, 4 Loth friſche Butter, brösle alles wohl ab, gib dazu 3 Loth geſtoßenen Zucker, ein bischen geſtoßenen Zimmet, ein bischen Gewürznelken, von einer halben Lemonie die Schale, mache den Teig mit 4 Eierböttern und 2 Löffel voll
Wein an, arbeite ihn recht ab; wenn wenig Mehl iſt,
ſo beſtaube immer das Nudelbrett, zerwalge endlich den

Teig 2 Messerrücken dick, drücke die Mandelform daran, backe sie im heißen Schmalz; aus dem Schmalz werfe sie in gestoßenen Zucker und Zimmet, gib sie statt Zuckermandeln unter das Zuckerwerk; es ist eine gute und dabei gesunde Näscherei.

19. Mandel-Buseln.

Stoße 6 Loth Zucker, siebe ihn fein, gib dazu von einer Eierklar den Schnee, rühre es wohl ab, drücke den Saft von einer Lemonie dazu, daß es wie ein Kindsköchel dicklich ist, gib dann Viertel Pf. geschälte, länglich geschnittene süße Mandeln dazu, und rühre es noch ein wenig, belege ein Blech mit Oblatten, mache kleine Häufel daraus, lasse schnell backen, damit sie nicht auseinander rinnen, und mische selbe unter das Zuckerwerk.

20. Mandel-Zwieback.

Schlage 4 ganze Eier in einen Topf, gib dazu 1 halb Pfund gestoßenen durchgesiebten Zucker, rühre es eine Viertel Stunde, gib dazu 1 Viertel Pf. geschälte, gröblich geschnittene Mandeln, ein halb Loth gestoßenen Zimmet, ein halb Loth Muskatenblüthe, ein halb Loth geschnittene große Rosinen, 4 Loth Citronat, 4 Loth Pomeranzenschale, beides fein geschnitten, gib alles zu den Eiern mit Zucker, rühre alles wohl ab, nimm feines Mehl aufs Nudelbrett, gieße dieses darein, mache einen festen Teig, damit man fingerdicke Stritzel daraus machen kann, und daß es nicht auseinander rinne, bestaube ein Blech mit Mehl, lege es darauf, lasse schön semmelgelb backen, aber schnell, denn es läuft gern auseinander, schneide gleich warm dünnen Zwieback daraus, lege es auf Papier, und lasse es abtrocknen. Diese können auch unter das Zuckerwerk gemischt werden.

21. Gezuckerte Mandeln.

Nimm ein Pfund schöne ausgeklaubte Mandeln, lasse sie auf einer messingenen oder blechernen Pfanne, oder auch auf einem gut glasirten Reindel, so nicht fett ist, eine Weile auf Kohlen rösten, bis sie schön rösch sind, dann lasse in einem andern messingenen Pfannel oder Kessel 3|4 Pf. gestoßenen Zucker mit halb Seidel Wasser sieden, bis er sich zieht, wirfe die gerösteten Mandeln darein, rühre sie so lange, bis sie überall mit Zucker über= zogen sind; bereite indessen Zucker und Zimmet, beides gestoßen, nimm die Mandeln heraus, wirfe sie in den Zucker und Zimmet, ballire sie ein, lasse sie kalt werden. Damit es sich besser ·an die Mandeln fange, kann es nicht schaden, wenn man zwischen ein Viertel Pf. ge= stoßenen Zucker ein Loth feines Mehl mischt.

22. Zucker-Sulze.

Nimm 2 Seidel guten Wein und 2 Seidel Wasser, gib darein 1 Pfund fein gestoßenen, an einer Lemonie abgeriebenen Zucker, schneide den Tag zuvor 3 Loth Hausenblase, lasse es in halb Seidel Wasser weichen, lasse aufkochen, seihe es darein durch, lasse dann zusam= men ein wenig aufkochen, seihe es durch ein auf den 4 Füßen eines umgekehrten Stuhles befestigte Serviette, theile es in 4 Theile, einen Theil lasse so wie es ist, in den zweiten gib kleingeschnittene Pomeranzenschale, in den 3ten geweichten durchgeseihten Tarnisol, in den 4ten entweder grünen Spenat- oder blauen Veilchen= Saft, dann gieße in verschiedene kleine Formen die ver= schiedenen Farben, lasse kalt werden, tunke die Formen in heißes Wasser und stürze sie. Man kann es wie im= mer mischen, entweder macht man einen Kranz herum roth, einen so wie es ist ohne Farbe, einen gelb, einen grün, oder man schlichtet die Formen wie man will, ziert sie mit Blättern oder Pomeranzenblatteln herum, und trägt es auf.

23. Weichsel=Sulze.

Nimm schöne reife Weichsel, löse die Stängel ab, wasche in reinem Wasser und lasse sie auf einer Serviette abtrocknen. Auf 1 Pf. Weichsel nimm halb Pf. Zucker, lasse ihn in halb Seidel Wasser kochen, bis er sich zieht; nun werfe die Weichsel darein, lasse ein wenig aufsieden, nimm sie mit einem Schaumlöffel heraus und lege sie in eine Schüssel; in die Soß gib jetzt noch ein halbes Seidel Rivissaft, und ein Loth im Wasser aufgelöste Hausenblase, lasse es sieden bis es ein wenig dicklich ist, seihe es durch, lasse es ein wenig überkühlen, gieße es über die Weichsel, bestreue mit Lemonieschale und gröblich gestoßenem Zucker, lasse es kalt werden, und trage es zur Tafel. Es ist im Sommer sehr erfrischend.

24. Marillen in Sulze.

Nimm Marillen, welche zwar reif, aber doch nicht sehr weich sind, schneide sie in der Hälfte, nimm den Kern heraus, schäle sie, lasse im messingenen oder gut glasirten Gefäße ein Seidel Wein, von einer Lemonie die Schale, und 1 Viertel Pfund Zucker sieden, lege die Marillen darein, lasse ein wenig aufkochen, sodann nimm sie heraus, und lege sie schön zierlich auf eine Schüssel; die Soß lasse noch ein wenig einsieden, gieße sie darüber, und lasse kalt werden. Man kann auch die Marillen in die Mitte geben und von eingesottenen Weichseln oder Rivis einen Kranz herum formiren, die Soß darüber durch ein Haarsieb gießen, mit Zucker bestreuen und kalt werden lassen.

25. Borsdorfer Äpfel in der Sulze.

Schäle schöne borsdorfer Äpfel, lege sie in kaltes Wasser, damit sie nicht schwarz werden, lasse in einem

meſſingenen oder gut glaſirten irbenen Gefäße 1 Seidel
öſterreicher Wein, 1 Seidel Waſſer, von einer Lemonie
die Schale, ein Stückchen ganzen Zimmet, ein Viertel
Pfund geſtoßenen Zucker aufkochen; wenn es kocht, ſo
lege die Äpfel darein, laſſe ſie aufkochen; wenn ſie auf
einer Seite ein wenig überkocht ſind, kehre ſie um,
doch dürfen ſie nicht zerkochen, nimm ſie heraus, lege
ſie ſchön zierlich mit dem Stengel herauf in eine tiefe
Sulzſchüſſel, mache aus länglich geſchnittenen Piſtazen
und ſüßen Mandeln, indem du ſie in die Äpfel ſtichſt,
immer ein grünes, dann ein weißes Kränzchen; in die
Sulze lege noch wenigſtens 4 Loth Zucker, drücke den
Saft von einer Lemonie darein, laſſe es noch ein wenig ſieden, gieße es über die Äpfel, laſſe es kalt werden,
und trage es zur Tafel. Man kann auch ein Stückchen
geweichte Hauſenblaſe dazu geben.

26. Pomeranzen-Sulze.

Nimm 6 ſchöne Pomeranzen, ſchneide oben einen
runden Deckel ab, nimm alles innere heraus, gib aber
Acht, damit die Schale nicht ledirt werde, drücke den
Saft auf dem innern in ein Seidel Waſſer, reibe von
einer Pomeranzen und von einer Lemonie die Schale
auf ein halb Pf. Zucker ab, und gib es in das Waſſer,
gieße dazu ein Seidel guten öſterreicher Wein; Tags
zuvor laſſe in einem Seidel Waſſer 2 Loth zerſchnittene
Hauſenblaſe weichen, und laſſe ſie ein wenig aufkochen,
ſeihe ſie dazu durch, drücke noch den Saft von einer
Lemonie darein, und laſſe ein wenig aufkochen. In einem andern Gefäße laſſe wieder 1 Seidel Wein, und
in einem Seidel Waſſer 1 Loth aufgelöſte, überkochte,
durchgeſeihte Hauſenblaſe aufkochen, lege darein ein halb
Pf. Zucker, ein Stückchen ganzen Zimmet, einige Gewürznelken, dann ein Stück rothen Tarniſol, laſſe es
etwa eine Viertel Stunde kochen, ſeihe dann früher das

erfte, dann dieſes durch ein auf 4 Füſſen eines umge=
kehrten Stuhles befeſtigte Serviette, lege die ausgehöhl=
ten Pomeranzen auf eine Sulzſchüſſel, gieße jede von der
erſten gelben Sulze ein Drittel voll, laſſe kalt werden,
dann gieße das 2te Drittel von der rothen Sulze dar=
ein, laſſe wieder kalt werden, ſteche Kränze von länglich
geſchnittenen Mandeln darein, gieße es wieder mit der
gelben Sulze ganz voll, laſſe ganz kalt werden; willſt es
zur Tafel tragen, ſo ſchneide jede Pomeranze in die
Hälfte oder in 4 Theile, und trage es auf.

27. Gewürz-Sulze.

Nimm 8 Seidel guten öſterreicher Wein, 1 Sei=
del Waſſer, 12 Löffel Weineſſig, von 3 Lemonie den
Saft, von einer die Schale, 20 ganze Gewürznelken,
20 Pfefferkörner, ein Stückchen Ingber, ein wenig Sa=
fran, ein Pfund Zucker, gib alles in ein gut glaſirtes
irdenes Gefäß, laſſe es kochen, gib dazu 3 Loth den Tag
zuvor geſchnittene, im Waſſer geweichte Hauſenblaſe,
laſſe alles bis etwa auf die Hälfte einkochen, dann ſei=
he es wie die vorige Sulze durch, theile es in 3 Theile,
gieße einen Theil in die Sulzſchüſſel, laſſe auskühlen,
ſtecke länglich geſchnittene Mandeln darein, gieße den
zweiten darauf, laſſe wieder überkühlen, ſtecke wieder
Mandeln darein, gieße den dritten Theil darüber; wenn
es ein wenig überkühlt, ſo formire von Mandeln und
Piſtazen einen Kranz, Lilien oder Narziſſen von Man=
deln; in der Mitte Lemonieſchale, die Blätter von Pi=
ſtazen, laſſe es recht kalt werden, dann trage es zur
Tafel.

28. Erdäpfel-Salat mit Häring.

Koche Erdäpfel, ſchäle ſie, ſchneide ſie auf Schei=
ben, gib ſie auf eine Schüſſel, ſalze ſie, beſtreue mit
kleingeſchnittener Zwiebel, begieße ſie mit Eſſig und Öl,
miſche es wohl durch, und laſſe kalt werden; indeſſen

zertreibe die Milch von Häring mit Weineffig und provenzer Öl, lege kleingeschnittene marschanßker Äpfel darein, koche einige Eier hart, hacke die Klar extra, und die Dötter auch extra recht klein, den Häring ziehe ab, wasche ihn rein, reiße und schneide ihn zierlich; wenn die Erdäpfeln kalt geworden sind, so richte sie schön hoch auf eine Salatschüssel, begieße sie vorerst mit den geschnittenen Äpfeln in der Häringmilch, dann mache um die Schüssel einen Rand entweder ganz weiß von der Klar, einen 2ten gelb von den Döttern; oder ein Häufel gelb, ein Häufel weiß, ziere mit dem geschnittenen Häring, auch wohl noch mit eingelegten rothen Rüben; dieses bleibt ganz der Köchin überlassen, wie schön sie es zieren will. Es sieht gut aus, und in Fasttagen schmeckt der Trunk gut darauf; nur muß man die Erdäpfel gleich warm schälen und mit Essig, Öl und Zwiebel anmachen, sonst ist es nicht so schmackhaft.

29. Süßer gemischter Salat.

Nimm 4 Pomeranzen, schneide 2 auf Scheiben, 2 auf Viertel, kehre einen tiefen Teller auf einen seichten um, mache einen Kranz von den Pomeranzenscheiben, gib auf ein jedes Blatt ein Häufel eingesottenen Rivis, dann mache einen Kranz herum von eingesottenen Weichseln, dann die Pomeranzenviertel, wieder Weichsel; in die Mitte aber wieder ein Blattel mit einem Rivishäufel. Koche 1|4 Pf. Zucker im halben Seidel Wasser, bis er sich spinnt; kannst allenfalls den Saft von einer Lemonie daran drücken, begieße den Berg damit, bestreue mit Pomeranzen- und Lemonieschalen, theils länglich, theils würflet geschnitten, bestreue recht mit Zucker, lasse es so kalt werden, dann trage es zur Tafel. Es ist eine gute, aber theuere Näscherei.

30. Borsdorfer Apfel-Salat.

Schäle schöne borsdorfer Äpfel, schneibe ben Stiel heraus, hebe ihn auf, nimm das Korngehäus heraus, lege sie in kaltes Wasser, bamit sie nicht schwarz werben, lasse in einem wohlglasirten Gefäß Wasser und Zucker kochen (auf 2 Seidel Wasser 1/4 Pf. Zucker), lege bie Äpfel barein, jeboch lasse sie nicht lange kochen, bamit sie nicht zerfallen, nimm sie behutsam heraus, lege sie schön zierlich auf eine Schüssel, brücke ben Saft von einer Lemonie baran, bamit sie schön weiß bleiben; in bie Soß lege Gewürznelken, Zimmet, Lemonieschale, lasse es noch eine Weile kochen, seihe es burch ein reines leinenes Tuch, gieße es löffelweis in bie Äpfel, und becke ben Stiel barüber, schneibe Lemonieschale, ziere bie Äpfel bamit, mache einen Rand von eingesottenen Weichseln, bestreue es mit Zucker, und wenn etwas von bem Safte übrig bleibt, gieße es unter bie Äpfel.

31. Birnen-Salat.

Schäle ein Dutzend Birnen ab, lege sie in kaltes Wasser, baß sie nicht schwarz werben, lege in 2 Seidel Wasser ein Viertel Pfund Zucker, gib bazu 1 Stückel ganzen Zimmet, von einer Lemonie bie Schale, und lasse es sieben; wenn es zu sieben anfängt, so lege bie Birnen hinein, und lasse sie kochen, bann lege sie in bie Salatschüssel, seihe bie Soß barüber und lasse kalt werben. Ober zerschneibe bie Birnen auf Hälften, lasse sie eben so wie bie ganzen kochen, und nimm sie heraus; in bie Soß lege noch 1 Viertel Pf. Zucker, lasse kochen bis es sich zu spinnen beginnt, nimm eine Melonenform, lege bie Birnen barein, gieße bie Soß barüber, lasse es kalt werben, stürze es und ziere herum mit Lemonie- ober sonst schönen Blättern, ober aber mit Pomeranzenblatteln, bestreue es mit Zucker, und trage zur Tafel.

In diesem Falle muß wenigstens ein halbes Loth Hau-senblase aufgelöst und dazu gegeben werden.

32. Brunnkresse-Salat.

Putze und wasche frische Brunnkresse, bereite sie mit Weinessig, Öl, Salz und Zucker. Man kann sie nur so auf eine Salatschüssel anrichten, oder stürze einen tiefen Teller auf einen seichten, belege ihn mit der bereiteten Brunnkresse und mache von ebenfalls bereitetem Andibiensalat einen Kranz, welchen man mit Zucker recht bestreuen muß. Zu diesem muß man Essig und Öl extra auf den Tisch geben.

33. Welscher-Salat.

Schneide, wenn es ein Fleischtag ist, schöne Cervulatblatteln, lege um die Schüssel herum immer ein Cervulat- und ein Lemonie-Blattel, gib dann marinirten Aal auf Stücke geschnitten, sauber gewaschene Sardellen, aus welchen die Gräthen ausgelöst sind, dann Bricken ebenfalls marinirt, beides klein würflet geschnitten, dann stößt man im Mörser einen hartgekochten Eidotter, einige Lorbeerblätter, 2 Sardellen, halben Zwiebel, 2 oder 3 Körner Pfeffer, Kapperln, stoße es recht, gieße guten Weinessig daran, seihe es durch, mische darunter gutes provenzer- oder luccheser Öl, gieße es über den Salat, bestreue mit Kapperln und geschnittenen Lemonieschalen, und wenn Austern gerade bei der Hand sind, kann man sie darunter mischen; auch Muscheln und Oliven; dieses aber ist entbehrlich.

34. Zeller-Salat.

Koche 4 bis 6 Zeller im Salzwasser, lasse ihn aber nicht überkochen; die Deckel mit den grünen Blättern bewahre im kalten Wasser, damit sie recht frisch bleiben, den Zeller, sobald er gekocht ist, zerschneide auf Blat-

22

tel, bereite gleich mit Essig und Öl, und lege ihn entweder so in die Salatschüssel, bestreue mit Pfeffer, mache einen Rand um die Schüssel von grünen Blättern, gib die Deckel mit dem Grünen obenauf — oder stürze einen tiefen Teller auf einen seichten, belege ihn ganz mit dem bereiteten Zeller, mache einen Rand herum von Blättern, die Deckel mit dem Grünen; wenn du die Blätter mit einer Nadel hübsch auseinander gebracht hast, lege oben auf die mit Pfeffer bestreuten Zellerblatteln, und trage es auf, gib aber Essig und Öl dazu zur Tafel.

35. Kraut=Salat.

Schneide die Krautblätter auf feine Nudel, lasse in einem glasirten Gefäße Essig mit frischer Butter und Salz aufkochen; wenn es im Sude ist, so lege das Kraut hinein, lasse es ein Weilchen aufkochen, lege es dann auf die Salatschüssel, bestreue mit Pfeffer, trage es entweder warm oder kalt zur Tafel. Ist ein Häupel blaues Kraut, so kann es extra gedünstet und dann davon ein Rand um das weiße gemacht werden.

36. Zwetschken=Salat.

Schäle schöne reife Zwetschken, lasse sie mit ein wenig Wein, Zimmet und Lemonieschale wohl zugedeckt auf Kohlen oder in einer heißen Röhre ausdünsten, lege sie auf die Schüssel, bestreue mit Zucker und Lemonieschale, und trage sie entweder kalt oder warm zur Tafel. Eben so kann man ungeschälte zubereiten, und wenn kein Wein vorhanden ist, läßt man sie nur so ausdünsten.

37. Schodoh.

Nimm ein Töpfchen von etwa 5 Seidel, schlage darein 12 Dötter, gib dazu ein Viertel Pf. gestoßenen Zucker, von einer halben Lemonie die ungeschnittene

Schale, dann gieße daran ein Seidel guten österreicher Wein, quirle es gleich recht ab, stelle es in Kohlen, quirle beständig so lange, bis es sich hebt und recht dicklich wird, trage geschwind zur Tafel; gieße es in Schalen oder Krembecherl, oder aber benütze es sonst entweder zu Schoboh-Körbeln, Buding oder andern Sachen, die hier angemerkt sind; auch kann man während des Kochens einige Löffel Arak darein geben, so ist es geistiger.

38. Sliwowitz-Schoboh.

Nimm 12 Eierdötter, gib sie in ein 5 Seidel-Topf, gib dazu 12 Loth gestoßenen Zucker, von einer Lemonie die Schale, quirle es mit 3 Löffel Wein wohl ab, nimm ein Seidel echten Sliwowitz auf eine weiße tiefe Schüssel, zünde sie mit Stückchen reinen Papier an, lasse sie ein wenig ausbrennen, gieße sie dann in das Abgerührte, stelle es in Kohlen, quirle beständig bis es dicklich wird und sich hebt, gib es entweder so in Krembecherl, oder gieße es über eine in der Krebsform gebackene Mandeltorte, und trage geschwind zur Tafel.

39. Kalter Schoboh mit Arak.

Nimm auf ein Seidel guten österreicher Wein 12 Loth Zucker und 18 Dötter, gib darein von einer halben Lemonie die kleingeschnittene Schale, quirle es recht ab, stelle es in Kohlen, quirle beständig, bis alles sich hebt und ein fester Schoboh wird, gieße ihn in eine Sulzschüssel, lasse ihn kalt werden, steche Löcher darein, und gieße in jedes einen Löffel voll Arak, gib es unter den kalten Speisen zur Tafel.

40. Chokolade.

Auf ein Seidel guten süßen Schmetten reibe 3 Taferl Chokolade; wenn die Taferl größer sind, also we-

22*

niger; wenn der Schmetten kocht, so gib die geriebene
Chokolade hinein, quirle beständig, nimm mit einem
Löffel den Schaum ab, gib ihn in die Becherl; wenn
das Becherl voll ist, so nimm eine glühende Schaufel
oder Kohle, halte sie über den Schaum, so bekommt es
ein braunes Rahmel, rühre in ein wenig kalt gekochten
Schmetten 1 Eidotter ab, gieße die übrige Chokolade dar=
ein und quirle recht ab; sodann trage die Schaumbe=
cherl zur Tafel, die Chokolade in einer Kanne zum Nach=
guß. Der Schaum kann in die Schobohkörbel statt Scho=
boh gegeben werden; die Chokolade aber kann zum Be=
gießen des Budings und anderer Sachen gebraucht werden.

41. Kaffee.

Schütte den grünen Kaffee auf ein Pfannel, setze
es über Kohlen, rühre beständig bis es anfängt gelb zu
werden; nun bestreue ihn mit gestoßenem Zucker, rühre
beständig bis er schön braun ist, dann schütte ihn auf
einen Teller, decke das Pfannel darüber, damit die
Kraft nicht ausrauche, dann mahle ihn fein, gib ihn
entweder in die Maschine, oder koche ihn in kochendes
Wasser oder den bereiteten Kaffeelager ein, nimm ein
kleines Stückchen Eidotter, quirle es im kalten Wasser
ab, gieße es während des Kochens in den Kaffee, so
wird er allsogleich schön klar; kocht man ihn in der
Maschine, so klärt man auf diese Art den Lager: man
nimmt nämlich den Satz, gießt reines Wasser daran, läßt
es kochen, gibt ein Stückchen des abgequirlten Eidotters
darein, läßt noch einen Sud darüber gehen, stellt es vom
Feuer, gießt es ab, läßt es wieder kochen, und gieße
es so kochend in die Maschine in den Kaffeebeutel oder
kocht in denselben Kaffee ein. Diese Kläre ist besser als
Hirschhorn und Hausenblase, und ist in jeder Haushaltung stets bei der Hand. Zusatz im Kaffee taugt eigentlich keiner etwas; manche geben Cichorie, andere Eicheln,

gedörrte, gebrannte gelbe Rüben, Erbsen u. a. m.; wenn also ein Zusatz seyn soll, so gib mit ein wenig entweder Cichorie oder was noch einen angenehmen Geschmack verursacht und gesund seyn soll, gut gereinigte gebrannte feingestoßene (denn mahlen lassen sie sich nicht so leicht), Hagebuttenkörner; doch muß jeder Zusatz zuerst in den Kaffeegrund eingekocht, der Grund mit dem Ei auf obige Art gereiniget werden, abgegossen, und dann erst entweder den Kaffee eingekocht, oder in die Maschine über den Kaffee gegossen werden.

Ein guter, frisch gekochter Schmetten macht den Kaffee besser; ein Stückchen Vanilie kann man immer im Kaffee kochen lassen, besonders wenn er mit Schmetten getrunken wird; beim schwarzen ist es entbehrlich.

42. Limonade.

Reibe die Schale von einer Lemonie auf Zucker, stoße den Zucker, drücke der Saft von einer saftigen Lemonie daran, gieße 2 Seidel Brunnwasser darauf, rühre recht ab; Zucker kann man geben so viel als es nach dem Geschmack genug süß ist. Bedarf man viel Lemonade, so drückt man den Saft von so viel Lemonie aus, um ein Seidel Saft zu bekommen, gibt dazu ein halb Pf. an der Schale geriebenen Zucker, läßt es im messingenen Kessel aufschäumen, seiht es durch ein Leinentuch und läßt auskühlen. Ein Löffel dieser Massa ist auf ein Seidelglas Lemonade hinlänglich; sollte es wenig süß seyn, gibt man Zucker zu, und wer es stärker haben will, kann sich noch ein wenig von der Massa zugeben.

43. Mandelmilch.

Nimm in ein Viertel Pf. süße Mandeln 4 bittere, schäle und stoße sie in einem messingenen Mörser; doch mußt du während des Stoßens immer einen Löffel voll Wasser nachgießen, damit sie nicht ölig werden; wenn

sie gestoßen sind, gieße daran 2 bis 3 Seidel Wasser,
wie stark als du die Milch haben willst, seihe es durch
ein reines leinenes Tüchel, gib so viel Zucker als nö=
thig, daß es gehörig süß ist. Es ist ein kühlendes und
besonders in einigen Krankheiten ersprießliches Getränk.

44. Punsch.

Nimm auf ein Seidel Lemoniesaft 3 Viertel Pf.
Zucker an 4 Lemonie und einer Pomeranze abgerieben,
drücke dann auch noch den Saft von einer Pomeranze
daran, gib den Zucker gestoßen in eine Suppenschüssel,
seihe den Saft daran; damit aber die Körner und Fa=
sern nicht hinein kommen, gieße ein Seidel Arak oder
guten Rum daran, lasse den Zucker auflösen, gieße dann
so viel reines kochendes Wasser als du Punsch haben
willst, daran, oder werfe in das kochende Wasser ein
wenig Kaiser= oder russischen Thee, lasse es aufkochen,
seihe es durch und gebrauche es zum Punsch statt Was=
ser. Will man die Masse einige Tage aufbewahren, so
kann man den Zucker mit dem Safte so wie zur Lemo=
nade ein wenig in einem messingenen Kessel aufsieden
lassen, dann in Bouteillen mit Arak vermischt, bewahren.

Will man den Punsch mit Eidotter trinken, so gib
in das Glas einen Dotter, zerrühre ihn mit ein we=
nig kaltem Wasser, gieße dann den heißen Punsch dar=
an, quirle ab und trinke.

45. Rivisel=Saft.

Löse die Körner vom Stengel, wasche sie rein,
zerdrücke sie und seihe den Saft durch ein reines leine=
nes Tuch, gib auf ein Seidel Saft 1 Pf. gestoßenen
Zucker, lasse es entweder in einem messingenen Kessel
oder in einem glasirten reinen Gefäß unter beständi=
gem Umrühren zusammen kochen, bis er sich zieht, und
hebe es in einem Glas oder Porzellain auf. Ein Löffel

dieſes Saftes mit einem Seidel friſchen Brunnwaſſer
vermiſcht, gibt im Sommer ein erquickendes Getränk.
Will man dieſen Saft längere Zeit aufbewahren, ſo
gießt man ein wenig Mandelöl obendarauf, was bei
allen folgenden Säften und Eingeſottenem zu beobachten iſt.

46. Eingeſottener Ribis.

Klaube die Ribiſelkörner ſauber ab, waſche ſie in
reinem Waſſer, gib ſie in ein meſſingenes oder gut glaſirtes irdenes Gefäß, gib auf 1 Pf. Ribiſelkörner 3
Viertel Pf. Zucker, laſſe kochen bis es gehörig dick iſt;
muß aber beſtändig rühren, damit es nicht anbrenne,
laſſe es dann auskühlen, und hebe es in Glas oder Por-
zellaingefäßen auf. Wenn es zum Aufheben iſt, gieße
ebenfalls ein wenig Mandelöl daran, damit es nicht
ſchimmlicht werde; auch kann man ſtatt Mandelöl zer-
laſſenen Schmalz darüber gießen.

47. Maul- oder Himbeerſaft.

Zerdrücke in einem reinen Topfe reife Maulbeeren,
laſſe ſie über die Nacht entweder im Keller oder in einem kalten Orte ſtehen, dann ſeihe ſie durch ein leinenes Tuch; von dieſem Safte nimm 2 ordentliche Seidel,
gib dazu 3 Viertel Pf. Zucker, auf welchem man von
2 Lemonie die Rinde abſchaben muß, laſſe es in einem
meſſingenen Keſſel oder gut glaſirten irdenen Gefäß
kochen, bis es ſich zieht, dann auskühlen, gieße es eben
in Zuckergläſer. Ein Löffel dieſes Saftes im Seidel friſchen Brunnwaſſer gibt im Sommer ein erquickendes
Getränk.

48. Weichſel- oder Kirſchenſaft.

Löſe die Stengel von ſchönen reifen Kirſchen oder
Weichſeln ab, laſſe ſie wohl zerrührt in einem reinen
Gefäße zerkochen, ſeihe dann den Saft durch ein leinenes

Tuch, nimm auf 1 Pf. Saft 1 halb Pf. gestoßenen Zucker, lasse es unter beständigem Umrühren dicklich ein= kochen, dann auskühlen, gieße es in Glas oder Porzel= laingefäße und hebe es zum Gebrauche auf. Ein Löffel voll im frischen Wasser zerrührt dient auch zum Ge= tränke im Sommer.

49. Eingefottene Weichsel.

Stoße 1 Pfund Zucker, feuchte ihn mit Wasser, und lasse ihn in einem glasirten Gefäße, das nicht fett ist, aufschäumen, schneide die Hälfte von den Stengeln schöner reifer Weichsel ab, wasche sie im reinen kalten Wasser über, lege sie in den Zucker, lasse sie etwa eine Viertel Stunde kochen, rühre öfters damit, doch so, daß die Weichsel nicht zerrührt werden, nimm sie dann her= aus, lasse sie auf einer Schüssel auskühlen; in den Saft gib ein halb Loth Gewürznelken, lasse schön dicklich ein= sieden, dann ein wenig auskühlen, lege die Weichsel in ein Glas= oder Porzellaingefäß, seihe den Saft daran, binde das Gefäß mit überdecktem Papier wohl zu, und hebe sie zum ferneren Gebrauche in einem kühlen trok= kenen Orte auf.

50. Weichsel in Essig einzulegen.

Nimm 4 Seidel guten Weinessig und 1 halbes Pf. gestoßenen Zucker, lasse es zusammen ein wenig aufko= chen, schäume es fleißig ab, lasse es dann auskühlen, schlichte in ein dazu bestimmtes Gefäß schöne reife vom Stengel abgerissene Weichsel, bestreue sie mit gröblich gestoßenem Zucker, Zimmet und Gewürznelken, und wenn der Zuckeressig ausgekühlt ist, so gieße ihn über die Weichsel; doch muß so viel davon seyn, daß die Weich= sel untertaucht werden. Das Glas wird fest vermacht. In vierzehn Tagen kocht man den Essig, den man von den Weichseln zuvor abgießen muß, läßt ihn abermals

auskühlen, dann gießt man über die Weichsel, verma=
chet das Glas gut und siegelt es zu; ich hoffe, daß sie
sich lange genug halten lassen.

51. Eingesottene Marillen.

Nimm reife, aber nicht zu sehr weiche Marillen,
schäle sie, schneide sie in die Hälfte, nimm den Kern
heraus; auf ein Pf. so zubereitete Marillen nimm et=
was über ein Pf. Zucker, lasse ihn mit etlicher Löffeln
Wasser auf der Gluth in einem glasirten Gefäße auf=
schäumen, lege die Marillen schön eine neben der andern
darein, lasse sie darin so lange sieden, bis sie weich sind,
doch so, daß sie nicht zerfallen; gehen sie nicht auf ein=
mal hinein, so nimm die ersten heraus, lege die an=
dern darein und so fort, bis alle gar sind, lege sie
dann in ein glasirtes Gefäß, gieße den Saft darüber,
lasse sie über Nacht stehen; den andern Tag nimm die
Marillen heraus, lege sie in ein Glasgefäß, die Soß
lasse noch einsieden bis sie hübsch dicklich wird, lasse sie
überkühlen, gieße sie über die Marillen, mache das Ge=
fäß oben mit Papier gut zu, und hebe es in einem kal=
ten trockenen Orte auf.

52. Hagebutten=Büscheln.

Nimm Hagebutten=Büscheln, gib die Kerner her=
aus; (doch sollen die Hagebutten erst dann gepflückt
werden, wenn ein Frost darüber gegangen ist,) lege sie
in ein irdenes wohl glasirtes Geschirr, gieße kochendes
Wasser daran, seihe es jedoch gleich wieder ab, sonst
würden sie zu weich, lege sie zum Abtrocknen auf eine
Serviette, gib sie in ein Glasgefäß, lasse auf 1 Pf.
Büscheln 3 Viertel Pf. Zucker mit halb Seidel Wasser
sieden bis er sich schäumt, lasse ihn ein wenig ausküh=
len, gieße ihn über die Büscheln, in 24 Stunden gie=
ße es ab, lasse wieder sieden, dann auskühlen, gieße es

wieder darüber; dieses wiederhole durch 3 Tage, dann vermache gut das Gefäß, stelle es in einen kühlen trokkenen Ort.

53. Gefrorenes von Chokolade.

Laffe 1 Seidel guten süßen Schmetten sieden, gib darein 8 Loth geriebenen guten Chokolade, 4 Loth gestoßenen Zucker, 1 Viertel Quintel Vanilie, laffe es unter beständigem Rühren schön aufkochen, zerrühre 4 Eierdötter mit ein wenig kalten Schmetten, gieße den kochenden Chokolade darein, quirle es wohl ab, seihe es durch ein feines Haarsieb, gib es in die Gefrierbüchse, stelle es ins Eis, rühre mit dem dazu bestimmten Löffel beständig, bis es ganz gefroren ist.

54. Erdbeer = Gefrorenes.

Zerdrücke schöne reife Erdbeeren und seihe sie durch ein Haarsieb; auf ein Seidel Erdbeerensaft nimm ein Viertel Pfund gestoßenen Zucker, laffe ihn mit einem Kaffeebecherl voll Waffer so lange sieden, bis er sich schäumt, drücke den Saft von einer Lemonie darein, reibe auch die Schale auf Zucker dazu, laffe es unter beständigem Umrühren auskühlen, gib den Erdbeersaft dazu, rühre es zusammen wohl ab, gib es in die Gefrierbüchse und verfahre damit wie mit dem Vorigen. Eben so kann man Weichsel=, Ribis= und Maulbeer= Gefrorenes bereiten.

55. Vanilie = Gefrorenes.

Laffe ein Seidel guten süßen Schmetten mit ein Viertel Pf. gestoßenen Zucker und 1 Quintchen Vanilie kochen, zerrühre mit ein wenig kalten Schmetten 6 Eierdötter, gieße den kochenden Schmetten darein, quirle es recht ab, laffe ein wenig auskühlen, gieße es in die Gefrierbüchse, und verfahre übrigens wie mit dem Vorigen.

56. Lemonie-Gefrorenes.

Reibe die Schale von 12 Lemonie auf Zucker ab, nimm auf 12 Lemonie wenigstens 8 bis 12 Loth Zucker, drücke den Saft von den 12 Lemonie aus, seihe ihn durch, gib den Zucker und 2 Becherl Wasser in ein glasirtes Gefäß auf die Gluth und lasse es aufschäumen, dann überkühlen, gieße den Lemoniesaft darein, mische es recht untereinander; willst es süßer haben, so gib noch Zucker zu, seihe es nochmals durch ein Haarsieb, gib es in die Gefrierbüchse, und verfahre wie bei den Vorigen.

57. Weichsel-Gefrorenes.

Nimm schöne spanische Weichseln und stoße sie in einem messingenen Mörser sammt den Kernern, gib sie in ein reines glasirtes Gefäß, lasse sie über die Nacht oder doch einige Stunden stehen, damit sie den Geschmack von den Kernern bekommen, seihe sie durch. Auf 1 Seidel Saft nimm 12 Loth gestoßen Zucker, lasse ihn mit einem Becherl Wasser aufkochen, bis er sich zu ziehen beginnt, lasse ihn überkühlen, gib von einer Lemonie die Schale auf Zucker gerieben dazu; auch den Saft kannst dazu geben, da muß du aber 4 Loth Zucker zugeben; (man kann auch ein bischen feingestoßenen durchgesiebten Zimmet und Gewürznelken dazu geben;) rühre es recht ab, lasse überkühlen, gib es in die Gefrierbüchse und verfahre wie vorher.

58. Punsch-Gefrorenes.

Reibe die Schale von einer Pomeranze und 2 Lemonie auf 12 Loth Zucker ab; den Zucker lasse mit einem Becherl voll Wasser auf der Gluth im glasirten Gefäße aufschäumen, dann auskühlen, drücke den Saft von 6 Lemonien und einer Pomeranze daran, rühre es recht durcheinander, seihe es durch, gib es in di. Gefrierbüchse, stelle es ins Eis, und während des Rührens gieße ein Becherl guten Arak darein, rühre beständig, bis es ganz durchfriert; was aber äußerst schwer und langsam geschieht, weil Arak geistig ist.

59. Wie man das Eis zum Gefrorenen bereitet.

Man stoße das Eis geschwind recht klein, und vermische es mit Salz, gib es in ein tiefes Schaffel, oder den dazu bestimmten Gefriereimer. Die Gefrierbüchse, wenn die Massa darein gegossen wurde, stellt man in das Eis — bis zum Deckel rundum muß Eis seyn; man dreht sie ungefähr eine halbe Stunde ohne sie zu öffnen darin herum, dann öffnet man die Gefrierbüchse und fängt mit dem Gefrierlöffel zu rühren; man löse immer von den Seiten das Gefrorne ab, und schiebt es in die Mitte. An der guten genauen Ausarbeitung des Gefrornen ist das Meiste gelegen, daß es nicht knollig wird, sondern wie Butter schön glatt. Zum Schmettengefrornen ist am wenigsten Zeit und Salz in das Eis erforderlich; am meisten Mühe und Salz erfordert jenes, wo Wein oder Arak gebraucht wird, weil sie schwerer gefrieren.

60. Wie man den Zucker läutert oder röstet.

Wenn man den Zucker zum verschiedenen Gebrauche läutern, rösten und bräunen will, muß man bis sieben Grade beobachten, und zwar:

1. Grad. Man gießt so viel Wasser darein als nöthig und überall bei den Speisen oder Erquickungen angemerkt ist, und lasse ihn auf der Gluth zergehen, und so lange aufschäumen, bis er vom Löffel in großen Tropfen rinnt.

2. Grad ist, wenn man den Löffel heraus nimmt, und der Zucker sich zieht, unten aber eine Perle sich sammelt, und der Faden sich wieder zurückzieht.

3. Grad ist, wenn sich die Perle größer bildet und am Faden hängen bleibt.

4. Grad ist, wenn man in den Schaumlöffel bläst, und sich unter den Löcheln kleine Perlen anhängen.

5. Grad ist, wenn man darein bläst und die unten sich ansetzenden Perlen wegfliegen.

6. Grad ist, wenn man ein rundes, erst im kalten Wasser geweichtes Hölzel eintaucht, schnell damit wieder in kaltes Wasser fährt, es dann zerbeißt, und wenn es sich an die Zähne nicht anklebt, sondern kracht, so ist er genug.

7. und letzter Grad ist derjenige, wenn der Zucker schon schön braun aufschäumen anfängt, so ist er gewöhnlich gar; in diesem Falle aber muß man sich beeilen, damit er nicht überbrennt. Dieser Zucker wird gewöhnlich in braune Soßen, als zu Wild-Enten, zahmen Enten, Tauben, schwarzgesottenen Karpfen u. s. w. gebraucht. In diesem Falle kann man es bis zum 8ten Grade, das heißt ganz granatenfarb rösten lassen; doch muß man diesen besonders schnell von der Gluth nehmen und anwenden, sonst verbrennt er. Immer soll man einige Löffel oder ein Kaffeebecherl voll frisches Flußwasser darein gießen, ja aber kein Brunnenwasser nehmen. Zu Fleischspeisen kann man auch statt Wasser ein Stückchen frische Butter oder Schmalz dazu geben, so röstet er desto schneller.

61. Weißer Zucker zur Tortenzierde.

Wenn der Zucker schon bis in dem 6., höchstens 7. Grade ist, so drückt man den Saft von einer halben Lemonie darein, rühre es recht um, daß es sich recht vermischt, dann gießt man es durch das Löchel eines kleinen Trichters auf die Torte. Man kann auch sonst verschiedenes daraus gießen auf ein mit Mandelöl geschmiertes Blech, oder auf eine eben mit Mandelöl geschmierte Schale.

62. Zucker in verschiedenen Farben.

1. Roth, mit Karmin, welcher jedoch früher mit einigen Tropfen Lemoniesaft angefeuchtet und zerrieben werden muß, oder mit Alkermessaft.

2. Gelb färbt man mit einigen Tropfen aufgelös= ten Safran, nämlich: man gießt auf den überklaub= ten Safran kochendes Wasser, läßt es ein Weilchen ste= hen, seiht es durch ein reines Tüchel, vermischt es mit einigen Tropfen Lemoniesaft, gieße es in den bis zum 6ten Grad gekochten Zucker, mischt es recht unter be= ständigem Umrühren, läßt es noch ein wenig auf der Gluth, dann braucht man es nach Belieben. Blaßgelb wird nur mit an Zucker geriebenen Lemonie= und Po= meranzenschalen gefärbt.

3. Blau färbt man entweder mit Veilchensaft oder mit einem Tropfen im heißen Wasser aufgelösten, mit Lemoniesaft vermischten Indigo; doch ist auf jeden Fall mit Veilchensaft gesünder. Man pflückt die Blättchen von den schönen wohlriechenden Märzveilchen, stoße sie in einem steinenen oder messingenen Mörser, drücke den Saft durch ein dünnes leinenes Tüchlein, und gibt es in den Zucker; wo keine Veilchen zu haben sind, kann man in den Zucker den bereiteten Veilchensaft aus der Apotheke kaufen, wenn man selbst keinen vorräthig hat.

4. Grün färbt man mit dem Spenatsaft, mit wel= chem man auf dieselbe Weise, wie mit den Veilchenblät= tern verfährt. Man kann zwar auch einen Tropfen In= digo mit einigen Tropfen Safran vermischt nehmen; doch ist es wegen der Gesundheit nicht räthlich, und nur darum angezeigt, um diejenigen, die sich dessen bedie= nen, vielmehr zu warnen, als es anzuempfehlen.

5. Schwarz färbt man am besten mit Chokolade.

6. Braun kann man mit einigen Tropfen sehr star= ken Kaffee färben. Man brennt den Kaffee mit Zucker, stößt ihn sehr fein im Mörser, gießt kochendes Wasser

darauf, läßt ihn recht kochen, dann klar werden; vermischt ihn mit dem Zucker wie alle übrigen Säfte,
und braucht ihn nach Belieben.

63. Krebsbutter.

Koche 30 Krebse im Salzwasser, löse die Schalen ab, das Fleischige gib alles weg, die Schalen stoße
in einem messingenen Mörser recht fein, lege sie mit
halb Pf. frischer Butter auf ein Reindel, stelle sie auf
Kohlen, und lasse sie unter beständigem Rühren so
lange auf der Gluth, bis sie einen rothen Schaum zeigen, und alle Feuchtigkeit ausgebünstet ist, dann seihe
es durch ein reines leinenes Tüchlein, und gebrauche es
nach Belieben; was übrig bleibt, hebe auf; jedoch lange
läßt sie sich nicht halten, höchstens an einem kühlen
trockenen Orte 8 bis 10 Tage. Die Krebsbutter kann
man sowohl in Fleisch- als auch in Fasttagen zu verschiedenen Speisen, wie schon angezeigt ist, gebrauchen;
nebstbem kann man die Krebsbutter, wenn sie gerade
vorhanden ist, zu allen Fleisch- und Fastensuppen zur
Verzierung, als auch wegen dem guten Geschmack anwenden; denn sowohl die Suppe als auch die Soße
bekommen einen guten Geschmack davon, und sehen
sehr appetitlich aus.

64. Kugelhupf ohne Milch.

Treibe ein halbes Pfund frische Butter schön pfläumig ab, gib darein immer einen Löffel voll Mehl, 1
ganzes Ei, einen Löffel voll Mehl, einen Dotter und
so fort, bis darein 10 Dötter und 9 ganze Eier sind,
dann gib mehr als von einer halben Lemonie die kleingeschnittene Schale, welche noch mit 8 Loth Zucker im
Mörser überstoßen werden kann, 4 Löffel dicke Hefen,
15 geschälte, auf einem Reibeisen geriebene bittere Mandeln, 20 geschälte kleingeschnittene süße Mandeln und

3 Viertel Pfund Mehl löffelweis hinein; es versteht
sich von selbst, daß das Mehl früher schon abgewogen
werden muß, und dasjenige, welches mit den Eiern hin=
ein kommt, mitgerechnet wird. Salze es ein wenig,
arbeite es recht ab, würze es ein wenig mit Muskaten=
blüthe, schmiere den Model, gieße ihn bis auf gute 2
Finger voll, lasse ihn langsam gähren, bis die Form
ganz voll ist, gib Acht, daß du damit nicht schüttelst, oder
unnöthig rührest, gib ihn in die Röhre, lasse ihn lang=
sam eine Stunde backen, stürze und bestreue ihn dick mit
Zucker, lasse ihn auskühlen, und trage ihn zur Tafel.

65. Wie der Grobzucker gefertigt wird.

Nimm ein Pfund feinen harten Zucker, am besten
von der Spitze, und zerhacke ihn zuerst in kleine Stücke,
dann zerklopfe ihn mit dem Hammer; doch gewissermas=
sen behutsam, damit er hübsch im Glanze bleibe, dann
nimm einen Durchschlag mit hübsch großen Löchern, und
lasse alles, was durchfällt durchfallen; das übrige klopfe
wieder, schlage es wieder durch, und so fort, bis das
Pfund durch ist, dann nimm einen feinern Durchschlag,
und lasse das feinere durchlaufen, dadurch erhältst du
nun den Grobzucker in der Größe kleiner Kräupeln; nun
nimm ein Haarsieb, und lasse das Mehl durchlaufen, da
erhältst du den zweiten griesartigen Grobzucker, wel=
chen du, so wie auch das Mehl, jedes zum fernern Ge=
brauche aufbewahren kannst, die beiden Grobzucker zum
Streuen verschiedener Bäckereien, das Mehl zu Torten,
Eis, spanischen Winden und dergleichen, wozu unaus=
weichlich ein feingesiebter Zucker nothwendig ist; es ist
daher räthlich, von derlei Zucker immer etwas vor=
räthig zu haben, damit, wenn man es braucht, nicht
erst die Zeit damit verschleudert wird; den Grobzucker
kann man auf verschiedene Art färben, welcher dann zum

Streuen verschiedener Bäckereien und Mehlspeisen viel
zierlicher, als der im Mörser gestoßene ist.

Zur Verzierung der Torten kann man das Cho-
kolabeeis mit weißen, das weiße Eis mit rothem Grobzucker zieren. Roth färbt man es also: man nimmt
den weißen Grobzucker auf einen Teller, läßt einige
Tropfen Alkermessaft darauf fallen, und rührt schnell
damit, damit die Kräupeln nicht zerfließen, und doch alle
bischen benützt werden, dann stellt man es auf einen Ort
zum Abtrocknen; der Ort kann warm, aber nicht heiß
seyn, sonst schmilzt es in einander, und die ganze Arbeit
ist verdorben; es versteht sich von selbst, daß man es
öfters umrühren muß. Wenn es abtrocknet, wiederholt
man das Beträpfeln, Vermischen und Abtrocknen so
lange, bis der Zucker durchaus schön ist. Will man den
weißen glasartig haben, so beträpfelt man ihn mit weißem geläuterten Zucker, und verfährt damit so wie mit
dem Rothfärben.

Veilchenblau färbt man ihn mit Veilchensaft.

Gelb, indem man in den geläuterten Zucker einige
Tropfen im Flußwasser geweichten durchgepreßten Safran gibt, und dann den Zucker damit färbt, doch ist
der Gelbe im Geschmack nicht sehr angenehm; eben so
kann man auch den Gries färben und zur Verzierung
verschiedener Bäckereien benützen.

66. Wie man den Zucker läutert und zum Saft bereitet.

Ein gut geläuterter Zucker trägt viel bei, daß die
süßen Sulzen, Säfte und dergleichen Sachen wohlge-
rathen; darum finde ich es höchst nöthig, die Art, wie
man ihn klärt, hier zu beschreiben; denn der dem Ansehen nach reinste Zucker hat noch immer sehr viel Un-
reinlichkeiten in sich, daher wenn man ihn klären will,
muß man verfahren wie folgt: nimm ein reines Kast-

---

rol, gib darein ein Pf. gestoßenen feinen Zucker, am besten von der Spitze, nimm auf eine Schüssel ein halbes Eiweiß und ein Viertel Seidel Flußwasser, schlage es mit einem Rüthchen oder Spahn, so wie wenn du Schnee machen willst, bis es recht schäumt, dann gieße noch ein halbes Seidel Wasser dazu, vermische es mit dem Zucker und lasse es kochen. Ehe er zu kochen beginnt, mußt du die Kastrole so stellen, daß der Zucker nur von einer Seite koche und man den Schaum, der sich oben bildet, schön zu einer Seite streichen und so leichter abschöpfen kann, welches aber erst zu Ende geschieht, früher streicht man ihn nur beständig zu einer Seite; wenn der Zucker schon etwas über 5 Minuten im Sude ist, so gieße etwa 2 Löffel kaltes Wasser darein, welches sehr viel zur Klärung desselben beiträgt, wenn er wieder in Sud kommt und etwa 10 Minuten siedet, so gieße darein einen vollen Silbereßlöffel reinen Lemoniesaft, wodurch der Zucker noch reiner und weißer wird. Wenn er mit diesem Safte wieder etwas über 10 Minuten gekocht hat, so schöpfe den Schaum recht behutsam ab, tunke eine reine Serviette in kaltes Wasser, winde es aus, gieße den Zucker darein, und lasse ihn in ein sauberes Porzellaingeschirr durchlaufen, auch im Abgang des Porzellains in Glas, Steingut oder einen Bunzelgeschirr kannst du es zum ferneren Gebrauche bewahren. Sollte es geschehen, daß er nach den ersten 2 Löffeln kalten Wassers sich nicht reinigen möchte, so kannst du noch früher, als du den Lemoniesaft hineingibst, noch 2mal einen Löffel voll kaltes Wasser darein gießen, aber Eiweiß darfst du nicht mehr dazu geben, sonst würde mehr verdorben als verbessert werden; willst du den Wohlgeschmack vermehren, so gieße den kochenden Zucker über Citronen- oder Pomeranzenblüthen, lasse ihn ein Weilchen zugedeckt stehen, und seihe ihn erst dann

burch die naſſe Serviette, und hebe ihn zum ferneren
Gebrauche auf.

67. Lemonieſchalen in Zucker einzuſieden.

Schneide ſchöne reife italieniſche Lemonien in Vierteln, drücke den Saft aus, dann nehme alles ſauere
Fleiſch heraus, und lege die ſo gepuzten Lemonieviertel
in einen reinen glaſirten Topf, gieße darüber reines
friſches kaltes Waſſer, welches im Verlaufe des Tages
drei bis viermal abgegoſſen, und wieder friſches darauf
gegoſſen werden muß. Laſſe ſie ſo 10 Tage weichen; die
erſten 3 Tage muß das Waſſer jedesmal ein wenig geſalzen werden. Laſſe dann auf einer neuen Kaſtrole
von Bunzelgeſchirr reines Waſſer kochen, lege die durch-
geweichten Lemonieviertel hinein, laſſe ſie eine halbe
Viertelſtunde ſieden; verſuche dann, ob ſie weich ſind,
das heißt, ſteche mit einer Gabel darein, und geht die
Gabel leicht heraus, ſo ſind ſie genug geſotten. Nun
gieße das kochende Waſſer ab, gieße kaltes Waſſer darauf, gieße es wieder ab, und gieße nochmals kaltes
Waſſer darauf, und laſſe ſie etwa eine Viertel Stunde
darin liegen, dann gieße auch dieſes Waſſer ab, breite
ein vierfach zuſammengelegtes Tiſchtuch auf einen Tiſch,
und lege die Lemonieviertel eine neben den andern darauf, damit alles Waſſer abfließt, und ſie abtrocknen.

Gib auf die reinausgewiſchte Kaſtrole, worin ſie
gekocht haben, ein halbes Pfund Zucker, auf 12 Lemonien gerechnet, gib einen Vorleglöffel Waſſer darauf,
laſſe es ſo lange kochen, bis es dicklich zu werden anfängt; doch darf es nicht zu dick ſeyn, damit es ſich in
die Lemonieſchalen einziehen könnte.

Schlichte nun die abgetrockneten Lemonieviertel in
ein reines Glasgefäß, ſeihe den gekochten Zucker durch,
und wenn er ganz auskühlt, ſo gieße ihn darüber; es
muß aber ſo viel ſeyn, daß die Lemonieviertel damit

überschwemmt werden, daher, wenn es zu wenig wäre, was von der Größe der Lemonien abhängig ist, muß noch mehr Zucker gekocht werden, bis so viel davon ist, daß die Lemonieviertel damit bedeckt sind. Lasse es so über die Nacht stehen; den andern Tag gieße es wieder in die Kastrole ab, gib 4 Loth Zucker zu, lasse es wieder, bis es dicklich ist, sieden, dann kalt werden, und gieße es wieder auf; so muß es 4 Tage wiederholt werden, und der Zucker muß durch die Zugaben immer dicklichter einsieden, und wenn er auskühlt, immer über die Lemonieviertel, bis sie davon bedeckt sind, gegossen werden. Zuletzt lege darüber ein Glasblatt, welches in das Glasgefäß einpaßt, und darauf einen reingewaschenen Kieselstein, damit die Lemonieviertel herabgedrückt werden. Binde das Gefäß mit doppeltem Papier über, steche aber mit einer Nadel das Papier durch, stelle es in einen trockenen frostfreien kalten Ort zum Aufbewahren, bis du es brauchst. Mit dem Zucker, wie schon gesagt, muß man sich nach der Größe der Lemonie richten; für gewöhnlich aber auf 12 Lemonie ein halb Pfund Zucker, dann jeden Tag zum Übersieden 4 Loth zulegen; das Übrige wird man durch öftere eigene Übung gewahr.

Anhang
von verschiedenen nützlichen Sachen, die in der Küche nöthig zu wissen sind.

1. Vom Geschirr, wie es gebraucht und rein erhalten werden muß.

Alles Geschirr überhaupt muß rein gewaschen und abgetrocknet werden.

1. Das irdene Geschirr wird in einem Schafel mit Sand und heißem Wasser sowohl von innen als von außen rein gerieben, im reinen heißem Wasser abgespühlt, und wenn es ein wenig abgeseiht ist, rein abgewischt, dann aufgehoben; doch muß man, wenn man es wieder gebrauchen will, nachsehen, ob sich nicht eine Fliege, Spinne oder Staub darin befinden; denn man kann nie genug behutsam seyn, und es ist nothwendig, daß man immer das Geschirr, ehe man es braucht, mit einem reinen trockenen Lappen abwischt.

2. Blech muß eben rein gerieben, abgespühlt, abgewischt und noch abgetrocknet werden, ehe man es aufhebt; bevor man es braucht, muß man genau nachsehen, ob sich kein Rost angesetzt hat, sonst müßte es früher gewaschen werden.

3. Eisen wird eben so wie Blech behandelt.

4. Kupfer muß entweder mit Asche oder rothem Leim gerieben, und so lange gewaschen werden, bis es recht blank aussieht, am besten ist es, wenn man es, nachdem es rein abgespühlt worden ist, an der Sonne trocknen kann; inwendig, wo es verzinnt ist, nimmt man eine Lauge, treibt es recht mit Zinnkraut und spühlt es rein im kalten Wasser ab, läßt es trocknen, und jeder Tropfen, der sich noch irgendwo ansetzt, muß abgetrocknet werden, sonst setzt sich Grünspan an, welches der Gesundheit sehr nachtheilig ist; auf alle Fälle muß daher alles Kupfergeschirr, welches lange nicht gebraucht wurde, vor dem Gebrauche nochmals überwaschen werden.

5. Das Zinn wäscht man mit reiner Lauge. Man gibt eine gut ausgebrannte Asche in kochendes Wasser, läßt es aufkochen, wirft einige Eierschalen darein, so klärt sie sich geschwinder; mit dieser geklärten Lauge und Zinnkraut, (welches im Sommer gesammelt und getrocknet werden muß), wäscht man das Zinn recht blank,

spühlt es im kalten Wasser, schleicht das Wasser ganz herab, so ist es genug rein; bleiben aber noch trübe Tropfen daran hängen, so ist es nicht genug rein, und man muß es noch weiter waschen. Im Sommer läßt man das Zinn auf der Sonne, im Winter beim warmen Ofen trocknen.

6. Messing putzt man am besten mit feingestoßenem Trippel, welchen man entweder mit Essig oder Branntwein anfeuchtet, und es damit recht rein putzt.

7. Silber wäscht man mit Salz und Branntwein; ist es sehr schwarz oder grün, wenn es wo im Feuchten gelegen ist, so läßt man Seife, Branntwein und ein wenig Wasser recht aufkochen, legt dann das schwarze Silber darein, und läßt es kochen, dann wäscht man es recht mit Kochsalz so lange, bis es ganz von Flecken rein ist, spühlt es erst im warmen, dann im kalten Wasser ab.

8. Gold wird bloß mit Branntwein und Seife gewaschen, im reinen Wasser abgespühlt und getrocknet.

Da die Reinlichkeit die erste und nothwendigste Sache bei der Kochkunst ist, so wäre zu wünschen, daß sich ein jedes Mädchen, sobald sie kochen lernt, diese Tugend eigen mache und angewöhne; denn ohne die strengste Reinlichkeit und Ordnungsliebe wird sie nie eine gute Köchin und ordentliche Hausfrau werden; daher muß sie sowohl selbst sich daran gewöhnen, als auch ihre Dienstboten gleich Anfangs darin belehren und strenge dazu verhalten; denn durch Unreinlichkeit und Unordnung verderben viele Sachen, und fügen der Gesundheit und in der Haushaltung Schazen zu.

2. Den angebrennten Schmetten wieder brauchbar zu machen.

Wenn der Schmetten anbrennt, so schmiere man schnell den Topf von außen mit einer Unschlittkerze, stelle ihn nochmals zum Feuer, so raucht der Geschmack heraus. Oder man stelle den Topf vom Feuer, und decke eine nasse Wasserkanne darüber, so· zieht sich der Dampf größtentheils heraus, doch ist es am besten, wenn man es verhüte, indem man den Schmettentopf nur zu Kohlen stellt, und ihn von einer Seite auf die andere wendet, und so das Anbrennen in Gänze verhütet.

3. Wie man Butter salzen, kochen und aufheben muß, daß sie nicht verderbe.

Butter sowohl frische, gesalzene als auch ausgekochten Schmalz hebt man am besten an solchen Orten auf, wo es lüftig, kühl und trocken ist; denn an dumpfigen Orten nimmt sie gerne den Geschmack an.

Die frische Butter, obgleich sie zu vielen Speisen am besten ist, kann doch erstens nicht zu allen gebraucht werden, zweitens ist sie in gewissen Jahreszeiten auch nicht geschmackhaft, und in der erforderlichen Menge zu bekommen, und auch da um einen hohen Preis; daher muß in einer jeden ordentlichen Haushaltung Butter theils gesalzen, theils ausgekocht werden.

1. Butter salzt man, indem man Salz in das Wasser, worin man sie rein wäscht, streut; doch muß sie früher von der Buttermilch ganz rein gewaschen seyn, dann recht ausgeschlagen, in reine entweder irdene, steinene oder hölzerne Gefäße fest gedrückt und aufbewahrt werden.

2. Ausgekocht wird sie entweder in einem großen Reindel oder Topf auf gleicher Kohlengluth, oder in einer großen Pfanne auf einer eisenen Platte, was noch sicherer ist. Während sie zu kochen beginnt, nimmt man den sich oben ansetzenden Schaum fleißig ab, dann wirft man eine Handvoll feines trockenes Mehl hinein, gib aber Acht, daß sie nicht überlaufe; fängt sie sich an zu heben, so rührt man oben mit dem Schaumlöffel und

bläst darein, läßt sie sich nicht mehr dämpfen, und ist
sie schon genug, so gießt man sie sammt dem Satz in
einen Topf, läßt sie eine Weile stehen, bis sie sich setzt,
nimmt den obern Schaum ab, gießt die reine Butter
in das dazu bestimmte Gefäß; den Satz aber hebt man
zum weitern Gebrauche auf. Man kann es in Grünspeisen, als: Rüben, gelbe Rüben, Kraut u. d. gl.
verbrauchen. In einer wirthlichen Haushaltung darf
man nichts wegwerfen, was man noch irgend auf eine
Art nützlich verwenden kann. Zur Bewahrung der gekochten Butter sind am besten, schon der Reinheit wegen,
die steinenen sogenannten Bunzeltöpfe. Wenn das Gefäß voll ist, so stecke man, so lange noch die Butter nicht
ganz fett ist, einen runden hölzernen Stab hinein, den
man, wenn starke Fröste beginnen, herausziehen kann;
so zerreißt der Frost solche Gefäße nicht.

4. Wie man Eier bewahrt.

Die Eier bewahrt man am besten, wenn man ein
langes Brett machen läßt, worin lauter Löcher gebohrt
werden, daß man jedes Ei extra hinein stellen kann.
Ein solches Brett muß man in einem trockenen Gewölbe,
wo es ja nicht friert und auch nicht dumpfig ist, aufstellen, und die Eier, die man zuerst dahin gegeben hat,
muß man auch zuerst herausnehmen. Man kann aber
auch, wo ein solches Brett nicht vorhanden ist, die Eier
in Erbsen, Linsen oder auch in Asche aufbewahren. Man
legt zum Grunde Asche, dann eine Schichte Eier, wieder Asche, wieder Eier, und so fort, bis das Kästchen
oder Fäßchen, worin man sie legt, voll ist. Man nimmt
zu diesem Gebrauche gewöhnlich alte leere Salzfäßchen.
Auch kann man sie in gelöschtem Kalk früher, ehe man
sie in die Asche legt, eintunken und abtrocknen lassen;
oder auch in weichen gelöschten Kalk einlegen, wo sie
am längsten frisch erhalten werden.

**5. Gefrorene Eier oder Äpfel wieder zurecht
zu bringen.**

Wenn Eier vom Frost gespalten oder die Äpfel
erfroren sind, so muß man selbe früher, ehe man sie in
die warme Stube bringt, in eine Schüssel legen, eiskaltes Wasser darüber gießen, und dann in die warme
Stube stellen; in einer Weile gießt man das Wasser
ab, gießt abermals eiskaltes Wasser darüber, so zieht
sich das ganze Eis auf die Oberfläche, und das Ei, wie
auch der Apfel, ist so wie zuvor zu gebrauchen, wo
sonst der Apfel weich und schwarz, das Ei aber wässerig geworden wäre, wenn man es ohne Wasser in die
warme Stube gestellt hätte.

**6. Was man thun soll, wenn man sich in der
Küche verbrennt.**

Hat man sich mit kochendem Wasser, Butter oder
sonst mit etwas verbrennt oder erbrüht, so zerschlage
man schnell ein oder mehrere Eier, wie es die Größe
der Brandwunde erfordert, den Dotter hebe man auf,
die Klar schäume zu Schnee, ziehe das feine Häutchen
von der Schale, belege die verbrannte Stelle mit der
nassen Seite des Häutchens, und sobald es anklebt und
trocken ist, schmiere oben mit der geschäumten Klar so
lange, bis die ganze Hitze sich herauszieht, so bekommt
man keine Blase, und die Brandstelle ist in einigen
Stunden geheilt. Verbrennt man sich aber stärker, als:
am glühenden Eisen, Blech u. s. w., so berathe man
sich entweder mit einem Arzte, oder wenn keiner bei
der Hand ist, gibt man eher Umschläge vom kalten Wasser, dann aber heile man die Wunde entweder mit Um-
schlägen von Silberglätteffig mit Wasser vermischt, oder
mit Silberglättsalbe, die man auf einschichtigen Orten
in der kleinen Apotheke immer im Hause haben soll.

7. Schnelle Hilfe, wenn man sich gequetscht hat oder auf den Fuß etwas gefallen ist.

Wenn man sich gequetscht oder geschlagen hat, oder etwas schweres auf den Fuß gefallen ist, so ist es am besten, gleich Umschläge vom kalten Wasser zu gebrauchen; so wird alle Entzündung verhütet, oder man kann auch geschäumtes Eierklar auf ein bischen Werg streichen, auf die gequetschte Wunde legen, und obenher Umschläge vom kalten Wasser geben, so wird es im Kurzen wieder gut.

8. Wenn man sich schneidet oder hackt.

Wo Ärzte oder Apotheken im Orte sind, ist es wohl nicht nöthig, weil man da augenblickliche Hilfe hat, aber weil dieses Buch gemeinnützig auch für das Landvolk und einschichtige Orte zum Gebrauche ist, so dürfte es nicht überflüssig seyn, folgende einfache Hausmittel anzugeben.

Wenn man sich also sticht, schneidet, hackt oder sonst eine Wunde verursacht, so ist es am besten, erst die Wunde recht mit kaltem Wasser zu baschen, dann ein Läppchen im guten Seifen- oder Kampfergeist geweicht, darum schlagen, fest verbinden, und öfters von obenaus mit diesem Geiste zu netzen. —Man nimmt 2 Seidel guten Vorsprung von Kornbranntwein in eine Flasche, schneide darein 4 Loth venezienische Seife, zerbröckle darein 1 Loth Kampfer, 2 Quintel Myrrhe, 2 Quintel Storar, ein bischen Levandelblüthe, einige ganze Gewürznelken, lasse 3 oder 4 Tage entweder auf der Sonnenwärme, oder sonst auf einem warmen Orte destilliren; wenn es sich anfängt zu klären, so gieße das Klare in eine andere Flasche; wenn du willst, so filtrire es eher durch eine Skarnitze vom festen Löschpapier, verstopfe es gut, und hebe es zu solchem Gebrauche auf. — Auf den Satz schneide abermals 4 Loth venezianische Seife, gib einige Gewürznelken und, Levandelblüthe dazu, gieße 2 Seidel guten Kornbranntwein darauf, lasse es wieder einige Tage auf der Sonnenhitze oder auf einem warmen Orte destilliren, dann gieße es wieder in eine andere Flasche ab. Diesen 2ten Geist kann man zum Reinwaschen der Hände gebrauchen.

Wenn man die Hände bei der Köcherei rein und zart erhalten will, so nimm, die Küche verlassend, halb Seidel Lauge, ein Seidel Wasser und 1 Löffel voll Seifengeist und wasche damit die Hände, so geht aller Schmutz heraus, und die Hände bleiben glatt und zu jeder feinen Arbeit gefügig. Dieses ist besonders zu empfehlen, wo die Hausfrau selbst in der Küche den Vormittag zubringt, und Nachmittag wieder den feinen Arbeiten widmet. — Den Kampfergeist setzt man eben in guten Kornbranntwein - Geist an; auf 1 Seidel Geist 1 Loth Kampfer; wenn er bereits 3 bis 4 Tage destillirt hat, filtrirt man ihn eben durch das Löschpapier, gibt ein wenig Salmiakgeist darein, vermacht ihn gut, und bewahrt ihn zu Einreibungen bei Verstauchungen, Verrenkungen oder leichten Quetschungen.

9. Reismehl zu machen.

Nimm ein halb Pfund schönen Karoliner Reis, gieße kaltes Wasser daran, sprittle es mit einem Kochlöffel wohl ab, gieße das Wasser ab, gieße wieder kaltes Wasser daran, lasse eine halbe Stunde stehen, dann gieße es wieder ab, und gieße kochendes Wasser 3mal darauf und ab, sprittle es jedesmal wohl ab, dann gieße nochmals heißes Wasser darauf, und lasse es wieder eine halbe Stunde stehen, und dann gieße es wieder ab. Dieses heißt man den Reis wässern. Gib den Reis auf ein Haarsieb, damit alles Wasser abrinnt, lege den Reis auf ein reines Tuch, lasse ihn abtrocknen entweder auf der Luft oder auf einem warmen Orte; ist er ganz trocken, so stoße ihn recht fein in einem messingenen Mörser, und siebe es durch ein feines Haarsieb, so erhältst du davon 1tens sehr schönes feines Mehl, und 2tens einen schönen Gries, welches du beides in Gläsern mit Papier, welches mit einer feinen Nadel durchstochen ist, verbindet, und zum künftigen Gebrauche aufbewahrt; man kann dieses Mehl und Gries zu verschiedenen Sachen verwenden, welche im Buche verzeichnet sind, und es wäre dann zu spät, erst das Mehl zu bereiten, wenn man es braucht, daher sollte in jeder Haushaltung vorräthig seyn.

10. Gerstenmehl.

Nimm ganz feine Perlkräupeln ein halb Pfund, und stoße sie fein in einem Mörser, siebe es durch ein feines Haarsieb, was im Siebe bleibt, stoße wieder, bis alles durchgesiebt ist, hebe es eben so wie das Reismehl in Gläser, welche mit Papier, welches du oben mit einer feinen Nadel durchstechen muß, wohl verbunden ist. — Auf ein Löffel voll dieses Mehls gieße ein Seidel gute Rindsuppe, lasse es kochen; wenn es eine halbe Stunde gekocht hat, so gib in ein Töpfchen ein Stückchen Butter, ein bischen Muskatenblüthe und einen Eidotter, rühre es mit ein wenig kalter Rindsuppe ab, gieße die kochende Suppe darüber, so hast du den delikaten Gerstel fertig; auch Reismehl kann man auf diese Art zum Gerstel verwenden; wenn ein Gast kommt, so kann man Abends, ohne erst Stundenlang die Graupen kochen zu müssen, Gerstel haben.

11. Schwämme zu trocknen.

Eine wirthliche Hausfrau muß stets in der Zeit, wo uns die Jahreszeit Sachen, die nicht immer sind, bietet, dieselben sammeln, z. B. Schwämme. Im Frühjahre sind die Maurochen zu haben; dieses nun muß

du trachten, je kleiner je lieber zu wählen, schneide den
weißen Stengel ab, wasche sie im reinen kalten Wasser,
lasse in einem Sieb alles Wasser abtropfen, lege sie auf
eine Serviette, lasse sie ein wenig abtrocknen, dann schneide sie in runde Kränzlein, lege sie aufs Papier, lasse sie
auf der Sonne und Luft trocknen; sind sie ganz trocken,
so lege sie sammt dem Papier auf einen warmen Ort,
entweder in eine überkühlte Röhre oder Platte, damit
sie schön resch werden, gib sie dann entweder in Säckchen von Leinwand oder Papier, oder aber in Gläser
mit durchstechenem Papier verbunden, lasse sie im Sommer in einem trockenen luftigen Orte, im Winter aber
nahe an einem warmen Ofen stehen, sonst werden sie
feucht, dumpfig, schimmeln oder vermäden, so daß man
sie wegwerfen muß, wo man sie hingegen wohlbewahrt
jahrelang erhalten kann.

Dann kommen die Herrnpilze, von welchen man
zwei- bis dreierlei Sorten machen kann, als: 1tens,
ganz kleine zu eingemachten Speisen, 2tens, mittlere zu
Fanzeln und Suppen, 3tens, die großen zu ordinären
Suppen. Sortire daher die Schwämme, den ganz kleinen schneide nur die Köpfchen ab, aber so fein als möglich und mit Aufmerksamkeit, daß ja kein Löchelchen mit
dazu kommt, wo leicht eine Made stecken, und dann die
ganzen Schwämme verderben könnte; wenn sie geschnitten sind, lege sie aufs Papier, lasse sie auf der Sonne
und Luft trocknen, und dann so wie die Vorigen, am
warmen Orte rösch werden, hebe sie so wie die Maurochen auf.

Dann schneide die größern eben so, und lasse sie
eben so trocknen. Zuletzt schabe die reinen Wurzeln,
schneide sie ebenfalls dünn, und die größten Köpfchen
dazu; mit Trocknen und Bewahren verfahre so wie bei
den andern. Eben so kann man auch Trüffeln und Championen trocknen und aufbewahren; nur daß man diese

beiden früher schälen muß; auch hier muß man genau darauf sehen, daß nichts madiges dazu kommt; für das Winter ist es, wo weder Spargel noch Krebse zu haben sind, eine gute Aushilfe zu eingemachten Speisen.

12. Wie man grüne Erbsen für den Winter bewahrt.

Nimm noch die zarten grünen Schotten, löse die Erbsen aus, lasse sie zuerst in der Luft trocknen, dann so wie die Schwämme auf einem warmen Orte röschen, hebe sie dann in glasirten Gefäßen mit durchgestochenen Papier überbunden, oder hänge sie in Säckchen von schitterer Leinwand an einem luftigen Orte auf; wenn du selbe dann im Winter bedarfst, so weiche sie den Abend zuvor in frisches Wasser, so schwellen sie auf, und bereite sie wie die grünen Erbsen.

13. Zwetschken-Powideln zu kochen.

In großen Haushaltungen werden die Powideln in großen Kesseln gekocht, was 1tens sehr viel Mühe und Ungelegenheit verursachet; 2tens, auch viel Auslagen macht; daher man in kleinen Haushaltungen lieber die Powideln kauft, als daß man sich mit ihrer Fertigung befassen möchte. Da aber manchmal die gekauften Powideln sauer und schlecht sind, so kann man auch in kleineren Haushaltungen mit wenig Kosten und Mühe sich die Powideln selbst bereiten, und zwar zwei Sorten, wie folgt:

Körne schöne reife Zwetschken, nachdem du dieselben früher im kalten Wasser abgewaschen, und auf einem reinen Tuche abgetrocknet hast, aus, gib sie in große irdene- oder Bunzeltöpfe auf eine heiße Platte, lasse sie zerkochen; wenn sie zerkocht sind, so seihe den Saft durch einen Durchschlag in eine große Kastrole; das übrige gib wieder in die Töpfe, und fülle sie wieder

mit friſchen Zweſpen voll, laſſe kochen, und rühre öf=
ters um, ſo auch den Saft; dieſes kann während du das
Mittagsmahl bereiteſt, auf der Platte geſchehen; Nach=
mittags kann man es damit nicht, deßhalb Holz ver=
brennt und die Zeit in der Küche verloren geht, aus=
kühlen laſſen, und erſt den 2ten Tag das Einſieden voll=
enden. Wenn der Saft ſchon dicklich zu werden be=
ginnt, ſo gib etwa auf 2 Maß Saft eine Handvoll
geſtoßenen Zucker dazu, rühre beſtändig, daß es nicht
anbrennt, und laſſe ſie ſehr dick einſieden, laſſe ein we=
nig auskühlen, fülle ſie entweder in ein gläſernes Ge=
fäß oder in Bunzelgeſchirr, laſſe ganz kalt werden, über=
gieße es mit zerlaſſenem Schmalz, überwinde mit Papier,
ſo läßt ſich es mehrere Jahre halten; die andere Po=
widln laſſe auch unter beſtändigem Rühren, ſo viel als
möglich, dick einſieden, fülle ſie ebenfalls in Bunzelge=
ſchirr, übergieße ſie, wenn ſie ganz kalt geworden, eben=
falls mit Schmalz, und bewahre ſie wie den Saft; den
Saft kannſt du dann zu Krapfen und feinen Kuchen,
dann zu einigen Mehlſpeiſen gebrauchen, die andern zu
Kuchen, Buchteln, Talken und dergleichen Sachen.

14. Erdäpfel=Stärke.

Schabe große Erdäpfel ab, reibe ſie auf dem Reib=
eiſen in ein reines Gefäß mit Waſſer, dann rühre ſie
recht herum, und ſeihe ſie durch ein Haarſieb — wieder
in ein reines Gefäß voll Waſſer, rühre es auf, dann
laſſe es ſtehen; wenn es ſich zu Boden geſetzt, ſo gieße
das Waſſer ab, und gieße reines darauf, laſſe wieder
ſtehen bis den 2ten Tag, laſſe das Waſſer ablaufen und
den Satz trocknen; wenn es ganz trocken iſt, ſo hebe es
in reine Schachteln auf, wo noch Papier auf den Bo=
den gelegt wird; dieß kann als Stärke zur feinen Wäſche
und wohl auch ſtatt Erdäpfelmehl zu Manchem gebraucht
werden. Dieſes, was in dem Siebe bleibt, gib ebenfalls

in das Wasser, und behandle es eben so wie die feine
Stärke; diese kann ebenfalls bewahrt und zur gröbern
Wäsche gebraucht werden. Beide werden, wenn man sie
benützen will, mit ein wenig kaltem Wasser angerichtet,
dann kochendes Wasser darein gegossen und recht glatt
abgerührt.

Ein Löffel voll von dem feinen Mehl in der Rindsuppe aufgekocht oder in Milch gekocht, ein wenig mit
Zucker gewürzt, gibt für Abzehrende ein gutes gesundes
Frühstück. Auch sehr magern Kindern kann man es
geben statt Kaffee; es ist gesund und nährend; beim
Abweichen kann dem Milchbrei noch bischen Zimmet
beigemischt werden.

15. Grüne Petersil für den Winter zu bewahren.

In großen Städten bekommt man wohl auch im
Winter etwas grüne Petersil; doch auch nicht immer.
Daher muß eine kluge Hausfrau schon im Spätherbst
entweder aus eigenem Garten die Petersilie sammeln,
die großen Stengel absondern, die Blätter im reinen
kalten Wasser waschen, auf einem reinen Tuche abseï-
hen lassen, dann auf das Papier legen, und auf der
Luft trocknen, dann auf einem warmen Ofen oder in
abgekühlter Röhre gar trocknen, damit es rösch werde,
zerreibe es mit den Händen, damit daraus ein Pulver
werde, siebe es durch und hebe es in Papiersäckchen
auf. Dieses Petersilpulver kannst du im Winter jeder
Speise, wo es nöthig ist, beimischen, es ersetzt die grüne
Petersil sowohl im Geschmack als Farbe.

Leberwürste, Bratwürste.

Blutwürste, Hirnwürste.

Wenn man ein Schwein geschlachtet hat, so sind die Würste das vorzüglichste Augenmerk der Hausfrau. Man nimmt einen Fleischer gewöhnlich zur Hilfe, aber nicht immer trifft man einen, der die Sache gehörig versteht; daher dürfte hier die Vorschrift dazu am rechten Orte stehen.

Leberwürste.

Vorerst mache man gewöhnlich Leberwürste. Man kocht die Lunge und die übrigen innern Sachen, die Leber hackt man indessen roh, dann hackt man die gekochte Lunge, Milz u. s. w.; auch ein Stück Fleisch wird mitgekocht. Dieß wird alles klein gehackt; man gibt dazu im Wasser geweichte ausgedrückte Semmeln, kleingeschnittene Lemonieschalen, Neugewürz, Ingber, und wer es liebt, ein wenig Majoran, Salz und einige Zeherl mit Salz zerriebenen Knoblauch; doch muß man sich hierin nach dem Geschmack richten; wer kein Freund von Knoblauch ist, kann ihn auslassen; will man sie recht fett haben, so kann man etwas kleingehackte Fette in ein wenig Suppe aufkochen und darein gießen; doch ja nicht zu viel von der Suppe, sonst zerspringen sie gerne. Man läßt die Därmer rein putzen, füllt die Würste und läßt sie in der siedenden Suppe, worin man die Lunge und das Übrige zu den Würsteln gekocht hat, kochen.

Blutwürste.

Der Fleischhacker schneidet gewöhnlich das fette Stück unter dem Halse herab, und läßt es nebst noch sonstigem innern Stück Fett ein wenig abkochen; dieses wird nun würflich geschnitten. Wenn man das Schwein schlachtet, so wird das Blut gefangen, und gleich recht gequirlt, damit es nicht stockt; man nimmt dann auf das Hackbrett die würflet geschnittene Fette, und theilt sie in 2 Theile; einen Theil läßt man liegen, gibt dazu in Milch geweichte ausgedrückte Semmel, würzt es mit Neugewürz, ein bischen Pfeffer, Ingber, kleingeschnittener Lemonieschale, Salz und die Hälfte des zerquirlten Blutes, mischt alles wohl untereinander, gib noch ein bischen würflet geschnittenes auf Kohlen zerlassenes Fett darein, fülle es in die dazu bereiteten Därmer, mache sie zu, lasse kochen. Jetzt nimm den 2ten Theil Fettwürfel, gib dazu entweder im Wasser oder in die Milch gekochte schwäbische feine Graupen, würze, salze so wie die vorigen, gieße den 2ten Theil Blut darein, lasse Fettwürfel auf Kohlen zergehen und gieße es darein; wer will, kann in das Fett ein bischen feingeschnittenen Zwiebel aufdünsten lassen, und dann darein gießen, gut mischen und ebenfalls in die Därmer füllen; denn manche haben die Semmel, manche die Graupen lieber und so hilft man beiden ab, und läßt sie dann ebenfalls kochen. Was übrig bleibt, wirft man dann in den Kessel, so gibt es eine gute Suppe.

Bratwürste.

Man hackt gewöhnlich das kurze Fleisch von dem Halse; — das versteht der Fleischer am besten, wo er es herausschneiden soll, hackt es fein, würzt es mit ein bischen Muskatenblüthe und Gewürznelken, gibt Lemonieschale und ein bischen in Bier geweichter Semmel dazu, gießt ein wenig Bier darein, mischt es recht, und füllt dann ganz dünne Schwein- oder reingeputzte Schöpsendärmer, so sind die Bratwürste fertig. Man hebt sie roh auf, um sie entweder zu kochen oder zu braten. Je weniger Semmel darin ist, desto besser sind sie und zersprengen nicht.

Hirnwürste.

Man nimmt das Gehirn aus dem Kopfe, hackt es klein, gibt dazu im Schmetten geweichten ausgedrückten Semmelschmollen, die Rinde reibt man ab, kleingeschnittene zerlassene Fettwürfel, würzt es mit Muskatenblüthe, gibt kleingeschnittene Lemonieschale und kleingeschnittene geschälte Mandeln hinein, salzet es, vermischt alles wohl, füllt es in reine Schöpsendärmer, und backt sie dann zu Grünspeisen, oder kocht sie in der Rindsuppe, und macht eine gute Schwammensoß darüber, so sind sie auch gut; auch können sie nur gebraten zur Tafel gegeben werden.

Wie man das Fleisch zum Selchen salzen und einlegen muß.

Wenn man das zum Selchen bestimmte Fleisch zertheilt hat, so darf es nicht gewaschen, sondern geradezu eingesalzen werden; auf einen Pfund Kochsalz nimmt man gewöhnlich ein Loth Saliter, womit man die Schinken und das zum Selchen bestimmte Fleisch recht einreibt, dann die Schinken zu unterst, das Übrige obendarauf recht fest in ein hölzernes Gefäß zusammen legt, ein Brettchen darüber, und mit einem Stein beschwert stellt man es in einen kalten luftigen Ort, sonst wird es dumpfig, und erhält einen üblen Geschmack. Man pflegt zum Einsalzen der Schinken das Salz mit einigen Zeherl geriebenen Knoblauch zu vermischen; wer ein Freund des Knoblauchs ist, mag es bei den Schinken wohl, aber nicht bei dem Kochfleische anwenden, weil das Fleisch zu Mehlspeisen verwendet den Knoblauchgeschmack am unrechten Orte beibringen möchte; so eingelegt läßt man das Fleisch 8, höchstens 10 Tage liegen, dann hängt man es in Rauchfang und läßt es selchen; eben so werden Rinds- und Hirschzungen, Schöpsen- und Kalbsschlegel zum Selchen vorbereitet.

Rothwild einzulegen.

Wenn ein Rehbock oder Hirsch zerlegt ist, so darf das Fleisch ebenfalls nicht gewaschen werden, sondern man vermischt gestoßene Wachholderbeeren mit Salz, reibt damit das Fleisch ein, legt es in ein dazu bestimmtes Fäßchen oder hölzernes Gefäß, gibt ein Brettchen darüber, beschwert es mit einem Stein, und gibt es in einen kalten luftigen Ort, damit es nicht dumpfig werde, wenn man ein Stück davon nimmt, so muß man es wieder schön zudecken, und so wie zuvor gerade legen, damit nicht Luft hinein dringe und so es dem Verderben überliefere; man kann zum Wildpret auch einige Schöpsenschlegel und Rindfleisch zulegen, was du dann alles statt Wildpret zubereitet besonders für Nichtkenner auftragen kannst; es zieht den Wildgeschmack an sich, und ist eine angenehme Selbsttäuschung. Man kann, wenn man das Wildpret nicht sehr lange liegen lassen will, dasselbe auch noch kostbarer einlegen, da man dem Wachholder noch gröblich überstoßenes Neugewürz, Pfeffer, Ingber, Lorbeerblatt, Thymian und Lemonieschale beifügt; doch ist dieses ein nicht nothwendiger Aufwand, da man das Wildpret ohnedieß vor der Bereitung abwaschen muß, daher diese Sachen verloren gehen, und es daher besser ist, dieselben erst zur Bereitung dazu zu geben, denn wo etwas noch so Geringes gespart werden kann, ist es immer gut.

Eingelegtes Rindfleisch das sogenannte Pöckelfleisch.

Man kann nicht immer überall zu jeder Jahrszeit Rothwild haben, so muß man aus Noth manchmal zu einem Surogat Zuflucht nehmen, welches am besten Rind= oder Schöpsenfleisch ist. Das zum Einlegen bestimmte Rindfleisch wird ebenfalls nicht gewaschen, sondern vor allem überflüßigen Fett gehäutelt, welches man

beim Rindfleisch kochen, und damit die Suppe verbessern
kann, das Fleisch reibt man, so wie das Wildpret mit
Wachholder und Salz ein, legt es in ein hölzernes, oder
gut glasirtes irdenes Gefäß ein, bedeckt und beschwert
es mit einem Stein, und stellt es in einen kalten luftigen Ort. Oder: man vermischt noch den Wachholder mit
gröblich überstoßenem Neugewürz, Ingber, Pfeffer und
Lemonieschale, reibt das Fleisch ein, bestreut den Boden
des Gefäßes mit Lorbeer-, Thymian- und Rosmarinblät-
tern, legt Fleisch darüber, streut wieder und wieder Fleisch,
es läßt sich auf beide Art eingelegt längere Zeit, besonders im Winter, halten, und kann so wie Wildpret gekocht und gebraten werden. Ein Stück Lungenbraten oder
von der untern Schale, wenn es früher, ehe es eingelegt
wurde, mit einem hölzernen Klöppel recht geklopft wird,
nachdem es ein bischen abliegt, überwaschen mit Speck
reich spicken, und dann wie ein Rehschlegel gebraten,
macht treffliche Dienste, auch Rinds- und Schöpsenzungen
so eingelegt, gut wie Wildpret bereitet, gibt eine köstliche Speise; in eine Pastete, oder mit einem Butterteig-
reifen, oder Bögen verziert, vergießt sich das Wildpret.

NB. Wilde Tauben, alte Rebhühner, welche man
zum Dämpfen benützen will, können bis auf die Wach-
bolderbeere, gänzlich so einen bis zwei Tage liegen.

Verschiedene kleine Vorarbeiten
bei größeren Tafeln.

1.

Es ist sowohl in einer Haushaltung, wo manchmal
etwas besseres gekocht wird, besonders aber vor einem
Gastmahl nothwendig, daß man sich sowohl alles Gewürz stoße, als auch einige nöthige feine Kräuter zube-

reite und mische, damit man dieselben nicht erst zusammen suchen muß. Daher ist die erste Mischung: stoße in einem Mörser trockene Majoranblätter, siebe sie durch ein Sieb, gib dazu ein bischen gestoßene Muskatenblüthe, Ingber, geriebene Muskatennuß, Pfeffer und Gewürznelken, auch ein bischen Lemonieschale kleingeschnitten und gut getrocknet. Diese Mischung ist zum Einballiren verschiedener Karbonateln, Würsteln, Leberknödeln und dergleichen anwendbar.

2. Majorangemisch auf andere Art.

Nimm ebenfalls gestoßenen gesiebten Majoran, gib dazu geriebene Muskatennuß, Muskatenblüthe, Ingber; dieses Gemisch kannst du zur Erdäpfelsuppe, Schnecken und Majoransoßen brauchen.

3. Salbey-Gemisch.

Nimm gestoßene durchgesiebte Salbeyblätter, gib dazu ein bischen Neugewürz, ein wenig Pfeffer, Ingber, Gewürznelken, ein bischen Lemonieschale; dieses Gemisch kann zu sauerem Fleische, vorzüglich zum gedünsteten Schöpsenfleische verwendet werden, so auch in den gedünsteten Schlegel statt ihn mit Salbeyblättern zu spicken, können Löcher eingestochen und in jedes ein wenig von dem Gemisch gegeben werden.

4. Thymian-Gemisch.

Nimm gestoßene durchgesiebte Thymianblätter, gestoßene Gewürznelken, Lemonieschale, Ingber, Pfeffer und Neugewürz; auch dieses Gemisch benützt man theils zum Einreiben verschiedener Karbonateln und zu jedem sauer gedünsteten Fleische.

5. Schwämmen-Gemisch.

Trockne kleingeschnittene Herrnpilze der kleinsten Gattung zuerst auf der Luft, dann am warmen Ofen, oder in einer nicht sehr heißen Röhre, damit sie nicht zu braun werden und sich doch gut stoßen lassen, siebe sie

ebenfalls wie Mehl durch, gib einen gleichen Theil gestoßene Muskatenblüthe und geriebenen Muskatennuß, und
kleinwenig Ingber. Dieses Gemisch, einen Kaffeelöffel
voll in die Suppe oder eine Soß gegeben, gibt einen
trefflichen Geschmack. Das nämliche kann man auch aus
Trüffeln bereiten.

Verschiedene Butter.

1. Gelbe Butter.

Laße ein wenig Safran im Schmetten zerweichen
und drücke ihn durch ein reines Stückel Leinwand, treibe
ein Viertel Pfund frisch geschlagene Butter mit 4 hartgesottenen Eierdöttern ab, welche aber schön gelb seyn
müssen, mische ein wenig von dem Safranschmetten dazu; doch nicht zu viel, sonst bekommt es einen zu starken Safrangeschmack; damit es an Wohlgeschmack ge-
winne, kannst du noch von einer halben Lemonie den Saft
dazu beimischen. Diese Butter wendet man zur Verzierung der Schüsseln bei kalten Speisen an, als Schinken,
Zungen und Sulzen, oder auch zur Kanten, Butterpira-
miden oder Butterkörben, oder Butter=Turbans an.

2. Grüne Butter.

Treibe ein Viertel Pfund frisch geschlagene Butter
mit 3 bis 4 hartgesottenen Eierdöttern ab, gib dazu einen
Löffel voll Spenattopfen, treibe alles wohl ab, dann
fülle es in eine Spritzkrapfenform, und drücke es durch
ein Drathsieb, so ist es wie Gras oder Moos, je nach
dem das Sieb dicht oder schitter ist. Auch dieses ist zu
dem nämlichen Gebrauche wie die vorige.

3. Kräuterbutter.

Treibe ein Viertel Pfund frisch geschlagene Butter
ab, gib darein entweder frische geschnittene Rauten- oder

Tillenblätter oder Schnittling, salze es gehörig, und mache daraus entweder ein rundes Laiberl oder eine Pira-
mide, oder gib es in Glas oder Porzellaingefäße in den
Keller, daß es recht kalt werde, oder drücke durch den
Spritzkrapfenstern einen schönen hohen gedrehten türkischen Bund heraus, auf jeden Fall muß es etwa eine
Stunde im Keller stehn, damit die Butter recht fest werde.
Diese Butter ist im Frühjahr, wo sowohl die Butter,
als auch die Kräuter im besten Wohlgeschmacke sind, am
besten und dient zum Nachtmahl als Desert zum Brod
oder Semmel; man kann diese Butter mit einem Kranz
von weißen und rother Monatrettigen zieren.

4. Sardellenbutter.

Die Sardellenbutter ist in der Kochkunst ein höchst
nöthiger Artikel, weil man die Sardellen fast zu jedem
Gebrauche mit Butter zertreiben muß. Diese Butter wird
also bereitet: Nimm ein Viertel Pfund schöne frische
Sardellen, wasche sie im kalten Wasser von dem Salze
und Schuppen rein ab, löse sie von den Gräthen los, zerreibe sie mit dem Messer erst ohne Butter, dann nimm
eben ein Viertel Pfund Butter und zerreibe es zusammen,
wie eine Salbe; es versteht sich von selbst, daß man
nicht immer ein ganzes Viertel Pfund benöthiget, daher
ist zu merken, daß zum geringeren Bedarf nur eben so
viel Loth Butter genommen werden muß, als viele Loth
Sardellen genommen werden; nur wenn man die Sardellenbutter zum Spicken eines Kapaunen oder Nieren-
bratens nehmen will, nimmt man mehr Butter als Sardellen; je glatter man es abreibt, desto besser sieht es
aus; daher darf man die Mühe nicht sparen.

5. Chokoladebutter.

Nimm ein Viertel Pfund frisch geschlagene Butter,
3 hartgekochte Eyerdötter und 2 Taferlu geriebener Chokolade, treibe alles recht ab; wer will, kann noch etwas

fein gestoßenen Zucker und Vanilie beifügen. Diese Butter kann man entweder auf Semmelschnitten oder Oblatten geschmiert genießen, wenn man eine Oblatte beschmiert, die andere darauf legt, so auch die Semmelschnitten. Jede dieser gefärbten Buttern kann auf verschiedene Art geformt werden; es können, wie schon oben gesagt wurde, daraus Pyramiden, Körbchen, und andere Sachen formirt werden, indem man die Butter mit der Spritzkrapfenform entweder durch den Stern oder durch einen Durchschlag, oder durch einen Drathsieb drückt, schön ordnet und im Keller fest werden läßt. Es versteht sich von selbst, daß auch die weiße Butter also behandelt werden kann; wenn gerade keine frisch gebutterte zu haben ist, so kann man, um biegsamer zum Formiren zu machen, dieselbe im kalten Wasser zerbrücken und so weich und biegsam wie die frischgebutterte abarbeiten, was ohnedies eine jede Hausfrau und Köchin wissen wird; so auch kann ein Jeder mit dem Formiren nach eigenem Geschmack und Einsicht verfahren.

6. Toleranz.

Dieses in Böhmen sehr beliebte Gemisch von Quark und Butter wird also bereitet: man nimmt zum Beispiel auf ein Viertel Pfund Quark 4 Loth Butter, treibt sie schön pfläumig ab, gibt den Quark dazu, treibt es zusammen ab, dann salzt man es, und mischt entweder geschnittene Tillenblätter oder geschnittenen - Schnittling, welcher überhaupt mehr gebräuchlich ist, darein, mischt es recht durch, schneidet wieder 4 Loth feste Butter wie Haselnuß große Stücke und zerdrückt sie; formire daraus was du willst, stelle es einige Stunden in den Keller, und gib es zum guten Kornbrod als Nachtisch; es wird besonders bei Männern zum Biere Beifall finden. Wo man aber nicht so viel Zeit übrig hat, es einige Stunden im Keller stehen zu lassen, da wird halb Butter, halb

Quark zusammen gemischt, gesalzen, mit geschnittenem Schnittling vermischt, noch oben damit bestreut und so auftragen; doch wo man Zeit genug hat, es auf die erste Art zu machen, es ist viel besser.

Anhang.

1. Asietten nach der Suppe.

Schneide Semmeln auf Platteln, hacke Hühner oder Kalbsleber fein, gib sie auf feingehackten gelbgerösteten Zwiebel, salze es, gib dazu bischen feingeschnittenen Speck, zwei mit Butter abgetriebene Sardellen, lasse es noch ein wenig aufbünsten, schmiere damit die Semmel=schnitzeln und trage es vor dem Rindfleische auf.

2. Eine andere Art.

Schneide eben so die Semmeln, mache Sardellen=butter, koche zwei Eier hart, das Eiweiß hacke fein, die Dötter treibe ab, und hacke entweder Salami oder Schinken fein, schmiere die Hälfte von jedem Schnitzel mit der Sardellenbutter und die andere Hälfte mit den Döttern, die Butter belege mit dem Eiweiße und die Dötter mit den Salami.

3. Noch eine andere Art.

Schneide Schnitzeln von Kalbfleisch, klopfe sie, schmiere jeden mit Sardellenbutter ein, rolle sie zusam=men, gib sie auf ein Reindel mit Butter bünsten; du kannst auch feingeschnittenen Zwiebel darunter geben. Koche in Rindsuppe Reis, doch so, daß er ganz bleibt; willst du es auftragen, so gib zuerst die Rolleten auf die Schüssel, und rundherum den Reis, der mit Parma=sankäs bestreut wird.

4. Wälscher Reis.

Man nimmt den geklaubten Reis, wäscht ihn aus und gibt ihn in ein Kastrol, dann nimmt man einen großen Zwiebel, bespickt ihn mit Nägerln und gibt ihn sammt einem Stück Butter in den Reis; auch einige Löffel voll Suppe kommen dazu; nun läßt man selben dünsten, nur nicht zu weich, dann immer nach und nach ein wenig Suppe daran gegossen.

5. Beaufsteck auf sehr schnelle Art.

Schneide vom Lungenbraten Schnitzeln, klopfe sie, salze, tauche sie in Mehl ein, gib sie auf ein Reindel, worin gehackter Zwiebel mit Butter goldgelb geröstet hat, lasse sie auf einer Seite roth werden, jedoch nicht lange, dann wende sie um, lasse sie auf dieser Seite auch ein Weilchen, dann nimm sie geschwind heraus, gib den Zwiebel obenauf und trage sie auf; auch kannst du auf so zubereitete Schnitzeln ein wenig Mehl streuen, etwas Rindsuppe gießen, eben so viel Wein, ein Stückchen Sar= dellenbutter dazu, lasse es aufkochen, ist auch sehr gut.

6. Würste von Gehirn.

Nimm ein Gehirn, wasche und häutle es ab, zer= rühre es mit einem Kochlöffel, etwas grünen Petersil, Salz und Pfeffer gib dazu, schneide von Oblatten läng= liche Streife, beschmiere jeden mit dem Gehirn, rolle es zusammen, tauche in aufgeklopften Ei und wende in Semmelbröseln um, und backe sie goldgelb. Diese Würste sind sehr gut zum Spinat oder auch anderem Grünzeug.

7. Gefüllte Kalbsschnitzeln.

Wenn dir von einem Kalbsschlegel etwas übrig bleibt, schneide davon gleiche dünne Schnitte, mache eine Schneckenfülle, bestreiche immer ein Blättchen da= mit, drücke ein anderes darauf und so fort, bis sie alle

sind, dann tauche sie in zerschlagenen Ei ein, bestreue
mit Semmelbröseln und backe sie.

8. Schnißeln im Papier eingewickelt.

Klopfe Kalbsschnißeln, salze sie, tauche in Mehl ein
und lege sie auf ein, im Fett getunktes Papier, bestreue
sie mit verschiedenem gehackten Grünzeug, beschmiere mit
Eiweiß, wickle alles in das Papier ein, lege auf ein
Reindel mit Butter und lasse es dünsten, oder gib es
auf eine Pfanne in die Röhre.

9. Fasanzubereitung für Feinschmecker.

Wenn der Fasan sich zu zersetzen anfängt, entfedert
man ihn, spickt ihn sorgfältig mit frischem Speck; nun
nehme zwei Schnepfen, weide sie aus, entferne die Knochen und mache hieraus zwei Theile, den ersten von dem
Fleische, den zweiten von den Eingeweiden und den Lebern. Nun mache aus dem Fleische ein Füllsel, indem
du es mit einem Stück Mark fein hackst, ein Stückchen
Speck, bischen Pfeffer, Salz, feine Kräuter und so viel
Trüffeln als nöthig sind, den innern Raum des Fasans
zu füllen, gib auch dazu. Damit das Füllsel sich nicht
auswendig verbreitet, so schneide eine Brodkruste, lege
sie auf die Öffnung, binde es fest mit einem Faden.
Nun bereite eine Brodschnitte, welche zwei Zoll auf jeder Seite des seiner Länge nach liegenden Fasans her-
ausragt, nehme dann die Lebern und die Eingeweide der
Schnepfen und zerstoße sie mit zwei großen Trüffeln, einer
Sardelle, etwas geriebenen Speck und einem Stück frischer Butter, beschmiere nun damit die Brodschnitte und
bringe sie unter den Fasan, so daß sie ganz von der Soß
begossen wird, welche während des Bratens daraus her-
vorfließt. Wenn der Fasan gebraten ist, servire ihn
sammt der Brodschnitte und lege bittere Orangen herum.

10. Kalte Mehlspeise.

Überklaube ein Viertel Pfund Reis, gieße darauf kaltes Wasser und lasse es eine Viertel Stunde stehen, gieße dann das Wasser weg, und gib wieder warmes darauf und lasse es wieder eine Viertel Stunde stehen, damit sich das Herbe alles verliert; nun lasse ein halb Pfund Zucker mit einem halben Seidel Brunnenwasser aufschäumen, gib den Reis, nachdem du das zweite Wasser abgegossen hast, hinein, rühre langsam damit herum, damit der Reis ganz bleibt, stelle es dann von der Gluth weg und lasse es ein wenig auskühlen; nun mische darunter so viel Rum als du es stark haben willst, gib es auf eine Schüssel, mit der du es auftragen willst, und lasse es stehen, bis es ganz kalt wird, dann gib es zur Tafel.

11. Mehlspeise von Mandeln.

Gib auf eine Schüssel ein Viertel Pfund geriebene ungeschälte Mandeln, stoße sechs Loth Zucker dazu und rühre beides mit 8 Eidöttern 3 Viertel Stunde, mache von dem Eierklar festen Schnee, gib die Hälfte davon zu dem andern, und rühre wieder eine halbe Stunde, sodann verrühre den übrigen Schnee sammt gehackten Lemonieschalen langsam hinein, gieße es in die ausgeschmierte und mit geriebenen Mandeln bestreute Form, und lasse es im Dunste eine Stunde kochen, dann stelle es auf eine Viertel Stunde, ehe du es auftragen willst, in die Röhre sammt dem Wasser, stürze es dann aus der Form auf eine Schüssel und bestreue mit Zucker. Diese Mehlspeise ist vorzüglich.

12. Auflauf von geriebenem Brod.

Treibe ein halbes Pfund Butter pflaumig ab, rühre 12 Eierdötter nach und nach darein, reibe ein halbes Pfund Brod, gib ein Weinglas voll rothen Wein darein, lasse das geriebene Brod den Wein ganz einsaugen, unb zerrühre es bann zur Butter unb zu ben Eiern, auch gib 6 Loth abgeschälte Manbeln, Zucker nach Belieben, etliche gestoßene Gewürznelken unb Zimmet bazu; wenn alles beisammen ist, gib es in bie ausgeschmierte Form, backe es langsam, bestreue sobann' mit Zucker unb trage zur Tafel.

13. Pofefen mit Powibeln.

Schneibe Semmeln auf bünne Scheiben, tunke sie im Schmetten ein, ein Blatt beschmiere immer mit Powibeln unb ein anberes lege barauf; sinb sie alle so, bann tauche sie im zerklopften Ei, wickle in Semmelbröseln ein unb backe sie schön golbbraun.

14. Mehlspeis mit Schobob.

Mache von 6 Eierklar festen Schnee, rühre bie 6 Dötter langsam barunter, gib auf ein Reinbel ein bischen Schmalz, gieße von bem Faum so viel mit einem Löffel hinein, baß bu einen Umfang bekommst, wie ber Boben von einem Teller ist; hast bu einige so gemacht, bann gib immer einen auf eine Schüssel, bestreiche mit Eingesottenem, lege ben anbern barauf unb mache es wieber so bis sie alle aufgeschichtet sinb. Dann belege es oben unb von allen Seiten mit bem übrigen Faum, gib es in eine kühle Röhre, mache Schobob, begieße es herum damit unb ben übrigen gib in bie Schale.

15. Hannoveraner Kuchen.

Treibe ein halb Pfunb Butter flaumig ab, rühre 5 Dötter nach unb nach hinein, auch ein halb Seibel Schmetten unb 5 Löffel gute bicke Hefen, etwas Salz unb ein Pf. feines Mehl; ist ber Teig nun gut verrührt, bann bestreiche mit Butter ein Papier ein Stück von bem Teig barauf unb breite ihn mit, in Butter immer getauchten Fingern recht bünn aus, sobann beschmiere bas Blatt mit gut zubereitetem Quark unb mache wieder von dem Teig ein anderes Blatt darüber; nun sprudle zwei oder drei Dötter mit zerlassener Butter ab, beschmiere den Kuchen oben recht damit und bestreue so viel du kannst oder willst mit Zucker; spare jedoch nicht, backe ihn dann vorsichtig, und wenn er auskühlt, schneide ihn länglich.

16. Faschings-Krapfen.

Gib auf eine Schüssel ein Pfund lauwarmes und durchgesiebtes Mehl, schlage in einen Topf 10 Eierdötter und ein ganzes Ei, viertel Seidel lauwarmen ungekochten Schmetten, ein viertel Pfund geklärte Butter, vier Löffel voll gute dicke Hefen, zwei Löffel gestossenen Zucker, von einer halben Lemonie die Schale, salze ein wenig, zerquirle alles gut zusammen und mache den Teig, schlage ihn jedoch nicht; es muß nur alles gut verrührt werden. Gib gleich den Teig auf ein Nudelbrett, zerwalge immer ein Stück fingerdick, steche mit dem Krapfenstecher runde Blätter aus, lege in die Mitte eines jeden ein Häufchen Eingesottenes, steche eben so viele Blättchen wieder aus und belege die mit dem Eingesottenen damit, drücke mit den Fingern die Ränder rundherum, steche sie dann noch einmal aus und lege sie auf eine mit Mehl bestaubte Serviette und lasse sie gehen; sind sie noch einmal so hoch, dann lasse den Schmalz recht heiß werden, lege die Krapfen mit der obern Seite auf den Boden, und decke sie zu; sind sie auf der Seite goldbraun, dann wende sie um, decke sie aber nicht mehr zu, so verfahre bis sie alle sind. Sehr viel Schmalz darfst du auch nicht geben, sonst entstehen nicht so leicht die beliebten weißen Ränder.

17. Faschings-Krapfen auf andere Art.

Hast du das feinste Mehl lauwarm gestellt, so nehme davon 3 viertel Pfund, schlage es durch ein feines Sieb unb gib es in eine Schüssel, salze es unb gib auch einen Löffel voll gestoßenen Zucker dazu; nun gib in einen Topf ein halb Seidel lauwarmen Schmetten, schlage 4 Dötter unb 2 ganze Eier hinein, 4 Loth zerlassene Butter, 3 Löffel voll dicke abgewässerte Hefen, Lemonieschale, zerquirle es unb nun mache ben Teig, rühre ihn so lange, bis er sich vom Kochlöffel läßt, unb schlage ihn bann noch einige Augenblicke aus. Bestaube das Nudelbrett recht mit Mehl, gib immer ein Stück von bem Teig barauf, zerwalge ihn mit ben Händen fingerdick, steche runde Blätter aus, auf einen Theil ber Blätter lege Eingesottenes, unb mit ben andern leeren Blättchen decke biese zu, drücke rundherum zusammen, steche noch bie Krapfen mit bemselben Krapfenstecher aus, bamit sie schön rund werden; nun lege sie auf ein Brett mit einer Serviette bebeckt unb mit Mehl sehr stark bestaubt, unb lasse sie gehen, becke sie jeboch mit einem Tuche zu. Sind sie genug gegangen, bann lasse ben Schmalz fingerglied hoch heiß werden, lege einige Krapfen gestürzt hinein, becke sie zu; sinb sie golbbraun auf einer Seite, bann wende sie um unb becke sie nicht mehr zu; sinb sie also auf beiden Seiten genug, bann nehme sie heraus unb lege sie auf ein Fließpapier, lasse sie sobann auf einer lauen Stelle stehen, unb wenn bu sie auftragen willst, so bestreue sie ganz mit feingestoßenem Zucker. Sollten biese Krapfen so gut seyn, wie sie immer zu seyn pflegen, so barf ber Teig nicht fester seyn als bie Vorschrift ist.

18. Branntwein-Kranzeln.

Gib auf ein Nudelbrett ein viertel Pf. Mehl, viertel Pf. geriebene ungeschälte Mandeln, viertel Pf. Butter, 4 Loth Zucker, etwas Zimmet, von einer halben Lemonie bie Schale, vermenge bieß alles gut zusammen unb mache mit einem Eibotter unb zwei Löffeln voll starken Branntweins ben Teig ein, arbeite ihn gut aus, zerwalge ihn unb steche runbe Kränzchen aus, bestreiche jebes oben mit bem Branntwein, bestreue recht hoch mit gestoße= nem Zucker, gib sie bann auf ein Blech unb backe sie langsam.

19. Fingerkolatschen.

Treibe ein viertel Pf. frische Butter, eben so viel Schmalz pflaumig ab, rühre nach und nach 3 Eierböt= ter, ein viertel Pf. Zucker, von einer halben Lemonie bie Schale unb 2 Seibel feines Mehl hinein, gib ben Teig auf ein mit Mehl bestaubtes Nubelbrett, arbeite ihn noch aus, unb mache bavon kleine Kugeln wie ein kleiner Erbapfel, lege sie auf ein unbestrichenes Papier auf bas Blech, mache in jebe Kugel mit bem Finger in bie Mitte ein Grübchen, backe sie nicht sehr rasch, schön golbbraun; sinb sie ein wenig ausgekühlt so lege in jebes Grübchen ein Stückchen Eingesottenes, bestreue mit Zucker unb trage zur Tafel.

20. Mandel=Streife.

Reibe ein viertel Pfund Mandeln mit Schalen ab, gib bazu ein viertel Pf. gestoßenen Zucker unb mache es mit einem Eiweiß ein, schneide von Oblatten läng= liche Streife, bestreiche jeben Strohhalm hoch mit ber Massa unb backe sie langsam. Sinb sie gebacken, so verziere sie mit Vanilien = Eis.

21. Schneller Zwieback.

Gib auf ein Nubelbrett ein viertel Pf. Mehl, ¼ Pf. gestoßenen Zucker, 2 Loth geschälte unb geschnittene Mandeln, 2 Loth geschnittenen Citronat, ein bischen Anis, vermenge es gut zusammen und schlage 1 ganzes Ei und einen Dotter barein, mache ben Teig baraus; mache nun bavon 3 zapfenförmige Krapsen, lege sie auf ein mit But= ter bestrichenes Papier, bestreiche aber mit zerquirltem Ei

25

und backe sie; sind sie genug, so schneide mit einem schar-
fen Messer so lange sie heiß sind, den Zwieback, lasse ihn
jedoch nicht mehr trocknen, er trocknet von selbst.

22. Gewürzzelteln.

Nimm ein halb Pf. Mehl, halb Pf. feingestoßenen
Zucker, ein halb Loth Zimmet, einige Gewürznelken, von
einer halben Lemonie die Schale, mache mit 3 Eiböttern
und von 2 Eiweiß, dann Schnee den Teig ein auf die
Nacht, und hebe ihn im Kühlen auf, früh backe entweder
Zelteln oder auch andere Kleinigkeiten von diesem Teig.

23. Mandelmaultaschen.

Nimm drei viertel Pf. frische Butter, schneide sie in
ein Pf. Mehl, mache es mit einem Ei, einem Dotter,
zwei Löffeln Wein und zwei Löffeln Wasser ein, salze ein
wenig, nimm immer auf das Nudelbrett ein Stückchen
wie eine Nuß groß von dem Teig, zerwalge ihn nicht
dünn, gib die Fülle hinein, und lege es wieder nach
Gusto hübsch zusammen. Die Fülle macht man so: stoße
ein viertel Pfund geschälte Mandeln, ein viertel Pf.
Zucker, von einer Lemonie die Schale fein geschnitten,
2 ganze Eier und 3 Dötter, treibe es eine halbe Stunde ab, fülle dann damit die Taschen, schlage dann ein
Ei und ein Eiweiß in ein Töpfchen, zerquirle es, bestreiche die Taschen damit, bestreue mit Zucker und backe sie auf dem Blech.

24. Anis-Skarnitzeln.

Nimm zwei Eier, wiege so viel Zucker als die zwei
Eier enthalten ab und für ein Ei Mehl, schlage die Eier
in einen Topf, den Zucker und das Mehl gib dazu und
rühre es eine halbe Stunde, dann bestreiche mit Wachs
den Blech, wische ihn mit dem Löschpapier ab, gieße mit
einem Löffel von dem Teig immer in einer Entfernung

wie ein zweigroschenstück kleine Talkerln, streue auf jedes ein bischen Anis, stecke es gleich in die Röhre, siehe jedoch gleich nach, damit es nicht verbrennt, nimm sie dann heraus, löse jedes Talkerl mit einem Messer ab, und biege es um einen Kochlöffelstiel; das muß jedoch sehr schnell gemacht werden, denn wenn es trocknet, so biegt man es nicht mehr.

25. Mandelerdäpfeln.

Stoße so viel du nur kannst ein halb Pf. abgeschälte Mandeln im Mörser, lasse eben so viel Zucker mit einem halben Seidel Brunnenwasser spinnen; wenn er sich zieht, dann gib die Mandeln hinein, rühre es beständig, damit es nicht anbrennt; ist daraus ein dicker Kasch, so stelle es weg von der Gluth und lege darüber einen reinen feuchten Fetzen, es wird schön weiß. Sodann mahle ein bischen recht blaßen Kaffee, mache von der Massa kleine Kugeln, steche hin und da mittelst eines feinen Holzstäbchens einige Löcheln hinein, was die Augen bei den Erdäpfeln vorstellen soll, gib den gemahlten Kaffee in einen Tüllfetzen, bestaube die Erdäpfeln fein damit, und nun mache in jeden einen oder zwei Schnitte mit einem kleinen Messer, damit es wie zersprungene Erdäpfeln aussieht, und gib sie auf den Teller.

26. Erdäpfel=Torte.

Gib auf eine Schüssel 9 Eidötter, und rühre sie mit 9 Loth gestoßenen Zucker eine viertel Stunde, dann gib dazu 8 Loth Erdäpfelmehl und rühre noch eine viertel Stunde, zuletzt verrühre von den 9 Eiweiß den Schnee hinein, und von einer halben Lemonie feingeschnittene Schale, und gieße es gleich in die ausgeschmierte Form und gib es gleich in eine sehr heiße Röhre, damit es sich nicht ansetzt, dann kannst du sie langsamer backen; siehe jedoch immer nach; ist sie gebacken, so stürze sie vorsichtig heraus, und verziere sie mit weißem Eis.

27. Eine schwarze Torte mit Eingesottenem.

Gib auf ein Nudelbrett ein viertel Pf. Mehl, ein viertel Pf. mit Schalen geriebene Mandeln, ¼ Pfund schwarzen gestoßenen Zucker, ¼ Pf. Butter, ¼ Pfund Piskotenbröseln, bischen Zimmet, ein wenig Gewürznelken, ein Stückchen Babian, vermenge alles gut, schlage darein 4 Eidötter und mache davon einen Teig; nun mache wie groß du die Torte haben willst, einen runden Kolatschen, bestreiche ihn mit Eingesottenem, mache darüber ein dichtes Gitter von demselben Teig, und lege über das Eingesottene überall Eis, dann backe sie.

28. Genueser Bäckerei.

Gib 4 Eier auf die Wage, wiege so viel Zucker, Mehl und Butter ab; jetzt schlage die Eier in einen Topf, den gestoßenen Zucker gib dazu und rühre es 3 viertel Stunden; unterdessen lasse die Butter klären, gieße nun das reine Fett langsam hinein, daß sie jedoch nicht zu heiß ist, verrühre sie und zuletzt rühre das Mehl langsam hinein, auch etwas Lemonieschale, gieße es gleich in eine flache ausgeschmierte Form, gib es gleich in die Röhre, und backe es drei viertel Stunde, stürze es dann vorsichtig heraus und lasse es auskühlen, bestreiche es oben mit Eingesottenem, schneide es dann auf viereckige Stückchen, schichte es auf einen Teller und bestreue mit Zucker.

29. Stockfisch mit Senf.

Koche den Stockfisch im Salzwasser, nimm ihn vorsichtig heraus, gib auf ein Reindel Butter und feingehackten Zwiebel, lasse ihn mit etwas Semmelbröseln goldgelb rösten, gieße sodann so viel Senf darauf, so viel du Soß haben willst, lasse nur einen Sud machen, gieße es über den Stockfisch und trage ihn gleich auf.

30. Stockfisch auf holländische Art.

Schneide von einem mittleren Stück die Haut ab, lege es in ein Kastrol, salze es gut und lasse es darin eine Stunde liegen, dann gieße 2 Seidel Wasser darauf und lasse ihn eine halbe Stunde kochen, dann lege ihn auf eine Schüssel, besäe ihn mit Semmelbröseln und Petersil. Hernach nimmt man ein Stück Butter in ein Kastrol, stäubt etwas Mehl darauf, von einer Lemonie den Saft und 2 Löffel Schmetten, welches auf der Gluth fortgerührt werden muß, dann gießt man es über den Stockfisch.

31. Schwarzer Karpfen auf andere Art.

Man nimmt eine eiserne Pfanne, gießt in selbe nach Verhältniß des zu kochenden Fisches gleiche Theile Essig und Wasser, hiezu gibt man: Zeller, gelbe Rüben, Petersilie, Kohlrüben, Knoblauch, Zwiebel, Thymian, Lorbeerblätter, Ingber, Neugewürz, 5—6 Stück Gewürznelken, und läßt alles dieses eine viertel Stunde kochen, dann erst gießt man das vom Karpfen aufgefangene Blut hinein, dem man die Kerner aus 24 Nüssen fein gestoßen beigibt. — Nun wird der Fisch hinein gelegt, gesalzen und ziemlich stark mit geriebenem Brod bestreut, hierauf wird ein reiner Teller gestürzt, gelegt und auf diesen der Stahl aus einer Plattglocke als Beschwerer gegeben, damit sich der Fisch nicht zerkochen kann. Wenn nun der Fisch einige Minuten gekocht hat, gießt man von selben die gewonnene Soß in einen reinen Topf, dann begießt man den Fisch abermal damit, und läßt ihn weiter kochen — auf diese Art verfährt man dreimal, um das Brod recht gut zu vermengen; wenn nun der Karpfen hinlänglich gekocht hat, so wird die Soß in einen Topf abgegossen, ein Stückchen Butter, ungefähr so groß wie ein halbes Hühnerei und 5 Stückchen Zucker, wie man ihn für gewöhnlich zum Kaffee hackt, hineingegeben; nun muß sie gute zwei Stunden in einem fort kochen, damit die Soß die gehörige Dicke und Schwärze bekommt. Nüsse, Butter und Zucker sind auf einen dreipfündigen Karpfen berechnet. Daß man den gekochten Karpfen von der Gluth wegnimmt, und bis zur Zeit des Anrichtens auf einen warmen Ort stellt, bedarf wohl keiner Erwähnung.

32. Karpfen in der gelben Soß.

Wenn der Karpfen geschuppt und gerißen ist, dann reinige ihn von allem Blute ab, schneide ihn auf gleiche Stücke, nimm aus den Kopfstücken die inneren Floßen weg, und nun lege ihn mit 5 weißen Zwiebeln rund geschnitten und einem großen Stück Butter, auf ein Reindel, gib noch dazu eine halbe Zeller, ein Lorbeerblatt, bischen Lemonieschale, einige Körner Neugewürz und Pfeffer, salze es gehörig und lasse es dünsten. Ist der Fisch genug gedünstet, nimmt man ihn sammt dem reinen Fett auf eine Schüssel, bestaube alles in dem Reindel mit Mehl, und gieße Erbsenbrühe und etwas Essig daran, lasse dieß alles noch recht verkochen, seihe es durch, gib 2 oder 3 Stückchen Zucker dazu und länglich geschnittene Lemonienschale, lege den Fisch sammt dem Fett wieder hinein, und lasse ihn ein wenig ausbacken. Vorzüglich ist darauf zu achten, daß beim ersten Dünsten immer nur löffelweis Erbsenbrühe gegossen wird, damit der Zwiebel nicht anbrennt.

33. Geräucherter Fisch.

Nimm den geräucherten, was immer für eine Gattung, gieße siedendes Wasser darauf und decke ihn zu, daß er erweicht, mache inveßen einen Buttersoß, gib etwas grüne Petersilie und etwas Schmetten dazu, ziehe von dem Fische die Haut ab, gieße die Soß darauf, etwas Muskatenblätter dazu und lasse es aufkochen.

34. Peißker mit Sardellen.

Ziehe den Preißkern die Haut ab, weide sie aus und wasche sie rein ab, salze ein wenig, putze Sardellen rein, schneide sie länglich wie Speck und spicke die Preißker damit aus, binde sie zusammen, nämlich mit dem Schweifel zum Kopf, gib auf eine Pfanne ein Stück Butter, 3 Löffel voll Schmetten, von einer halben Lemonie den Saft, einige Löffel Wein, lege die Preißker darauf und brate sie langsam beim immerwährenden Begießen; sind sie genug, so gib sie auf eine Schüssel, begieße sie mit dem Saft, lege Lemoniescheiben herum und trage sie auf.

35. Lachs auf holländische Art.

Nimm ein schönes Stück von Lachs, gieße heißes Wasser darauf, und lasse es eine Stunde darin liegen, dann kratze die Schuppen ab, gib auf ein Reindel ein Stück Butter, ein wenig Milch und lasse es aufkochen, dann gib noch ein wenig Schmetten und fein gehackte Sardellen dazu, auch bischen grünen Petersil und Lemonien-Saft so viel, daß es die gehörige Säuere bekommt; nun lege den Lachs hinein und lasse ihn darin dünsten, sodann trage ihn auf.

36. Gebratener Schil.

Theile den Schil auf Vierteln, nimm den hintern Viertel, wasche es rein, gib in ein Reindel Butter, Zwiebel, Lorbeerblätter, Stückchen Rosmarin, 3 Gewürznelken, Stückchen Muskatenblüthe, einige Kerner Pfeffer, salze es und lege den Fisch darauf, gieße ein wenig Erbsenbrühe, etwas Wein und Essig daran, und lasse es zugedeckt dünsten, dann brate ihn entweder auf dem Spieß oder nur auf der Pfanne unter beständigem Begießen mit Butter, Schmetten und Semmelbröseln, gib unterdessen ein Stückchen Butter auf ein Reindel, etwas Semmelbröseln und Mehl dazu, lasse es aufschäumen, gieße

die Suppe, die in der Fisch gedünstet hat, darauf; sollte
es wenig säuerlich seyn, so drücke noch den Saft von
einer halben Lemonie hinein, dann gib den Schil auf
eine Schüssel, gieße die Soß darunter, lege Lemonieblätteln herum und trage es auf.

37. Gebratener Hecht mit Sardellen.

Wenn der Hecht gerissen, geschuppt und rein gewaschen ist, salze ihn und lege ihn, den Schweif zum Kopf,
auf eine Pfanne mit Spähnen versehen, damit der Fisch
nur in der Luft sitzt. Brate ihn unter fleißigem Begießen mit Butter, sodann mache Sardellenbutter und bestreiche den Fisch immer damit bis er fertig ist, gib ihn
dann vorsichtig auf eine Schüssel, begieße ihn mit dem
Saft und trage ihn zur Tafel.

38. Fanzel in die Suppe.

Treibe 6 Loth Butter eine halbe Stunde gut ab,
schlage 4 Eier, eines nach dem andern hinein, jedes
mußt du 5 Minuten rühren, salze es gehörig und nun
verrühre etwas über ein halb Seidel feines Mehl langsam hinein, schmiere ein Kastrol recht mit Butter aus,
gieße es hinein und brate es langsam; ist gebraten, so
schneide ihn nach deinem Belieben, wirfe ihn in die kochende Suppe 5 Minuten vor dem Auftragen.

39. Baumwollen=Suppe.

Schütte in ein Töpfchen 5 Eßlöffel voll schönes Mehl,
rühre mit süßer Milch einen Teig, gleich einer Eintropf-
suppe an, schlage sodann 5 Eier daran, rühre es noch
gut ab, koche es in siedende Fleischsuppe ein, und rühre
sie dabei beständig um, bis sie ganz dicklich wird. Würzen kannst du sie nach Belieben.

40. Erdäpfelknödeln in die Suppe.

Man nimmt ein Stück Butter und treibt sie flaumig
ab, dann kommen 4 Dötter und 2 ganze Eier hinein,
6 Löffel geriebene Erdäpfel werden hinein gerührt, dann
gibt man etwas grünen Petersil, Salz und ein wenig
Muskatenblüthe dazu, dann treibt man es noch eine
Weile ab.

41. Roher Krautsalat.

Schneide so fein als nur möglich rohes Kraut, gib
es auf die gehörige Schüssel, feingehackten Zwiebel und
Salz dazu, verrühre es gut und gieße guten Weinessig
daran, und zuletzt Öl; auch wird er mit Pfeffer bestreut.

42. Salat von mischensker Äpfeln.

Schäle mischensker Äpfel so viel du Salat haben
willst ab, schneide sie auf dem Gurkeneisen und lasse sie
mit Zucker auf einer Kastrol unter fleißigem Umrühren
recht zerkochen, sodann gib den Kasch auf eine Salatschüssel, lasse ihn bischen auskühlen, bestreue ihn recht
viel mit Zucker oben, mache ein kleines Schauferl glü-
hend und glasire so damit den Salat, lege es nämlich
immer auf den Zucker, der unter der Gluth zusammen
fließt und wie Eis wird; du darfst es jedoch nicht lange
stehen lassen, sonst möchte der Zucker feucht werden.
Verziere ihn sodann mit eingekochtem Obst.

43. Krebse mit einer Soß.

Nimm 15 Krebse, koche sie im Salzwasser, nimm
sie dann heraus, trenne die Scheere und die Schweifeln,
von den Schalen mache Krebsbutter, gieße gute Rindsuppe daran, seihe es durch, drücke Lemoniesaft so viel
hiezu als du es säuerlich habe willst, gib auch etwas
Muskatenblühe dazu, brenne es ein mit blaßer Einbrenn,
gieße es auf die Krebse und lasse es noch ein wenig
verkochen.

44. Senf-Gurken einzulegen.

Nimm mehrere große Salatgurken, schäle sie sauber ab, und schneide sie der Länge nach mitten entzwei, die Kerner und das Mark muß ganz weggenommen werden, so zwar, daß nur das reine Fleisch der Gurke angewendet wird; jede Spalte wird in kleinere Schnitzeln, etwa eines Fingers dick, eben der Länge nach zertheilt; diese Schnitzeln werden gut eingesalzen, und 3 Stunden im Salzwasser liegen gelassen, dann herausgenommen, in ein Tischtuch oder Serviette etwa eine halbe Stunde zum abseihen liegen gelassen, dann in ein luftlichtes Gefäß eingelegt, und zwar dergestalt: auf den Boden des Gefäßes werden einige Weichselblätter, eine Prise weiße Senfkörner, ein paar Körner Neugewürz und 1 oder 2 Gewürznelken gelegt, so fort, eine Schichte Gurken, und wieder Senfkörner und Gewürz, bis das Gefäß voll ist, dann wird echter Weinessig abgesotten und darüber gegossen, und mit einer Schweinsblase luftdicht verwahrt; 2 oder 3 Scheibeln Kren kommen auch dazu.

Belehrung,
wie man die Speisen nacheinander bei kleinen und größern Tafeln auftragen soll.

Da dieses Buch nur für kleinere Haushaltungen und nicht für herrschaftliche Häuser bestimmt ist, so wäre es wohl höchst überflüßig, die Auftragung in Gängen vorzuzeichnen; wo aber dieß noch gebräuchlich ist, sind auch schon Leute vorhanden, die im Auftragen, Aufstellen und Transchiren die gehörige Übung haben. Auch findet man diese Anleitung in anderen Büchern; hier also nur etwas Weniges zur Belehrung für diejenigen, die nicht wissen, wie die Speisen nach einander aufgetragen werden sollen. Aus den beigefügten 5 Speiszetteln wird sich jede angehende Hausfrau hinlänglich belehren, welche Speisen zu einander taugen, wie sie aufgetragen und zusammengestellt werden sollen. Wie die Braten bei größern Tafeln gestellt werden sollen, wie auch die Belarien, zeigen Taf. I. und II. an.

1. Speis-Zettel.

1. Weiße Suppe mit Reiß. 2. Rindfleisch mit Zwiebelsoß und sauern Gurken. 3. Hühner mit Karfiol. 4. Gebratene Ente. 5. Häupelsalat. 6. Einen Teller Zwieback.

2. Speis-Zettel.

1. Gelbe Suppe mit Sulz. 2. Rindfleisch mit Schmettenkren, rothe Rüben. 3. Sauerkraut mit Fasan. 4. Eingemachte Kapauner mit Austernsoß. 5. Mehlspeis mit gebackenen Nudeln. 6. Wildpret mit Butterteig=Reisen. 7. Gebratene Rebhühner und kälberne Schlegel. 8. Zwetschkensalat, Häupelsalat. 9. 1 Teller Oblatten, 1 Teller geschwinde Kipfel. 10. Zwei Teller Obst. 11. Kaffee.

3. Speis-Zettel.

1. Suppe mit Makrony. 2. Rindfleisch mit Gurkensoß und rothen Rüben. 3. Spinat mit gebackenen Posesen. 4. Eingemachte Hühner mit Schwämmen. 5. Gedämpfte Enten mit Butterteig-Reisen. 6. Schodohkörbel. 7. Gebratene Kapauner, dann Hasen. 8. Zellersalat, Hagebutensalat. 9. Eine Schinke. 10. Deutsche Kolatschen, Mandelhohlippen. 11. Piskoten und Bitterpatzeln. 12. Aepfel, Nüße, Weintrauben und Zwetschken. Kaffee, Liqueur, Slivowitz.

4. Speis-Zettel.

1. Schwarze Suppe. 2. Gestoßene Suppe. 3. Rindfleisch. 4. Zemmer. 5. Schmettenkren. 6. Sardellensoß. 7. Zwei Teller Haschewandeln. — Dieß kömmt alles auf einmal auf die Tafel: dann: 8. Zwei Schüssel Süßsauerkraut mit Fasanen. 9. Zwei Schüssel Spinat mit Würsteln. 10. Zwei Schüssel eingemachte Hühner mit Krebsen und Faschknöderln. 11. Zwei Schüssel Buding mit Chokolade. 12. Zwei Schüssel Wildpret mit Bögen. 13. Zwei Gänseln. 14. Zwei Schüssel mit Hühnern. 15. Kälberne Schlegel. 16. Rehschlegel. 17. Zwei Hasen. 18. Zwei geselchte Zungen. 19. Eine Spanferkelsulze. 20. Eine Mandeltorte, ge=

schwinde Kipfel, Mandelbuserl, Lothkolatschen, Butterbrod. 21. Birnen, Äpfel, Nüße, Zwetschken. 22. Kaffee, Liqueur, Sliwowitz.

Die Braten müssen auf einmal aufgestellt werden, so auch die Belarien.

Eine große Tafel.

5. Speis-Zettel.

1. Braune Suppe mit gebackenen Semmeln. 2. Weiße Suppe mit gebackenem Hirn. 3. Rindfleisch. 4. Zemmer. 5. Spansau. 6. Frisch eingelegte Gurken. 7. Weichselsoß. 8. Zwei Schüssel Wandeln, eine mit Haschee, die andere mit eingesottenem Nivis. Dieß muß alles auf einmal aufgetragen werden. 9. Zwei Schüssel Spargel mit Semmelbröseln. 10. Zwei Schüssel junge Kohlrabi mit gebackenen Hühnern. 11. Eingemachte Hühner mit Morcheln und Krebsen zwei Schüssel. 12. Gedämpfte Tauben in der Pastete oder einem Kranz von Butterteig. 13. Zwei Schüssel Quarkkoch mit Krebsbutter. 14. Zwei Schüssel brennheiße Würst. 15. Zwei Schüssel Wildpret.

Braten.

16. Zwei Schüssel Hühner. 17. Zwei Schüssel Enten. 18. Kalbschlegel. 19. Zwei Hasen. 20. Ein Rehschlegel. 21. Zwei Schüssel junge Rebhühner. 22. Andivie-, Hopfen-, Pomeranzen-, Zwetschkensalat. 23. Zungen 2 auf einer Schüssel. 24. Eine Schinke. 25. Gesulzte junge Kapäundel. 26. Lemoniesulze. 27. Pfeffer und Salz, Essig und Öhl. Kömmt alles auf einmal auf die Tafel.

Belarien.

28. Weiße Kranztorte. 29. Schwarze Brodtorte. 30. Zwei Schüssel deutsche Kolatschen. 31. Zwei Schüssel Kleinigkeiten von harten Eiern. 32. Zwei Teller Pistazenpräzeln. 33. Oblatten, Hohllippen. 34. Bitterpatzeln, Mandelkranzeln. 35. Äpfel. 36. Wälsche Nüße. 37. Birnen. 38. Haselnüße. 39. Vier Flaschen rothen, 4 Flaschen weißen Weins.

Will man noch ausländische Weine aufstellen, so findet sich der Platz; dann kommt Kaffee, Liquer, Sliwowitz.

Daß diese zwei letzten Speiszettel nur bei Hochzeiten, Installazionen, Wallfahrten und dergleichen Gelegenheiten anwendbar sind, versteht sich von selbst; denn sonst je weniger Speisen, und diese nett und mit Geschmack ausgeführt sind, desto besser.

Einige Speiszettel an Fasttagen.

1. Speis-Zettel.

1. Gewöhnliche Bäuschelsuppe. 2. Gesetzte Eier mit Sardellen. 3. Spinat mit Paulanerwürsteln. 4. Hecht mit Lemoniesoß. 5. Erdäpfel-Auflauf. 6. Gebackener Karpfen mit grünem Salat. Ein Teller Schwedischbrod, ein Teller Mandelkrapfen, zwei Teller Obst, Wein, Kaffee, Sliwowitz.

2. Speis-Zettel.

1. Gedünstete Suppe mit einem Gemisch. 2. Gefüllte Eier. 3. Schwarzen Karpfen, einen Teller Sauerkraut mit Littizer Knödeln garnirt. 4. Eingemachte Frösche. 5. Chokoladekoch. 6. Gebratenen Aal oder Aalruppen. 7. Gewürzkuchen, Oblatten oder Hohllippen. 8. Zwei Teller Obst, Bier, Wein, Kaffee, Liqueur oder Sliwowitz.

3. Speis-Zettel.

1. Wurstsuppe vom Fisch. 2. Eierfanzel mit Schwämmen. 3. Heißabgesottener Hecht mit Kren. 4. Fanzel von gelben Rüben. 5. Schwarzen Karpfen. 6. Krebsen in der Schmettensoß. 7. Backfisch mit grünem Salat. 8. Zwei Teller Obst, 2 Teller Lothkolatschen oder Krapfen, den Trunk wie oben.

4. Speis-Zettel.

1. Krebssuppe mit Enterl. 2. Eier mit Schwetten. 3. Schnecken gefüllt — dazu Malaga. 4. Hecht in der Weinsoß. 5. Pißkotenkoch. 6. Gebratene Aalruppen. 7. Blangesottene oder marinirte Karpfen. 8. Spanische Wind, deutsche Kolatschen. 9. Zwei Teller Obst, den gewöhnlichen Trunk.

5. Speis-Zettel (ohne Fisch.)

1. Wein- oder Biersuppe. 2. Eier mit saurem Schwetten. 3. Abgeschmalzenen Karfiol. 4. Polenta. 5. Schwammenfanzel. 6. Gefüllte Schnecken. 7. Gute Bachtel mit Zuckerwerk. 8. Süße Sulze, Schinken von Zucker. 9. Linzertorte und andere Kleinigkeiten. 10. Wein, Bier, Kaffee, Liqueur oder Sliwowitz.

Nach diesen Speiszetteln kann man sich hinlänglich richten, und die Speisen nach Belieben ändern. Es ist nicht rathsam, am

Fasttage eine Gasterei zu geben, außer da, wo es unausweich-
lich ist; hier muß man sich darnach richten, was man gerade für
Fische hat; vermehren läßt es sich immer, wenn man doppelte
Eingemachte, doppelte Mehlspeisen, die einander nicht ähnlich
sind, zum Beispiel: spanische Wind und Amuletenmehlspeis, gebackene, gebratene und marinirte Fische, so kann man es verschiedentlich vermehren und veräudern.

Ich könnte wohl noch mehr, noch einmal so viel Fleisch-
und Fastenspeisen herschreiben, wodurch jedoch nur das Buch vertheuert würde: ich denke aber, wenn ein fleißiges Mädchen, oder
eine junge Hausfrau nur das in diesem Buche Verzeichnete fleißig studirt, und zierlich ausführt, kann sie schon hübsche Tafeln
ausführen; fürs Haus muß sie sich ohnehin darnach richten, was
gerade, besonders auf dem Lande, zu bekommen ist, und wie sie
ihre Auslagen vermehren oder vermindern kann. Oft kostet,
versteht sich, mit weit mehr Mühe, eine schöne und gute Speise
weniger als eine ordinäre Zuspeise, wenn man die Mühe nicht
spart, und jede Sache gehörig zu benützen weiß.

Ich glaube mit diesem Buche meinen Mitschwestern ein nütz-
liches Geschenk gemacht zu haben, und hoffe, daß es eine eben
so gütige Aufnahme haben wird, wie das vor Kurzem in böh-
mischer Sprache neuerdings erschienene. Da ich als praktische
Hausfrau keine Gelegenheit verabsäume, die Kochkunst zu stu-
diren, und mich stets bemühe, die Sache mit möglichst wenigen Kosten, Mühe und Bedürfnissen zu Stande zu bringen, und
nur jene Sachen zur Bereitung der Speisen angebe, die auch
in unserem Vaterlande zu haben sind, so hoffe ich mich einer
Jeden verständlich gemacht zu haben. Habe ich diesen Zweck
erreicht, so ist mein Wunsch erfüllt.

Die Verfasserin.

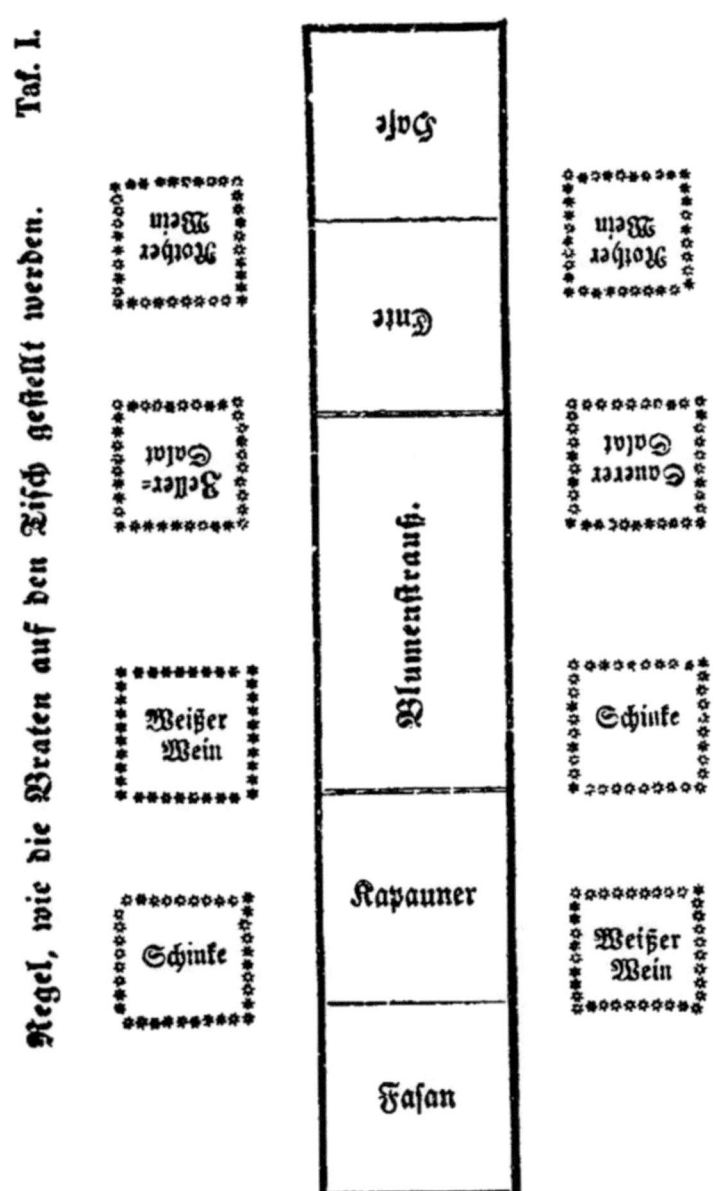

Taf. I.

Regel, wie die Braten auf den Tisch gestellt werden.

Der Ehrenplatz.

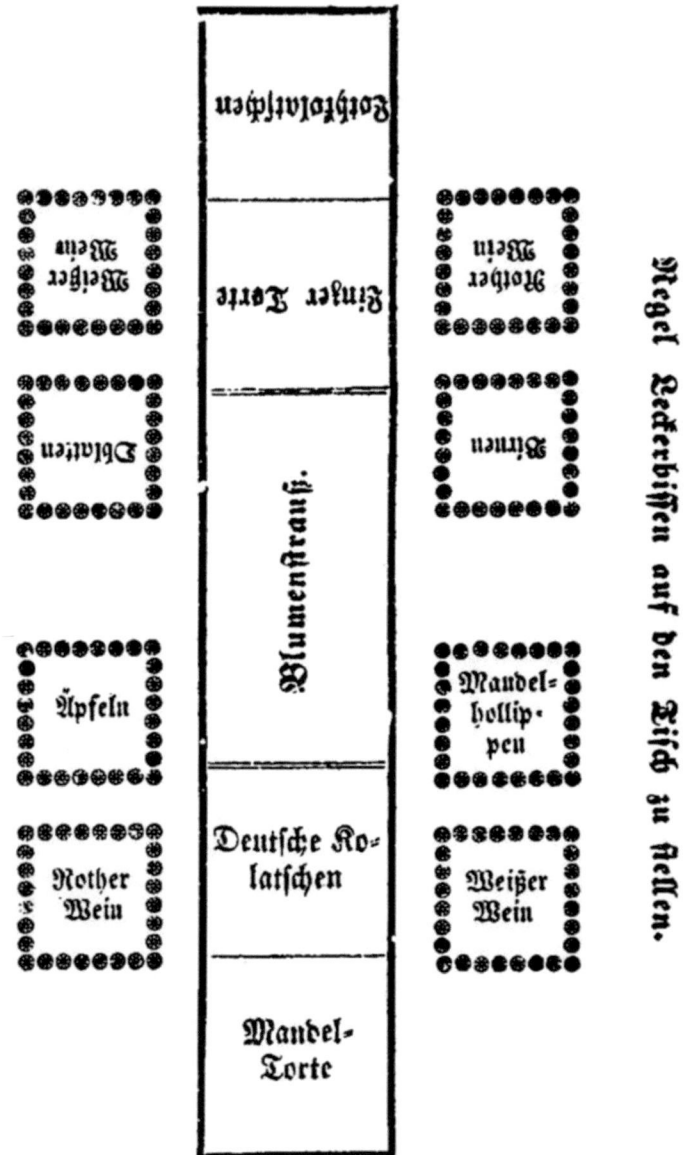

Regel, bei großen Tafeln Leckerbissen auf den Tisch zu stellen. Taf. II.

Torte

Brod=

Deutsche Kolatschen

Gute Buchtel

Schreb= Brod

Blumenstrauß

Mandel= Kränzchen

Geschwin= de Kipfel

Deutsche Kolat= schen

Kranz= Torte

Rother Wein

Oblatten

Apfeln

Weißer Wein

Mala= ga

Ribis= Krapfeln

Nüße

Rother Wein

Weißer Wein

Gesotte= ne Mau= deln

Weißer Wein

verz. Man= deln

Rother Wein

Eßig

Mala= ga

Witter= patzeln

Birnen

Weißer Wein

Rother Wein

Weißer Wein

Oblatten

Der Ehrenplatz.

26

Regel, bei großen Tafeln Braten auf den Tisch zu stellen.

Kalbs-schlegel

Hafen

Enten

Kapaunen

Blumenstrauß.

Fasan

Reh-schlegel

Gänse

Junges Rebhuhn

Schinke — Weißer Wein

Süßer Salat — Rother Wein

Del, Essig u. Pfeffer — Pomeranzen-sulze

Sauer Salat — Weißer Wein

Rother Wein — Junge

Rother Wein — Junge

Sauer Salat — Weißer Wein

Del, Essig u. Pfeffer — Ferkel in Sulze

Süßer Salat — Rother Wein

Weißer Wein — Schinke

Der Ehrenplatz.

Inhalt.

Suppen.

Seite.

1. Schwarze Suppe . 1
2. Weiße Suppe . . —
3. Gelbe Suppe mit Sulz —
4. Gestoßene Suppe . 2
5. Lebersuppe . . . —
6. Gedünstete Suppe . 3
7. Die sogenannte schwäbische Suppe mit Eiern 4
8. Suppe m. Leberknödeln—
9. Suppe m. Faschknödeln 5
10. Suppe mit Semmelpfanzel . . . . . —
11. Suppe mit Fleischkrapferln 6
12. Gemischte Suppe . —
13. Gerstel 7
14. Semmelgerstel . . —
15. Abguß 8
16. Grießgerstel . . . —
17. Spritzkrapfen in die Suppe 9
18. Gemischte Suppe für 12 Personen . . . —
19. Eine andere gemischte Schwammerlsuppe 10
20. Frühlings - Kräutersuppe 11
21. Lungenknöderln in die Suppe . . . . —

Seite.

22. Gestoßene Suppe auf andere Art . . . 12
23. Leberknödel vom Geflügel 13
24. Gemischte Knöderln . —
25. Andere gemischte Knöderln in die Suppe 14
26. Noch andere gemischte Knöderln . . . 15
27. Semmelbuding in die Suppe . . . . —
28. Ein Gemisch zur Suppe Nro. 15 . . . 16
29. Ein anderes Gemisch in die Suppe Nro. 15 —
30. Noch ein Gemisch . 17
31. Suppensulze, welche gut im Hause und vorzüglich für Kranke zu gebrauchen ist . . . 18
32. Kleine Pfanzerln vom Schweinebraten . . 19
33. Pfanzerln von Hühnern oder Kapaunen —
34. Pfanzerln von Erdäpfeln 20
35. Grießpfanzerln zur Suppe . . . . —
36. Reißknöderln . . . —

26*

Inhalt.

Seite.

37. Kohlpflanzeln . . . 21
38. Hirnpfanzel zur Suppe —
39. Buding vom Schwei-
    nefleische zur Suppe
    für 12 Personen . . —
40. Krebs = und Leberknö-
    deln zur Suppe . . 22
41. Brodknödeln z. Suppe 23

42. Wurzelsuppe mit Pfan-
    zeln 24
43. Kraftsuppe 25
44. Suppe mit Semmel-
    schnitten . . . . —
45. Brotsuppe mit Brat-
    oder Leberwürsten . 26

Rindfleisch.

Seite.

1. Rindfleisch 27
2. Rostbraten . . . —
3. Gedünstetes Rindfleisch
   mit Speck . . . 28
4. Lungenbraten . . . 29
5. Lungenbraten auf an-
   dere Art 30
6. Lungenbraten auf drit-
   te Art . . . . . —

7. Lungenbraten = Schni-
   zeln mit Erdäpfeln . 31
8. Kulaschfleisch . . . —
9. Rindfleisch m. Ingber 32
10. Schnizel v. eingeleg-
    ten Lungenbraten . 33
11. Schnizel v. Rindfleisch
    mit Erdäpfeln . . —
12. Schnizel v. Rindfleisch
    mit Sardellen . . 34

Soßen zum Rindfleisch.

Seite.

1. Zwiebelsoß . . . 34
2. Polnische Soß . . 35
3. Gurkensoß . . . —
4. Sardellensoß . . . —
5. Dillensoß . . . . —
6. Schmettenkren . . 36
7. Suppenkren . . . —
8. Saurer Kren . . —
9. Kalte saure Soß . 37
10. Gelbe Zwiebelsoß . —
11. Braune Dillensoß . —
12. Saure Schmettensoß 38
13. Sardellensoß ohne Essig —

14. Rothe Rüben einzul. . 38
15. Gurken einzulegen . —
16. Kalte Soß . . . 39
17. Eine andere kalte Soß 40
18. Kalte Soß zum Wild-
    pret . . . . . —
19. Neißken zum Fleische
    einzulegen . . . 41
20. Gute Zwiebelsoß mit
    Wein . . . . . —
21. Braune Dillensoß . 42
22. Eingelegtes Gemisch
    zum Rindfleisch . . —

Einige Asietten nach dem Rindfleisch.

Seite.

1. Gefüllte Zwiebeln . 43
2. Semmelschn. m. Sard. 44
3. Sardellensem. m. Eiern —

4. Semmeln m. Leberpüré 45
5. Semmelschnitte mit
   Schnepfenpüré . . —

Inhalt.

Grünspeisen.

Seite.

1. Braunkohl mit Bratwürsteln 46
2. Fasan m. Süßsauerkr. 47
3. Gefüllte Kohlrabi . —
4. Grüne Erbsen m. gebackenen Hühnern . . 48
5. Faschirter Kohl . . —
6. Kohlrabi m. Fleisch . —
7. Kohl m. Schweinfleisch 50
8. Spenat . . . . —
9. Gelbe Rüben m. Posesen 51
10. Hühner m. Karfiol . 52
11. Spargel . . . 53
12. Spargel m. Hühnern . —
13. Sauerkraut mit einem Schweinbraten . . —
14. Grüne Fisolen m. Lammfleisch 54
15. Gemeine Feldrüben m. Schweinfleisch . . —
16. Kohl m. geselchter Zunge in Dunst gek. . . 55
17. Karfiol im Krem für 8 Personen 56

Seite

18. Kohl mit Fasch für 8 Personen 56
19. Kohl im Fasch m. Kreb. 57
20. Karfiol in d. Fasch . . 59
21. Gemischte Grünspeise auf franz. Art . . . 60
22. Faschirter Kohl m. Reis 62
23. Gefüllter Kohl auf andere Art 63
24. Karfiol abgeschmalzen 64
25. Faschirtes Kraut . . —
26. Sauerkraut gebacken . 65
27. Monatrettig . . . 66
28. Gefüllte Gurken . . 67
29. Eingemischtes Grünz. 68
30. Spenat in d. Form . 69
31. Spargel statt grünen Erbsen . . . . . —
32. Grüne Erbsen m. gelben Rüben 70
33. Faschirter Kohl m. Reis in Dunst gekocht . . 71
34. Kohl = Karbonadel od. Würstel 72
35. Gemischte Karbonadel 73

Eingemachte Speisen.

Seite.

1. Hühnel mit Knöderln . 74
2. Hühnel m. Herrnpilzen 75
3. Hühnel m. Zellerfoß . 76
4. Kapauner m. Muscheln 77
5. Kapauner m. Aalen . —
6. Hühnel m. Champion. 78
7. Hühnel m. Paradiesäpfeln . . . . . —
8. Hühnel m. Reis . . —
9. Kalbfleisch m. Kümmel 79

Seite.

10. Gedünst. Kalbfleisch . 79
11. Hühnel m. Kartoffeln . —
12. Lamm = o. Schöpsenschlegel mit sauerem Schmetten 80
13. Gedämpfte Tauben . —
14. Faschirter Schlegel . 81
15. Rindszunge a. d. Rost gebr. m. Weichselsoß . 82

Inhalt.

Seite.

16. Rindszunge m. polni=
    scher Soß 82
17. Schweinekopf . . . 83
18. Heiß abgef. Hühner . —
19. Hühner m. gefälschter
    Austersoß . . . . —
20. Lungenbraten . . . 84
21. Kalbskopf m Frikase . 84
22. Kuttelflecke . . . 85
23. Spanische Vögel von
    Kraut . . . . . —
24. Faschirte Semmel . 86
25. Schweinefl. im Bier . 87
26. Kälberne Schnitzel mit
    Sardellen . . . . —
27. Kälbernes Geschling . —
28. Faschirte Hühner . 88
29. Faschirte Enten . 89
30. Kuheiter . . . . —
31. Kuheiter m. Soß . . —
32. Pfanzel v. Kuheiter . 90
33. Haschee v. Kuheiter . —
34. Gebackene Kälberfüße 91
35. Nieren = Pfanzel . . —
36. Pfanzel v. Kälberbrat. —
37. Geb. Kälberschnitzel . 92
38. Junges Schöpfenfleisch
    m. Erdäpfeln . . : —
39. Junges Schöpfenfleisch
    m. Schneckensoß . . —
40. Schnitzel v. kalten Braten 93
41. Kälberne Schnitzel mit
    Schneckenfülle . . . —
42. Kälberne Schnitzel mit
    Morcheln 94
43. Haschee v. Kalbsbrat. —

44. Kälberne Schnitzel mit
    Wein 95
45. Kälberne Schnitzel mit
    saurem Schmetten —
46. Kälberne Schnitzel mit
    Sardellen . . . 96
47. Karbonadeln o. Wür=
    steln v. kalten Braten 97
48. Kalbsschlegel m. Zeller=
    soß 98
49. Kalbsschlegel m. Schmet=
    ten . . . . . . —
50. Gebratene Kalbsbrust
    m. Soß 99
51. Birnen o. Äpfeln vom
    Kalbfleisch . . . 100
52. Faschirter Schlegel m.
    weißer Soß . . . 101
52. Junge Tauben in wei=
    ßer Soß 102
54. Hühnel a. türkische Art —
55. Faschirter Schlegel v.
    Schweinefleisch . . —
56. Hühn. i. Krebskonsum. 103
57. Gedämpfte Kalbsleber 104
58. Kalbslunge a. Haschee 106
59. Kalbslunge a. and. A. 106
60. Gebratenes Geschling 107
61. Kalbsgekr. m. Frikase 108
62. Kalbsgekröse m. Schmet=
    tensoß . . . . —
63. Hühnel m. Schnecken —
64. Faschirte Lammbrust m.
    Krebsen 109
65. Ragou m. Hahnenkam=
    men 110

Harte Pasteten.

Seite.

1. Harte Hasenpastete . 112
2. Harte Pastete v. einer
   Gans 115

Seite

3. Eine Schüsselpastete von
   Kalbslebern . . . 116

Inhalt.

Wildpret-Bereitung.

Seite.   Seite.

1. Schwarzes Wildpret 117
2. Eingem. Wildpret . 118
3. Wilde Enten m. Soß 119
4. Gedämpfte Rebhühn. —
5. Kleine Vögel m. Soß 120
6. Kleine Vögel im Schlafrock . . . . .
7. Eingemachte Kranowet-
   vögel 121
8. Karbonadeln v. Hasen 122
9. Haschee vom Hasen . 123
10. Der Vorderhase in brau-
    ner Soß 124
11. Der Vorderhase auf
    andere Art . . . 125
12. Gedämpfte Fasanen u.
    Rebhühner . . . —
13. Karbonadeln v. Fasan
    o. Rebhühnern . . 126
14. Haschee v. Fasanen u.
    Rebhühnern . . . 128
15. Kaltes Wildpret, als:
    Hasen, Rebhühner, Fa-
    sanen u. Rehbraten . 130

Mehlspeisen und feine Köche.

Seite.   Seite.

1. Äpfel = Koch . . . 131
2. Auflauf v. Rindsmark 132
3. Geschwinder Apfelkoch —
4. Guter Krem m. gebacke-
   nen Semmeln . . . 133
5. Eine andere Speise v.
   gebackenen Semmeln —
6. Gegoßene Semmeltal-
   ten gefüllt . . . 134
7. Gegossene Mehltalken —
8. Koch v. hartgesottenen
   Döttern . . . . —
9. Schunkenfleckel . . 135
10. Gegoßene gebackene
    Strudel 136
11. Gezogener Strudel m.
    Äpfeln . . . . —
12. Pisquitten = Koch . 137
13. Markschnitzel . . —
14. Kaffeekoch für 12 Per-
    sonen 138
15. Brennheiße Würste . —
16. Buding 139
17. Ein Kranz von Brand-
    teig 139
18. Buding m. Chocolade 140
19. Reißkoch . . . 141
20. Auflauf v. geriebenem
    Teig . . . . —
21. Auflauf v. Tropfteig 142
22. Quark = koch m. Krebs-
    butter 143
23. Tortaletten m. Schodoh —
24. Speckknödel . . . 144
25. Geschwinder Semmelk. —
26. Gebackene Nudeln . 145
27. Auflauf v. Reismehl —
28. Mandelfleckel . . 146
29. Hascheestrudel . . —
30. Türkische Knödel . —
31. Buding mit geselchtem
    Fleisch 147
32. Grießkranzeln m. Krem —
33. Auflauf v. Kästen (Ka-
    stanien.) 148
34. Lemonienschaum . —
35. Auflauf von sauerem
    Schmetten . . . 149

Inhalt.

Seite.

36. Einbrenn-Koch . . 149
37. Krem m. fein. Bäckerei 151
38. Auflauf v. einer gekoch-
    ten Lemonie . . . 153
39. Mehlkoch m. Chokolade —
40. Chokoladekoch für 12
    Personen 154
41. Chokoladekr. m. Reis 155
42. Gestreifter Koch für 12
    Personen 156
43. Mähr. Chokoladekoch 157
44. Mandelpfanzel . . 158
45. Semmelbuding . . —
46. Reis m. Schinken . 159
47. Buding m. geselchtem
    Fleisch . . . . . —
48. Span. Win. m. Schod. 160
49. Kränzchen v. Eiweiß —
50. Pisquitten m. Schodoh 161
51. Brenaende Speise . —
52. Krets-Meridon . 162
53. Koch v. gerösteten Zu-
    cker für 6—8 Perso-
    nen 163
54. Graupenkoch für 10 Per-
    sonen . . . . .

55. Nudelkoch m. Eingesot-
    tenem für 8 Personen 164
56. Faumkoch v. Marillen 165
57. Faumkoch v. Himbeer-
    saft . . . . . . —
58. Nudeln mit Quark . —
59. Gefüllter Mandelkoch 166
60. Marillenkoch in-Flam-
    men für 6 Personen . 167
61. Apfelkoch . . . . —
62. Amuletspeis m. Äpfeln 168
63. Reis m. Blutwürsten 169
64. Scheiterhaufen v. Pis-
    quitten . . . . . —
65. Chokoladebnding mit
    Chaudeau (Schodoh)
    Weinscharm . . . 170
66. Quarkkoch für 6 Perso-
    nen . . . . . . —
67. Koch mit Pisquit oder
    Vanilliebußerl für 10-12
    Personen . . . 171
68. Nudelkoch m. Chokolad —
69. Semmelbuding . . 172
70. Schneehügel für 6 bis
    8 Personen . . . 173

Gebratenes.

Seite.

1. Rindsbraten . . . 174
2. Eingelegter Kalbsschlegel . . . . . . —
3. Gänse u. Enten . . 175
4. Kupauner m. Sardellen —
5. Hasen . . . . . —
6. Rebhühner u. Fasanen 176
7. Rehschlegel u. Rehrü-
   cken . . . . . —
8. Einen Hirschzemmer —
9. Gebratene Schnepfen, 177
10. Krammetsvögel . . —
11. Gebratener Auerhahn —

12. Gebackene Hühnel . 178
13. Gebratener Truthahn
    m. Mandelfülle . . —
14. Schinken . . . 179
15. Geselchte Rindszunge 180
16. Schöpfenschlegel wie
    Rehschlegel . . . —
17. Kalbsschlegel m. Speck 171
18. Kälberner Schlegel m.
    Speck auf andere Art 182
19. Gespickte Hühuchen 183
20. Gefüllte Tauben . 183
    Die Fülle . . . . —

Inhalt.

Sulzen.

Seite.   Seite.

1. Sauere Sulze v. Kalbs=
kopf u. Füßeln . . 184
2. Lemonie=, Pomeranzen=
Sulze 185
3. Kaffeesulze . . . —
4. Vanilie=Sulze . . 186
5. Gemischte Sulze . —

6. Chokolade=Sulze . 187
7. Brunnkreß=Sulze . 188
8. Faschirter Kapauner in
der Sulze . . . —
9. Kalte Schnitzel v. Kapaunen o. Hühneln . . 191

Torten.

Seite.   Seite.

1. Schwarze Brodtorte 192
2. Weiße Mandeltorte —
3. Mandel = Kranztorte 193

4. Gute zusammengelegte
Torte 194
5. Geröste Torte . . 195
6. Eine Linzertorte . —

Kolatschen und verschiedene Kleinigkeiten.

Seite.   Seite.

1. Deutsche Kolatschen 196
2. Kolatschen v. Eiweiß 197
3. Kolatschen v. Döttern —
4. Gefüllte Karlsbader Kolatschen 198
5. Geschwinde Kipfel . 199
6. Schwedisches Brod —
7. Mandelolippen . . —
8. Oblaten m. Chokolade 200
9. Zimmet Hocholippen —
10. Kleine Zwieback . 201
11. Eine gute Buchtel . —
12. Kugelhupf . . . 202
13. Butterteig . . . —
14. Bitterpatzeln . . 203
15. Ingber . . . . —
16. Faschingskrapfen m. weißen Ränderln . . 204
17. Lange große Faschingskrapfen . . . —
18. Rosenkrapfen . . 205
19. Butterbrod . . . —
20. Mandelfranzeln . . 206

21. Verzuckerte Kastanien,
Datteln u. Pomeranzen 206
22. Schinken v. Zucker . —
23. Mandelbögen . . 207
24. Mandelbögen auf andere
Art . . . . . —
25. Osterlaibel . . . 208
26. Kaffeepretzeln . . —
27. Geschwinde Buchtel . —
28. Gesalzene Kümmelstriz-
zeln 209
29. Martinihörnlen gefüllte —
30. Mundsemmeln . . 210
31. Kunětißer Pretzeln . —
32. Mandelkrapfeln m. Ni-
vis 211
33. Mürbe Aneispretzeln —
34. Gewürzkücherln . . 212
35. Pisquiten u. Mandel-
brod . . . . . —
36. Bitterpatzeln . . 213
37. Ingber . . . . —

Inhalt.

Seite.

38. Spanische Winde mit
    Eingesottenem . . 213
39. Vanilie = Busserln . 214
40. Chokolade = Kränzchen —
41. Marillenprezerl . 215
42. Zuckerzelteln . . . —
43. Mandelmaultaschen . 216
44. Gefüllter Pisquitteig 217

Seite.

45. Schwarze Pisquiten, o.
    Tag u. Nacht . . 218
46. Ein Hase v. abgetriebe-
    nem Tortenteig . . —
47. Kleine Lebzelten . 219
48. Zwieback z. Wein . —
49. Braune Küchcln . . —
50. Gute Prezeln . . 220

Zuckereis von verschiedenen Farben.

Seite.

1. Weißes Zuckereis . 221
2. Gelbes Eis . . . —
3. Chokolade = Eis . . —

Seite.

4. Zimmet = Eis . . 222
5. Erdbeeren = Eis . . —
6. Rosenfarbes = Eis . —

Krapfen =, Kolatschen = und Buchtelfüllen.

Seite.

1. Zwetschkenpowidel 222
2. Mohn 223
3. Quark . . . . —

Seite.

4. Rosinen = Powidel . 224
5. Zucker = Einbrenn . —
6. Schnee . . . . —

Salate.

Seite.

1. Andibie = Salat . . 225
2. Hopfen = Salat . . —
3. Süßer = Salat . . 226
4. Gemischter Salat . —
5. Gebackener Salat . —

Seite.

6. Gem. saurer Salat 227
7. Salat v. gelb. Rüben —
8. Salat v. Pfirsich oder
   Marillen 228
9. Schneckensalat . . —

Fastenspeisen.

Suppen.

Seite.

1. Schleihesuppe auf Art
   der Rindsuppe . . 229
2. Wurstsuppe v. Karpfen 230
3. Gewöhnl. Fischsuppe 231
4. Weiße Fischsuppe . —
5. Braune Fischsuppe mit
   Knöderln . . . 232

Seite.

6. Krebs = Suppe . . 233
7. Frosch = Suppe . . —
8. Spargel = Suppe . 234
   Hechten = Fanzel . —
9. Linsensuppe . . . 235
10. Erbsensuppe . . . —
11. Grießsuppe . . . —

Inhalt.

	Seite.		Seite.
12. Biersuppe	235	Erstes Gemisch	239
13. Weinsuppe	236	Zweites Gemisch	—
14. Biersuppe mit Brod	—	Drittes Gemisch	—
15. Semmelgerstel	237	19. Gelbe Fastensuppe mit	
16. Petersilwasser	—	Sulze	240
17. Fastensuppe von Wur=		Sulze	—
zeln	—	20. Suppe mit gemischten	
18. Gedünstete Fastensuppe		Knöderln	241
m. Gemisch	238	21. Faschirter Fisch anstatt	
		dem Rindfleisch	—

Eier.

	Seite.		Seite.
1. Französische Eier	242	10. Eier m. süßem Schmet=	
2. Gefüllte Eier	243	ten	246
3. Gerührte Eier m. Sar=		11. Eier m. sauerem Schmet=	
dellen	—	ten	247
4. Gesetzte Eier m. Sar=		12. Schwammenfanzel	248
dellen	244	13. Schwammenfanzel m.	
5. Eier m. Schwämmen	—	Erdäpfeln	249
6. Gefüllte Eier auf ande=		14. Gerührte Eier mit Gur=	
re Art	—	ken	—
7. Gerührte Eier mit		15. Eier = Amulet m. Sar=	
Schwämmen	245	dellen	250
8. Gefüllte Eier m. Kreb=		16. Gerührte Eier m. Spar=	
sen	—	gel u. Krebsen	251
9. Eierpfanzel m. Fischen	—		

Stockfisch.

	Seite.		Seite.
1. Stockfisch abgeschmalzen		3. Gebackener Stockfisch	252
m. Kren	251	4. Stockfisch m. Sardellen	—
2. Stockfisch m. Sardellen		5. Stockfisch zu weichen	253
oder Häring	252		

Verschiedene Fische zu bereiten.

	Seite.		Seite.
1. Schwarzer Karpfe	254	4. Marinirter Karpfe	256
2. Blauer Karpfe	255	5. Gebackener Karpfe	—
3. Karpfen gebraten mit		6. Gesulzter Karpfe	257
sauerem Schmetten	—	7. Heiß abgesot. Hecht	258

Inhalt.

Seite.

8. Hecht m. Lemoniesoß 258
9. Hecht m. Sardellensoß —
10. Hecht m. saurer Sardel=
    lensoß 259
11. Hecht m. Knöderln —
12. Hecht m. Krebsen . 260
13. Lachsen u. Forellen blau
    gesotten . . . . —
14. Gebratene Aalruppen 261
15. Gebratener Aal . . —
16. Marinirter Aal . . 262
17. Schlampete Schnecken
    m. Kren . . . . —
18. Gefüllte Schnecken . 263
19. Schneckenschweifel . —
20. Eingemachte Frösche 264
21. Gebackene Frösche . —
22. Krebse m. d. Schmet=
    tensoß . . . . —
23. Faschirte Krebse m. Kar=
    fiol o. Spargel . . 265

24. Haberfischel m. Soß 266
25. Muscheln . . . —
26. Austern 267
27. Muschel m. gebackenem
    Hecht . . . . . —
28. Hecht m. Sardellen ge=
    spickt . . . . . —
29. Hausen gebraten . 268
30. Schaden gebraten . —
31. Gedünstete Frösche . 269
32. Schwarzen Karpfen auf
    andere Art . . . —
33. Hecht m. Austern . . 270
34. Hecht m. saurem Schmet=
    ten 271
35. Schmetten m. Wein —
36. Kalter Hecht in der Sul=
    ze (Fastenaspik) . . 272
37. Karpfen m. Wein und
    Sardellen . . . 274
38. Einen Igel v. Hechte 275

Mehlspeisen und Aufläufe.

Seite.

1. Li.titzer Knödel . . 276
2. Nokerl m. Schmetten —
3. Semmelbaba . . 277
4. Nudeln m. Krebsen . —
5. Nudeln im Schmetten 278
6. Gebackene Nudeln . 279
7. Mehlschmarn . . —
8. Semmelschmarn . —
9. Aufgelofenes mit fri=
   schen Kirschen . . 280
10. Aufgelofenes v. Zwetsch=
    ken . . . . . —
11. Krauttalken . . . —
12. Krautpfanzel . . 281
13. Krautwürstel . . 282
14. Türkischer Bund . —
15. Krebswandeln . . 283
16. Gebratene Äpfel . 284

17. Scheboy=Körbel . 284
18. Apfel im Schlafrock . 285
19. Krebsstrudel . . . 285
20. Chokoladekoch . . 286
21. Krem m. bittern Man=
    deln . . . . . —
22. Vanilkrem . . . 287
23. Chokoladkrem . . —
24. Kaffeekrem . . . —
25. Quarkknodel . . 288
26. Gebackene Quark=Wür=
    stel . . . . . —
27. Kleine Buchteln mit
    Krem . . . . . —
28. Gerollte Buchteln . 289
29. Kleine Pasteten m. Ri=
    vis 290

Inhalt.

	Seite.		Seite.
30. Griesnudeln	290	44. Pisquitenkoch m. Man-	
31. Apfelfleckel	291	deln	298
32. Strudeln v. Nudelteig	—	45. Brod=Koch	299
33. Nudeln m. Äpfeln	292	46. Mandel=Koch m. harten	
34. Grieskoch m. Mandeln	293	Döttern	—
35. Pfarzel v. gelb. Rüb.	293	47. Gebackene Semmel	300
36. Oblatten=Speisen	294	48. Wein=Koch	301
37. Krebsfleckel	295	49. Brennender Krem	—
38. Apfelstrudel	—	50. Erdäpfel m. Eiern	302
39. Krebs=Koch	296	51. Gegossene Krauttalken	303
40. Polenta	—	52. Auflauf von Karpfen=	
41. Mandelnudeln	297	milch	—
42. Erdäpfel=Koch	297	53. Reis m. Äpfeln	—
43. Amulettel=Koch	298	54. Apfelkoch m. Pisquiten	304
		55. Gerollte Kremspeise	

Noch einige Fastenspeisen.

	Seite.		Seite.
1. Hechtenbuding m. Soß	305	17. Schmorn in Vaniliesud	316
2. Krebspfanzel gebacken	306	18. Im Dunst gekochter Bu-	
3. Gebackene Krebse	307	ding	—
4. Krebswandeln	308	19. Schlick = Krapfen von	
5. Gebratene Lachsenschniz-		Karpfen=Milch	317
zeln	—	20. Spenat=Krapfeln	—
6. Einen Hasen v. Fischen		21. Erdäpfeln=Nudel	—
zu machen	309	22. Erdäpfel=Knödel	318
7. Paulaner Würste	310	23. Gegossene Strudel im	
8. Fisch=Ragou	311	Schmetten	—
9. Schwammenpfanzel	312	24. Nocken m. Krebsschwei-	
10. Krebs=Krapfen	—	feln	319
11. Krebs=Wandeln	313	25. Apfel=Knödel	—
12. Krebswandeln v. Gries	—	26. Reiewandeln	—
13. Hechten=Eiterl	314	27. Schodoh=Koch	320
14. Erdäpfel=Krapfen	—	28. Buding m. Häring	—
15. Erdäpfeln m. Herrnpil-		29. Quark=Krapfen	321
zen	315	30. Reisbuding	—
16. Spenat=Buding	—		

Torten, Sulzen und verschiedene Kleinigkeiten.

	Seite.		Seite.
1. Pisquiten=Torte	322	4. Butter=Torte	323
2. Chokolade=Torte	323	5. Butter=Torte auf ande-	
3. Marmorirte Torte	—	re Art	324

Inhalt.

	Seite.			Seite.
6. Ribisel-Torte	324	41. Kaffee		340
7. Gesulzte Torte	325	42. Limonade		341
8. Mandel-Torte	—	43. Mandelmilch		—
9. Nudel-Torte	326	44. Punsch		342
10. Gewürz-Torte	—	45. Ribisel-Saft		—
11. Anis Prezeln	327	46. Eingesottener Ribis		343
12. Gemischte Krapfeln	—	47. Maul- o. Himbeersaft		—
13. Lemonie-Häufel	328	48. Weichsel- o. Kirschen-		
14. Lemonie-Spalteln	—	saft		—
15. Mandel-Spalteln	—	49. Eingesott. Weichsel		344
16. Pistazen-Prezeln	329	50. Weichsel in Essig einzu-		
17. Braune Mandelbögen	—	legen		—
18. Gebackene Mandeln	—	51. Eingesottene Marillen		345
19. Mandel-Bufeln	330	52. Hagebutten-Büscheln		—
20. Mandel-Zwieback	—	53. Gefrorenes v. Chokola-		
21. Gezuckerte Mandeln	331	de		346
22. Zucker-Sulze	—	54. Erdbeer-Gefrorenes		—
23. Weichsel-Sulze	332	55. Vanilie-Gefrorenes		—
24. Marillen in Sulz	—	56. Lemonie-Gefrorenes		347
25. Borsdorfer Äpfel in der		57. Weichsel-Gefrorenes		—
Sulz	—	58. Punsch-Gefrorenes		—
26. Pomeranzen-Sulze	333	59. Wie man das Eis zum		
27. Gewürz-Sulze	334	Gefrorenen bereitet		348
28. Erdäpfel-Salat mit		60. Wie man d. Zucker läu-		
Häring	—	tert o. röstet		—
29. Süßer gem. Salat	335	61. Weißer Zucker zu Tor-		
30. Borsdorfer Apfel-Sa-		tenzierde		349
lat	336	62. Zucker in verschiedenen		
31. Birnen-Salat	—	Farben		350
32. Brunkresse-Salat	337	63. Krebsbutter		351
33. Welscher-Salat	—	64. Kugelhupf ohne Milch		—
34. Zeller-Salat	—	65. Wie d. Grobzucker ge-		
35. Kraut-Salat	338	fertigt wird		352
36. Zwetschken-Salat	—	66. Wie man d. Zucker läu-		
37. Schodoh	—	tert u. zum Saft berei-		
38. Sliwowitz-Schodoh	339	tet		353
39. Kalt. Schodoh. m. Arak	—	67. Lemonieschalen in Zuk-		
40. Chokolade	—	ker einzusieden		355

Inhalt.

Anhang von verschiedenen nützlichen Sachen, die in der Küche nöthig zu wissen sind.

Seite.

1. Vom Geschirr, wie es gebraucht und rein erhalten werden muß   356
2. Den angebrannten Schmetten wieder brauchbar zu machen   358
3. Wie man Butter salzen, kochen, und aufheben muß, daß sie nicht verderbe   359
4. Wie m. Eier bewahrt   360
5. Gefrorene Eier o. Apfel wieder zurecht zu bringen   361
6. Was m. thun soll, wenn man sich in der Küche verbrennt . . .   —

Seite.

7. Schnelle Hilfe, wenn man sich gequetscht hat, ob. auf den Fuß etwas gefallen ist . . .   362
8. Wenn m. sich schneidet oder hackt . . .   362
9. Reismehl zu machen   363
10. Gerstenmehl . . .   364
11. Schwämme zu trocknen   —
12. Wie man grüne Erbsen für d. Winter bewahrt   366
13. Zwetschken-Powidel zu kochen . . . .   —
14. Erdäpfel-Stärke .   367
15. Grüne Petersil für den Winter zu bewahren   368

Leberwürste, Bratwürste, Blutwürste, Hirnwürste.

Seite.

Leberwürste   369
Blutwürste . . . .   —
Bratwürste   370
Hirnwürste   371
Wie man das Fleisch zum Selchen salzen u. einlegen muß . . . .   —

Seite.

Rothwild einzulegen .   372
Eingelegtes Rindfleisch, das sogenannte Pöckelfleisch   —

Verschiedene kleine Vorarbeiten bei größeren Tafeln.

Seite.

2. Majorangemisch auf andere Art . . .   374
3. Salbey-Gemisch .   —

Seite.

4. Thymian-Gemisch   374
5. Schwammen-Gemisch   —

Inhalt.

Verschiedene Butter.

	Seite.			Seite.
1. Gelbe Butter	375	4. Sardellenbutter		376
2. Grüne Butter	—	5. Chokoladebutter		—
3. Kräuterbutter	—	6. Toleranz		377

Anhang.

	Seite.		Seite.
1. Assietten nach der Suppe	378	22. Gewürzzelteln	286
2. Eine andere Art	—	23. Mandelmaultaschen	—
3. Noch eine andere Art	—	24. Anis-Skarnitzeln	—
4. Wälscher Reis	379	25. Mantelerdäpfeln	387
5. Beafsteck auf sehr schnelle Art	—	26. Erdäpfel-Torte	387
6. Würste von Gehirn	—	27. Eine schwarze Torte m. Eingesottenem	388
7. Gefüllte Kalbsschnitzeln	—	28. Genueser-Bäckerei	—
8. Schnitzeln im Papier eingewickelt	380	29. Stockfisch m. Senf	—
9. Fasanzuberitung für Feinschmecker	—	30. Stockfisch auf holländische Art	389
10. Kalte Mehlspeise	381	31. Schwarzer Karpfen auf andere Art	—
11. Mehlspeise v. Mandeln	—	32. Karpfen in der gelben Soß	390
12. Auflauf von geriebenem Brod	—	33. Geräucherter Fisch	—
13. Pofesen m. Powideln	382	34. Peißker m. Sardell.	391
14. Mehlspeis m. Schodoh	—	35. Lachs auf holländische Art	—
15. Hannoveraner Kuchen	—	36. Gebratener Schil	—
16. Faschings-Krapfen	383	37. Gebrat. Hecht m. Sar.	392
17. Faschings-Krapfen auf andere Art	—	38. Fanzel i. d. Suppe	—
18. Branntwein-Kranzeln	384	39. Baumwollen-Suppe	—
19. Fingerkolatschen	385	40. Erdäpfeln. i.d.Suppe	393
20. Mandel-Streife	—	41. Roher Krautsalat	—
21. Schneller Zwieback	—	42. Sal. v. mischenst. Äpfel	—
		43. Krebse m. einer Soß	—
		44. Senf-Gurken einzul.	394

Belehrung,

wie man die Speisen nacheinander bei kleinen und größern Tafeln auftragen soll.